SPSS/PROCESS에 의한

조절효과 및 매개효과분석

이론과 실제

배병렬

도서출판 청람

| 머리말 |

이 책은 SPSS와 PROCESS에 초점을 맞추어 다양한 형태의 조절효과 및 매개효과분석에 대해 기술한 책이다. 이 책은 부제가 말해 주듯, 조절효과 및 매개효과분석과 관련하여 이론적인 내용뿐 아니라 이를 실제 자료를 이용하여 분석하는 것에 초점을 맞추어 기술하였다.

기존에 출판된 저자의 책 『SPSS/Amos/LISREL/SmartPLS에 의한 조절효과 및 매개효과분석』에 대해 어느 독자께서 "**조절효과, 매개효과 공부하는 데는 최고입니다. 개념, 예제, 이론 모두 완벽 정리 강추**"라는 후기를 달아준 것을 보았다. 그 후기를 읽고 나서 저자는 조금 부끄러운 감정을 느끼기도 했고 또한 독자들은 '개념, 예제, 이론'을 완벽하게 정리한 책을 원한다는 것을 다시금 깨닫게 되었다. 독자의 그러한 바람에 조금이라도 부응하고자 이 책을 집필하였다. 이 책은 저자 스스로 '**개념, 예제, 이론 완벽 정리**'라는 표현을 쓰는 데 주저하지 않을 자신이 있다.

통계 공부를 하는 가장 좋은 방법은 이론을 이해하고, 이를 자료를 가지고 통계패키지로 실제 분석해보는 것이다. 통계학 책은 이러한 관점에서 기술되어야 한다. 기존에 출판된 통계학 책들을 보면, 이론에 치중한 책들이 있고, 이론은 없고 실제에 치중한 책들이 있다. 실제에 치중한 책들은 요즈음 미디어 환경에서 YouTube로 공부하는 것이 훨씬 빠르고 쉬운 길일 것이다. 저자는 이 책을 '**이론과 실제의 조화**'를 통해 독자들이 분석법을 이해하고 이를 실제 활용할 수 있도록 다음과 같은 사항을 염두에 두면서 집필하였다.

첫째, '조절', '매개'라는 용어가 들어간 분석을 모두 포함하고자 하였다. 그러한 면에서 기본적인 조절효과분석 및 매개효과분석뿐 아니라 **비선형 조절분석, 비선형 매개분석, 로지스틱 조절분석, 로지스틱 매개분석, 조절된 매개분석, 매개된 조절분석, 조절된 조절분석, 조절된 조절된 매개분석** 등 다양한 분석이 이 책에 포함되었다. 따라서 조절효과 및 매개효과를 분석하고자 하는 독자들에게 이 책이 모든 Solution을 제공할 것으로 확신한다.

둘째, 통계분석의 과정을 책을 통해 전달하는 데는 한계가 있다. 이러한 한계를 극복하고자 저자가 전달하고자 하는 내용을 독자들이 잘 따라오도록 분석과정을 숫자화해서 표현하고자 하였다. 이를 위해 분석과정을 **1**, **2**, **3** 등의 숫자로 표현하였다. 그렇게 함으로써 마치 YouTube를 보면서 공부하는 것처럼 독자들에게 전달하고자 하였다.

이 책이 연구자들과 항상 함께하기를 소망하면서 머리말을 맺고자 한다.

2021년 1월

배병렬

Data는 www.esem.co.kr에서 다운로드 받을 수 있습니다.

| 차례 |

CHAPTER 03 조절효과분석(Ⅱ): 범주형 조절변수

CHAPTER 04 다중조절효과분석

CHAPTER 05 로지스틱 조절회귀분석

CHAPTER 06 매개효과분석(I)

CHAPTER 09 조절된 매개효과분석

CHAPTER

01

조절효과분석

CHAPTER 01

조절효과분석

1 조절효과의 의의

사회과학자 및 행동과학자들은 독립변수와 종속변수 간의 관계에 대해 관심을 갖는다. 예를 들어, 학력(독립변수)과 소득(종속변수) 간에는 어떤 관계가 있을까?, 스트레스(독립변수)와 우울증(종속변수) 간에는 어떤 관계가 있을까? 그들은 그들의 관심 학문영역에서 수많은 변수들 간의 관계를 확인하고자 연구를 한다. 이처럼 두 변수 간의 관계에서 원인(예 학력)과 결과(예 소득)로 가정되는 관계를 **인과관계(causal relationship)**라 한다. 두 변수 간의 인과관계를 분석하여 얻는 효과를 **인과효과(causal effect)** 또는 **직접효과(direct effect)**라 한다. 연구결과, 학력과 소득 간에는 일반적으로 정적(+)인 관계가 있는 것으로 나타난다. 즉 학력이 높을수록 소득이 높다. 마찬가지로, 스트레스와 우울증 간에도 정적(+)인 관계가 있다. 즉 스트레스를 많이 받을수록 우울증이 심해진다.

사회과학자 및 행동과학자들은 독립변수와 종속변수 간의 관계에 제3의 변수를 추가하여 연구를 시도한다. 제3의 변수는 조절변수와 매개변수로 나뉜다. 독립변수와 종속변수 간 관계의 크기와 방향에 영향을 주는 제3의 독립변수를 **조절변수(moderator, moderating variable)**라 한다. **조절효과(moderating effect)란 종속변수와 독립변수 간의 관계가 조절변수에 따라 크기(strength)와(또는) 방향(direction)이 달라지는 것을 의미한다. 여기에서, 와(또는)을 쓴 이유는 크기가 달라질 수 있고, 방향이 달라질 수 있고, 크기와 방향이 모두 달라질 수 있기 때문이다.** 조절효과 및 매개효과분석에서 가장 많이 인용되는 논문인 Baron & Kenny(1986)의 조절변수 정의를 원문 그대로 소개한다(p.1174).

moderator is a qualitative (e.g., sex, race, class) or quantitative (e.g., level of reward) variable that affects the direction **and/or** strength of the relation between an independent or predictor variable and a dependent or criterion variable.

조절변수는 일반적으로 시간의 경과에 따라 속성이 크게 변하지 않는 성격을 갖는 변수들이 여기에 속한다. 심리학에서 이처럼 속성이 크게 변하지 않는 성격을 갖는 변수들을 **특성변수**(trait variable) 또는 **기질변수**라 한다. 예를 들면, 인구통계학적 변수, 성격 등이 여기에 해당한다. 종속변수와 독립변수 간의 관계가 조절변수에 따라 크기와(또는) 방향이 달라지는가를 분석하는 것을 **조절효과분석**(moderating effect analysis)이라 한다. 통계적 모델의 관점에서 보면 조절변수도 일종의 독립변수이기 때문에 조절변수와 독립변수를 구분하기 위해 독립변수를 **초점예측변수**(focal predictor)로 부르기도 한다.

조절효과분석은 종속변수와 독립변수 간의 관계를 설명하는 데 있어 언제(when), 어떤 조건에서(under what conditions), 그리고 누구에게서(for whom) 보다 약하거나, 강하거나 또는 효과가 없는가를 연구하고자 하는 데 목적이 있다.

학력이 높으면 소득이 높다는 이론을 구축하는 데 있어 모든 조건에서 그런 것이 아니고 '상황에 따라', '대상에 따라' 달라지는 조건을 규명하고자 한다. 마찬가지로, 스트레스를 받으면 우울증이 심해지는 관계에서 '상황에 따라', '대상에 따라' 달라질 수 있는 조건을 규명하고자 한다. 이처럼 독립변수와 종속변수 간의 관계가 상황에 따라, 대상에 따라 달라지는 조건을 규명하는 데 조절효과분석의 이론적 의의가 있다. 연구를 통해 그러한 조건들을 규명함으로써 조절변수는 이론을 구축하는 데 있어 **경계조건**(boundary condition)을 제시해 주는 역할을 한다.

조절변수는 성별과 같이 비메트릭변수(범주형 변수)가 될 수 있고, 사회적 지원과 같이 메트릭변수(연속형 변수)가 될 수 있다. [그래프 1-1]을 보면 남자에 비해 여자가 스트레스를 많이 받을수록 우울증이 심해지고, [그래프 1-2]를 보면 사회적 지원이 크면 스트레스를 많이 받더라도 우울증이 약해지는 것을 알 수 있다. 스트레스(독립변수)와 우울증(종속변수) 간의 관계가 성별(조절변수)에 따라 크기가 다를 수 있고, 사회적 지원(조절변수)의 정도에 따라 이들 간의 관계가 달라질 수 있다.

그래프 1-1 | 스트레스가 우울증에 미치는 성별의 조절효과

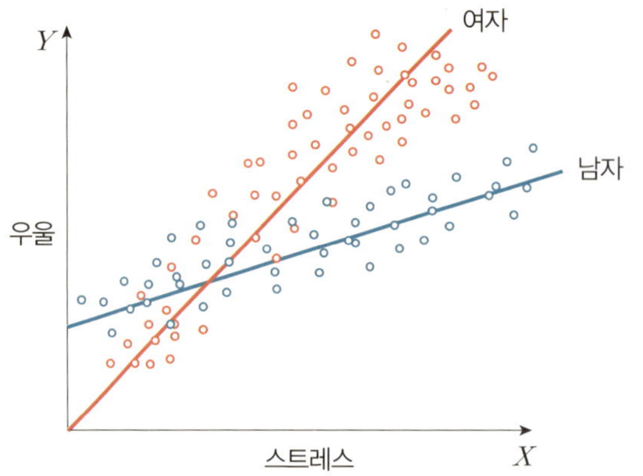

그래프 1-2 | 스트레스가 우울증에 미치는 사회적 지원의 조절효과

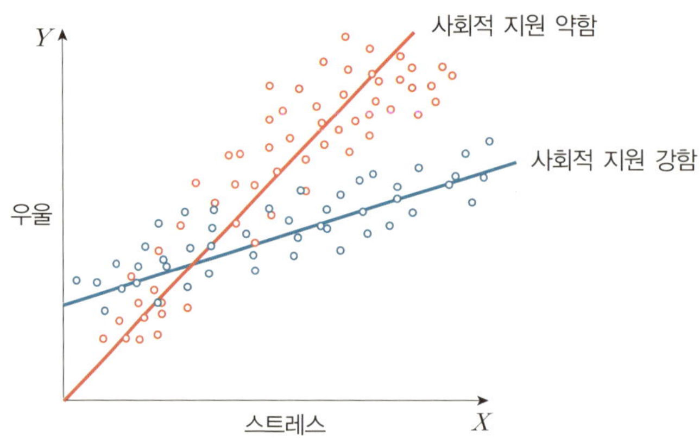

2 조절효과의 통계적 모델

스트레스와 우울증 간의 관계에서 성별 및 사회적 지원의 조절효과를 개념적 모델로 나타내면 [그림 1-1]과 같다. 개념적 모델은 두 변수 간의 관계에 성별 또는 사회적 지원이 영향을 미친다고 가정한다. 논문에서 [그림 1-1]처럼 그려진 그림이 있다면 조절효과를 가정한 것으로 이해하면 된다.

그림 1-1 | 조절효과의 개념적 모델

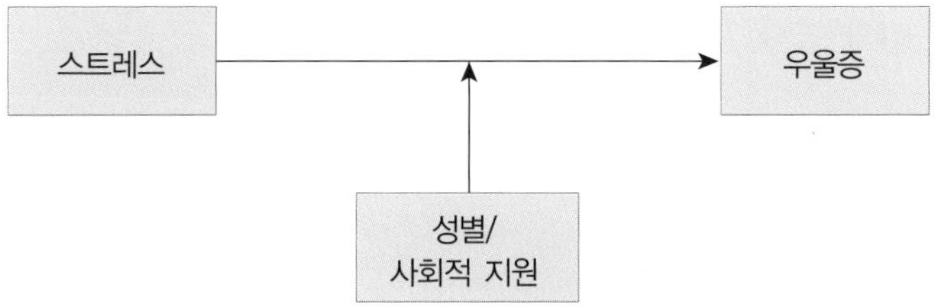

성별과 사회적 지원의 조절효과분석을 위한 통계적 모델은 각각 [그림 1-2], [그림 1-3]과 같다. 조절효과분석을 위해 독립변수와 조절변수의 **상호작용항**(interaction term)을 만들어 이 상호작용항의 계수(b_3)가 종속변수에 어떤 영향을 주는가를 검정한다.

그림 1-2 | 조절효과의 통계적 모델: 성별

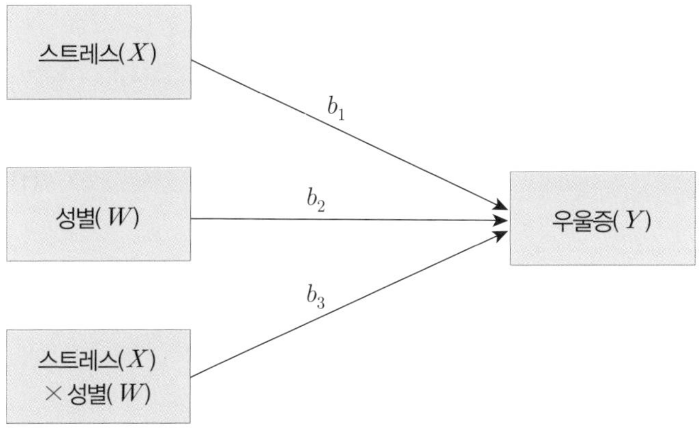

그림 1-3 | 조절효과의 통계적 모델: 사회적 지원

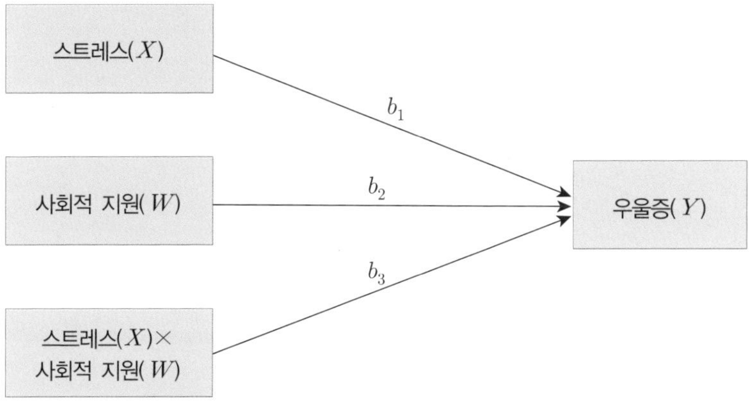

[그림 1-3]의 통계적 모델에 대해 좀 더 자세히 살펴본다. [그림 1-3]에서 상호작용항이 없는 모델은 [그림 1-4]와 같다.

그림 1-4 | **가법효과모델**

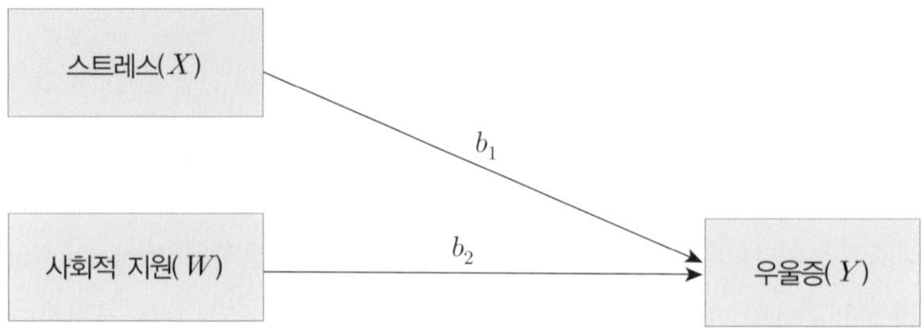

[그림 1-4] 모델을 **가법효과모델(additive effect model)**이라 한다. 이 모델은 스트레스와 우울증 간의 직접효과에 사회적 지원이라는 변수를 추가한 것이다. 이 모델을 식으로 나타내면 식 (1)과 같다.

$$\hat{Y} = b_0 + b_1 X + b_2 W + e \quad (1)$$

가법효과모델에 상호작용항을 포함한 모델은 [그림 1-5]와 같다.

그림 1-5 | **상호작용효과모델**

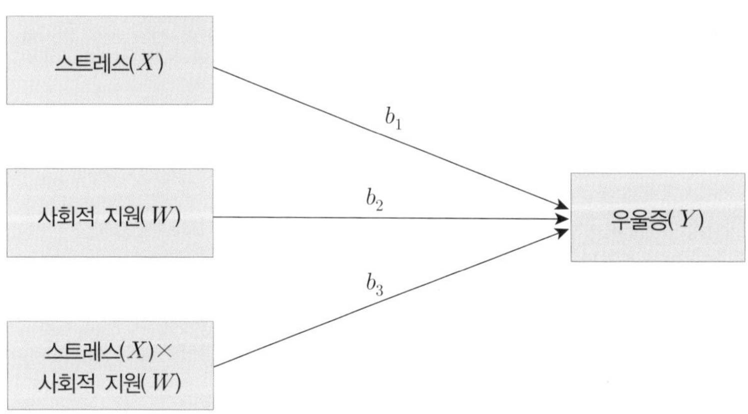

[그림 1-5] 모델을 **상호작용효과모델**(interaction effect model) 또는 **승법효과모델**(multiplicative effect model)이라 한다. 이 모델을 식으로 나타내면 식 (2)와 같다.

$$\hat{Y}=b_0+b_1X+b_2W+b_3XW+e \tag{2}$$

식 (2)를 다음과 같이 정리할 수 있다.

$$\hat{Y}=b_0+(b_1+b_3W)X+b_2W+e \tag{3}$$

식 (3)은 X가 Y에 미치는 효과는 (b_1+b_3W)에 따라 달라짐을 의미한다. (b_1+b_3W)은 X가 Y에 미치는 효과가 W에 따라 달라지기 때문에 **조건부효과**(conditional effect)라 한다.

SPSS에 의해 [그림 1-5] 모델을 추정하여 [Output 1-1]을 얻었다고 가정한다. 이 결과를 토대로 조절효과분석에 대해 구체적으로 살펴본다.

Output 1-1 SPSS output: 회귀분석결과

Model		Unstandardized Coefficients		Standardized Coefficients	t	Sig.
		B	Std. Error	Beta		
1	(Constant)	12.754	2.521		5.060	.000
	stress	.134	.027	.368	4.874	.000
	social support	-.432	.116	-.280	-3.708	.000
2	(Constant) (b_0)	1.811	4.774		.379	.705
	stress (b_1)	.483	.133	1.328	3.626	.000
	social support (b_2)	.111	.232	.072	.476	.635
	strs_socs (b_3)	-.017	.006	-1.040	-2.677	.008

a. Dependent Variable: depression

식 (3)을 다음과 같이 정리할 수 있다.

$$\hat{Y}=[b_0+b_2W]+[(b_1+b_3W)]X+e \tag{4}$$

식 (4)에서 $[b_0 + b_2 W]$을 **단순절편(simple intercept)**, $[(b_1 + b_3 W)]$을 **단순기울기(simple slope)**라 한다.

[Output 1-1]의 값을 식 (2)에 대입하면 다음과 같은 회귀식을 세울 수 있다.

우울= 1.811+.483×(스트레스)+.111×(사회적 지원)−.017
×(스트레스×사회적 지원) (5)

조절효과가 있기 위해서는 종속변수와 독립변수 간의 관계가 조절변수의 수준에 따라 달라져야 한다. 즉 우울과 스트레스 간의 관계는 사회적 지원에 따라 달라져야 한다. 사회적 지원에 따라 우울과 스트레스 간의 관계가 어떻게 변하는지 알아보기 위해 임의의 조절변수값을 회귀식 (5)에 대입한다. 이때 임의의 값으로 가장 많이 쓰이는 것이 조절변수의 ① 평균(M)보다 1표준편차(SD) 작은 값, ② 평균값, ③ 평균보다 1표준편차 큰 값이다. 사회적 지원(조절변수)의 평균과 표준편차를 구하면 M= 19.688, SD= 4.445이다. 따라서 19.688−4.445=15.243, 19.688, 19.688+4.445=24.133의 값을 얻는다. 이 값을 식 (5)에 대입하면 다음과 같은 값을 얻는다.

- 사회적 지원(W)의 값이 15.243인 경우:
  우울=1.811+(.483− .017×15.243)스트레스+ .111×15.243
  =3.503+.224×스트레스
- 사회적 지원(W)의 값이 19.688인 경우:
  우울=1.811+(.483− .017×19.688)스트레스+ .111×19.688
  =3.996+.148×스트레스
- 사회적 지원(W)의 값이 24.133인 경우:
  우울=1.811+(.483− .017×24.133)스트레스+ .111×24.133
  =4.490+.073×스트레스

사회적 지원이 15.243, 19.688, 24.133으로 증가함에 따라 스트레스 1단위의 증가가 우울증에 미치는 효과는 .224, .148, .073으로 감소한다. 이처럼 조절변수(W)의 값에 따라 독립변수(X)가 종속변수(Y)에 미치는 효과를 **단순효과(simple effect)**라 한다. **식 (4)에서**

b_3 계수는 조절변수(W)가 1단위 증가할 때 독립변수(X)와 종속변수(Y)의 관계를 나타내는 직선의 기울기의 변화를 의미한다. [Output 1-1]에서 b_3 계수값이 $-.017$ 인데 이는 조절변수인 사회적 지원이 1단위 증가할 때 스트레스가 우울에 미치는 효과가 그만큼 감소한다는 의미이다. 이 변화율이 통계적으로 의미가 있으면 조절효과가 있고, 그렇지 않으면 조절효과가 없다고 해석한다. 이러한 단순효과를 그래프로 제시하면 [그래프 1-3]과 같다.

그래프 1-3 | 사회적 지원의 조절효과

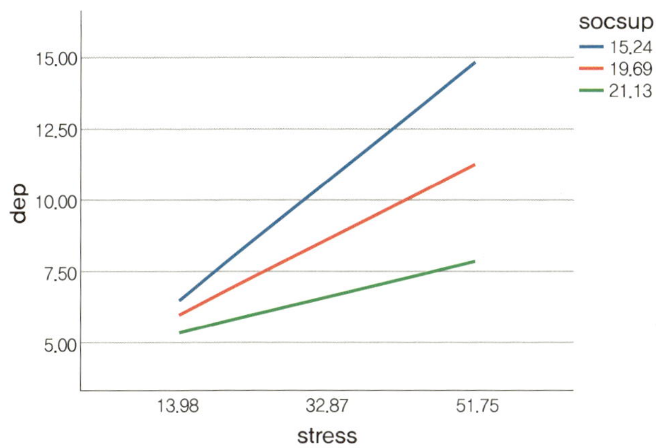

[그래프 1-3]에서 3개의 직선을 **단순기울기(simple slope)**라 한다. 이 기울기가 통계적으로 유의적인가를 검토하여 스트레스가 우울증에 미치는 사회적 지원의 조절효과를 해석한다. 이를 **단순기울기 검정(simple slope test)**이라 한다. [그래프 1-3]을 보면 조절변수인 'socsup'가 증가할 때(파란색→빨간색→녹색), 'stress'가 'dep'에 미치는 효과는 줄어드는 것을 알 수 있다.

한편 **식 (2)에서 X와 W 가운데 어떤 변수가 조절변수인가에 따라 해석이 달라진다.** 식 (2)는 W을 조절변수로 간주한다. 이때 조건부효과는 $(b_1 + b_3 W)$이다. 만약 X를 조절변수로 설정하면 식 (6)의 회귀식을 얻는다. 식 (6)에서 조건부효과는 $(b_2 + b_3 X)$이다. 이는 W가 Y에 미치는 조건부효과이다. 이는 X가 1단위 증가하는 경우에 W가 Y에 미치는 조건부효과는 b_3 단위만큼 변화한다는 의미를 갖는다.

$$\hat{Y} = b_0 + b_1 X + (b_2 + b_3 X) W + e \quad (6)$$

PROCESS로 사회적 지원을 조절변수로 해서 분석하면 [Output 1-2]를 얻는다.

Output 1-2 PROCESS output: 사회적 지원(W)을 조절변수로 분석한 결과

```
**************************************************************************
Model  : 1
    Y  : dep
    X  : stress
    W  : socsup

Sample
Size:  141

**************************************************************************
OUTCOME VARIABLE:
 dep

Model Summary
          R       R-sq        MSE          F        df1        df2          p
      .5036      .2536    35.8930    15.5177     3.0000   137.0000      .0000

Model
              coeff         se          t          p       LLCI       ULCI
constant     1.8111     4.7737      .3794      .7050    -7.6286    11.2507
stress        .4826      .1331     3.6263      .0004      .2194      .7457
socsup        .1106      .2324      .4759      .6349     -.3489      .5701
Int_1        -.0173      .0065    -2.6773      .0083     -.0301     -.0045

Product terms key:
 Int_1    :        stress    x        socsup

Test(s) of highest order unconditional interaction(s):
       R2-chng          F        df1        df2          p
X*W      .0390     7.1677     1.0000   137.0000      .0083
----------
    Focal predict: stress    (X)
          Mod var: socsup    (W)

Conditional effects of the focal predictor at values of the moderator(s):

     socsup     Effect         se          t          p       LLCI       ULCI
    14.0000      .2400      .0479     5.0057      .0000      .1452      .3348
    21.0000      .1187      .0274     4.3355      .0000      .0646      .1729
    24.0000      .0668      .0366     1.8219      .0707     -.0057      .1392
**************************************************************************
```

PROCESS로 스트레스를 조절변수로 해서 분석하면 [Output 1-3]을 얻는다.

Output 1-3 PROCESS output: 스트레스(W)를 조절변수로 분석한 결과

```
**************************************************************************
Model  : 1
    Y  : dep
    X  : socsup
    W  : stress

Sample
Size:  141

**************************************************************************
OUTCOME VARIABLE:
 dep
Model Summary
          R       R-sq        MSE          F        df1        df2          p
      .5036      .2536    35.8930    15.5177     3.0000   137.0000      .0000

Model
              coeff         se          t          p       LLCI       ULCI
constant     1.8111     4.7737      .3794      .7050    -7.6286    11.2507
socsup        .1106      .2324      .4759      .6349     -.3489      .5701
stress        .4826      .1331     3.6263      .0004      .2194      .7457
Int_1        -.0173      .0065    -2.6773      .0083     -.0301     -.0045

Product terms key:
 Int_1    :        socsup    x        stress

Test(s) of highest order unconditional interaction(s):
       R2-chng          F        df1        df2          p
X*W      .0390     7.1677     1.0000   137.0000      .0083
----------
    Focal predict: socsup  (X)
        Mod var: stress    (W)

Conditional effects of the focal predictor at values of the moderator(s):

     stress     Effect         se          t          p       LLCI       ULCI
    14.0000     -.1320      .1597     -.8263      .4101     -.4478      .1839
    28.0000     -.3745      .1159    -3.2317      .0015     -.6037     -.1454
    54.2800     -.8299      .1873    -4.4299      .0000    -1.2003     -.4594
**************************************************************************
```

[Output 1-2]와 [Output 1-3]을 비교해보면, 계수값이 같은 것을 알 수 있다.

사회적 지원의 예처럼 3개의 값을 기준으로 스트레스의 조절효과를 그래프로 제시하면 [그래프 1-4]와 같다.

그래프 1-4 | 스트레스의 조절효과

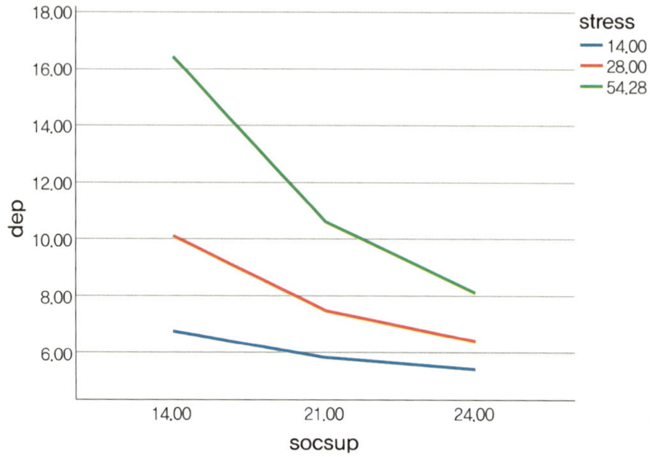

식 (2)에서 W를 조절변수로 선정하나, X를 조절변수로 선정하나 동일한 값을 얻는 것을 알 수 있다. [Output 1-2]와 [Output 1-3]을 보면 상호작용항의 계수값이 -.0173으로 동일한 것을 알 수 있다. 이러한 현상을 **조절작용의 대칭성(symmetry in moderation)**이라 한다. SPSS는 어떤 변수가 조절변수이고 어떤 변수가 독립변수인지 구분하지 못한다. 이에 대한 결정은 연구자가 해야 되고, 연구자는 그에 맞게 해석해야 한다. 그러나 PROCESS는 어떤 변수가 조절변수이고 어떤 변수가 독립변수인가를 구분한다.

3 조절효과분석의 의의

3.1 이론적 의의

스트레스를 많이 받을수록 우울증이 심해진다. 따라서 스트레스와 우울증 간의 관계를 완화(감소)시킬 수 있는 대책을 만드는 것이 중요하다. 이러한 대책 가운데 사회적 지원(social support)은 그 역할을 할 것으로 기대된다. 즉 사회적으로 여러 가지 프로그램을 만들어 지원해줌으로써 우울증을 완화시킬 수 있다. 이처럼 독립변수와 종속변수 간의 관계를 완화시키는 조절역할을 **완화효과(buffering effect)**라 한다.

반면, 우울증을 더 악화시키는 변수가 있을 수 있다. 그러한 경우 우울증에 안 좋은 영향을 주는 요인이 무엇이 있는가를 확인하기 위해 연구할 수 있다(예 사회적 고립감 또는 심리적 고립감). 이 경우 독립변수와 종속변수 간의 관계를 더 강하게 하는 효과를 **강화효과(synergistic effect)**라 한다.

우울증 연구에서, 우울증을 악화시키는 요인을 위험요인(risk factor)이라 하고, 완화시키는 요인을 보호요인(protective factor)이라 한다. [표 1-1]은 기존에 연구된 우울증과 관련된 위험요인과 보호요인을 저자가 정리한 것이다.

표 1-1 ▌우울증의 위험요인 및 보호요인

위험요인	보호요인
나이가 듦, 여성, 미혼, 신체장애, 최근의 사별, 건강이 안 좋음, 수면장애, 혼자 삶, 새로운 질병 …	충분한 수면, 호의적인 가족관계, 감사의 마음, 절주, 운동, 친구와의 좋은 관계 …

우울증을 연구하는 연구자들이 스트레스와 우울증 간의 관계를 조절하는 변수를 위험요인과 보호요인으로 밝혀내는 것은 학술적 · 이론적으로 의의가 있다. 이처럼 독립변수(스트레스)와 종속변수(우울증) 간의 관계를 강화시키거나 완화시키는 변수가 무엇인가를 확인하기 위해 조절효과분석을 한다.

3.2 실무적 의의

연구를 통해 어떤 변수가 조절역할을 하는 것으로 나타났다면 이를 실제 현장에 적용할 수 있어야 한다. 그러한 결과는 실무적 시사점(managerial implication)으로 기술된다. 예를 들어, 상담치료사는 최근에 우울증에 빠진 어떤 사람이 상담을 받기 위해 내방했을 때 스트레스와 우울증 간의 관계에서 우울증을 줄이기 위해서 충분한 수면을 취하도록 권유할 수 있다.

4 조절효과의 이론적 가정

연구자는 조절효과의 이론적 가정을 고려해야 한다. 즉 조절변수가 독립변수와 종속변수 간의 관계에서 어떤 역할을 할 것인가를 이론적으로 가정하고 가설을 수립해야 한다. 조절효과의 이론직 가정에는 나음과 같은 유형이 있다.

4.1 조절효과의 유형: 연속형 조절변수인 경우

연속형 조절변수에는 다음과 같은 조절효과의 유형이 있다.

1) Cohen 등(2003)의 분류

(1) 강화효과(enhancing effect)

이는 **시너지효과(synergistic effect)** 또는 **상승효과(amplifying effect)** 등으로도 불린다. 강화효과는 독립변수와 조절변수가 종속변수에 같은 방향으로 영향을 미치고, 상호작용효과가 가법효과(additive effect)보다 더 큰 영향을 미친다. 강화효과는 조절변수의 크기가 증가할수록 독립변수가 종속변수에 미치는 효과가 더 커지는 것을 의미한다. 이는 $b_1 > 0$, $b_2 > 0$, $b_3 > 0$, 또는 $b_1 < 0$, $b_2 < 0$, $b_3 < 0$의 부호를 갖는다.

(2) 완화효과(buffering effect)

이는 조절변수가 독립변수와 종속변수 간의 관계를 약화(또는 감소)시키는 효과를 갖는다. 조절변수의 크기가 증가할수록 독립변수가 종속변수에 미치는 영향은 가법효과에 비해 감소한다. 즉 독립변수와 조절변수가 종속변수에 미치는 가법효과에 비해 독립변수와 조절변수의 상호작용항이 포함된 경우 독립변수가 종속변수에 미치는 효과가 줄어드는 것을 의미한다. 이는 $b_1 > 0$, $b_3 < 0$, 또는 $b_1 < 0$, $b_3 > 0$의 부호를 갖는다.

(3) 방해효과(interference effect)

이는 **반대효과(antagonistic effect)**로도 불린다. 이는 독립변수와 조절변수는 종속변수에 동일한 방향으로 영향을 미치나($b_1 > 0$, $b_2 > 0$), 상호작용효과는 반대방향($b_3 < 0$)으로 영향을 미친다. 조절변수의 크기가 증가할수록 독립변수가 종속변수에 미치는 효과는 반대로 나타난다. 지금까지 설명한 내용을 정리하면 [표 1-2]와 같다.

표 1-2 ▌조절효과의 이론적 가정

조절효과의 종류	$X \rightarrow Y$: b_1	$W \rightarrow Y$: b_2	$X \times W \rightarrow Y$: b_3
강화효과	정적(+) 부적(−)	정적(+) 부적(−)	정적(+) 부적(−)
완화효과	정적(+) 부적(−)	부적(−) 정적(+)	부적(−) 정적(+)
방해효과	정적(+) 부적(−)	정적(+) 부적(−)	부적(−) 정적(+)

출처: 저자가 정리함.

Cohen 등(2003)은 조절효과분석을 할 때 평균중심화(mean-centering)를 하고 분석할 것을 주장한다. 위의 부호도 평균중심화를 토대로 얻어진 부호를 기준으로 해석한 것이다. 제2장에서 살펴보겠지만 평균중심화를 했느냐 안 했느냐에 따라 b_1과 b_3의 부호는 같지만 b_2의 부호는 달라진다.

2) Gardner 등(2017)의 분류

Gardner 등(2017)은 Cohen 등(2003)의 유형을 보다 세분화하여 ① 가속효과, ② 배반효과, ③ 감소효과, ④ 대체효과, ⑤ 역전효과 등으로 분류한다.

(1) 강화효과(strengthening effect)

강화효과는 Cohen 등의 강화효과(enhancing effect)에 해당한다. 이 효과는 조절변수 값이 커질수록 독립변수와 종속변수 간의 단순기울기는 더 가파르게(steeper) 된다. 이 효과는 b_1과 b_3이 같은 부호를 갖고 있고, b_2와 b_3의 부호의 방향에 따라 **가속효과**(accentuating effect)와 **배반효과**(violating effect)로 나뉜다. b_2와 b_3의 부호가 같으면 가속효과이고, 다르면 배반효과이다. 강화효과 가설은 다음과 같이 기술할 수 있다.

> 조절변수는 독립변수와 종속변수 간의 관계를 정적(부적)으로 조절할 것이다. 즉 조절변수가 증가(increase)할수록 그들의 관계는 강해질(stronger) 것이다.

① 가속효과: 가속효과의 회귀식은 다음과 같다.

$$Y = b_0 + b_1 X + b_2 W + b_3 XW \text{ 또는 } Y = b_0 - b_1 X - b_2 W - b_3 XW \tag{7}$$

② 배반효과: 배반효과의 회귀식은 다음과 같다.

$$Y = b_0 + b_1 X - b_2 W + b_3 XW \text{ 또는 } Y = b_0 - b_1 X + b_2 W - b_3 XW \tag{8}$$

강화효과에 해당하는 가속효과와 배반효과를 제시하면 [그래프 1-5]와 같다. 그래프에서 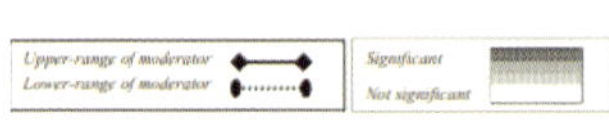

을 의미한다.

그래프 1-5 | 강화효과

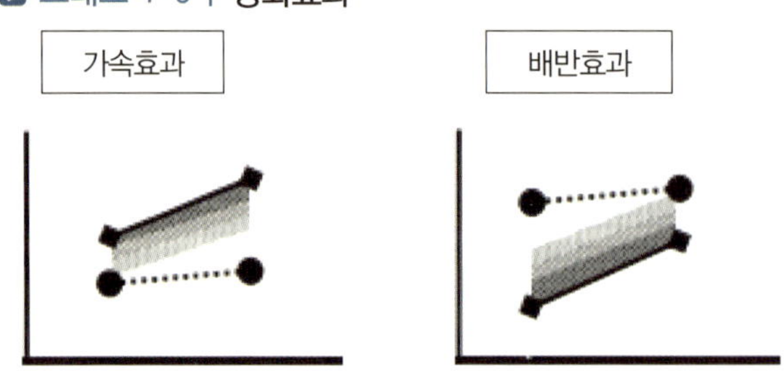

(2) 약화효과(weakening effect)

약화효과는 조절변수의 값이 증가할수록 독립변수와 종속변수 간의 조건적 관계는 약해진다. 약화효과는 **감소효과**(mitigating effect)와 **대체효과**(substituting effect)로 나뉜다. 약화효과와 관련된 가설은 다음과 같다.

> 조절변수는 독립변수와 종속변수 간의 관계를 정적(부적)으로 조절할 것이다. 즉 조절변수가 증가(increase)할수록 그들의 관계는 약해질(weaker) 것이다.

③ **감소효과**: 감소효과의 회귀식은 다음과 같다.

$$Y = b_0 - b_1X + b_2W + b_3XW \text{ 또는 } Y = b_0 + b_1X - b_2W - b_3XW \tag{9}$$

④ **대체효과**: 대체효과에 해당하는 회귀식은 다음과 같다. 회귀식에서 b_1과 b_2가 같은 부호를 갖고, b_3은 정적(+)일 수 있고 부적(−)일 수 있다. 대체효과는 Cohen 등의 방해효과(interference effect)에 해당한다.

$$Y = b_0 + b_1X + b_2W - b_3XW \text{ 또는 } Y = b_0 - b_1X - b_2W + b_3XW \tag{10}$$

감소효과와 대체효과를 제시하면 [그래프 1-6]과 같다.

그래프 1-6 | **약화효과**

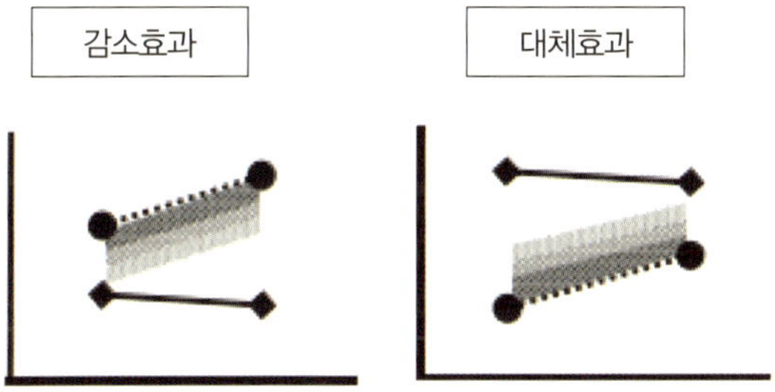

(3) 역전효과(reversing effect)

조절변수값에 따라 독립변수와 조절변수의 조건적 관계가 정적에서 부적으로 또는 반대로 부적에서 정적으로 변한다. 역전효과와 관련된 가설은 다음과 같이 설정할 수 있다.

조절변수는 독립변수와 종속변수 간의 관계를 정적에서 부적으로 또는 부적에서 정적으로 변화시킬 것이다.

역전효과를 제시하면 [그래프 1-7]과 같다.

그래프 1-7 | 역전효과

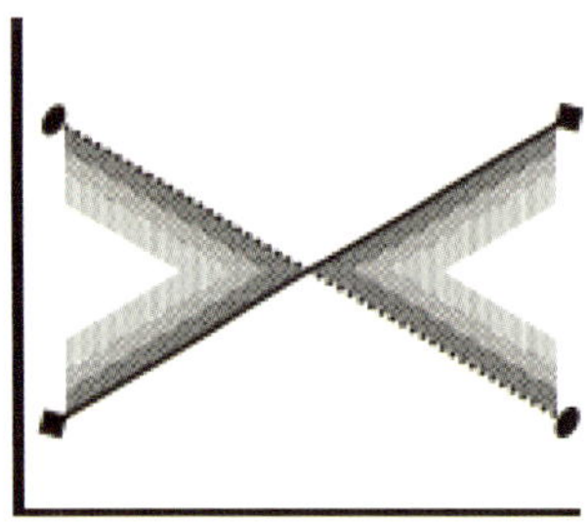

조절변수가 어떤 효과를 갖는가는 b_3의 부호만을 토대로 결정할 것은 아니고, b_1, b_2, b_3의 부호를 종합적으로 고려한다.

4.2 조절효과의 유형: 범주형 조절변수인 경우

범주형 조절변수인 경우에는 다음과 같은 이론적 가정이 있다.

① 존재효과(existence effect): 독립변수가 종속변수에 미치는 효과가 조절변수인 어떤 범주에서는 효과가 있고, 어떤 범주에서는 효과가 없는 경우이다.

② 경쟁효과(competing effect): 독립변수가 종속변수에 어떤 집단에서는 정적(+)으로 영향을 미치는데, 어떤 집단에서는 부적(−)으로 영향을 미치는 경우이다.

5 조절효과분석 절차

저자는 조절효과분석 절차를 [표 1-3]과 같이 제시하고자 한다.

표 1-3 ▌조절효과분석 절차

절차	세부적 내용
변수 선정 및 가설설정	• 이론적 가정을 토대로 조절변수 선정 • 문헌검토를 통한 조절변수 선정 • 방향성 가설설정
분석 및 검정 (analyzing & testing)	• 회귀분석 vs. 구조방정식모델링(SEM) • SPSS vs. PROCESS • 평균중심화 문제 • 위계적 투입 vs. 동시투입 • t-test vs. F-test
심층탐구 (probing)	• 단순기울기 분석: pick-a-point(M+1SD, M, M−1SD) • Johnson-Neyman 기법
시각화 (visualizing)	• SPSS, PROCESS에 의한 그래프 그리기 • Excel sheet에 의한 그래프 그리기
해석 및 보고 (interpreting & reporting)	• 이론적·실무적인 면에서 해석하고 보고 • 효과크기, 검정력 보고

5.1 조절변수의 선정

1) 이론적 관점

조절변수의 선정이 조절효과분석에서 가장 중요하다. 이는 조절변수가 이론적·실무적인 면에서 의미가 있어야 하기 때문이다. 아무런 의미도 없는 조절효과분석은 안 하는 것이 낫다. 조절변수를 선정하기 위해 심층적인 문헌검토(literature review)가 필요하다. 문헌검토를 통해 연구자가 관심을 갖고 있는 두 변수 간에 어떤 변수를 조절변수로 설정하여 연구할 것인가를 결정한다. **올바른 연구 자세는 자료지향적(data-driven)이 아닌 이론지향적(theory-driven)이어야 한다는 점을 기억하라. 이는 자료분석 결과를 토대로 조절효과의 유형을 결정해서는 안 되고 이론적으로 미리 정해놓아야 한다는 뜻이다(Kerr 1998).**

앞서 기술했듯, 조절효과분석은 독립변수와 종속변수 간에 관계의 크기와 방향을 변화시킬 수 있는 제3의 변수를 찾는 데 목적이 있다. 이러한 변수에 해당하는 것으로는 일반적으로 선천적 속성(예 성별), 비교적 안정적인 특성(예 퍼스낼러티 유형, 기질), 비교적 변하지 않는 배경변수(background variable), 환경변수(environmental variable) 또는 맥락변수(contextual variable) 등이 있다. 전략경영 및 조직 분야에서 연구된 대표적인 조절변수를 [표 1-4]와 같이 정리한다.

표 1-4 ▌전략경영 및 조직 분야에서 연구된 조절변수

조절변수	독립변수와 종속변수
시장변동성	시장지향성과 기업성과
기술변동성	시장지향성과 기업성과, 시장지향성과 조직의 이노베이션
경쟁강도	시장지향성과 기업성과
전략유형	시장지향성과 기업성과
기업가지향성	시장지향성과 기업성과, 가족관여와 기업실패위험
기업연령	학습지향성과 혁신성, 고객관리성과와 재무성과
기업규모	혁신성과 재무성과, 정보기술역량과 시장성과
산업유형	기업성과와 기능의 중요성, 수익성과 레버리지
기업가정신	지식경영과 창의성
직무자율성	선제적 개성과 직무성과, 감정적 역량과 직무성과
조직문화	조직몰입과 직무만족, 조직정의(justice)와 OCB
조직구조	혁신성과 기업성과, 지식경영능력과 직무성과
지각된 조직지원	조직의 스트레스요인과 OCB
환경의 역동성	거래적 리더십과 벤처성과

2) 분석적 관점

어떤 두 변수 간에 인과관계가 없거나 약하게 나타난 경우에 조절변수를 선정해서 연구할 수 있다. 즉, 어떤 연구에서는 독립변수와 종속변수 간에 인과효과가 있는 것으로 나타나고, 어떤 연구에서는 나타나지 않는다면 이는 조절변수를 도입할 필요성을 암시한다. 퍼스낼러티 특성이 행동을 예측하는 데 있어 연구결과가 일관적으로 나타나지 않은 상황에서 Snyder(1983)는 자아감시성(self-monitoring)을 조절변수로 도입하여 연구하였다.

조절효과분석 결과, 조절효과가 없는 것으로 나타난 경우 이는 선형(linear) 관계가 아닌 비선형(non-linear) 관계를 암시할 수도 있다. 이 경우, 제11장에 기술된 **비선형 조절효과 분석(non-linear moderation effect analysis)**을 시도해보는 것도 의의가 있다.

5.2 조절효과의 가설설정

조절효과 가설을 다음과 같이 설정하는 것은 좋은 것이 아니다.

가설: 조절변수는 독립변수와 종속변수 사이에 조절역할을 할 것이다.

위와 같이 가설을 설정하지 말고, **기존의 이론과 연구결과를 충분히 검토하여 조절변수가 독립변수와 종속변수 사이에 관계를 정적(+)으로 변화시키는지 또는 부적(−)으로 변화시키는지 등의 방향성을 포함하여 가설을 설정하는 것이 바람직하다.** 즉 다음과 같이 가설을 설정하는 것이 좋다.

가설 1: 독립변수와 종속변수 간의 관계는 조절변수가 줄어들수록 커질 것이다.
가설 2: 독립변수와 종속변수 간의 관계는 조절변수가 커질수록 줄어들 것이다.

조절변수에 따라 독립변수와 종속변수 간의 관계가 어떻게 변하는지를 기존의 이론을 충분히 검토하여 가설을 설정한다. 조절효과의 이론적 가정은 가설을 설정하는 데 고려해야 할 사항이다. 사회적 지원의 조절효과의 경우, 연구자는 다음과 같이 가설을 설정할 수 있다.

> **가설 1**: 스트레스와 우울 간의 관계에서 사회적 지원은 조절효과를 할 것이다.
> **가설 2**: 스트레스와 우울 간의 관계에서 사회적 지원은 완화효과를 할 것이다.

가설 1은 **비방향성 가설**(non-directional hypothesis)이므로 양측검정을 한다. 따라서 $\alpha = .05$ 수준에서 검정통계량이 1.96보다 크면 유의적이라 결정한다. 이에 비해, 가설 2는 **방향성 가설**(directional hypothesis)이므로 단측검정을 한다. 따라서 $\alpha = .05$ 수준에서 검정통계량이 1.65보다 크면 유의적이라 결정한다. **연구자는 조절변수의 효과에 관해 이론적 배경을 충분히 검토하여 방향성 가설의 관점에서 가설을 기술하는 것이 바람직하다. 결과를 보고 가설의 이론적 가정을 세우는 접근법(HARKing)은 바람직하지 않다는 것도 기억하라(Kerr 1998).**

5.3 조절효과 분석법의 선택

조절효과는 회귀분석과 구조방정식모델링(structural equation modeling: SEM)에 의해 분석할 수 있다. 회귀분석에 의한 조절효과는 SPSS나 PROCESS에 의해 분석할 수 있고, SEM에 의한 조절효과는 Amos, LISREl, Mplus, SmartPLS 등에 의해 분석할 수 있다. 이 책은 SPSS와 PROCESS에 의한 분석에 초점을 맞추었다. SEM에 의한 조절효과분석은 배병렬(2016, 2018), 이형권(2018)을 참고하기 바란다.

SPSS나 PROCESS에 의한 조절효과분석은 개념이 하나의 관측변수만으로 측정된 경우 또는 여러 개의 관측변수에 의해 측정되었더라도 이들을 하나의 합성변수로 만들어 분석할 수 있다. SEM에 의한 조절효과분석은 개념이 여러 개의 관측변수로 측정된 경우에 할 수 있다. 회귀분석에 의해 분석하는 경우, 측정오차를 반영할 수 없어 **통계적 검정력**(statistical power)이 떨어지는 문제가 있다. 따라서 **여러 개의 문항으로 측정한 경우에 이를 하나의 변수로 만들어 회귀분석을 하기보다는 SEM으로 분석하는 것이 바람직하다.**

앞서 식 (2)에서 회귀분석을 할 때 상호작용항을 만들고 이를 회귀식에 투입하여 조절효과를 분석하였다. 이를 **조절다중회귀분석**(moderated multiple regression: MMR)이라 한다. **위계적 회귀분석**(hierarchical regression analysis)은 독립변수를 투입할 때 모든 변수를 한 번에 모두 투입하는 **동시투입**(simultaneous entry)이 아니고 한 개씩 단계적으로 투입하는 **위계적 투입**(hierarchical entry)을 할 때 사용되는 용어이다. 따라서 조절다중회귀분석과 위계적 회귀분석은 차이가 있다.

5.4 분석결과의 검정

분석을 한 다음, 조절효과의 통계적 유의도를 검정한다. 이를 검정하는 방법은 다음과 같은 두 가지가 있다. 이를 **총체적 검정**(omnibus test)이라 한다.

1) t-test

조절효과의 유의도를 검정하기 위해 식 (2)의 회귀식에서 상호작용항(XW)의 계수(b_3)가 유의적인가를 검정한다. 이를 검정하기 위한 귀무가설은 $H_0 : \beta_3 = 0$이다. 즉 b_3이 모집단에서 0이라는 것이다. 이를 검정하기 위해 회귀계수(b_3)를 표준오차(SE)로 t값이 통계적으로 유의적이면 조절효과가 있다고 해석한다.

$$t = \frac{b_3}{\text{SE}} \tag{11}$$

2) F-test

F-test는 $H_0 : \psi_2^2 - \psi_1^2 = 0$라는 귀무가설을 검정한다. ψ_2^2, ψ_1^2은 각각 R_2^2, R_1^2의 모집단 모수를 의미한다. 이 귀무가설을 검정하기 위한 검정통계량 F는 자유도(df) $df_1 = (k_2 - k_1)$, $df_2 = (N - k_2 - 1)$을 갖는 F분포를 한다. F는 다음과 같이 계산된다.

$$F = \frac{(R_2^2 - R_1^2)/(k_2 - k_1)}{(1 - R_2^2)/(N - k_2 - 1)} \tag{12}$$

k_2는 식 (2)에 있는 독립변수의 수, k_1은 식 (1)에 있는 독립변수의 수, N은 표본크기를 의미한다. F검정을 하여 F가 통계적으로 유의적이면 조절효과가 있다고 해석한다.

Output 1-4 SPSS output: 회귀분석 결과

Model Summary

Model	R	R Square	Adjusted R Square	Std. Error of the Estimate	Change Statistics				
					R Square Change	F Change	df1	df2	Sig. F Change
1	.463[a]	.215	.203	6.12349	.215	18.850	2	138	.000
2	.504[b]	.254	.237	5.99108	.039	7.168	1	137	.008

a. Predictors: (Constant), social support, stress
b. Predictors: (Constant), social support, stress, strs_socs

$t-$test는 [Output 1-1]에서 b_3 계수가 통계적으로 유의적인가를 보는 것이고, $F-$test는 [Output 1-4]에서 R^2 변화량이 유의적인가를 보는 것이다. 이 두 가지 검정은 동일한 유의도($p=.008$)를 갖는다.

5.5 상호작용항 계수의 사후심층탐구

상호작용항의 계수가 유의적이면 이를 보다 자세히 살펴보기 위해 심층적으로 탐구한다. 이를 **사후심층탐구**(*post hoc* probing) 또는 **상호작용탐구**(probing an interaction)라 한다. 이를 위한 접근법에는 ① **특정값 선택법**(pick-a-point approach)과 ② **유의영역 접근법**(region of significance approach)이 있다.

특정값 선택법은 조절변수의 특정값을 선택한 후 이 값을 기준으로 조절효과를 심층적으로 분석한다. 이 접근법을 **스포트라이트분석**(spotlight analysis), 또는 **단순기울기 분석**(simple slope analysis)이라 한다. 일반적으로 쓰이는 특정값으로는 ① 조절변수의 값 가운데 16번째, 50번째, 84번째에 해당하는 백분위(percentile)를 기준으로 보는 방법과, ② 평균보다 $-1SD$ 작은 값($M-1SD$), 평균값(M), 평균보다 $+1SD$ 큰 값($M+1SD$)을 기준으로 보는 방법이 있다.

유의영역 접근법은 조절변수의 전체 영역에서 조절효과가 유의적인 영역이 어디인가를 살펴본다. 이 접근법을 **조명등분석**(floodlight analysis) 또는 **존슨-네이먼기법**(Johnson-Neyman technique)이라 한다. 이에 대해서는 다음 장에서 자세히 살펴본다.

5.6 시각화

조절효과를 심층적으로 살펴본 다음, 이를 그래프로 제시하면 조절효과를 이해하는 데 도움이 된다. 그래프를 그리는 것에 대해서는 다음 장에서 자세히 살펴본다.

5.7 결과보고

조절효과분석의 결과를 보고하는 데 관련된 몇 가지 사항에 대해 살펴본다.

첫째, 단순히 조절효과가 있고 없고만 기술해서는 안 된다. 연구자들이 조절효과를 검정하고 결과를 '조절효과가 있는 것으로 나타났다.' 또는 '조절효과가 없는 것으로 나타났다.' 등으로 기술하는데 이는 바람직하지 않다. **가설검정을 하는 목적은 가설이 채택되는지 또는 기각되는지를 알고자 하는 것이 아니다. 가설검정을 통해 가설이 채택되는 경우 그 의미를 기술해야 한다.** 또한 **가설이 채택되었다는 표현은 정확한 기술이 아니다. 채택되었다면 지지되었다(support)고 기술하고, 채택되지 않으면 지지되지 않았다(not support)고 기술하는 것이 올바르다.**

둘째, **효과크기(effect size: f^2)**를 보고한다. 조절효과의 효과크기(f^2)는 다음 공식에 의해 계산된다.

$$f^2 = \frac{R_2^2 - R_1^2}{1 - R_2^2} \tag{13}$$

R_2^2: 상호작용항이 있는 모델의 R^2값
R_1^2: 상호작용항이 없는 모델의 R^2값

스트레스의 예에서 $R_2^2 = .254$, $R_1^2 = .215$로 나타났다. 이 값을 이용하여 f^2을 구하면 다음과 같다.

$$f^2 = \frac{.254 - .215}{1 - .254} = \frac{.039}{.746} = .052$$

Cohen(1992)은 f^2가 .02, .15, .35를 기준으로 각각 작은(small), 중간(medium),

큰(large) 등으로 제시한다. Cohen이 제시한 이 값은 조절효과의 효과크기가 아닌 회귀분석을 통해 얻은 계수의 효과크기이다. 흔히 **연구자들이 조절효과의 효과크기를 이 값을 기준으로 제시하는데 이는 틀린 것이다. Aguinis 등(2005)은 보다 현실적인 기준으로 .005, .01, .025를 각각 작은, 중간, 큰 효과크기로 제시한다.** 스트레스의 조절효과크기 f^2 =.052는 큰 기준에 속한다.

셋째, **통계적 검정력(statistical power)**을 보고한다. 통계적 검정력은 귀무가설이 틀렸다는 가정 하에 그 귀무가설을 기각할 확률을 의미한다. 즉, 모집단을 대상으로 조절효과가 있다는 주장을 할 수 있는 확률이다. 일반적인 통계적 검정력 기준은 .80 이상이다. 검정력에 영향을 미치는 요인은 여러 가지가 있는데 그 가운데 하나는 표본크기(sample size)이다. 검정력을 높이기 위해서는 표본크기가 커야 한다.

검정력을 계산하기 위해 G*Power 프로그램을 실행하여 [Test family]를 [F-test]로 하고, [Statistical test]를 [Linear multiple regression: Fixed model, R^2 increase]로 지정한다. [Input Parameters]에 다음과 같이 입력하고 [Calculate] 버튼을 누르면 검정력값을 구한다. 이 예에서는 .80로 나타난다.

[G*Power 대화상자]

Input Parameters		Output Parameters	
Determine => Effect size f²	.052	Noncentrality parameter λ	11.1280000
α err prob	0.05	Critical F	2.6475951
Power (1-β err prob)	.8	Numerator df	3
Number of tested predictors	3	Denominator df	210
Total number of predictors	3	Total sample size	214
		Actual power	0.8008068

넷째, 계수가 비표준화계수인지 또는 표준화계수인지를 명확히 기술한다. 일반적으로 비표준화계수는 B 또는 b(비이)로 표기하고, 표준화계수는 β(베타)로 표기한다. **비표준화계수인지 또는 표준화계수인지에 대한 명확한 기술 없이 그냥 $B(b)$ 또는 β로만 표기해서는 안 된다.** 이러한 표기에 익숙하지 않은 독자들을 위해 비표준화계수인지 표준화계수인지를 명확히 기술한다.

6 조절효과의 다양한 예

조절효과의 다양한 예를 살펴본다. 일상생활에서 흔히 볼 수 있는 예에서부터 학문적으로 연구된 예에 대해서도 살펴본다.

6.1 강화효과의 예

1) 흡연의 강화효과

지나친 음주는 건강에 해롭다($b_1 > 0$). 음주에다 담배까지 피면 건강은 더 나빠질 것이다($b_2 > 0$). 지나친 음주에 흡연의 정도가 많을수록 건강은 더 안 좋아질 것이다($b_3 > 0$). 이 경우 흡연은 건강에 나쁜 영향을 주는 강화효과를 갖는 조절변수라 할 수 있다.

그림 1-6 | 흡연의 강화효과

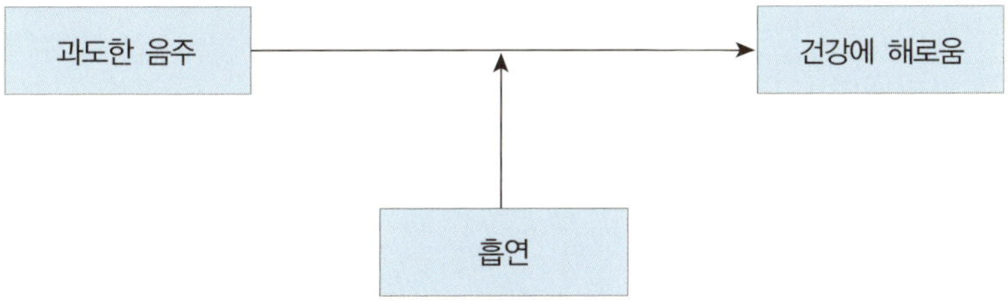

그래프 1-8 | 흡연의 강화효과

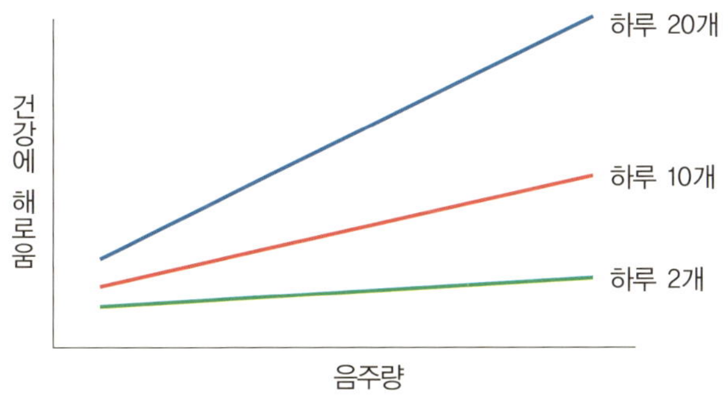

과도한 음주와 건강에 해로움 간의 관계에서 흡연의 강화효과를 나타내면 [그래프 1-8]과 같다. 그림에서 볼 수 있듯, 과도한 음주를 하게 되면 건강에 해로운데 담배를 많이 필수록 건강에 더 해롭다.

2) 부부갈등의 강화효과

직무스트레스를 많이 받으면 삶의 만족은 떨어진다($b_1 < 0$). 부부갈등은 삶의 만족을 떨어뜨린다($b_2 < 0$). 직무스트레스와 부부갈등이 상호작용하여 삶의 만족을 더 떨어뜨릴 수 있다($b_3 < 0$).

그림 1-7 | 부부갈등의 강화효과

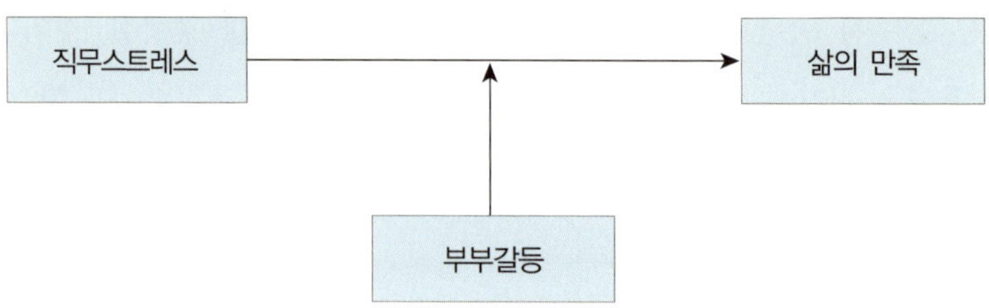

이들 간의 관계를 나타내면 [그래프 1-9]와 같다.

그래프 1-9 | 부부갈등의 강화효과

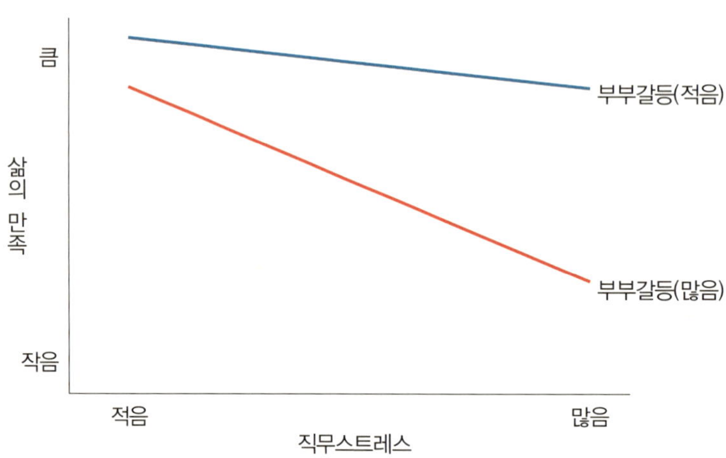

[그래프 1-9]에서 볼 수 있듯, 직무스트레스가 적고 부부갈등이 적을수록 삶의 만족도가 커진다.

3) 학습지향성의 강화효과

Baker & Sinkula(1999)는 시장지향성과 조직성과 간에 학습지향성이 강화효과가 있는가를 연구하였다. 그들의 연구모델을 제시하면 [그림 1-8]과 같다.

그림 1-8 | 시장지향성과 조직성과 간 학습지향성의 강화효과

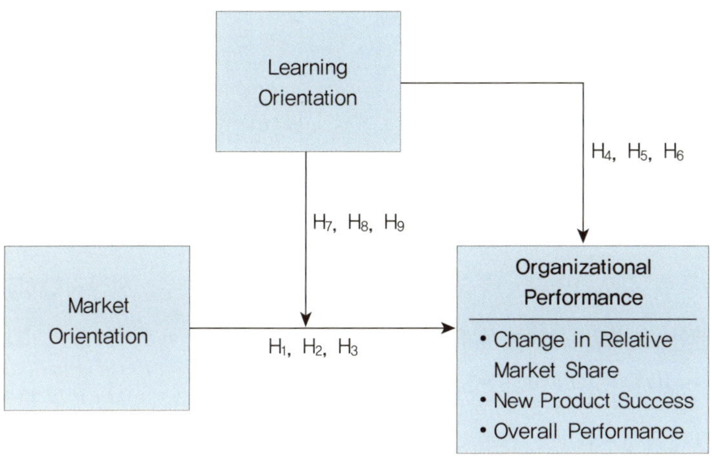

그들의 연구 가운데 조절효과와 관련된 가설을 제시하면 다음과 같다(Baker & Sinkula 1999, p.416).

H7: The greater an organization's learning orientation, the stronger the positive relationship between its market orientation and its change in relative market share.
H8: The greater an organization's learning orientation, the stronger the positive relationship between its market orientation and its overall performance.
H9: The greater an organization's learning orientation, the weaker the positive effect of market orientation on new product success.

위 가설을 보면, 가설이 방향성을 고려하여 설정된 것을 알 수 있다. 분석결과는 [표

1-5]와 같다.

표 1-5 ▌학습지향성의 강화효과

	Dependent Variables					
	Change in Relative Market Share		New Product Success		Overall Performance	
	Hypothesis	Unstandardized Coefficient	Hypothesis	Unstandardized Coefficient	Hypothesis	Unstandardized Coefficient
Market orientation	Hypothesis 1, +	.266* (.130)	Hypothesis 2, +	.465** (.114)	Hypothesis 3, +	.355** (.119)
Learning orientation	Hypothesis 4, +	.302** (.120)	Hypothesis 5, +	.403** (.105)	Hypothesis 6, +	.392** (.111)
Market orientation × Learning orientation	Hypothesis 7, +	.240* (.140)	Hypothesis 9, –	–.233* (.123)	Hypothesis 8, +	–.162 (.129)

NOTE: Tests of hypotheses are one-tailed tests. Numbers in parentheses are standard errors.
*p < .05. **p < .01.

H7은 상호작용효과가 유의적으로 가설화된 방향대로 나타났다(b=.240, $p < .05$). 따라서 H7은 지지된다. 이 가설이 강화효과와 관련된다. 단순기울기에 의해 상호작용을 보다 자세히 살펴보았다. 이를 위해 학습지향성의 높은 수준(1표준편차 위)과 낮은 수준(1표준편차 아래)을 기준으로 검토하였다. 학습지향성이 높은 수준인 경우, 시장지향성과 상대적 시장점유율의 변화(ΔMS) 간에는 유의적이며 정적($b = .410$, $t = 2.61$, $p < .01$)인 것으로 나타났고, 학습지향성이 낮은 수준에서는 비유의적($b = .123$, $t = .81$, $p < .42$)인 것으로 나타났다([그래프 1-10]의 왼쪽 그래프 참조).

H8은 시장지향성과 전반적인 성과 간의 관계는 학습지향성이 증가할수록 커지는 것으로 가설화하였으나, 분석결과 부적(−)이며 유의적이지 않은 것으로 나타났다. 따라서 H8은 지지되지 못한다.

H9는 시장지향성과 신제품성공 간의 관계는 학습지향성이 증가할수록 약해지는 것으로 가설화하였다. 상호작용효과가 가설화된 방향으로 유의적인 것으로 나타났다(b=−.233, $p < .05$). 따라서 H9는 지지된다. 상호작용효과가 단순기울기를 토대로 학습지향성의 높은 수준과 낮은 수준을 대상으로 심층적으로 검토되었다. 두 경우 시장지향성과 신제품성공은 유의적이고 정적이었다. 두 변수 간의 관계는 학습지향성의 수준이 높은 경우($b = .327$ $t = 2.31$ $p < .02$)보다 낮은 경우($b = .606$, $t = 4.53$, $p < 0.000$) 더 강하게 나타났다([그래프 1-10]의 오른쪽 그래프 참조).

▶ 그래프 1-10 | 학습지향성의 조절효과

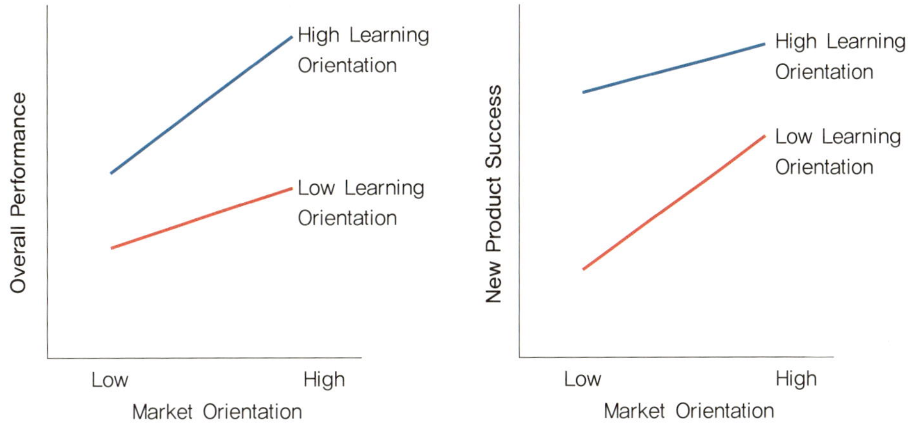

6.2 완화효과의 예

1) 운동(또는 금연)의 완화효과

과도한 음주는 건강에 해롭다. 그러나 운동을 열심히 한다든가 또는 흡연을 하는 경우 금연을 하면 건강에 해로움을 어느 정도 완화(감소)시킬 수 있다. 이들 간의 관계를 나타내면 [그림 1-9]와 같다.

▶ 그림 1-9 | 운동 또는 금연의 완화효과

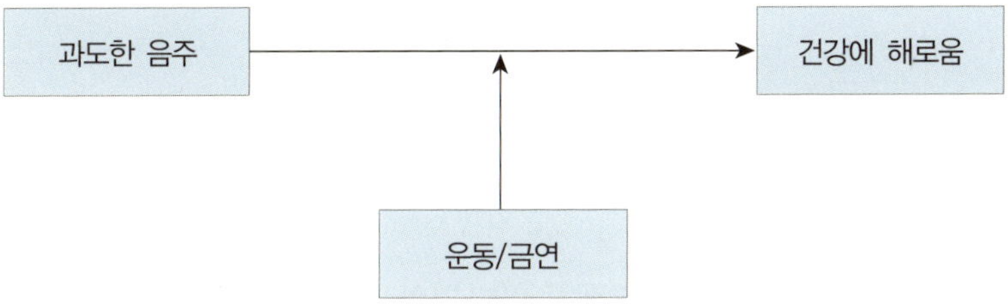

운동의 조절효과를 그래프로 제시하면 [그래프 1-11]과 같다.

그래프 1-11 | 운동의 완화효과

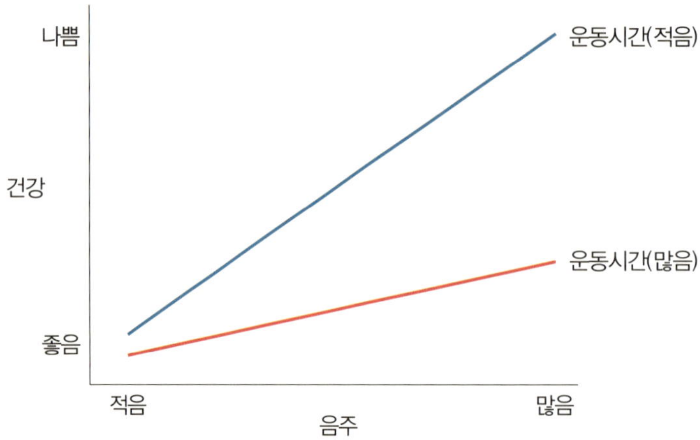

2) 운동의 완화효과

나이를 먹게 되면 지구력이 떨어진다($b_1 < 0$). 그러나 운동을 많이 하게 되면 지구력을 강화시킬 수 있다($b_2 > 0$). 나이를 먹더라도 운동을 많이 하면 지구력을 강화시킬 수 있다($b_3 > 0$). 이들 간의 관계를 제시하면 [그림 1-10]과 같다.

그림 1-10 | 운동의 완화효과

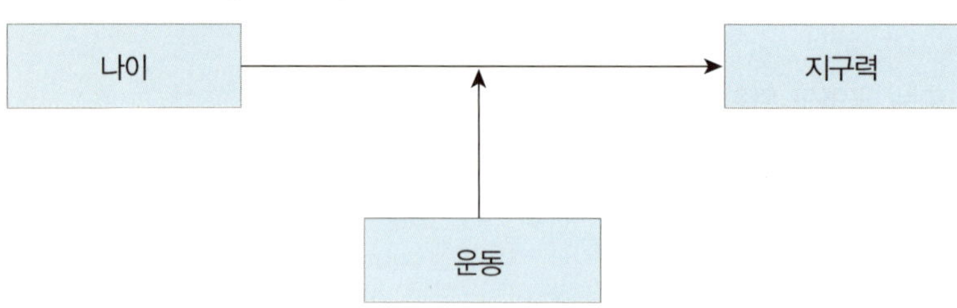

운동의 완화효과를 그래프로 제시하면 [그래프 1-12]와 같다.

▶ 그래프 1-12 | 운동의 완화효과

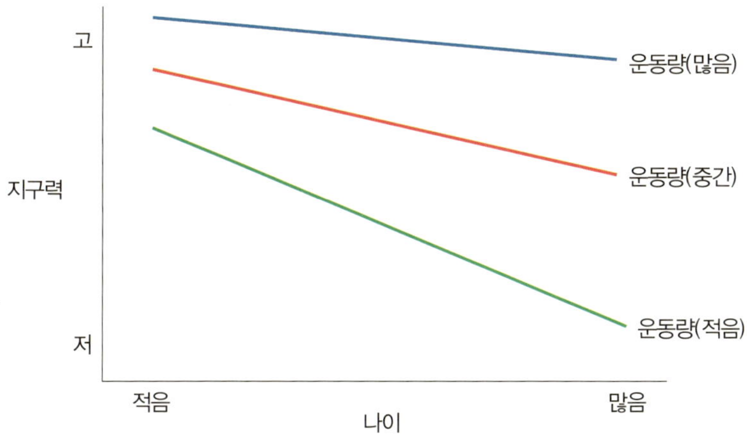

3) 외향성의 완화효과

Dijkstra 등(2005)은 직장에서의 갈등빈도와 웰빙 간의 관계에서 성격의 조절효과를 연구하였다. 성격변수 가운데 외향성의 조절효과를 나타낸 것이 [그림 1-11]이다.

▶ 그림 1-11 | 외향성의 완화효과

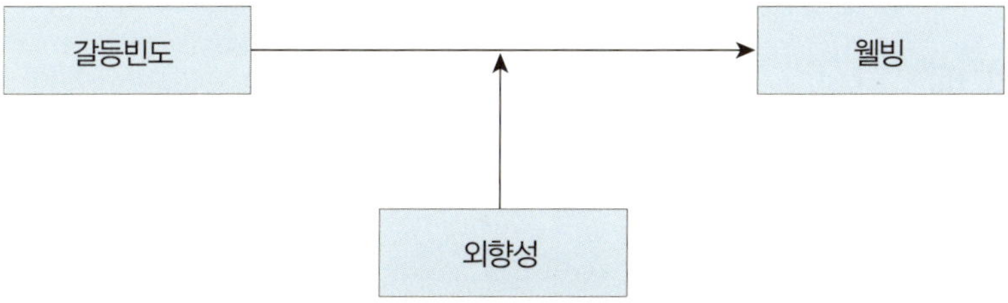

이들 간의 관계를 분석한 결과, 갈등의 회귀계수($\beta = -.23$, $p < 0.001$), 외향성의 회귀계수($\beta = 0.25$, $p < 0.001$), 갈등과 외향성의 상호작용 회귀계수($\beta = 0.13$, $p < 0.05$)를 얻었다. 이를 토대로 단순기울기를 구한 결과, 외향성이 높은 사람은 ($\beta = -0.16$, $t = -2.54$, $p = 0.01$), 외향성이 낮은 사람은 ($\beta = -0.33$, $t = -4.83$, $p = 0.00$)로 나타났다. 단순기울기를 그래프로 나타낸 것이 [그래프 1-13]이다.

그래프 1-13 | 갈등빈도와 웰빙 간의 관계에서 외향성의 조절효과

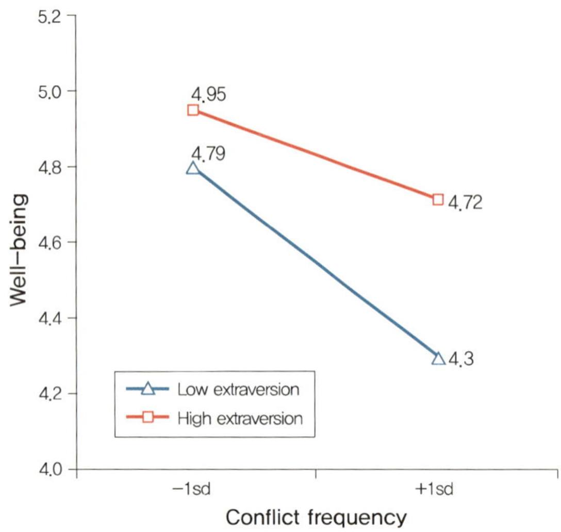

[그래프 1-13]에서 볼 수 있듯, 외향성이 높을수록 갈등빈도가 웰빙에 미치는 영향은 줄어드는 것을 알 수 있다. 따라서 외향성은 갈등빈도와 웰빙 간의 관계를 완화하는 조절효과가 있다고 할 수 있다.

6.3 방해효과의 예

방해효과의 예를 들면 [그림 1-12]와 같다. 예를 들어, 학생의 능력이 성적에 영향을 미칠 수 있다. 이의 조절변수로 모티베이션을 고려한다.

그림 1-12 | 능력과 성적 간 모티베이션의 조절효과

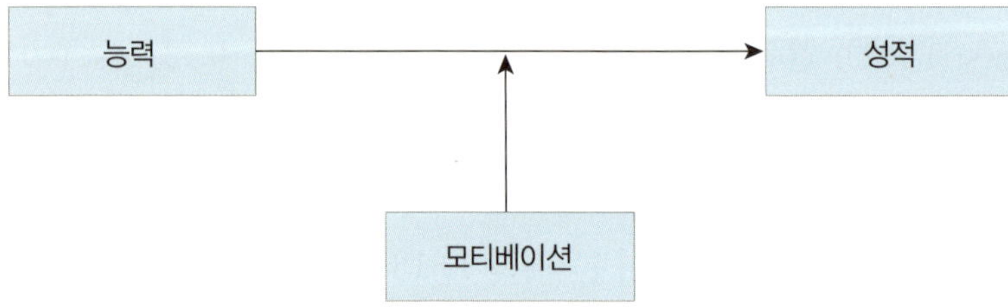

능력과 모티베이션은 성적에 정적인 영향을 준다(($b_1 > 0$, $b_2 > 0$). 그런데 이들의 상

호작용은 부적일 수 있다($b_3 < 0$). 능력도 좋고 모티베이션도 많은 학생은 성적이 좋지만, 반대로 능력은 좋은데 모티베이션이 낮은 학생은 성적이 좋지 않을 수 있다. 이러한 관계를 나타낸 것이 [그래프 1-14]이다.

그래프 1-14 | 방해효과의 예

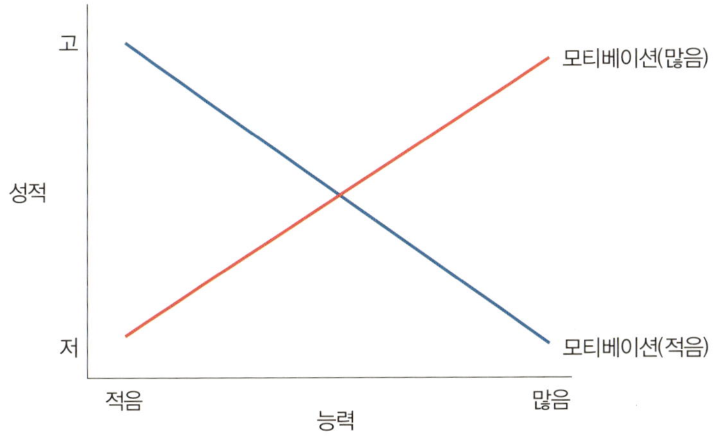

Van Leeuwen 등(2004)은 어린이의 문제행동의 조절변수로 어린이의 성격과 부모의 양육행동에 대해 연구하였다. 그들은 부모의 호의적 양육방식(positive parenting)과 어린이의 외현행동(externalizing)과의 관계에서 어린이의 자비심(benevolence)이 어떤 조절역할을 하는지 연구하였다. 그들의 연구모델을 제시하면 [그림 1-13]과 같다.

그림 1-13 | 어린이 성격의 조절효과

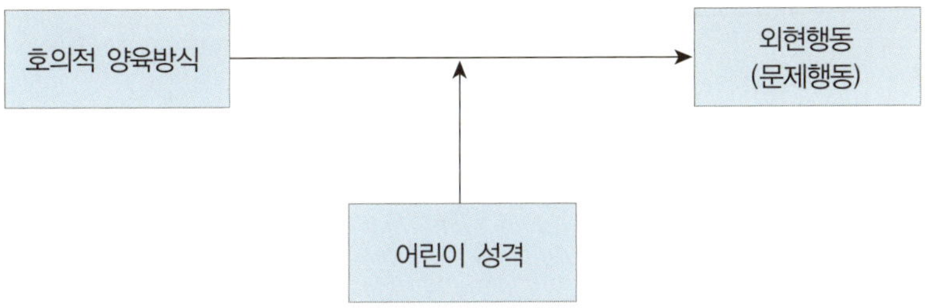

연구결과, 그들의 논문(p.1034) [Table 2]를 보면 회귀계수는 각각 자비심(BE) $\beta = -.65^{***}$, 호의적 양육방식(POS) $\beta = -.03$, 상호작용 $\beta = .10^{***}$으로 나타났다.

표 1-6 ▌어린이 성격의 조절효과

			Positive Parenting			
Sex, Age	11.63***	−.18**, .02	11.85***	−.19**, .02	8.14***	−.11, −.01
BE, POS	232.02***	−.65***, −.03	233.18***	−.67***, .02	277.42***	−.73***, .04
BE × POS	11.17***	.10***	0.54	−.02	0.82	.02
Sex, Age	11.63***	−.24***, .01	11.85***	−.25***, .01	8.14***	−.15, .00
CO, POS	64.47***	−.40***, −.09*	60.78***	−.42***, .02	74.82***	−.49***, −.07
CO × POS	7.58**	.10**	0.33	.02	8.65**	.11**
Sex, Age	11.63***	−.39***, .03	11.85***	−.39***, .04	8.14***	−.42***, .02
ES, POS	20.20***	−.16***, −.19***	9.00***	−.17***, −.03	17.49***	−.19***, −.13**
ES × POS	0.01	.00	0.63	−.03	1.49	−.05
Sex, Age	11.63***	−.38***, .04	11.85***	−.39***, .04	8.14***	−.36***, .03
EX, POS	15.51***	.11**, −.22***	1.46	.07, −.02	8.17***	.06, −.18***
EX × POS	0.09	−.01	3.85*	.08*	0.40	−.03
Sex, Age	11.63***	−.37***, .02	11.85***	−.39***, .01	8.14***	−.36***, .00
IM, POS	17.11***	−.13**, −.18***	8.25***	−.17***, −.01	14.42***	−.17***, −.14**
IM × POS	4.74*	.09*	0.59	.03	3.57	.08

[표 1-6]을 보면, 어린이의 성격 가운데 자비심(BE) 외에도 성실성(conscientious: CO), 상상력(imagination: IM) 등이 방해효과를 하는 조절변수인 것으로 나타났다. 자비심의 방해효과를 나타낸 것이 [그래프 1-15]이다.

그래프 1-15 | 방해효과의 예

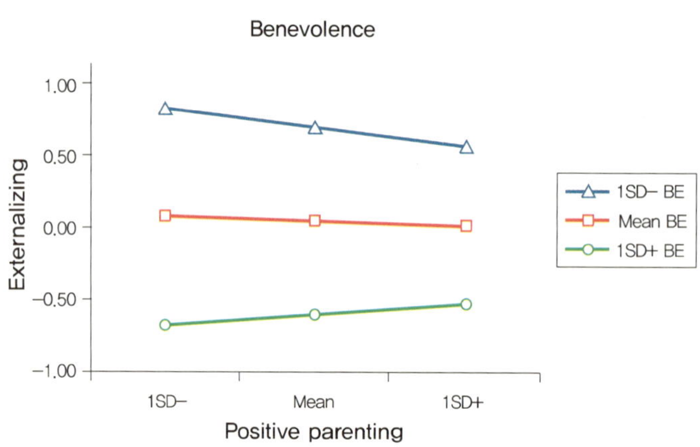

호의적 양육방식과 자비심은 외현행동에 부적(−)으로 영향을 미치고 호의적 양육방식의 중요성은 자비심에 의해 감소하거나 증가하는 것으로 해석할 수 있기 때문에 자비심은 방해효과의 조절역할을 하는 것으로 해석한다. 이러한 해석은 그들의 논문 p.1034에

있는 다음과 같은 문장을 통해서도 확인할 수 있다.

> **An interference or antagonistic interaction is found for the Positive Parenting× Benevolence interaction (see Figure 2). Here, the interaction term has the sign opposite to that of both predictors.** This suggests that both positive parenting and child personality are negatively related to externalizing behavior but that the importance of positive parenting is lessened by benevolence, or vice versa.

7 조절효과분석의 이슈

조절효과분석과 관련된 이슈들과 그에 대한 Best-Practices를 기술한다. **여기에 기술하는 내용은 통계적 관점이 아니고, 연구자가 논문을 쓸 때의 관점에서 정리한 것이다. 이들 이슈는 선택의 문제이다. 따라서 어떤 것을 선택하느냐에 따라 분석결과가 달라지지는 않는다.** 이들 이슈는 주로 SPSS로 분석하는 경우에 접하게 되는 문제이다. PROCESS로 분석하는 경우에는 이들 이슈를 Hayes가 정리해서 프로그램에 반영하였다. 이에 대한 자세한 내용은 제2장과 제3장에서 살펴본다.

1) 평균중심화의 문제

조절효과분석을 할 때 흔히 **평균중심화(mean-centering: MC)**를 꼭 해야 한다고 주장하는데, MC가 꼭 필요한 것은 아니다. **MC를 했냐 안 했냐에 따라 b_1, b_2 계수 및 이들의 표준오차(SE), t값, 그리고 p값은 다르지만 b_3은 모두 동일하다. 일반적으로 MC를 하게 되면 다중공선성의 문제를 해결한다고 주장하는 것은 잘못된 것이다. MC는 해석의 편의성을 위해 하는 것이지 다중공선성 문제를 해결하는 것은 아니다. 저자가 생각하는 MC에 관한 결론은 하는 편이 낫다는 것이다.** 이는 논문을 작성할 때 보고해야 되는 것 중에 그래프를 엑셀시트를 이용하여 그리는 것이 필요한데, 이때 평균중심화를 한 상황에서 얻은 정보가 필요할 때가 많기 때문이다.

2) 위계적 투입과 동시투입의 문제

조절효과분석을 할 때 위계적 투입(hierarchical entry)과 동시투입(simultaneous entry)에 의해 분석할 수 있다. 이 문제도 선택의 문제이다. 두 방법은 모두 동일한 결과를 산출한다. PROCESS는 동시투입에 의해 분석하도록 설계되었다.

3) 조절효과분석을 위한 저자의 결론

조절효과분석을 할 때 MC를 하고 PROCESS로 분석하는 것이 제일 좋은 접근법이다.

참고문헌

박현선, 이상균 (2008). 청소년기 비행친구의 영향에 대한 보호요인의 조절효과. *사회복지연구*, 37, 399-427.

배병렬 (2016). Mplus 7.0 구조방정식모델링. 서울: 도서출판 청람.

배병렬 (2018). SPSS/Amos/LISREL/SmartPLS에 의한 조절효과 및 매개효과분석. 2판, 서울: 도서출판 청람.

서영석 (2010). 상담심리 연구에서 매개효과와 조절효과 검증: 개념적 구분 및 자료 분석 시 고려 사항. *한국심리학회지: 상담 및 심리치료*, 22(4), 1147-1168.

이형권 (2016). 조절분석과 조절된 매개분석 및 매개된 조절분석의 오해와 진실. *관광연구*, 31(3), 213-248.

이형권 (2018). Mplus를 이용한 매개효과와 조절효과 및 조절된 매개효과분석. 서울: 신영사.

Aguinis, H. (1995). Statistical Power Problems and Moderated Multiple Regression in Management Research. *Journal of Management*, 21(6), 1141-1158.

Aguinis, H. (2002). Estimation of Interaction Effects in Organization Studies. *Organizational Research Methods*, 5, 207-211.

Aguinis, H., Beaty, J. C., Boik, R. J., and Pierce, C. A. (2005). Effect Size and Power in Assessing Moderating Effects of Categorical Variables Using Multiple Regression: A 30-Year Review. *Journal of Applied Psychology*, 90(1), 94-107.

Aguinis, H., and Gottfredson, R. (2010). Best-Practice Recommendations for Estimating Interaction Effects Using Moderated Multiple Regression. *Journal of Organizational Behavior*, 31(6), 776-786.

Aguinis, H., Edwards, J. R., and Bradley, K. J. (2017). Improving Our Understanding of Moderation and Mediation in Strategic Management Research. *Organizational Research Methods*, 20(4), 665-685.

Aiken, L. S., and West, S. G. (1991). *Multiple Regression: Testing and Interpreting Interactions*. Thousand Oaks, CA: Sage.

Andersson, U., Cuervo-Cazurra, A., and Nielsen, B. B. (2014). From the

Editors: Explaining Interaction Effects Within and Across Levels of Analysis. *Journal of International Business Studies*. 45, 1063–1071.

Baker, W. E., and Sinkula, J. M. (1999). The Synergistic Effect of Market Orientation and Learning Orientation on Organizational Performance. *Journal of the Academy of Marketing Science*, 27(4), 411–427.

Baron, R. M., and Kenny, D. A. (1986). The Moderator–Mediator Variable Distinction in Social Psychological Research: Conceptual, Strategic, and Statistical Considerations. *Journal of Personality and Social Psychology*, 51(6), 1173-1182.

Breitborde, N. J. K., Srihari, V. H., Pollard, J. M., Addington, D. N., and Woods, S. W. (2010). Mediators and Moderators in Early Intervention Research. *Early Intervention Research*, 4(2), 143–152.

Cohen, J. (1992). A Power Primer. *Psychological Bulletin*, 112(1), 155–159.

Cohen, J., Cohen, P., West, S. G., and Aiken, L. S. (2003). *Applied Multiple Regression/Correlation Analysis for the Behavioral Sciences*. 3rd ed., Mahwah, NJ: Erlbaum.

Cole, M. G., and Dendukuri, N. (2003). Risk Factors for Depression Among Elderly Community Subjects: A Systematic Review and Meta–Analysis. *American Journal of Psychiatry*, 160(6), 1147–1156.

Dawson, J. F. (2014). Moderation in Management Research: What, Why, When, and How. *Journal of Business & Psychology*, 29(1). 1–19.

Dijkstra, M. T. M., van Dierendonck, D., Evers, A., and De Dreu, C. K. W. (2005). Conflict and Well–being at Work: The Moderating Role of Personality. *Journal of Managerial Psychology*, 20(2), 87–104.

Frazier, P. A., Tix, A. P., and Barron, K. E. (2004). Testing Moderator and Mediator Effects in Counseling Psychology Research. *Journal of Counseling Psychology*, 51(1), 115–134.

Gardner, R. G., Harris, T. B., Li, N., Kirkman, B. L., and Mathieu, J. E. (2017). Understanding "It Depends" in Organizational Research: A Theory–Based Taxonomy, Review, and Future Research Agenda Concerning Interactive and Quadratic Relationships. *Organizational Research Methods*, 20(4), 610–638.

Holmbeck, G. N. (1997). Toward Terminological, Conceptual, and Statistical Clarity in the Study of Mediators and Moderators: Examples From the

Child-Clinical and Pediatric Psychology Literatures. *Journal of Consulting and Clinical Psychology*, 65(4), 599-610.

Hayes, A. F. (2013). *Introduction to Mediation, Moderation, and Conditional Process Analysis: A Regression-Based Approach.* New York, NY: The Guilford Press.

Hayes, A. F. (2018). *Introduction to Mediation, Moderation, and Conditional Process Analysis: A Regression-Based Approach.* 2nd ed., New York, NY: The Guilford Press.

Hollenbeck, J. R., and Wright, P. M. (2017). Harking, Sharking, and Tharking: Making the Case *for* Post Hoc Analysis of Scientific Data. *Journal of Management*, 43(1), 5-18.

Jaccard, J., and Turrisi, R. (2003). *Interaction Effects in Multiple Regression.* 2nd ed., Thousand Oaks, CA: Sage.

Jose, P. E. (2013). *Doing Statistical Mediation and Moderation.* New York, NY: The Guilford Press.

Kerr, N. L. (1998). HARKing: Hypothesizing After the Results are Known. *Personality and Social Psychology Review*, 3(3), 196-217.

Rose, B. M., Holmbeck, G. N., Coakley, R. M., and Franks, E. A. (2004). Mediator and Moderator Effects in Developmental and Behavioral Pediatric Research. *Developmental and Behavioral Pediatrics*, 25(1), 58-67.

Shieh, G. (2009). Detecting Interaction Effects in Moderated Multiple Regression With Continuous Variables: Power and Sample Size Considerations. *Organizational Research Methods*, 12(3), 510-528.

Spiller, S. A., Fitzsimons, G. J., Lynch, J. G., and McClelland, G. H. (2013). Spotlights, Floodlights, and the Magic Number Zero: Simple Effects Tests in Moderated Regression. *Journal of Marketing Research*, 50(2), 277-288.

Van Leeuwen, K. G., Mervielde, I., Braet, C., and Bosmans, G. (2004). Child Personality and Parental Behavior as Moderators of Problem Behavior: Variable- and Person-Centered Approaches. *Developmental Psychology*, 40(6), 1028-1046.

Whisman, M. A., and McClelland, G. H. (2005). Designing, Testing, and Interpreting Interactions and Moderator Effects in Family Research. *Journal of Family Psychology*, 19, 111-120.

Wu, A. D., and Zumbo, B. D. (2008). Understanding and Using Mediators and Moderators. *Social Indicators Research*, 87, 367–392.

CHAPTER

02

조절효과분석(Ⅰ): 연속형 조절변수

1. 독립변수가 연속형 변수: 통제변수가 없는 경우
2. 독립변수가 연속형 변수: 통제변수가 있는 경우
3. 독립변수가 범주형 변수: 범주가 2개인 경우
4. 독립변수가 범주형 변수: 범주가 3개인 경우

CHAPTER 02

조절효과분석(Ⅰ): 연속형 조절변수

이 장에서 **연속형 조절변수(continuous moderator)**를 대상으로 독립변수가 연속형 변수인 경우와 범주형 변수인 경우로 나누어 살펴본다. 독립변수가 연속형 변수인 경우 연구모델에 통제변수가 있는 경우와 없는 경우로 나누어 살펴본다.

1 독립변수가 연속형 변수: 통제변수가 없는 경우

[그림 2-1] 모델을 대상으로 조절효과분석에 대해 살펴본다. [그림 2-1]은 통제변수가 없고, 변수는 모두 연속형 변수로 측정된 모델이다. 이 모델은 제1장에 소개된 바 있다.

그림 2-1 | 운동의 조절효과

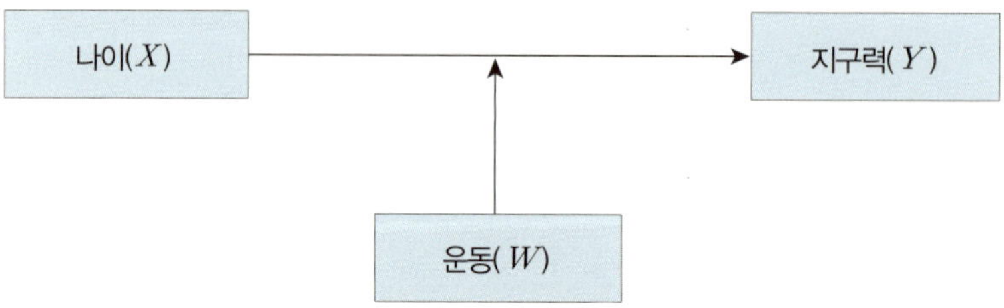

[그림 2-1] 모델을 식으로 나타내면 식 (1)과 같다.

$$Y = b_0 + b_1 X + b_2 W + b_3 XW \tag{1}$$

나이를 먹을수록 지구력은 떨어진다. 이들 간의 관계에서 운동은 완화역할을 할 것으로 기대된다. 이를 분석하기 위한 자료는 다음과 같다.

Data 2-1 [Cohen et al.(2003).sav]

	age	exercise	endurance	age_exer
1	60	10	18	600.00
2	40	9	36	360.00
3	29	2	51	58.00
4	47	10	18	470.00
5	48	9	23	432.00

1.1 SPSS에 의한 분석

1) 분석

SPSS에 의해 조절효과분석을 할 때 고려할 사항에 대해 살펴본다.

첫째, **평균중심화(mean-centering: MC)의 문제이다.** 즉 독립변수와 조절변수에 대해 MC를 해야 한다고 주장하는 학자와 그렇지 않아도 된다고 주장하는 학자로 나뉜다. MC는 선택의 문제이므로 해도 되고 안 해도 된다.

둘째, **변수의 투입에 관한 문제이다.** 변수를 동시투입으로 해야 하는지, 아니면 위계적 투입으로 해야 하는지의 문제이다. **동시투입(simultaneous entry)**은 독립변수, 조절변수 및 상호작용항을 한 번에 모두 투입하는 것이고, **위계적 투입(hierarchical entry)**은 블록(block)을 지정하여 단계적으로 투입하는 것이다. 즉 독립변수와 조절변수를 [블록(B)1-1]로 먼저 투입하고, 상호작용항은 [블록(B)2-2]로 투입한다. 위계적 투입으로 회귀분석을 하는 것을 **위계적 회귀분석(hierarchical regression analysis)**이라 한다.

조절효과분석을 반드시 위계적 투입으로 해야 하는 것은 아니다. **동시투입이나 위계적 투입은 상호작용항의 계수가 동일한 결과를 산출한다.** 위계적 회귀분석은 상호작용항이 없는 모델과 상호작용항이 추가된 모델의 계수의 크기를 비교할 수 있는 장점이 있다. 이하에서 자료의 처리(원점수, 평균중심화)와 투입방식(동시투입, 위계적 투입)을 중심으로 살펴본다.

(1) 원점수와 동시투입으로 분석

1 독립변수, 조절변수, 종속변수, 상호작용항 모두 원점수(raw score)를 이용한다. 이를 위해 SPSS에서 미리 상호작용항(age_exer)을 만들어 놓는다. 선형회귀분석에서 다음과 같이 변수를 지정한다.

SPSS 대화상자 2-1 선형회귀분석

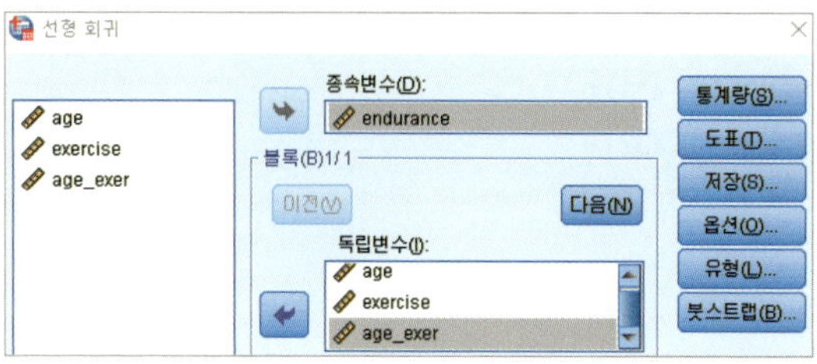

2 이를 실행하면 [Output 2-1]을 얻는다.

Output 2-1 SPSS output: 원점수와 동시투입으로 분석

계수[a]

모형		비표준화계수		표준화계수	t	유의확률
		B	표준오차	베타		
1	(상수)	53.179	7.527		7.065	.000
	age	-.766	.160	-.716	-4.793	.000
	exercise	-1.351	.666	-.596	-2.028	.044
	age_exer	.047	.014	1.239	3.476	.001

a. 종속변수: endurance

(2) 원점수와 위계적 투입으로 분석

1 [age]와 [exercise]를 [독립변수] 박스로 보낸다.

2 [다음(N)] 버튼을 눌러 [age_exer]을 [독립변수] 박스로 보낸다.

SPSS 대화상자 2-2 선형회귀분석

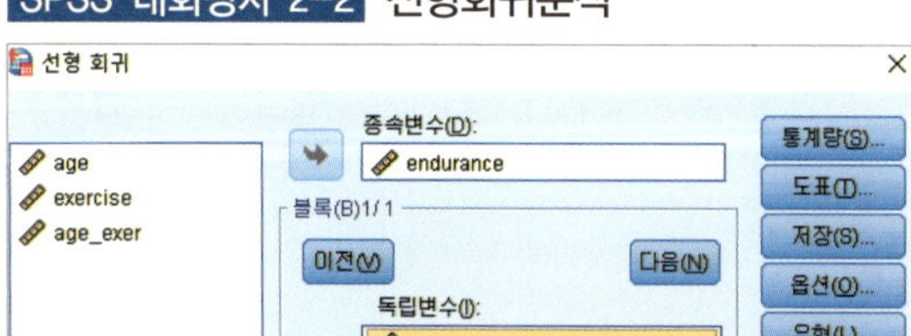

3 [통계량(S)] 버튼을 눌러 [R 제곱 변화량]을 체크한다.

SPSS 대화상자 2-3 **선형회귀: 통계량**

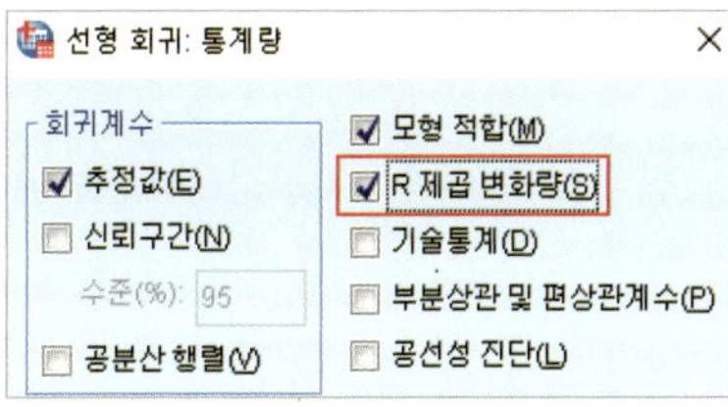

4 이를 실행하면 [Output 2-2]를 얻는다.

Output 2-2 **SPSS output: 원점수와 위계적 투입으로 분석**

모형 요약

모형	R	R 제곱	수정된 R 제곱	추정값의 표준오차	통계 변경				
					R 제곱 변화량	F 변화량	df1	df2	유의수준 F 변화량
1	.408[a]	.166	.159	9.919	.166	24.142	2	242	.000
2	.454[b]	.206	.196	9.700	.040	12.080	1	241	.001

a. 예측변수: (상수), exercise, age
b. 예측변수: (상수), exercise, age, age_exer

계수[a]

모형		비표준화계수		표준화계수	t	유의확률
		B	표준오차	베타		
1	(상수)	29.395	3.205		9.171	.000
	age	-.257	.066	-.240	-3.925	.000
	exercise	.916	.139	.404	6.610	.000
2	(상수)	53.179	7.527		7.065	.000
	age	-.766	.160	-.716	-4.793	.000
	exercise	-1.351	.666	-.596	-2.028	.044
	age_exer	.047	.014	1.239	3.476	.001

a. 종속변수: endurance

(3) MC와 동시투입으로 분석

독립변수, 조절변수, 통제변수가 모두 연속형 변수인 경우 이들 변수를 **평균중심화(mean-centering: MC)**를 하거나 또는 **표준화(standardize)**한다. 이 가운데 일반적으로 MC가 많이 이용된다. 이하에서는 MC를 중심으로 설명한다. **종속변수는 MC를 안 해도**

되나, 통제변수가 연속형 변수인 경우에는 MC를 한다.

1 MC를 위해 독립변수, 조절변수의 평균(mean)에 관한 정보가 필요하다. MC는 $(x_i - \bar{x})$를 의미한다.

2 MC한 변수를 대상으로 상호작용항을 만든다. 이들 변수를 만들어 이를 [Cohen et al.(2003)_1.sav]로 저장하였다.

3 [독립변수] 박스에 [age_c], [exer_c], [age_exer_c]를 동시에 투입한다.

SPSS 대화상자 2-4 동시투입에 의한 선형회귀

4 이를 실행하면 [Output 2-3]을 얻는다.

Output 2-3 SPSS output: MC와 동시투입으로 분석

계수[a]

모형		비표준화계수		표준화계수	t	유의확률
		B	표준오차	베타		
1	(상수)	25.886	.647		40.032	.000
	age_c	-.262	.064	-.245	-4.087	.000
	exer_c	.973	.137	.429	7.123	.000
	age_exer_c	.047	.014	.201	3.476	.001

a. 종속변수: endurance

(4) MC와 위계적 투입으로 분석

1 [독립변수] 박스에 먼저 [age_c]와 [exer_c]를 보낸다(이것이 [블록(B)1-1]이 됨).

2 [다음] 버튼을 눌러 [독립변수] 박스에 상호작용항인 [age_exer_c]를 보낸다. 그러면 블록이 하나 더 생긴다(이를 [블록(B)2-2]라 함). 이처럼 블록지정을 하여 회귀분석하는 것을 **위계적 회귀분석(hierarchical regression analysis)**이라 한다.

3 [통계량] 버튼을 눌러 [R 제곱 변화량]을 체크한다.

SPSS 대화상자 2-5 선형회귀

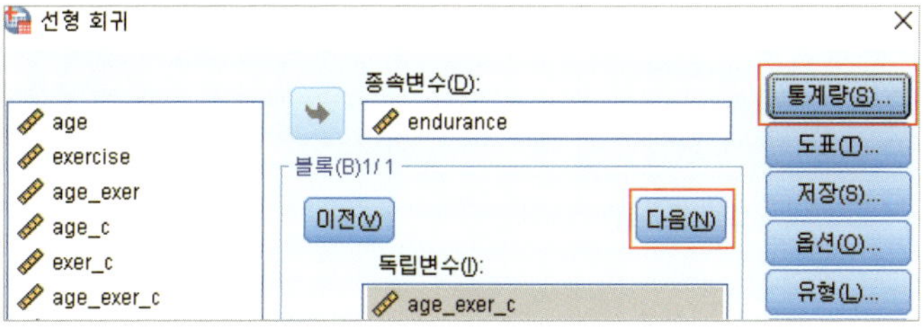

4 이를 실행하면 [Output 2-4]를 얻는다.

Output 2-4 SPSS output: MC와 위계적 투입으로 분석

모형 요약

모형	R	R 제곱	수정된 R 제곱	추정값의 표준오차	통계 변경				
					R 제곱 변화량	F 변화량	df1	df2	유의수준 F 변화량
1	.408[a]	.166	.159	9.919	.166	24.142	2	242	.000
2	.454[b]	.206	.196	9.700	.040	12.080	1	241	.001

a. 예측변수: (상수), exerc_c, age_c
b. 예측변수: (상수), exerc_c, age_c, age_exer_c

계수[a]

모형		비표준화계수		표준화계수	t	유의확률
		B	표준오차	베타		
1	(상수)	26.528	.634		41.862	.000
	age_c	-.257	.066	-.240	-3.925	.000
	exer_c	.916	.139	.404	6.610	.000
2	(상수)(b_0)	25.886	.647		40.032	.000
	age_c(b_1)	-.262	.064	-.245	-4.087	.000
	exer_c(b_2)	.973	.137	.429	7.123	.000
	age_exer_c(b_3)	.047	.014	.201	3.476	.001

a. 종속변수: endurance

5 지금까지의 분석결과를 정리하면 [표 2-1]과 같다.

표 2-1 원점수와 MC에 의한 조절효과분석 결과 비교

모델	계수	SE	t	p
모델 1: 원점수, 동시투입				
절편: b_0	53.179	7.527	7.065	.000
age(X): b_1	-.766	.160	-4.793	.000
exercise(W): b_2	-1.351	.666	-2.028	.000
age_exer(XW): b_3	.047	.014	3.476	.001
모델 2: 원점수, 위계적 투입				
절편: b_0	53.179	7.527	7.065	.000
age(X): b_1	-.766	.160	-4.793	.000
exercise(W): b_2	-1.351	.666	-2.028	.000
age_exer(XW): b_3	.047	.014	3.476	.001
모델 3: MC, 동시투입				
절편: b_0	25.886	.647	40.032	.000
age(X): b_1	-.262	.064	-4.087	.000
exercise(W): b_2	.973	.137	7.123	.000
age_exer(XW): b_3	.047	.014	3.476	.001
모델 4: MC, 위계적 투입				
절편: b_0	25.886	.647	40.032	.000
age(X): b_1	-.262	.064	-4.087	.000
exercise(W): b_2	.973	.137	7.123	.000
age_exer(XW): b_3	.047	.014	3.476	.001

6 어떤 방식으로 분석했느냐에 따라 b_0, b_1, b_2의 계수 및 표준오차(SE), t값, p값이 다르나, 상호작용항(b_3)의 계수, SE, t값, p값은 모두 동일하다.

7 MC를 통해 b_1과 b_2의 해석을 의미 있게 할 수 있다. 식 (1)에서 b_1은 $W=0$일 때 Y에 대한 X의 효과를 의미하고, b_2는 $X=0$일 때 Y에 대한 W의 효과를 의미한다. W와 X가 0이 의미를 갖지 않는다면 b_1과 b_2의 해석은 의미가 없게 된다. 위 예에서 나이(X)가 0인 경우, 운동(W)이 0인 경우는 정의할 수 없고 존재하지도 않는다. 따라서 원점수(raw score)로 분석해서 얻은 b_1과 b_2는 의미가 없게 된다. 그러나 X와 W를 MC하게 되면 MC한 값은 각각 0이 되므로 b_1은 $W=\overline{W}$인 경우 Y에 대한 X의 효과를 의미하고, b_2는 $X=\overline{X}$인 경우 Y에 대한 W의 효과를 의미한다고 해석할

수 있기 때문에 의미를 갖는다. 위 예에서 MC를 했을 때 b_1은 ($W = \overline{W} = 10.67$)일 때 X가 1단위 차이가 나는 두 사례의 Y값의 차이를 의미하고, b_2는 ($X = \overline{X} = 49.18$)일 때 W가 1단위 차이가 나는 두 사례의 Y값의 차이를 의미하는 것으로 해석할 수 있다.

8 b_3은 W가 1단위 변화할 때 X가 1단위 차이가 나는 두 사례의 Y의 차이를 추정한 것이다. 이 예에서 운동(W)이 1단위 증가하면 나이(X)가 지구력(Y)에 미치는 효과는 .047만큼 증가한다고 해석한다.

9 원점수로 분석한 경우 b_1, b_2, b_3의 부호가 각각 −, −, +로 나오는데, MC해서 분석하면 이들의 부호가 각각 −, +, +로 나온다. 제1장에 기술한 [표 1-2]를 보면 원점수로 분석한 경우에는 방해효과로 해석할 소지가 있다. 그러나 MC를 한 결과를 토대로 보면 완화효과로 해석할 수 있다. 따라서 **MC를 하고 분석해야 정확하게 해석할 수 있음을 알 수 있다.**

2) 조절효과 검정

위계적 회귀분석에 의한 조절효과 검정은 R^2 변화량이 유의적인가를 본다. 동시투입인 경우에는 상호작용항의 계수가 유의적인가 본다. 이러한 검정을 **총체적 검정(omnibus test)**이라 한다. [Output 2-4]에서 R^2 변화량이 유의적이고, [Output 2-3]에서 상호작용항의 계수(.047)가 유의적이다. 이들의 유의확률은 동일하다. 따라서 조절효과가 있다고 해석한다.

3) 조건부효과 검정

총체적 검정은 조절변수의 어떤 수준에서 조절효과가 있는지에 대한 정보는 제공하지 않는다. 이를 위해 조절변수의 특정값에서 **조건부효과 검정(conditional effect test)**을 한다. 이를 **상호작용탐구(probing an interaction)**라고도 한다. 조건부효과 검정에는 **단순기울기 검정(simple slope test)**이 많이 쓰였으나, 최근에는 **존슨-네이먼기법(Johnson-Neyman technique: J-N기법)**이 각광을 받고 있다. **J-N기법은 조절변수가 연속형 변수인 경우에만 할 수 있다.**

4) SPSS에 의한 절편의 분산 및 공분산 구하기

단순기울기 검정을 위해 절편(intercept)의 분산 및 공분산의 정보가 필요하다. SPSS에서는 절편의 분산 및 공분산을 직접 보고하지 않기 때문에 다음과 같은 트릭(trick)으로 값을 얻어야 한다.

1 임의의 변수명(예 intercept)을 만들고 이 변수의 값이 모두 [1]이 되도록 입력한다.

[Data 2-2] [Cohen et al.(2003)_1.sav]

	age	exercise	endurance	age_exer	intercept
1	60	10	18	600.00	1.00
2	40	9	36	360.00	1.00
3	29	2	51	58.00	1.00
4	47	10	18	470.00	1.00
5	48	9	23	432.00	1.00

2 회귀분석에서 다음과 같이 변수를 보낸다.

SPSS 대화상자 2-6 선형회귀

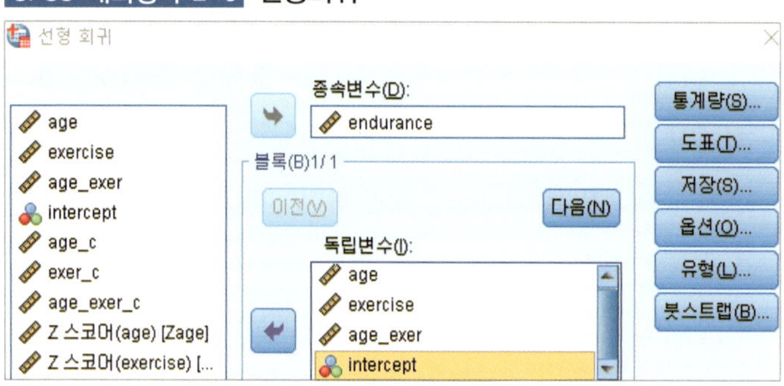

3 [통계량] 버튼을 눌러 [공분산행렬]과 [기술통계]를 체크한다.

SPSS 대화상자 2-7 선형회귀: 통계량

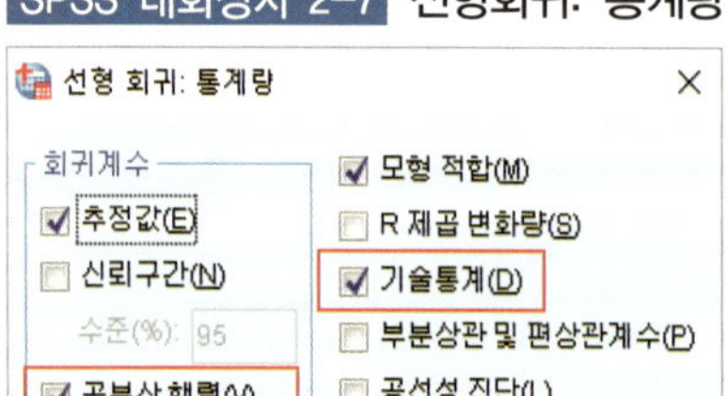

4 [옵션] 버튼에서 [방정식에 상수항 포함]이 체크되어 있는데 이를 해제한다.

SPSS 대화상자 2-8 **선형회귀: 옵션**

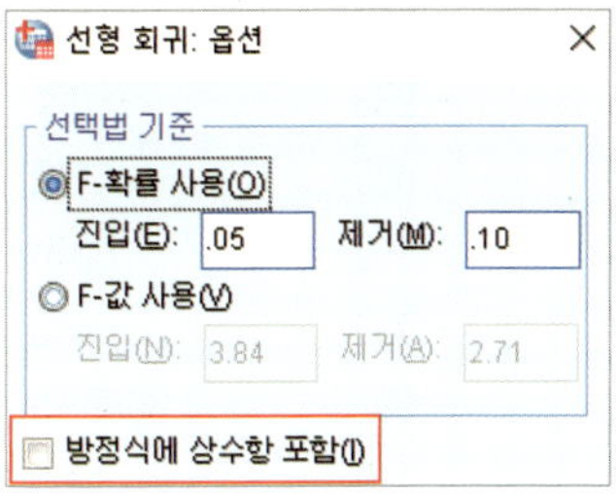

5 [확인] 버튼을 눌러 실행하면 [Output 2-5]를 얻는다. [Output 2-5]는 원점수를 이용하여 얻은 상관계수 및 공분산행렬이다.

Output 2-5 **SPSS output: 원점수에 의한 계수상관 및 공분산**

계수상관[a,b]

모형			intercept	age_exer	exercise	age
1	상관계수	intercept	1.000	.909	-.905	-.979
		age_exer	.909	1.000	-.979	-.916
		exercise	-.905	-.979	1.000	.874
		age	-.979	-.916	.874	1.000
	공분산	intercept	56.650	.093	-4.539	-1.177
		age_exer	.093	.000	-.009	-.002
		exercise	-4.539	-.009	.444	.093
		age	-1.177	-.002	.093	.026

a. 종속변수: endurance
b. 원점을 통한 선형회귀

6 [Output 2-6]은 MC한 값을 이용하여 얻은 상관계수 및 공분산행렬이다.

Output 2-6 SPSS output: MC에 의한 계수상관 및 공분산

계수상관[a,b]

모형			intercept	age_c	exer_c	age_exer_c
1	상관계수	intercept	1.000	.006	-.034	-.286
		age_c	.006	1.000	-.283	-.021
		exer_c	-.034	-.283	1.000	.119
		age_exer_c	-.286	-.021	.119	1.000
	공분산	intercept	.418	.000	-.003	-.003
		age_c	.000	.004	-.002	-1.862E-5
		exer_c	-.003	-.002	.019	.000
		age_exer_c	-.003	-1.862E-5	.000	.000

a. 종속변수: endurance
b. 원점을 통한 선형회귀

7 원점수를 이용한 결과([Output 2-5])와 MC를 이용한 결과([Output 2-6])가 차이가 있다. 이 가운데 엑셀시트를 이용하여 그래프를 그릴 때 [Output 2-6]의 값을 이용하는 것이 좋다.

5) Preacher의 [Interaction Utilities]에 의한 단순기울기 검정

단순기울기 검정을 위해 Preacher 교수의 [Interaction Utilities]를 이용한다.

1 [Interaction Utilities]를 이용하기 위해서는 R이 설치되어 있어야 한다. R은 http://www.r-project.org/에서 다운받아 설치할 수 있다.
2 Preacher 교수의 사이트 http://www.quantpsy.org/로 간다.
3 왼쪽 위에서 네 번째에 있는 [Online utilities]를 누른다.
4 마지막에 있는 [Interaction Utilities]를 누른다.
5 [Multiple Linear Regression]에 있는 첫 번째를 누른다.

Multiple Linear Regression
- Simple slopes and the region of significance for MLR 2-way interactions
- Simple slopes and the region of significance for MLR 3-way interactions

6 [Output 2-4]와 [Output 2-6]에 있는 해당 값을 아래의 박스에 입력하고, cv_{z1},

cv_{z2}, cv_{z3}은 평균중심화의 세 조건값(평균= 0, 평균보다 1SD 작은 값, 평균보다 1SD 큰 값)을 입력한다. 이 예에서 표준편차(SD)=4.775이다. x_1, x_2는 조절변수의 최대값과 최소값을 입력한다. 저자의 경험에 의하면 원점수를 입력한 경우 정확하지 않고, MC를 한 값([Output 2-6])을 입력해야 정확한 값을 계산한다.

[Preacher의 Interaction Utilities-1]

$$\hat{y} = \hat{b}_0 + \hat{b}_1 x + \hat{b}_2 z + \hat{b}_3 xz$$

Regression Coefficients		Coefficient Variances		Conditional Values of Z	
$\hat{b}_0$	25.886	$\hat{b}_0$	.418	cv_{z1}	-4.775
$\hat{b}_1$	-.262	$\hat{b}_1$	.004	cv_{z2}	0
$\hat{b}_2$	.973	$\hat{b}_2$	.019	cv_{z3}	4.775
$\hat{b}_3$	.047	$\hat{b}_3$	.000	Points to Plot	
Other Information		Coefficient Covariances		x_1	-10
df	241	$\hat{b}_2, \hat{b}_0$	-.003	x_2	15
α	.05	$\hat{b}_3, \hat{b}_1$	-.000	Calculate	

7 [Calculate] 버튼을 누른다. 그러면 [Output 2-7]을 얻는다.

Output 2-7 Preacher의 Interactional Utilities에 의한 Output

```
**************************************************************************
        TWO-WAY INTERACTION SIMPLE SLOPES OUTPUT

Region of Significance
**************************************************************************
  Z at lower bound of region = 2.9237
  Z at upper bound of region = 8.2252
  (simple slopes are significant *outside* this region.)

Simple Intercepts and Slopes at Conditional Values of Z
**************************************************************************
  At Z = cv1...
    simple intercept = 21.2399(0.938), t=22.6436, p=0
    simple slope     = -0.4864(0.0632), t=-7.6911, p=0
  At Z = cv2...
    simple intercept = 25.886(0.6465), t=40.0384, p=0
    simple slope     = -0.262(0.0632), t=-4.1426, p=0
  At Z = cv3...
    simple intercept = 30.5321(0.907), t=33.6645, p=0
```

```
  simple slope     = -0.0376(0.0632), t=-0.5941, p=0.553
**********************************************************************
 Lower Bound...
  simple intercept = 28.7308(0.7502), t=38.2951, p=0
  simple slope     = -0.1246(0.0632), t=-1.9699, p=0.05
 Upper Bound...
  simple intercept = 33.8891(1.2861), t=26.3501, p=0
  simple slope     = 0.1246(0.0632), t=1.9699, p=0.05
**********************************************************************
```

8 가운데 있는 [Submit above to Rweb] 버튼을 누르면 이들 값을 토대로 [그래프 2-1]의 단순기울기를 그린다.

그래프 2-1 | Interaction Utilities에 의한 단순기울기

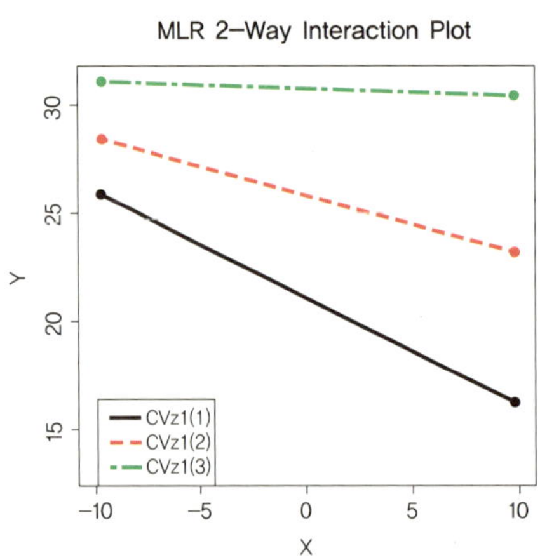

9 조건값(cv) 1과 2는 유의적이고, 3은 유의적이지 않다. 이는 [Output 2-7]의 cv1, cv2, cv3의 값을 보면 알 수 있다.

6) Preacher의 [Interaction Utilities]에 의한 Johnson-Neyman의 유의영역 검정 및 신뢰밴드 그리기

단순기울기 검정을 이용한 조절효과의 검정은 조절변수의 특정값을 필요로 한다. 연구자가 관심을 갖는 조절변수의 특정값을 선택하는데, 일반적으로 조절변수의 (평균과 ±1 표준편차)가 많이 사용된다. 이처럼 임의의 특정값을 선택하여 단순기울기를 검정하기 때문에 이 방식을 **특정값 선택법**(pick-a-point approach)이라 한다.

단순기울기에 의한 조절효과 검정이 널리 사용되고 있기는 하나, 조절변수의 특정값을 임의로 선택한다는 면에서 한계가 있다. 이의 대안으로 최근에 **존슨-네이먼기법(Johnson-Neyman technique: J-N기법)**이 각광을 받고 있다. J-N기법은 조절변수의 특정값, 단순기울기 추정치, 표준오차(SE)를 이용하여 t값을 구하는 대신 자유도(df)와 유의수준 .05에서의 임계치 t값을 갖게 하는 조절변수의 조건값을 역으로 계산한다. 이렇게 구한 조절변수의 조건값들을 이용해 조절변수의 **유의영역(region of significance)**을 확인할 수 있다.

단순기울기 검정과 J-N기법은 전통적인 귀무가설 검정의 논리에 기반을 둔다. **신뢰구간(confidence interval: CI)**은 가설검정 방법에 비해 보다 많은 정보를 제공하기 때문에 이의 활용이 권장된다. 단순기울기의 표준오차는 조절변수의 특정값에 따라 달라지기 때문에 단순기울기의 신뢰구간도 조절변수의 값에 따라 달라진다. 이에 신뢰구간을 조절변수의 모든 값에 대해 그래프로 나타낸 것이 **신뢰밴드(confidence bands)**이다.

10 제일 밑에 있는 [Submit above to Rweb] 버튼을 누르면 [그래프 2-2]를 그린다. 유의영역은 2.924보다 작은 값, 8.225보다 큰 값에 해당된다. 이 값은 [Output 2-7]에 있다.

그래프 2-2 | Interaction Utilities에 의한 신뢰밴드

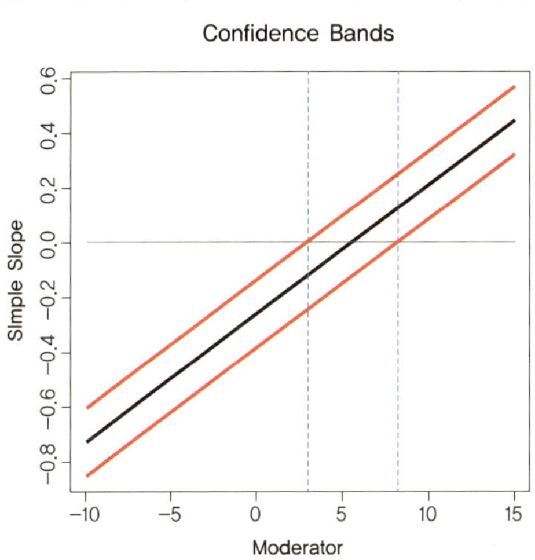

7) 상호작용항의 표준화계수 교정

[Output 2-3], [Output 2-4]를 보면 상호작용항의 표준화계수(β)는 .201로 나오는데, 이는 틀린 값이다. SPSS에서 상호작용항의 표준화계수 계산은 Z_{XM}에 의해 이루어진다. Z_{XM}은 $Z_X \times Z_M$과는 다르다($Z_{XM} \neq Z_X \times Z_M$). 연구자가 구하고자 하는 정확한 상호작용항의 표준화계수는 $Z_X \times Z_M$이다. 정확한 표준화계수를 얻기 위해 다음의 절차에 따라 한다.

1 X, M, Y를 모두 표준화시킨 Z score를 얻는다(Z_X, Z_M, Z_Y).

2 X, M의 Z score를 곱한 값을 만든다($Z_X \times Z_M$).

3 Z_Y를 종속변수로 Z_X, Z_M, $Z_X \times Z_M$을 독립변수로 회귀분석을 한다.

4 Output에서 얻은 비표준화계수가 정확한 표준화계수이다.

5 이를 위해 다음과 같이 변수를 지정한다.

SPSS 대화상자 2-9 선형회귀

6 이를 실행하면 [Output 2-8]을 얻는다.

Output 2-8 SPSS output: 정확한 표준화계수

계수[a]

모형		비표준화계수		표준화계수	t	유의확률
		B	표준오차	베타		
1	(상수)	-.059	.060		-.993	.322
	Z 스코어(age)	-.244	.060	-.244	-4.085	.000
	Z 스코어(exercise)	.429	.060	.429	7.124	.000
	Zageexercise	.211	.061	.201	3.476	.001

a. 종속변수: Z 스코어(endurance)

7 정확한 표준화계수는 .211이다.

1.2 PROCESS에 의한 분석

Hayes 교수가 만든 PROCESS로 분석하는 것에 대해 살펴본다.

1) PROCESS 다운받아 설치하기

확장자가 (*.sps) 파일인 SPSS macro는 명령어에 기초한 것이기 때문에 신텍스를 잘 모르는 연구자에게는 어려운 작업이 될 수 있다. 확장자가 (*.sbs) 파일인 SPSS script는 사용하기는 편리하나 대화상자를 불러들이기 위해서는 매번 실행해야 한다. 또한 macro나 script는 SPSS에 영구적으로 남지 않는다. 즉 연구자가 SPSS를 마치게 되면 사라진다. 그러나 확장자가 (*.spd) 파일인 Custom Dialog File은 SPSS에 영구적으로 설치되고, SPSS 메뉴에 포함될 수 있다.

1 PROCESS를 다운받기 위해 processmacro.org/index.html로 간다. 메뉴바에 있는 [download]를 클릭한다. 스크롤바를 이용하여 밑으로 내리면 [Download PROCESS v3.5]가 있다. 여기를 클릭한다.

2 [processv35.zip]을 다운로드받는다. PROCESS는 계속 업데이트되므로 이 사이트를 방문하여 최신 것으로 업데이트하기 바란다.

3 PROCESS를 설치하는 방법에는 '더블클릭하여 설치하기'와 '관리자 권한으로 실행'으로 설치하는 두 가지가 있다. 먼저 '더블클릭하여 설치하기'를 통해 설치해보고, 이 방법이 안 되면 '관리자 권한으로 실행'으로 설치해본다.

(1) 더블클릭하여 설치하기

1 [process]가 다운로드되어 있는 곳으로 가서 [process]를 더블클릭한다.

SPSS 대화상자 2-10 다운로드 위치

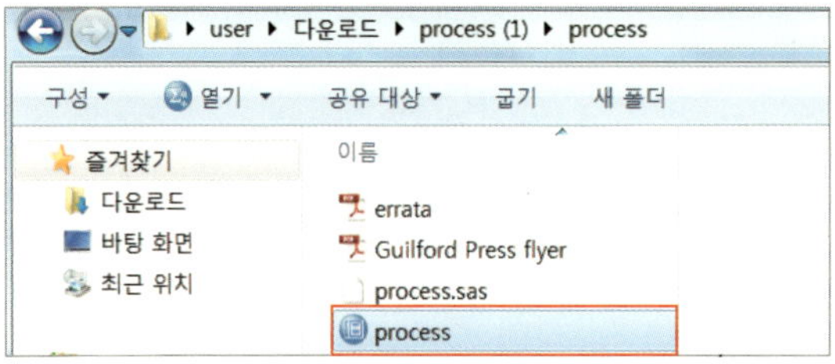

2 다음과 같이 설치 여부를 묻는다.

SPSS 대화상자 2-11 설치여부

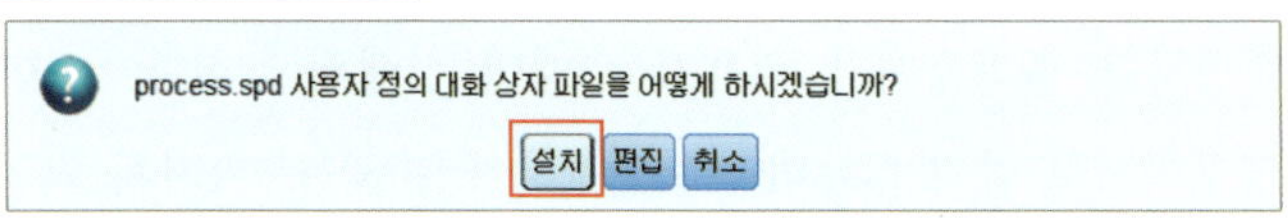

3 [설치] 버튼을 누르면 설치가 된다.

SPSS 대화상자 2-12 PROCESS 설치

(2) 관리자 권한으로 실행으로 설치하기

1 [시작] 버튼을 눌러 'IBM SPSS Statistics XX'을 찾아 마우스 오른쪽 버튼을 누른다.

2 [관리자 권한으로 실행]을 누르면 SPSS 초기화면이 나타난다.

3 [확장]→[유틸리티]→[사용자 정의 대화상자 설치]를 누른다(이 부분은 SPSS 버전에 따라 약간 다름).

SPSS 대화상자 2-13 사용자 정의 대화상자 설치

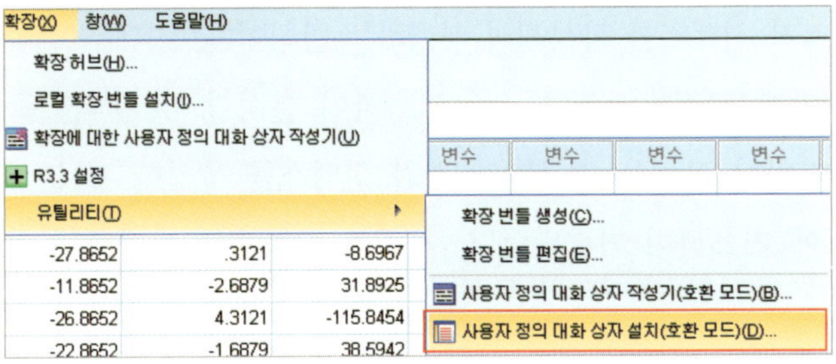

4 [processv3.5zip]을 찾아 압축을 푼 다음 [process.spd]를 연다.

SPSS 대화상자 2-14 대화상자 지정사항 열기

5 SPSS 초기화면에서 [분석]→[회귀분석]으로 가면 다음과 같이 PROCESS가 설치된 것을 알 수 있다.

SPSS 대화상자 2-15 회귀분석 메뉴에 PROCESS 설치

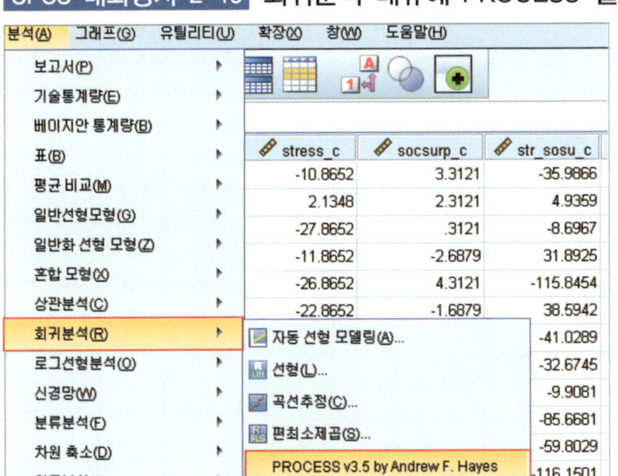

PROCESS는 두 가지 방식으로 실행할 수 있다. 첫째는 메뉴방식에 의한 실행이다. 이를 **GUI 방식**(graphic user interface mode) 또는 **대화상자 방식**(dialog box mode)이라 한다. GUI 방식은 연구자들이 가장 많이 분석할 수 있는 모델을 구조화하여 그에 맞

는 모델넘버를 지정해 놓은 것을 이용하여 분석하는 방식이다. 둘째는 **신텍스 방식(syntax mode)**이다. 이는 연구자가 신텍스를 작성해서 실행하는 방식이다. 신텍스 방식은 연구자가 연구자의 모델에 맞게 고객화(customization)하여 분석할 수 있다. 즉 GUI 방식에서 제공되지 않는 다양한 모델을 연구자가 직접 신텍스를 작성한 후 분석할 수 있다. 이 책은 GUI 방식에 기초하여 기술되었다. 신텍스 방식으로 분석하는 것에 대해 간략히 살펴본다.

1 PROCESS를 다운로드 받은 곳으로 간다. [process.sps]를 바탕화면으로 내놓는다.

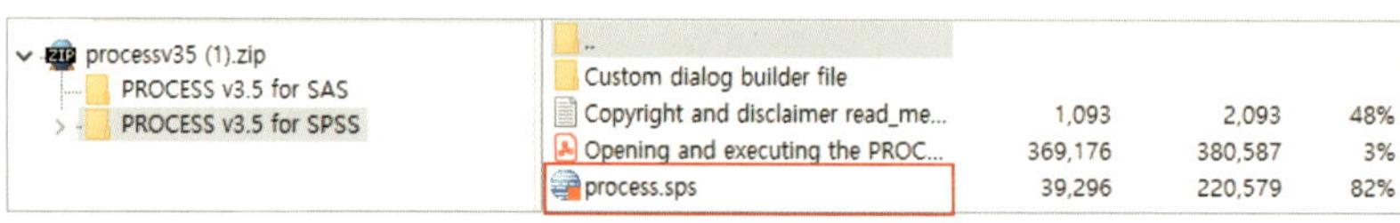

2 [process.sps]를 더블클릭하여 실행한다. 신텍스 화면이 뜨면 [Run]→[All]을 클릭하여 실행한다.

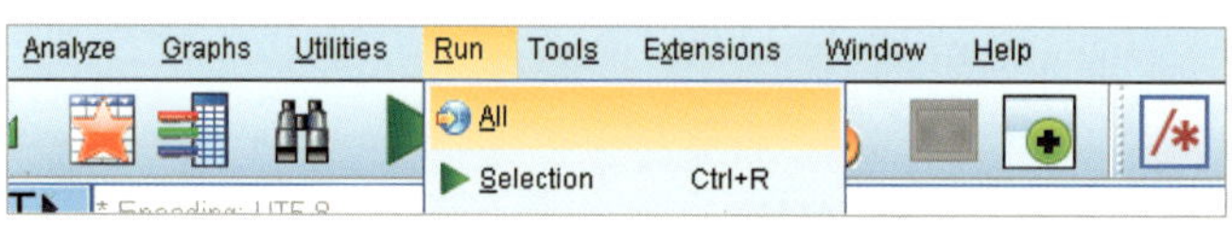

3 분석하고자 하는 data를 불러들인다.

4 [File]→[New]→[Syntax]로 간다.

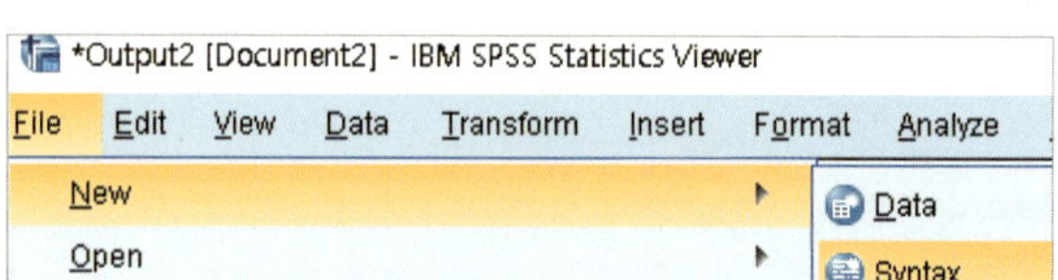

5 신텍스 화면에서 다음과 같이 신텍스를 작성하고 블록지정한 다음, 선택실행 버튼(▶)을 누르면 실행이 된다.

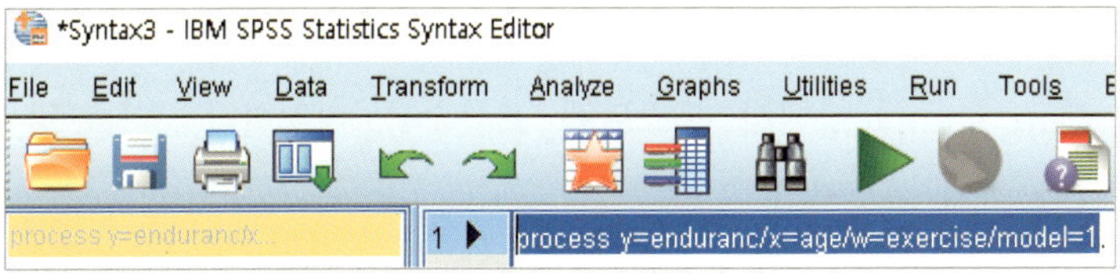

2) PROCESS 살펴보기

1 PROCESS로 분석하기 위해서는 먼저 data를 불러와야 한다. 분석하고자 하는 data를 불러들인다. 그러면 다음과 같은 초기화면이 나타난다. PROCESS에 내장되어 있는 기능에 대해 살펴본다.

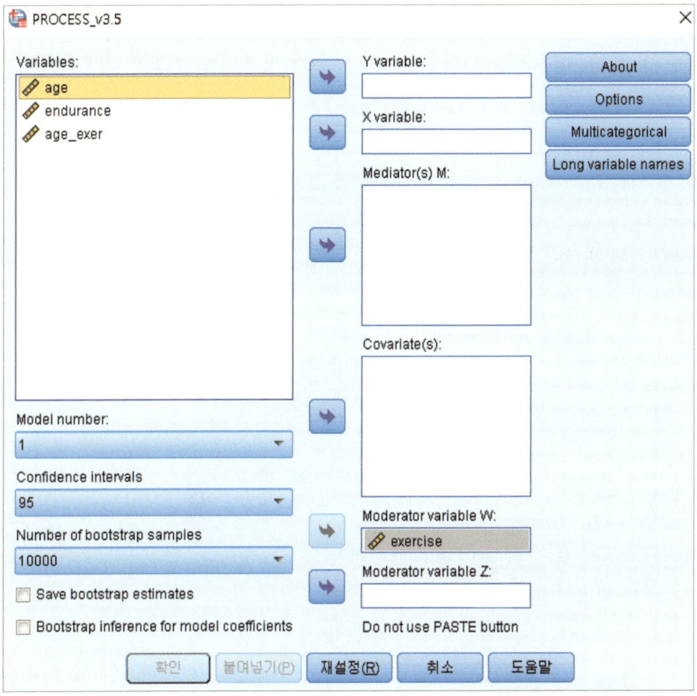

2 [Model number]는 미리 정해놓은 각각의 모델넘버이다. PROCESS에는 총 92개의 모델넘버가 있다. 모델넘버가 1부터 92까지 연속적으로 있는 것이 아니고 중간 중간에 모델넘버가 빠져 있다. 이는 PROCESS version 2와의 일관성을 유지하기 위해서이다. 결론적으로 **PROCESS는 총 55개 모델을 분석할 수 있다.**

3 [Confidence intervals]에서 신뢰구간을 추정하기 위한 유의수준을 지정한다. 디폴

트는 95% 유의수준이다. 90% CI, 95% CI, 99% CI 등 세 수준이 있다.

4 [Number of bootstrap samples]에서 붓스트렙 표본수를 지정한다. 디폴트는 5,000이다. 최대 50,000까지 가능하다.

5 PROCESS는 하나의 [X variable] 및 [Y variable] 분석만 가능하다. 즉 **동시에 2개의 독립변수 및 종속변수를 분석할 수 없다.**

6 [Mediator(s)]는 최대 10개까지 가능하다.

7 [Covariate(s)]는 공변량을 지정하는 곳이다.

8 [Moderator variable W], [Moderator variable Z]에서 조절변수를 지정한다. PROCESS는 조절변수를 W와 Z로 표기한다. W는 제1조절변수, Z는 제2조절변수이다.

9 Options 버튼에 대해 살펴본다.

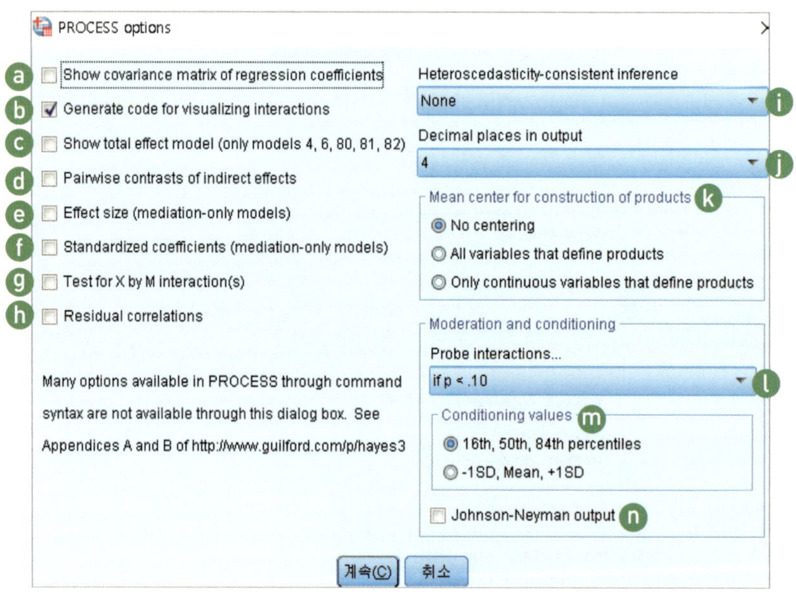

ⓐ 회귀계수의 공분산행렬을 구한다. 이는 엑셀시트를 이용한 그래프를 그릴 때 필요한 정보이다.

ⓑ 조절효과를 그래프로 제시하기 위해 필요한 코드를 얻는다.

ⓒ 매개효과모델(모델 4, 6, 80, 81, 82)에서 총효과를 계산한다.

ⓓ 간접효과의 쌍대비교를 위한 기능이다. 2개 간접효과 간의 차이검증이 가능하다.

ⓔ 매개효과모델에서 매개효과의 효과크기를 계산한다.

ⓕ 매개모델에서 표준화계수를 계산한다.

ⓖ X*M 간 상호작용에 의한 매개효과를 계산한다.

ⓗ 잔차 간 상관을 계산한다.

ⓘ 표준오차의 이분산성을 추론한다.

ⓙ Output을 소수점 몇 자리까지 보고할 것인가를 결정한다.

ⓚ 평균중심화(mean centering)와 관련된 것이다. 디폴트는 센터링을 하지 않는 것이다. 모든 변수(범주형 변수포함)를 평균중심화할 수 있고, 연속형 변수만 평균중심화할 수 있다.

ⓛ 상호작용효과의 탐구(probing) 수준을 결정한다. 디폴트는 $p < .10$이다.

ⓜ 조절변수의 조건값을 결정한다. 3개의 백분위(percentile) 수준에서 할 수 있고, 평균을 중심으로 세 수준에서 할 수 있다.

ⓝ Johnson-Neyman기법으로 조절효과의 유의영역을 계산한다.

10 Multicategorical 버튼에서 X, W, Z가 다범주인 경우(범주가 3개 이상), 4개의 코딩시스템(Indicator, Sequential, Helmert, Effect)을 제공한다. [Indicator]는 더미코딩을 의미한다.

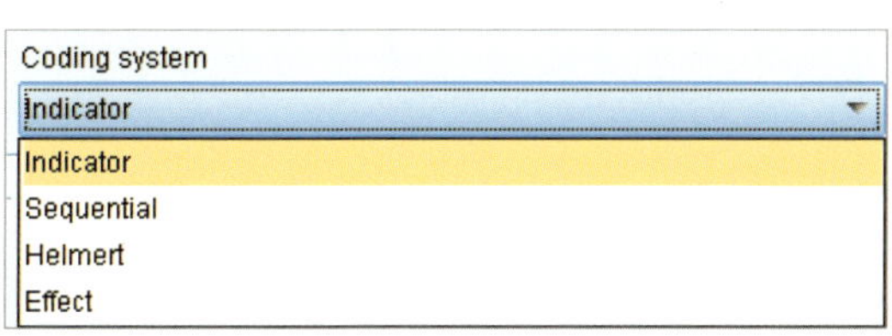

11 Long variable names 버튼은 변수명이 8자 이상인 경우 체크한다. 변수명은 가능한 한 영문 8자 이내, 한글 4자 이내로 하는 게 좋다.

3) PROCESS에 의한 분석

(1) 원점수에 의한 분석

1 PROCESS에서 다음과 같이 변수와 모델넘버를 지정한다.

PROCESS 대화상자 2-1 변수지정 및 모델넘버

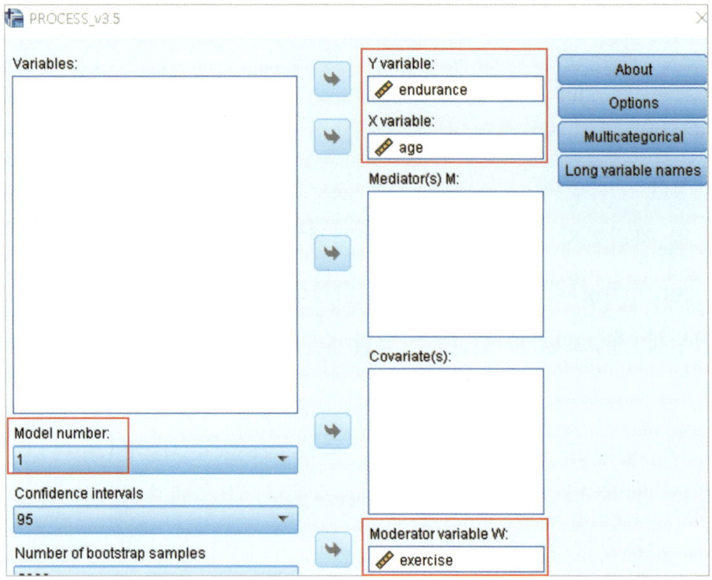

2 이를 실행하면 [Output 2-9]를 얻는다.

Output 2-9 PROCESS output: 원점수에 의한 분석

****

Model Summary

R	R-sq	MSE	F	df1	df2	p
.4540	.2061	94.0821	20.8585	3.0000	241.0000	.0000

Model

	coeff	se	t	p	LLCI	ULCI
constant	53.1790	7.5266	7.0655	.0000	38.3526	68.0053
age	-.7660	.1598	-4.7931	.0000	-1.0807	-.4512
exercise	-1.3510	.6663	-2.0277	.0437	-2.6634	-.0385
Int_1	.0472	.0136	3.4757	.0006	.0205	.0740

****

3 SPSS에 의한 분석결과인 [Output 2-2]와 같은 결과를 얻는다.

(2) MC하고 분석

4 MC를 위해 [Options] 버튼을 눌러 다음과 같이 지정한다.

PROCESS 대화상자 2-2 Options

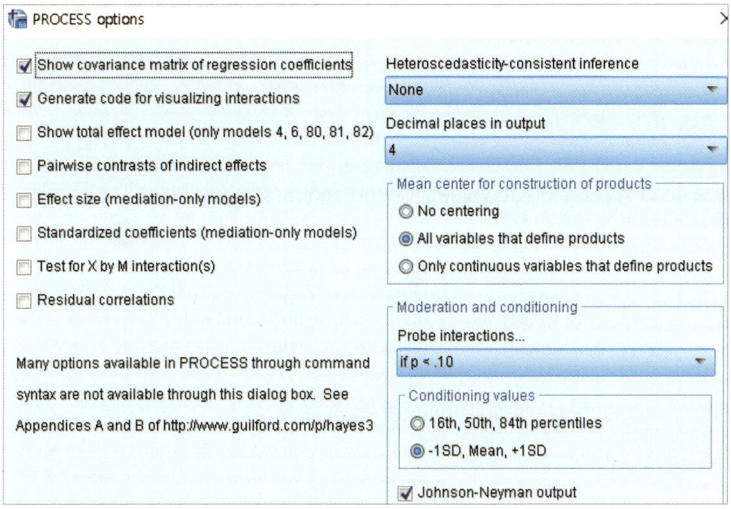

5 이를 실행하면 [Output 2-10]을 얻는다.

Output 2-10 PROCESS output: MC에 의한 분석

```
**************************************************************************
OUTCOME VARIABLE:
 enduranc

Model Summary
          R       R-sq        MSE          F        df1        df2          p
      .4540      .2061    94.0821    20.8585     3.0000   241.0000      .0000

Model
                coeff         se          t          p       LLCI       ULCI
constant      25.8887      .6466    40.0371      .0000    24.6150    27.1625
age           -.2617      .0641    -4.0848      .0001     -.3879     -.1355
exercise       .9727      .1365     7.1244      .0000      .7038     1.2417
Int_1          .0472      .0136     3.4757      .0006      .0205      .0740

Product terms key:
 Int_1    :        age       x        exercise
Covariance matrix of regression parameter estimates:
             constant        age   exercise      Int_1
constant        .4181      .0002     -.0030     -.0025
age             .0002      .0041     -.0025      .0000
exercise       -.0030     -.0025      .0186      .0002
Int_1          -.0025      .0000      .0002      .0002
```

Test(s) of highest order unconditional interaction(s):

	R2-chng	F	df1	df2	p
X*W	.0398	12.0804	1.0000	241.0000	.0006

Focal predict: age (X)
Mod var: exercise (W)

Conditional effects of the focal predictor at values of the moderator(s):

ⓐ

exercise	Effect	se	t	p	LLCI	ULCI
-4.7752	-.4873	.0921	-5.2889	.0000	-.6688	-.3058
.0000	-.2617	.0641	-4.0848	.0001	-.3879	-.1355
4.7752	-.0361	.0903	-.3998	.6896	-.2139	.1417

Moderator value(s) defining Johnson-Neyman significance region(s):

Value	% below	% above
2.5328	73.8776	26.1224
13.6954	99.1837	.8163

Conditional effect of focal predictor at values of the moderator:

exercise	Effect	se	t	p	LLCI	ULCI
-10.6735	-.7660	.1598	-4.7931	.0000	-1.0807	-.4512
-9.3735	-.7045	.1438	-4.8998	.0000	-.9878	-.4213
-8.0735	-.6431	.1282	-5.0161	.0000	-.8957	-.3906
-6.7735	-.5817	.1132	-5.1366	.0000	-.8048	-.3586
-5.4735	-.5203	.0992	-5.2459	.0000	-.7156	-.3249
-4.1735	-.4589	.0864	-5.3083	.0000	-.6291	-.2886
-2.8735	-.3974	.0757	-5.2491	.0000	-.5466	-.2483
-1.5735	-.3360	.0680	-4.9447	.0000	-.4699	-.2022
-.2735	-.2746	.0642	-4.2742	.0000	-.4012	-.1481
1.0265	-.2132	.0653	-3.2656	.0013	-.3418	-.0846
2.3265	-.1518	.0709	-2.1420	.0332	-.2914	-.0122
2.5328	-.1420	.0721	-1.9699	.0500	-.2841	.0000
3.6265	-.0904	.0800	-1.1291	.2600	-.2480	.0673
4.9265	-.0289	.0917	-.3155	.7526	-.2096	.1517
6.2265	.0325	.1051	.3091	.7575	-.1745	.2395
7.5265	.0939	.1196	.7852	.4331	-.1417	.3295
8.8265	.1553	.1348	1.1519	.2505	-.1103	.4209
10.1265	.2167	.1506	1.4389	.1515	-.0800	.5134
11.4265	.2782	.1668	1.6677	.0967	-.0504	.6067
12.7265	.3396	.1832	1.8533	.0651	-.0214	.7005
13.6954	.3853	.1956	1.9699	.0500	.0000	.7707
14.0265	.4010	.1999	2.0062	.0460	.0073	.7947
15.3265	.4624	.2167	2.1339	.0339	.0356	.8893

Data for visualizing the conditional effect of the focal predictor:
Paste text below into a SPSS syntax window and execute to produce plot.

```
DATA LIST FREE/
   age          exercise    enduranc  .
BEGIN DATA.
   -10.1070     -4.7752     26.1688
      .0000     -4.7752     21.2438
    10.1070     -4.7752     16.3187
   -10.1070       .0000     28.5336
      .0000       .0000     25.8887
    10.1070       .0000     23.2438
   -10.1070      4.7752     30.8984
      .0000      4.7752     30.5337
    10.1070      4.7752     30.1689
END DATA.
GRAPH/SCATTERPLOT=
 age        WITH       enduranc BY          exercise  .
************************************************************************************
```

(3) 조건부효과 검정: 단순기울기 검정

1. [Output 2-10]에서 ⓐ를 보면 조절변수(exercise)가 평균보다 $+1SD$ 높은 수준(4.7752)에서는 조절효과가 없는 것으로 나타났다. 나머지는 모두 유의적이므로 조절효과가 있다.
2. 단순기울기 검정 결과를 단순기울기로 그린다. 단순기울기를 그리기 위해 다음 절차에 따라 한다.
3. SPSS output 창을 더블클릭한다.
4. [DATA LIST FREE/]부터 마지막까지 블록지정한 다음 마우스 오른쪽 버튼을 눌러 복사한다.


```
DATA LIST FREE/
   age          exercise    enduranc  .
BEGIN DATA.
   -10.1070     -4.7752     26.1688
      .0000     -4.7752     21.2438
    10.1070     -4.7752     16.3187
   -10.1070       .0000     28.5336
      .0000       .0000     25.8887
    10.1070       .0000     23.2438
   -10.1070      4.7752     30.8984
      .0000      4.7752     30.5337
    10.1070      4.7752     30.1689
END DATA.
GRAPH/SCATTERPLOT=
 age        WITH       enduranc BY          exercise  .
```

5 SPSS output 창에 있는 [파일] → [새파일] → [명령문]에 붙여넣기한다.

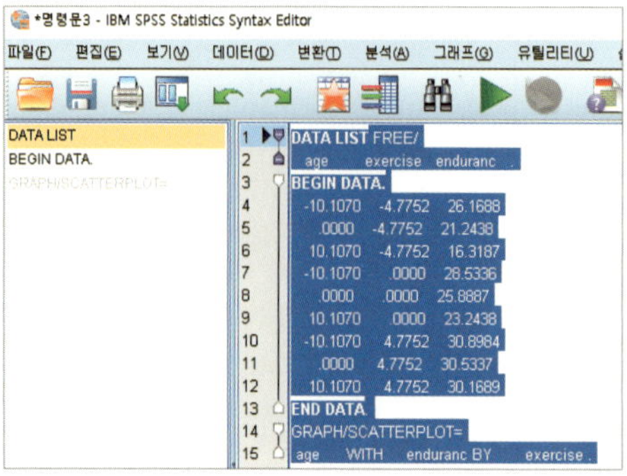

6 [선택실행 아이콘](▶)을 눌러 실행한다.

7 그러면 [그래프 2-3]을 그린다.

그래프 2-3 | SPSS에 의한 그래프: 단순기울기

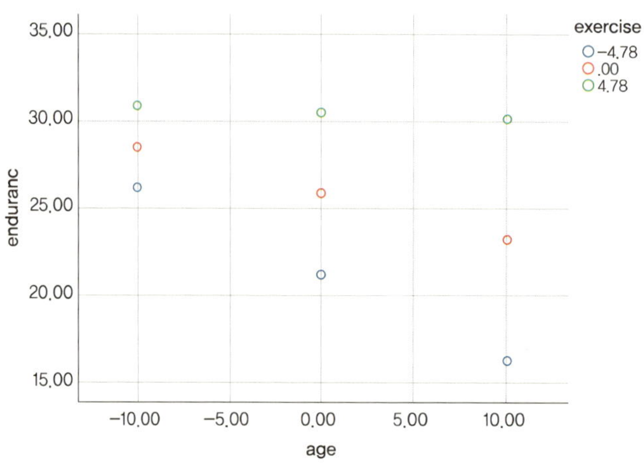

8 그래프를 보다 정교하게 그려보도록 한다. 작업표시줄에 있는 SPSS 아이콘에 마우스 포인트를 갖다 놓으면 새로운 창이 만들어진 것을 알 수 있다. 그것을 클릭한다.

9 [그래프] → [레거시 대화상자] → [선형차트]로 간다.

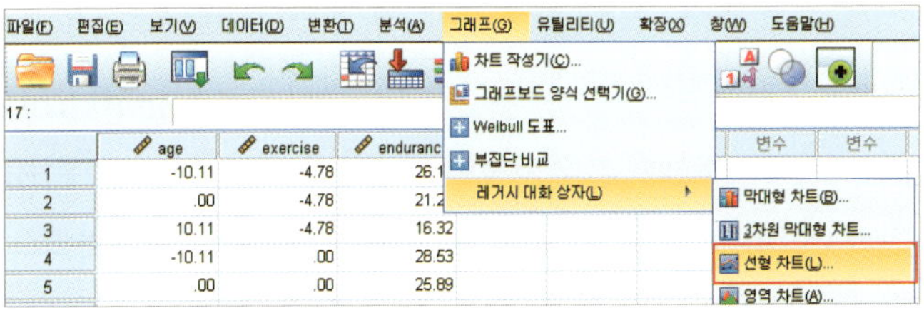

10 [선형차트]에서 [다중]을 클릭하고 [정의] 버튼을 누른다.

11 [기타통계량]을 선택하고 변수를 다음과 같이 보내고 [확인] 버튼을 누른다.

SPSS 대화상자 2-16 다중 선 차트 정의

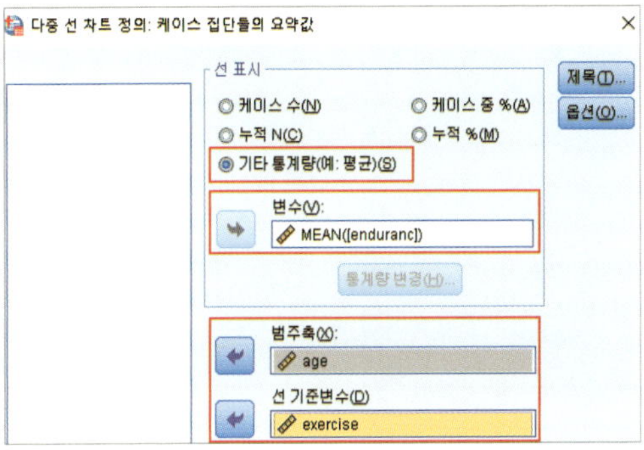

12 그러면 [그래프 2-4]를 그린다. 그래프에서 볼 수 있듯, 녹색(4.78)은 기울기가 큰 변화가 없어 비유의적인 것을 보여준다.

그래프 2-4 | SPSS에 의한 그래프: 단순기울기

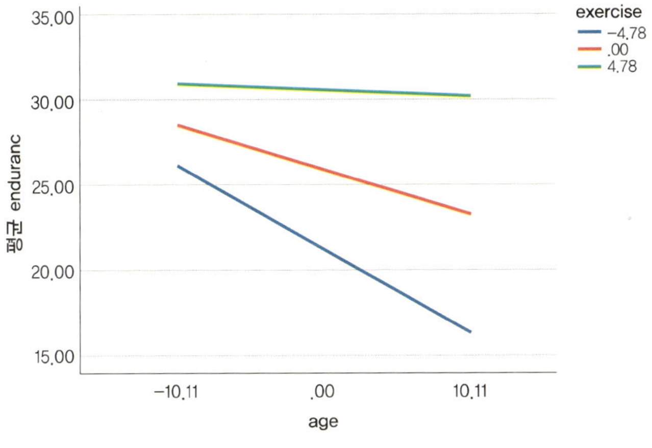

(4) J-N기법에 의한 검정

1 Johnson-Neyman기법에 의한 조절변수의 유의영역은 조절변수의 최소값(-10.674)과 최대값(15.327) 사이의 21개 값을 대상으로 유의영역을 계산한다([Output 2-10]에 있는 값을 카운트해보세요). 이 예에서 조절변수의 값이 2.5328보다 작거나(73.87%) 또는 13.6954보다 큰 경우(.816%)가 유의영역에 해당한다. 이는 전체 응답자의 74.69%가 유의영역에 포함됨을 의미한다. 신뢰밴드를 그리기 위해 다음 절차에 따라 한다.

2 Output 창에서 [Conditional effect of focal predictor..]에 있는 값을 복사한다. 복사한 다음, 이를 한글워드에 가서 붙인다.

exercise	Effect	se	t	p	LLCI	ULCI
-10.6735	-.7660	.1598	-4.7931	.0000	-1.0807	-.4512
-9.3735	-.7045	.1438	-4.8998	.0000	-.9878	-.4213
-8.0735	-.6431	.1282	-5.0161	.0000	-.8957	-.3906
-6.7735	-.5817	.1132	-5.1366	.0000	-.8048	-.3586
-5.4735	-.5203	.0992	-5.2459	.0000	-.7156	-.3249
-4.1735	-.4589	.0864	-5.3083	.0000	-.6291	-.2886
-2.8735	-.3974	.0757	-5.2491	.0000	-.5466	.2483
-1.5735	-.3360	.0680	-4.9447	.0000	-.4699	-.2022
-.2735	-.2746	.0642	-4.2742	.0000	-.4012	-.1481
1.0265	-.2132	.0653	-3.2656	.0013	-.3418	-.0846
2.3265	-.1518	.0709	-2.1420	.0332	-.2914	-.0122
2.5328	-.1420	.0721	-1.9699	.0500	-.2841	.0000
3.6265	-.0904	.0800	-1.1291	.2600	-.2480	.0673
4.9265	-.0289	.0917	-.3155	.7526	-.2096	.1517
6.2265	.0325	.1051	.3091	.7575	-.1745	.2395
7.5265	.0939	.1196	.7852	.4331	-.1417	.3295
8.8265	.1553	.1348	1.1519	.2505	-.1103	.4209
10.1265	.2167	.1506	1.4389	.1515	-.0800	.5134
11.4265	.2782	.1668	1.6677	.0967	-.0504	.6067
12.7265	.3396	.1832	1.8533	.0651	-.0214	.7005
13.6954	.3853	.1956	1.9699	.0500	.0000	.7707
14.0265	.4010	.1999	2.0062	.0460	.0073	.7947
15.3265	.4624	.2167	2.1339	.0339	.0356	.8893

3 이 값들 중에 신뢰밴드를 그리기 위해 필요한 값은 [exercise], [Effect], [LLCI], [ULCI]이다. 이 값 외에 나머지(SE, t, p)는 모두 지운다. 이를 위해 한글에서 F4키를 활용하여 해당 값을 블록지정한 다음 지울 수 있다.

4 다음 이를 [파일]→[새로작성]→[명령문]으로 가서 붙인다.

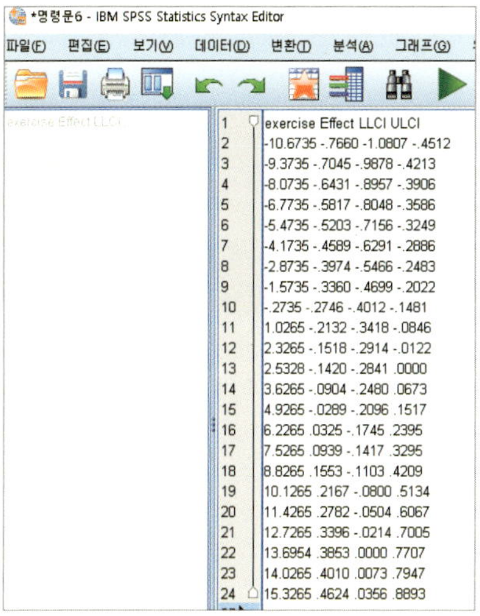

5 명령문 창에서 아래와 같이 입력한다. 이때 점(.)을 꼭 입력한다.

```
data list free/exercise Effect LLCI ULCI.
begin data.
    data
end data.
graph/scatter(overlay)=exercise exercise exercise with LLCI ULCI Effect (pair).
```

6 전체를 블록지정하고 [선택실행] 아이콘(▶)을 누른다.

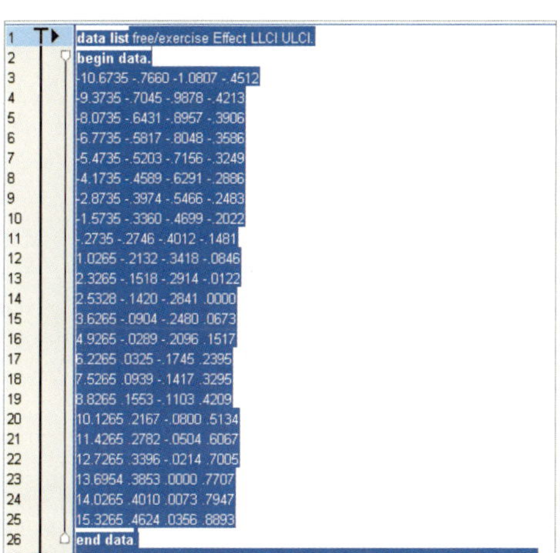

7 그러면 [그래프 2-5]를 그린다.

그래프 2-5 | SPSS에 의한 신뢰밴드

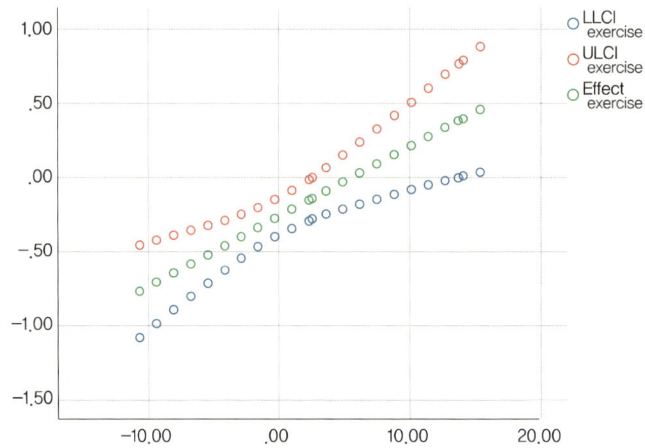

8 이 그래프를 보다 정교하게 그리면 [그래프 2-6]과 같다.

그래프 2-6 | SPSS에 의한 신뢰밴드

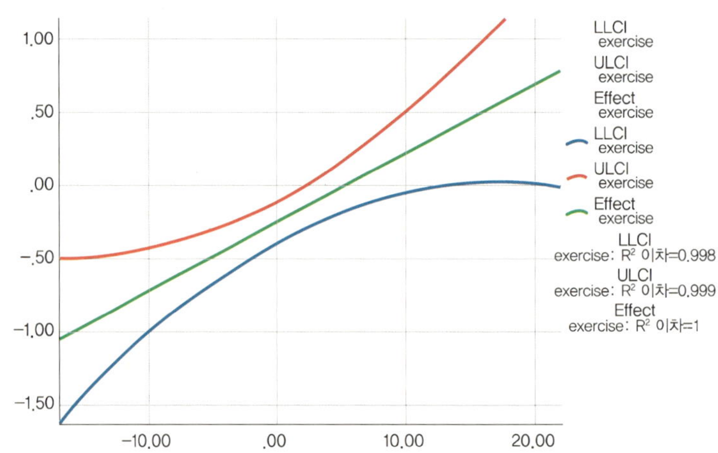

9 조절변수의 값이 2.53보다 작고, 13.70보다 큰 영역이 유의영역에 해당된다.

(5) Preacher의 Interaction Utilities에 의한 그래프 그리기

앞서 소개한 Preacher의 [Interaction Utilities]를 이용해 신뢰밴드를 그려본다.

1 Preacher의 [Interaction Utilities]에서 다음과 같이 입력한다. [Output 2-10]에 있는 ⓐ, ⓑ, ⓒ값을 이용한다. [Point to Plot]는 x변수의 임의의 최소값과 최대값을 입력한다(여기에서 x가 아니고 z가 맞음).

[Preacher의 Interaction Utilities-2]

Regression Coefficients ⓐ		Coefficient Variances ⓑ		Conditional Values of Z ⓒ	
$\hat{b}_0$	25.8887	$\hat{b}_0$	.4181	cv_{z1}	-4.7752
$\hat{b}_1$	-.2617	$\hat{b}_1$	.0041	cv_{z2}	0
$\hat{b}_2$	.9727	$\hat{b}_2$	.0186	cv_{z3}	4.7752
$\hat{b}_3$	.0472	$\hat{b}_3$	.0002	Points to Plot ⓓ	
Other Information		Coefficient Covariances		x_1	-20
df	241	$\hat{b}_2, \hat{b}_0$	-.0030	x_2	20
α	.05	$\hat{b}_3, \hat{b}_1$	.0000	Calculate	

2 다 입력하고 [Calculate] 버튼을 누른다.

3 밑에 2개의 [Submit above to Rweb]이 있는데, 위에 것은 단순기울기를 그리기 위한 것이고, 밑에 있는 것이 신뢰밴드를 그리기 위한 것이다. 밑에 있는 [Submit above to Rweb]을 누른다. 그러면 [그래프 2-7]을 그린다.

▶ 그래프 2-7 | Interaction Utilities에 의한 신뢰밴드

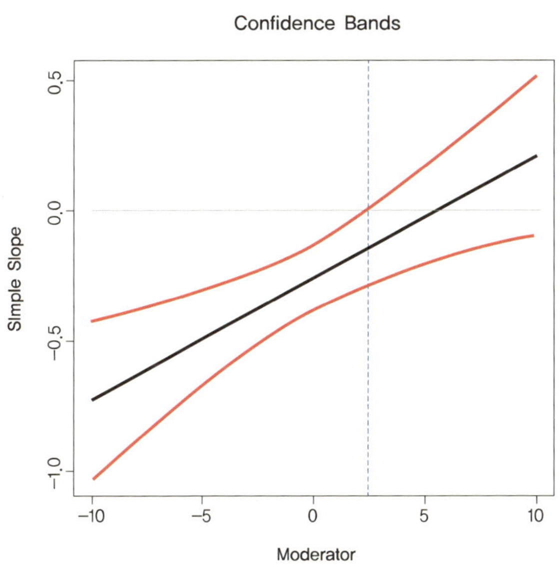

4 [그래프 2-7]은 조절변수의 범위를 -10과 10을 기준으로 그린 것이다. 이 부분이 이 프로그램의 오류이다. 앞서 -20과 20으로 입력한 것(ⓓ)이 반영이 안 된다.

```
z1=-10  #supply lower bound for z
z2=10   #supply upper bound for z
z <- seq(z1,z2,length=1000)
fz <- c(z,z)
y1 <- (-0.2617+0.0472*z)+(1.9698*sqrt(0.0041+(2*z*0)+((z^2)*0.0002)))
y2 <- (-0.2617+0.0472*z)-(1.9698*sqrt(0.0041+(2*z*0)+((z^2)*0.0002)))
```

5 조절변수의 최소값과 최대값을 다시 설정한다. 이를 위해 z1=−10과 z2=10을 각각 -20과 20으로 고치고 [Submit above to Rweb]을 누른다.

```
Rweb:> png(file= "/tmp/Rout.21613.%03d.png")
Rweb:>
Rweb:> z1=-20  #supply lower bound for z
Rweb:> z2=20   #supply upper bound for z
Rweb:> z <- seq(z1,z2,length=1000)
Rweb:> fz <- c(z,z)
Rweb:> y1 <- (-0.2617+0.0472*z)+(1.9698*sqrt(0.0041+(2*z*0)+((z^2)*0.0002)))
Rweb:> y2 <- (-0.2617+0.0472*z)-(1.9698*sqrt(0.0041+(2*z*0)+((z^2)*0.0002)))
Rweb:> fy <- c(y1,y2)
Rweb:> fline <- (-0.2617+0.0472*z)
Rweb:> plot(fz,fy,type='p',pch='.',font=2,font.lab=2,col=2,xlab='Moderator',y
Rweb:> lines(z,fline)
Rweb:> f0 <- array(0,c(1000))
Rweb:> lines(z,f0,col=8)
Rweb:> abline(v=2.4937,col=4,lty=2)
Rweb:> abline(v=14.523,col=4,lty=2)
```

6 그러면 [그래프 2-8]과 같은 정확한 신뢰밴드를 다시 그린다.

그래프 2-8 | Interaction Utilities에 의한 신뢰밴드

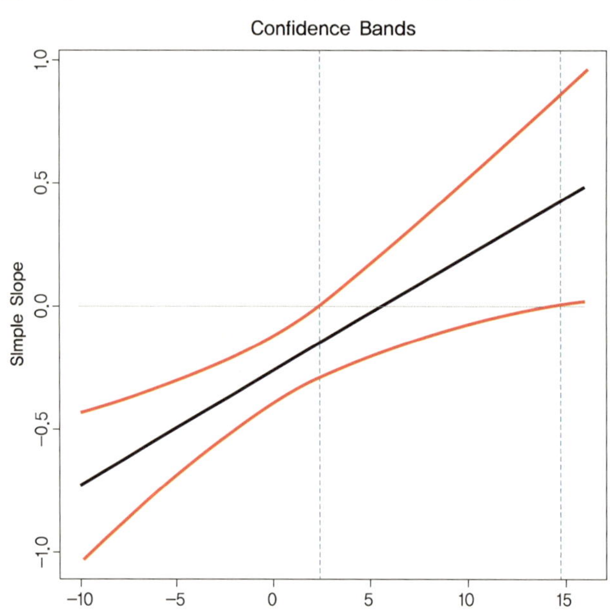

7 [그래프 2-8]에서 위의 선은 95%신뢰구간의 상한한계(ULCI), 가운데 선은 점추정치, 아래 선은 95%신뢰구간의 하한한계(LLCI)를 의미한다. 상한한계와 하한한계 사이에 점추정치가 0을 포함하면 유의영역이 아니다. Preacher utility가 계산한 값은 2.4937 이하, 14.523 이상이 유의영역이라고 알려준다. 이 값은 PROCESS에서 계산한 값(2.5328, 13.6954)과 약간의 차이가 있다.

4) 결과보고 및 기술

분석결과를 보고하고 기술하는 것에 대해 살펴본다. 분석결과의 보고 및 기술은 다음과 같은 사항을 고려한다.

첫째, 어떤 방식으로 분석했는가를 기술한다. 즉, 위계적 투입인지 동시투입인지를 기술한다. 자료를 원점수를 이용했는지, 표준화했는지, MC를 했는지도 기술한다.

둘째, 사용한 프로그램에 대해 기술한다. SPSS인지, PROCESS인지를 기술한다. 이하에서 PROCESS를 이용한 분석결과인 [Output 2-10]을 토대로 결과를 보고하고 기술하는 관점에서 살펴본다.

표 2-2 ▌운동의 조절효과분석 결과

변수	비표준화계수	SE	t
상수	25.889	.647	40.037***
나이	-.262	.064	-4.085***
운동	.973	.137	7.124***
나이×운동	.047	.014	3.476***

종속변수: 지구력, F=20.859, R^2=.206

*** p<.001

나이를 먹을수록 지구력은 떨어지는 것으로 나타났다(b=-.262, p<0.001). 운동은 지구력에 정적인 영향을 주는 것으로 나타났다(b=.973, p<0.001). 나이와 지구력과의 관계에서 운동의 조절효과는 유의적인 것으로 나타났다(b=.047, p<0.001). 이들의 계수를 검토한 결과 운동은 **완화효과(buffering effect)**를 하는 것으로 나타나 가설은 지지되었다.

운동의 조절효과가 유의적인 것으로 나타나 이를 보다 심층적으로 살펴보기 위해 단순기울기를 검정한 결과는 [표 2-3]과 같다.

표 2-3 ▌운동의 조절효과의 조건부효과 검정

조절변수(운동)	운동의 단순기울기		
	b	SE	*t*
−1*SD* (−4.775)	−.487	.092	−5.289***
평균(0.000)	−.262	.064	−4.085***
+1*SD* (4.775)	.036	.090	−.400

[표 2-3]에서 볼 수 있듯, 평균 및 −1*SD*인 경우 운동이 지구력에 미치는 효과가 유의적인 것으로 나타났으나, +1*SD*인 경우 유의적인 영향을 미치지 않는 것으로 나타났다. 조절효과를 보다 심층적으로 살펴볼 수 있는 Johnson-Neyman의 유의영역은 2.533은 유의영역의 하한한계(LLCI)이고 2.533보다 큰 사례는 26.12%이고 이보다 작은 사례는 73.88%임을 알려준다. 마찬가지로 13.695는 상한한계(ULCI)이고 이보다 큰 사례는 82%이고 이보다 작은 사례는 99.18%임을 알려준다.

신뢰밴드는 2.533보다 작거나 13.695보다 큰 조절변수의 수준에서 조절효과가 유의적이고, 그 사이의 값은 조절효과가 없음을 의미한다. 구체적으로, 조절변수의 수준이 13.695보다 큰 경우(82%)는 효과가 양(+)의 값을 갖는다. 이는 운동량이 증가할수록 지구력이 강화됨을 의미하고, 조절변수의 수준이 2.533보다 작은 경우(73.88%)는 효과가 음(−)의 값을 갖는다. 이는 운동량이 적을수록 지구력이 떨어짐을 의미한다.

2 독립변수가 연속형 변수: 통제변수가 있는 경우

[그림 2-2] 모델을 대상으로 조절효과분석에 대해 살펴본다. 통제변수(control variable) 또는 공변량(covariate)으로 우울을 고려한다.

그림 2-2 | 스트레스의 조절효과 모델

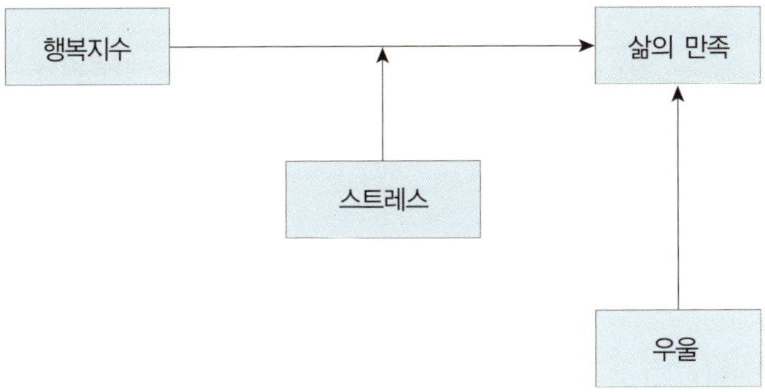

행복지수와 삶의 만족 간에 스트레스의 조절역할을 가설화한다. 행복지수가 클수록 삶의 만족도는 커진다. 이들 간의 관계는 스트레스가 커질수록 약해질 것을 가정한다. 이들 세 변수는 모두 연속형 변수로 측정되었다. 이들 간의 관계에서 통제변수로 우울을 고려한다. 다음은 분석 자료이다.

Data 2-3 [Hofmann.sav]

	happy	stress	gender	depr	lifesat
1	172	30	0	1	5
2	160	30	0	4	3
3	149	36	0	3	6
4	177	27	0	2	4
5	163	28	0	4	5

2.1 SPSS에 의한 분석

1) MC 및 상호작용항 만들기

1 MC를 위해 SPSS에서 [분석] → [기술통계량] → [기술통계]에서 평균을 구한다. 행복지수의 평균=173.00, 스트레스의 평균=29.86, 우울의 평균=3.02이다.

Output 2-11 SPSS output: 기술통계량

기술통계량					
	N	최소값	최대값	평균	표준편차
happy	80	149	188	173.00	9.547
stress	80	20	40	29.86	4.963
depr	80	1	5	3.02	1.066
유효수(목록별)	80				

2 MC를 위해 SPSS에서 [변환]→[변수계산]에서 [대상변수] 및 [숫자표현식]에 해당하는 변수 및 수치를 입력하고 [확인] 버튼을 누른다. 이런 식으로 행복지수, 스트레스, 우울을 MC한다.

SPSS 대화상자 2-17 MC를 위한 변수계산

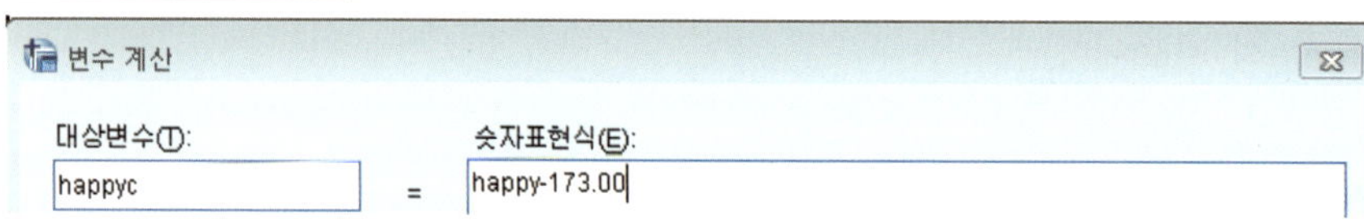

3 MC한 독립변수[happyc]와 조절변수[stressc]를 곱한 상호작용항[happycstressc]을 만든다.

4 이를 위해 SPSS에서 [변환]→[변수계산]에서 [대상변수] 및 [숫자표현식]에 해당하는 변수를 입력하고 [확인] 버튼을 누른다.

SPSS 대화상자 2-18 상호작용항 만들기를 위한 변수계산

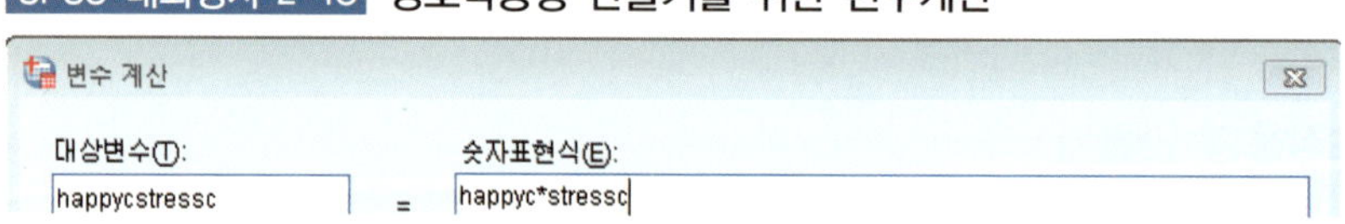

2) 위계적 회귀분석

(1) 변수의 투입순서(1): 통제변수가 있는 경우

SPSS에 의해 위계적 회귀분석으로 조절효과를 분석하기 위해 연구모델에 통제변수가 있는 경우, **통제변수를 제일 먼저 투입하고(step 1), 그 다음 독립변수와 조절변수를 투입하**

고(step 2), 마지막으로 상호작용항을 투입한다(step 3).

(2) 변수의 투입순서(2): 통제변수가 없는 경우

통제변수가 없는 경우에는 독립변수와 조절변수를 투입하고(step 1), 상호작용항을 투입하는 순서로 한다(step 2). 이 예에서는 통제변수가 있으므로 투입순서(1)에 따라 한다.

1. SPSS에서 [분석]→[회귀분석]→[선형]으로 간다.
2. 종속변수에 [lifesat], 통제변수 [deprc]를 독립변수 박스로 보낸다. [다음] 버튼을 누른다.
3. [happyc]와 [stressc]를 독립변수 박스로 보내고, [다음] 버튼을 누른다.
4. 마지막으로 [happycstressc]를 독립변수로 보낸다.

SPSS 대화상자 2-19 선형회귀분석: 위계적 회귀분석

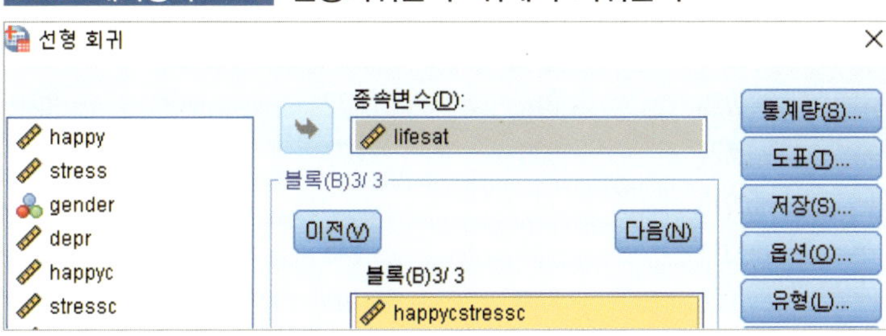

5. [통계량] 버튼을 눌러, [R 제곱 변화량]과 [기술통계]를 체크하고, [계속] 버튼을 누른다.

SPSS 대화상자 2-20 선형회귀분석: 통계량

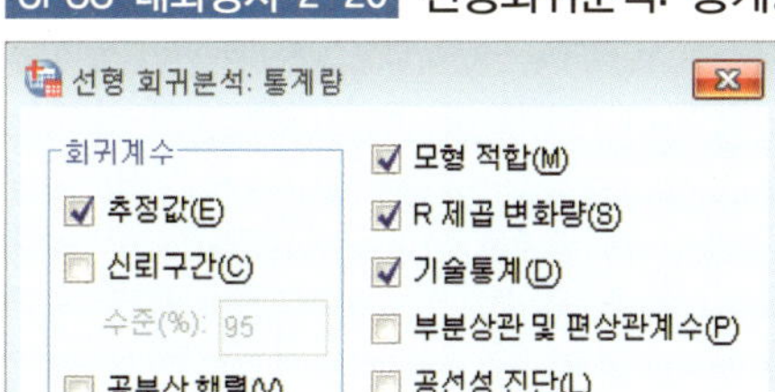

6. [확인] 버튼을 누른다. 이를 실행하면 [Output 2-12]를 얻는다.

Output 2-12 SPSS output: 위계적 회귀분석 결과

모형요약

모형	R	R제곱	수정된 R 제곱	추정값의 표준오차	통계량 변화량				
					R 제곱 변화량	F 변화량	df1	df2	유의확률 F 변화량
1	.279[a]	.078	.066	1.322	.078	6.609	1	78	.012
2	.339[b]	.115	.080	1.312	.037	1.591	2	76	.210
3	.423[c]	.179	.135	1.273	.064	5.808	1	75	.018

a. 예측자 (상수), deprc
b. 예측자: (상수), deprc, stressc, happyc
c. 예측자: (상수), deprc, stressc, happyc, happycstressc

계수[a]

모형		비표준화계수		표준화계수	t	유의확률
		B	표준오차	베타		
1	(상수)	4.977	.148		33.662	.000
	deprc	-.351	.136	-.279	-2.571	.012
2	(상수)	4.977	.147		33.914	.000
	deprc	-.306	.138	-.244	-2.221	.029
	happyc	.025	.016	.172	1.556	.124
	stressc	.021	.030	.077	.706	.482
3	(상수)	5.018	.143		35.007	.000
	deprc	-.311	.134	-.248	-2.327	.023
	happyc	.028	.015	.196	1.823	.072
	stressc	.014	.029	.052	.490	.625
	happycstressc	-.008	.003	-.254	-2.410	.018

a. 종속변수: lifesat

3) 동시투입 회귀분석

1 동시투입(simultaneous entry)이란 통제변수, 독립변수, 조절변수 및 상호작용항을 한 번에 투입하는 것을 의미한다.

SPSS 대화상자 2-21 동시투입

2 이를 실행하면 [Output 2-13]을 얻는다.

Output 2-13 SPSS output: 동시투입에 의한 회귀분석 결과

계수[a]

모형		비표준화계수		표준화계수	t	유의확률
		B	표준오차	베타		
1	(상수)	5.018	.143		35.007	.000
	deprc	-.311	.134	-.248	-2.327	.023
	happyc	.028	.015	.196	1.823	.072
	stressc	.014	.029	.052	.490	.625
	happycstressc	-.008	.003	-.254	-2.410	.018

a. 종속변수: lifesat

4) 조절효과 검정

조절효과 검정은 ① R^2 변화량이 유의적인가, ② 상호작용항의 계수가 유의적인가를 보면 된다. [Output 2-12]에서 모형 2와 모형 3의 R^2 변화량이 유의적이고($p=.018$), 모형 3에서 상호작용항의 계수가 유의적이므로 조절효과가 있다고 해석한다. 두 가지 방법은 모두 동일한 유의확률($p=.018$)을 얻는다.

Hayes(2013, 2018)는 위계적 투입이나 동시투입이나 동일한 결과를 얻기 때문에 굳이 위계적 회귀분석으로 안 해도 된다고 주장한다. [Output 2-12]와 [Output 2-13]을 보면, 위계적 투입이나 동시투입이나 동일한 계수를 얻는 것을 알 수 있다.

5) 조건부효과 검정

(1) 단순기울기 검정

1 단순기울기 검정을 위해 절편의 분산 및 공분산을 구한다. 이를 위해 앞서 p.52에서 설명한 것 중에 **1**에서 **4**까지를 한다.

SPSS 대화상자 2-22 선형회귀

2 이를 실행하면 [Output 2-14]를 얻는다.

Output 2-14 SPSS output: 계수상관(통제변수 포함)

계수상관[a,b]

모형			intercept	stressc	deprc	happycstressc	happyc
1	상관계수	intercept	1.000	-.012	-.007	-.120	.010
		stressc	-.012	1.000	.037	.097	-.112
		deprc	-.007	.037	1.000	.015	.175
		happycstressc	-.120	.097	.015	1.000	-.093
		happyc	.010	-.112	.175	-.093	1.000
	공분산	intercept	.021	-4.946E-5	.000	-5.639E-5	2.291E-5
		stressc	-4.946E-5	.001	.000	9.306E-6	-5.031E-5
		deprc	.000	.000	.018	6.739E-6	.000
		happycstressc	-5.639E-5	9.306E-6	6.739E-6	1.076E-5	-4.719E-6
		happyc	2.291E-5	-5.031E-5	.000	-4.719E-6	.000

a. 종속변수: lifesat
b. 원점을 통한 선형회귀

[Output 2-15]는 통제변수를 넣지 않고 분석한 결과이다.

Output 2-15 SPSS output: 계수상관(통제변수 미포함)

계수상관[a,b]

모형			intercept	stressc	happyc	happycstressc
1	상관계수	intercept	1.000	-.012	.012	-.120
		stressc	-.012	1.000	-.120	.097
		happyc	.012	-.120	1.000	-.098
		happycstressc	-.120	.097	-.098	1.000
	공분산	intercept	.022	-5.127E-5	2.691E-5	-5.962E-5
		stressc	-5.127E-5	.001	-5.634E-5	9.788E-6
		happyc	2.691E-5	-5.634E-5	.000	-5.137E-6
		happycstressc	-5.962E-5	9.788E-6	-5.137E-6	1.138E-5

a. 종속변수: lifesat
b. 원점을 통한 선형회귀

3 Preacher의 [Interaction Utilities]에 다음과 같은 숫자를 입력하고 [Calculate] 버튼을 누른다.

[Preacher의 Interaction Utilities-3]

$$\hat{y} = \hat{b}_0 + \hat{b}_1 x + \hat{b}_2 z + \hat{b}_3 xz$$

Regression Coefficients		Coefficient Variances		Conditional Values of Z	
$\hat{b}_0$	5.018	$\hat{b}_0$	0.0205	cv_{z1}	-4.963
$\hat{b}_1$	0.028	$\hat{b}_1$	.0002	cv_{z2}	0
$\hat{b}_2$	0.014	$\hat{b}_2$	.0008	cv_{z3}	4.963
$\hat{b}_3$	-.008	$\hat{b}_3$	.0000	Points to Plot	
Other Information		Coefficient Covariances		x_1	-3
df	75	$\hat{b}_2, \hat{b}_0$	-.000049	x_2	3
α	.05	$\hat{b}_3, \hat{b}_1$	-.000005	Calculate	

4 가운데 있는 [Submit above to Rweb]을 누른다. 그러면 다음과 같은 단순기울기를 그린다.

그래프 2-9 | Interaction Utilities에 의한 단순기울기

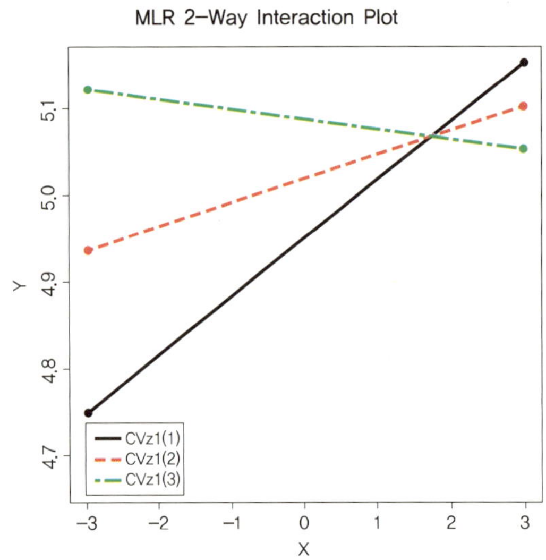

Output 2-16 Interaction Utilities에 의한 output

```
****************************************************************************
Simple Intercepts and Slopes at Conditional Values of Z
  At Z = cv1...
    simple intercept = 4.9485(0.2017), t=24.5315, p=0
    simple slope     = 0.0677(0.0158), t=4.2851, p=0.0001
  At Z = cv2...
    simple intercept = 5.018(0.1432), t=35.0472, p=0
    simple slope     = 0.028(0.0141), t=1.9799, p=0.0514
  At Z = cv3...
    simple intercept = 5.0875(0.1993), t=25.5273, p=0
    simple slope     = -0.0117(0.0123), t=-0.9545, p=0.3429
****************************************************************************
```

5 단순기울기는 스트레스가 높은 수준에 해당하는 cv=3만 비유의적이고 나머지는 유의적인 것으로 나타났다.

(2) 유의영역 확인 및 신뢰밴드 그리기

유의영역을 확인하고 신뢰밴드를 그려보기로 한다.

Output 2-17 Interaction Utilities에 의한 output

```
******************************************************************************
Region of Significance
  Z at lower bound of region = -0.0237
  Z at upper bound of region = 6.4036
  (simple slopes are significant *outside* this region.)
******************************************************************************
```

6 조절변수의 유의영역의 하한한계는 −0.0237, 상한한계는 6.4036이고 이 값을 벗어나는 값이 유의영역에 해당한다.

7 제일 밑에 있는 [Submit above to Rweb]을 누른다. 그러면 [그래프 2-10]의 신뢰밴드를 그린다.

그래프 2-10 | Interaction Utilities에 의한 신뢰밴드

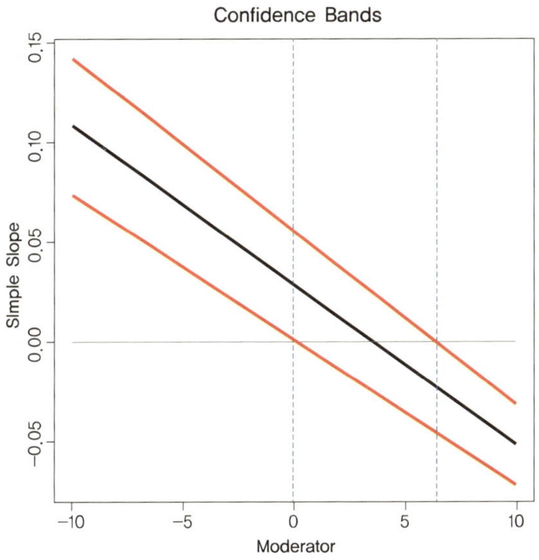

6) 상호작용항의 표준화계수 교정

1 X, M, Y를 모두 표준화시킨 Z score를 얻는다(Z_X, Z_M, Z_Y). 통제변수(C)도 표준화한다.

2 X, M의 Z score를 곱한 값을 만든다($Z_X \times Z_M$).

3 Z_Y를 종속변수로 Z_X, Z_M, $Z_X \times Z_M$, Z_C을 독립변수로 회귀분석을 한다.

4 이를 분석해서 얻은 비표준화계수가 정확한 표준화계수이다.

5 이를 위해 다음과 같이 변수를 지정한다.

SPSS 대화상자 2-23 **선형회귀분석**

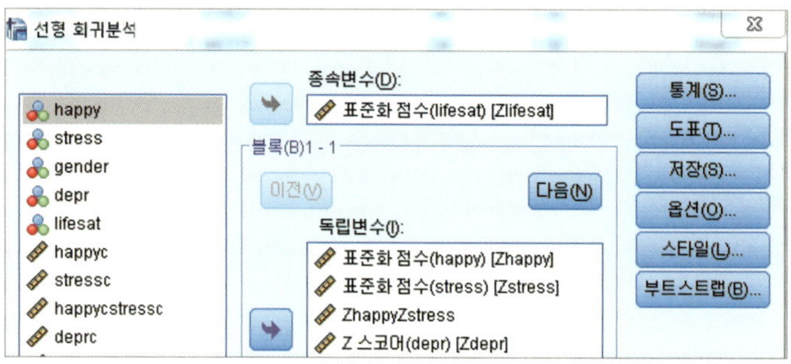

6 이를 실행하면 [Output 2-18]을 얻는다.

Output 2-18 **SPSS output: 선형회귀분석결과**

계수[a]

모형		비표준계수		표준계수	t	유의수준
		B	표준오차	베타		
1	(상수)	.030	.105		.289	.773
	표준화점수(happy)	.196	.107	.196	1.823	.072
	표준화점수(stress)	.052	.106	.052	.490	.625
	ZhappyZstress	-.274	.114	-.254	-2.410	.018
	Z 스코어(depr)	-.248	.107	-.248	-2.327	.023

a. 종속변수: 표준화점수(lifesat)

7 비표준화계수 -.274가 상호작용항의 정확한 표준화계수이다.

2.2 PROCESS에 의한 분석: MC에 의한 분석

MC를 하고 분석하는 것에 초점을 맞추어 살펴본다.

1) MC에 의한 분석

1 [Hofmann.sav]를 불러들인다.

2 [분석]→[회귀분석]→[PROCESS v3.5]로 간다.

3 해당 변수와 모델넘버를 지정한다.

PROCESS 대화상자 2-3 **변수지정 및 모델넘버**

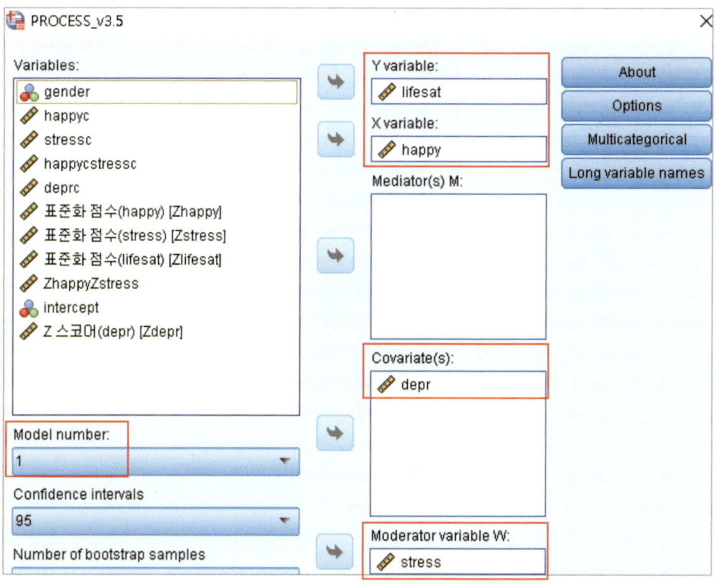

4 [Options] 버튼을 클릭하여 다음과 같이 지정한다.

PROCESS 대화상자 2-4 **Options**

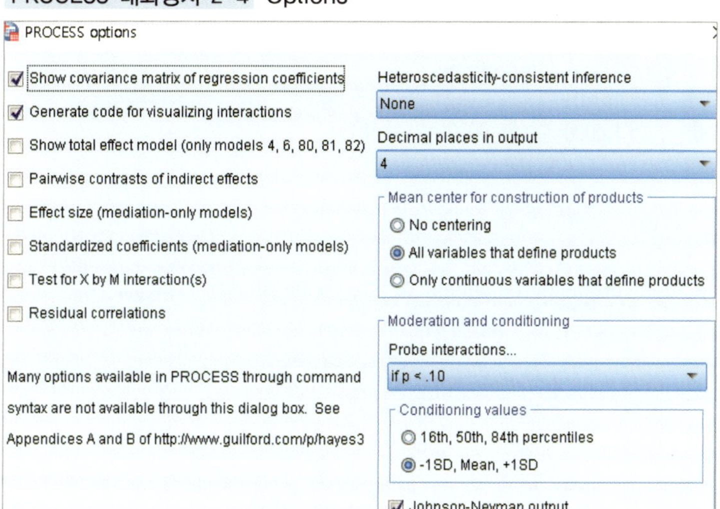

5 이를 실행하면 [Output 2-19]를 얻는다.

Output 2-19 PROCESS output

```
**************************************************************************
OUTCOME VARIABLE:
 lifesat

Model Summary
          R       R-sq        MSE          F        df1        df2          p
      .4228      .1788     1.6200     4.0814     4.0000    75.0000      .0048

Model
              coeff         se          t          p       LLCI       ULCI
constant     5.9573      .4292    13.8794      .0000     5.1022     6.8123
happy         .0281      .0154     1.8228      .0723     -.0026      .0588
stress        .0143      .0292      .4903      .6254     -.0438      .0725
Int_1        -.0079      .0033    -2.4101      .0184     -.0144     -.0014
depr         -.3110      .1337    -2.3271      .0227     -.5773     -.0448

Product terms key:
 Int_1    :        happy     x        stress

Covariance matrix of regression parameter estimates:
             constant      happy     stress      Int_1       depr
constant        .1842     -.0011     -.0005     -.0001     -.0541
happy          -.0011      .0002     -.0001      .0000      .0004
stress         -.0005     -.0001      .0009      .0000      .0001
Int_1          -.0001      .0000      .0000      .0000      .0000
depr           -.0541      .0004      .0001      .0000      .0179

Test(s) of highest order unconditional interaction(s):
       R2-chng          F        df1        df2          p
X*W      .0636     5.8085     1.0000    75.0000      .0184
----------
    Focal predict: happy    (X)
          Mod var: stress   (W)

Conditional effects of the focal predictor at values of the moderator(s):

     stress     Effect         se          t          p       LLCI       ULCI
    -4.9625      .0673      .0234     2.8725      .0053      .0206      .1140
      .0000      .0281      .0154     1.8228      .0723     -.0026      .0588
     4.9625     -.0112      .0213     -.5225      .6029     -.0537      .0314

Moderator value(s) defining Johnson-Neyman significance region(s):
      Value    % below    % above
```

```
     -.3704      42.5000      57.5000

Conditional effect of focal predictor at values of the moderator:
     stress      Effect         se          t          p       LLCI       ULCI
    -9.8625       .1061      .0371     2.8579      .0055      .0321      .1800
    -8.8625       .0981      .0341     2.8741      .0053      .0301      .1662
    -7.8625       .0902      .0313     2.8874      .0051      .0280      .1525
    -6.8625       .0823      .0284     2.8950      .0050      .0257      .1390
    -5.8625       .0744      .0257     2.8917      .0050      .0232      .1257
    -4.8625       .0665      .0232     2.8690      .0053      .0203      .1127
    -3.8625       .0586      .0208     2.8127      .0063      .0171      .1001
    -2.8625       .0507      .0188     2.7009      .0085      .0133      .0881
    -1.8625       .0428      .0171     2.5040      .0145      .0088      .0769
     -.8625       .0349      .0159     2.1921      .0315      .0032      .0666
     -.3704       .0310      .0156     1.9921      .0500      .0000      .0620
      .1375       .0270      .0154     1.7563      .0831     -.0036      .0576
     1.1375       .0191      .0155     1.2308      .2222     -.0118      .0500
     2.1375       .0112      .0163      .6852      .4953     -.0213      .0437
     3.1375       .0033      .0177      .1850      .8537     -.0320      .0386
     4.1375      -.0046      .0196     -.2367      .8135     -.0436      .0343
     5.1375      -.0125      .0217     -.5764      .5660     -.0559      .0308
     6.1375      -.0204      .0242     -.8453      .4006     -.0686      .0277
     7.1375      -.0283      .0268    -1.0578      .2936     -.0817      .0250
     8.1375      -.0363      .0295    -1.2269      .2237     -.0951      .0226
     9.1375      -.0442      .0324    -1.3631      .1769     -.1087      .0204
    10.1375      -.0521      .0353    -1.4741      .1446     -.1224      .0183

Data for visualizing the conditional effect of the focal predictor:
Paste text below into a SPSS syntax window and execute to produce plot.

DATA LIST FREE/
   happy      stress     lifesat   .
BEGIN DATA.
    -9.5467    -4.9625     4.3027
      .0000    -4.9625     4.9454
     9.5467    -4.9625     5.5880
    -9.5467      .0000     4.7483
      .0000      .0000     5.0164
     9.5467      .0000     5.2845
    -9.5467     4.9625     5.1939
      .0000     4.9625     5.0874
     9.5467     4.9625     4.9810
END DATA.
GRAPH/SCATTERPLOT=
 happy      WITH     lifesat  BY       stress   .
*************************************************************************
```

2) 조절효과 검정

6 SPSS에서 해석한 것과 같다. **PROCESS는 표준화회귀계수는 보고하지 않는다.**

3) 조건부효과 검정

(1) 단순기울기 검정

1 단순기울기 검정 결과 조절변수의 값이 '평균−1SD'인 경우(−4.9625)만 유의적이고 나머지는 유의적이지 않은 것으로 나타났다.

2 이를 그래프로 제시하면 [그래프 2-11]과 같다. 신뢰밴드는 [그래프 2-12]와 같다.

그래프 2-11 | SPSS에 의한 그래프: 단순기울기

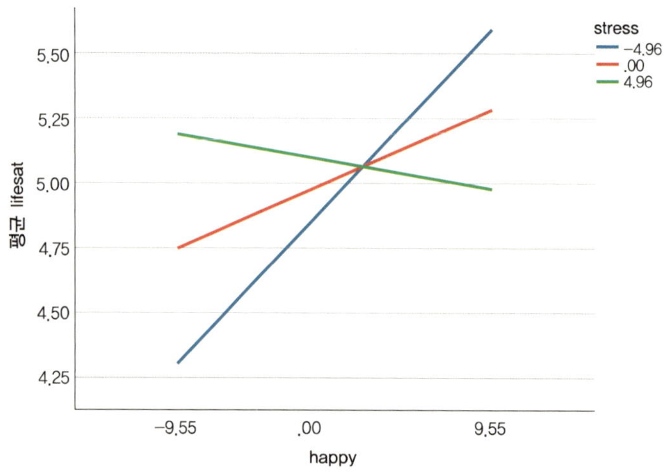

(2) 유의영역 및 신뢰밴드

1 J−N기법에 의하면 스트레스가 −.370보다 작은 수준이 유의영역에 해당한다. 이는 전체표본 가운데 42.5%에 해당한다.

2 신뢰밴드를 그려본다.

그래프 2-12 | SPSS에 의한 신뢰밴드

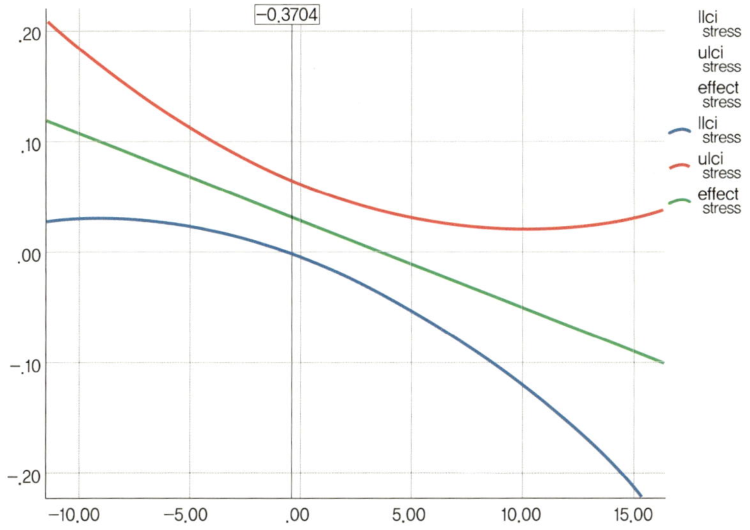

3 독립변수가 범주형 변수: 범주가 2개인 경우

여성 변호사 캐더린(Catherine)이 직장에서 성차별로 인해 승진에서 탈락된 것에 대해 항의한 집단(protest=1)과 항의하지 않은 집단(no protest=0)으로 나누어 이들이 캐더린을 좋아하는 정도(liking)를 측정하였다. 이때 성차별이 사회에 만연되어 있다는 신념(sexism)을 조절변수로 가정하였다. [liking]과 [sexism]은 7점척도로 측정하였다. 이러한 관계를 나타낸 것이 [그림 2-3]이다.

그림 2-3 | 성차별신념의 조절효과

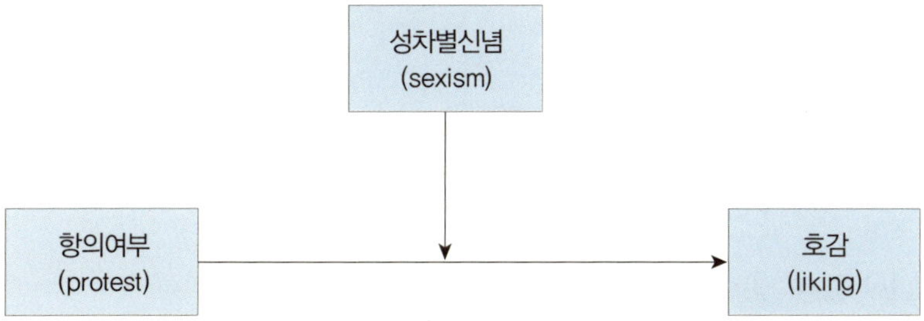

이 모델을 분석하기 위한 자료는 다음과 같다.

Data 2-4 [protest.sav]

	sexism	liking	respappr	protest	prosex
1	4.87	4.83	4.25	1.00	4.87
2	4.25	4.50	5.75	.00	.00
3	5.00	5.50	4.75	1.00	5.00
4	5.50	5.66	7.00	1.00	5.50
5	5.62	6.16	6.75	1.00	5.62

1) 분석

PROCESS로 분석하는 것에 초점을 맞추어 살펴본다.

(1) MC않고 분석

1 PROCESS에서 다음과 같이 변수와 모델넘버를 지정한다.

PROCESS 대화상자 2-5 변수지정 및 모델넘버

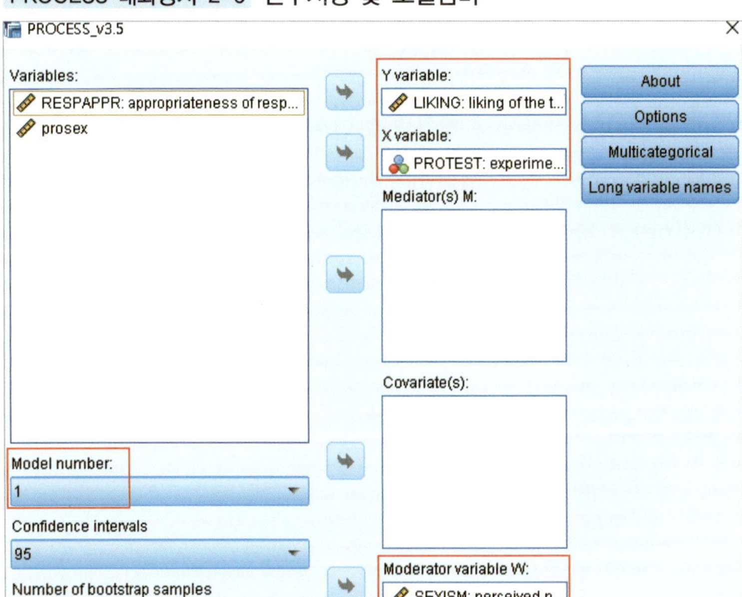

2 이를 실행하면 [Output 2-20]을 얻는다.

Output 2-20 PROCESS output: MC를 하지 않은 결과

```
**************************************************************************
OUTCOME VARIABLE:
 liking

Model Summary
          R       R-sq        MSE          F        df1        df2          p
      .3654      .1335      .9777     6.4190     3.0000   125.0000      .0004

Model
                  coeff         se          t          p       LLCI       ULCI
constant         7.7062     1.0449     7.3750      .0000     5.6382     9.7743
protest(b1)     -3.7727     1.2541    -3.0084      .0032    -6.2546    -1.2907
sexism(b2)      -.4725       .2038    -2.3184      .0220     -.8758     -.0692
Int_1(b3)         .8336      .2436     3.4224      .0008      .3515     1.3156

Product terms key:
 Int_1    :        protest   x        sexism

Test(s) of highest order unconditional interaction(s):
       R2-chng          F        df1        df2          p
X*W      .0812    11.7126     1.0000   125.0000      .0008
----------
    Focal predict: protest  (X)
          Mod var: sexism   (W)

Conditional effects of the focal predictor at values of the moderator(s):

     sexism     Effect         se          t          p       LLCI       ULCI
     4.3332     -.1607      .2629     -.6113      .5421     -.6809      .3595
     5.1170      .4926      .1872     2.6312      .0096      .1221      .8632
     5.9007     1.1459      .2718     4.2156      .0000      .6079     1.6839

Moderator value(s) defining Johnson-Neyman significance region(s):
      Value    % below    % above
     3.5087     1.5504    98.4496
     4.9753    44.1860    55.8140

Conditional effect of focal predictor at values of the moderator:
     sexism     Effect         se          t          p       LLCI       ULCI
     2.8700    -1.3804      .5724    -2.4113      .0173    -2.5133     -.2474
     3.0765    -1.2082      .5252    -2.3007      .0231    -2.2476     -.1689
     3.2830    -1.0361      .4785    -2.1653      .0323    -1.9831     -.0891
     3.4895     -.8640      .4327    -1.9969      .0480    -1.7203     -.0077
     3.5087     -.8480      .4285    -1.9791      .0500    -1.6959      .0000
     3.6960     -.6918      .3879    -1.7834      .0769    -1.4596      .0759
```

```
3.9025    -.5197    .3447   -1.5076    .1342   -1.2020     .1625
4.1090    -.3476    .3037   -1.1445    .2546    -.9487     .2535
4.3155    -.1755    .2659    -.6598    .5106    -.7017     .3508
4.5220    -.0033    .2329    -.0143    .9886    -.4642     .4576
4.7285     .1688    .2069     .8158    .4162    -.2407     .5783
4.9350     .3409    .1909    1.7855    .0766    -.0370     .7188
4.9753     .3745    .1892    1.9791    .0500     .0000     .7490
5.1415     .5131    .1875    2.7360    .0071     .1419     .8842
5.3480     .6852    .1973    3.4729    .0007     .2947    1.0757
5.5545     .8573    .2185    3.9235    .0001     .4249    1.2898
5.7610    1.0294    .2482    4.1468    .0001     .5381    1.5208
5.9675    1.2016    .2838    4.2332    .0000     .6398    1.7633
6.1740    1.3737    .3234    4.2481    .0000     .7337    2.0137
6.3805    1.5458    .3655    4.2288    .0000     .8224    2.2693
6.5870    1.7180    .4096    4.1946    .0001     .9074    2.5285
6.7935    1.8901    .4549    4.1551    .0001     .9898    2.7904
7.0000    2.0622    .5012    4.1149    .0001    1.0704    3.0541

Data for visualizing the conditional effect of the focal predictor:
Paste text below into a SPSS syntax window and execute to produce plot.

DATA LIST FREE/
   protest    sexism     liking .
BEGIN DATA.
      .0000     4.3332     5.6588
     1.0000     4.3332     5.4981
      .0000     5.1170     5.2885
     1.0000     5.1170     5.7811
      .0000     5.9007     4.9182
     1.0000     5.9007     6.0641
END DATA.
GRAPH/SCATTERPLOT=
 sexism    WITH     liking    BY       protest .
****************************************************************************
```

(2) 독립변수, 조절변수 모두 MC하고 분석

3 [Output 2-21]은 독립변수와 조절변수를 모두 MC하고 분석한 결과이다.

Output 2-21 PROCESS output

```
****************************************************************************
OUTCOME VARIABLE:
 liking

Model Summary
```

R	R-sq	MSE	F	df1	df2	p
.3654	.1335	.9777	6.4190	3.0000	125.0000	.0004

Model

	coeff	se	t	p	LLCI	ULCI
constant	5.6246	.0871	64.5535	.0000	5.4521	5.7970
protest	.4926	.1872	2.6312	.0096	.1221	.8632
sexism	.0961	.1117	.8608	.3910	-.1249	.3172
Int_1	.8336	.2436	3.4224	.0008	.3515	1.3156

Product terms key:
Int_1 : protest x sexism

Test(s) of highest order unconditional interaction(s):

	R2-chng	F	df1	df2	p
X*W	.0812	11.7126	1.0000	125.0000	.0008

Focal predict: protest (X)
Mod var: sexism (W)

Conditional effects of the focal predictor at values of the moderator(s):

sexism	Effect	se	t	p	LLCI	ULCI
-.7838	-.1607	.2629	-.6113	.5421	-.6809	.3595
.0000	.4926	.1872	2.6312	.0096	.1221	.8632
.7838	1.1459	.2718	4.2156	.0000	.6079	1.6839

Moderator value(s) defining Johnson-Neyman significance region(s):

Value	% below	% above
-1.6083	1.5504	98.4496
-.1417	44.1860	55.8140

****

(3) 독립변수만 MC하고 분석

4 [Output 2-22]는 연속형 변수인 독립변수만 MC하고, 조절변수는 더미변수 그대로 해서 분석한 결과이다.

Output 2-22 PROCESS output

****

OUTCOME VARIABLE:
liking

Model Summary

```
         R       R-sq        MSE          F        df1        df2          p
     .3654      .1335      .9777     6.4190     3.0000   125.0000      .0004

Model
              coeff         se          t          p       LLCI       ULCI
constant     5.2885      .1547    34.1842      .0000     4.9823     5.5947
protest       .4926      .1872     2.6312      .0096      .1221      .8632
sexism       -.4725      .2038    -2.3184      .0220     -.8758     -.0692
Int_1         .8336      .2436     3.4224      .0008      .3515     1.3156

Product terms key:
 Int_1    :        protest  x        sexism

Test(s) of highest order unconditional interaction(s):
       R2-chng          F        df1        df2          p
X*W      .0812    11.7126     1.0000   125.0000      .0008
----------
    Focal predict: protest  (X)
          Mod var: sexism   (W)

Conditional effects of the focal predictor at values of the moderator(s):

    sexism     Effect         se          t          p       LLCI       ULCI
    -.7838     -.1607      .2629     -.6113      .5421     -.6809      .3595
     .0000      .4926      .1872     2.6312      .0096      .1221      .8632
     .7838     1.1459      .2718     4.2156      .0000      .6079     1.6839

Moderator value(s) defining Johnson-Neyman significance region(s):
     Value    % below    % above
   -1.6083     1.5504    98.4496
    -.1417    44.1860    55.8140

*****************************************************************************
```

5 3개의 Output을 검토해보면 b_3계수(.834)는 모두 값이 동일하고 나머지 계수값은 약간씩 차이가 있다. **조절변수인 더미변수를 MC해도 되고 안 해도 된다.** 이는 해석의 문제이다.

2) 조절효과 검정 및 해석

1 [Output 2-20]을 토대로 해석하기로 한다([Output 2-21], [Output 2-22]를 토대로 해석해도 됨). b_3계수가 유의적이므로 조절효과가 있다고 해석한다. 이는 조절변수값이 증가하면 항의했다고 들은 사람들($X=0$)의 호감도가 항의하지 않았다고

들은 사람들($X=1$)의 호감도보다 .834만큼 증가한다는 것을 의미한다.

2 $b_1 = -3.7727$는 통계적으로 유의적이다. 이 계수값은 조절변수(sexism)값이 1단위 증가하면 항의했다고 들은 사람들($X=0$)의 호감도가 항의하지 않았다고 들은 사람들($X=1$)의 호감도보다 −3.7727만큼 감소한다는 것을 의미한다.

3) 조건부효과 검정

1 조절변수의 수준이 낮은 경우에는(4.333 이하) 조절효과가 없는 것으로 나타났다 ([Output 2-29] 참조). 특정값 선택법(pick-a-point)으로 조절효과를 그래프로 제시한다.

그래프 2-13 | SPSS에 의한 그래프: 단순기울기

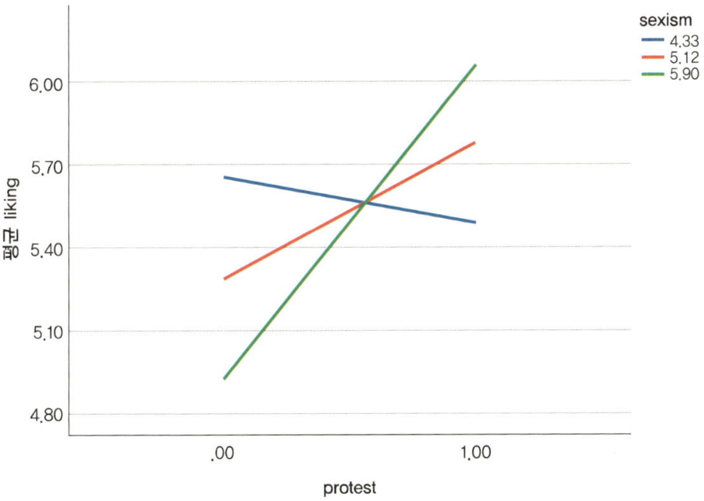

2 J-N기법에 의해 분석한 결과, 조절변수의 수준이 3.509 이하 또는 4.975 이상인 경우 유의영역에 해당한다. 이를 그래프로 제시한다.

그래프 2-14 | SPSS에 의한 신뢰밴드

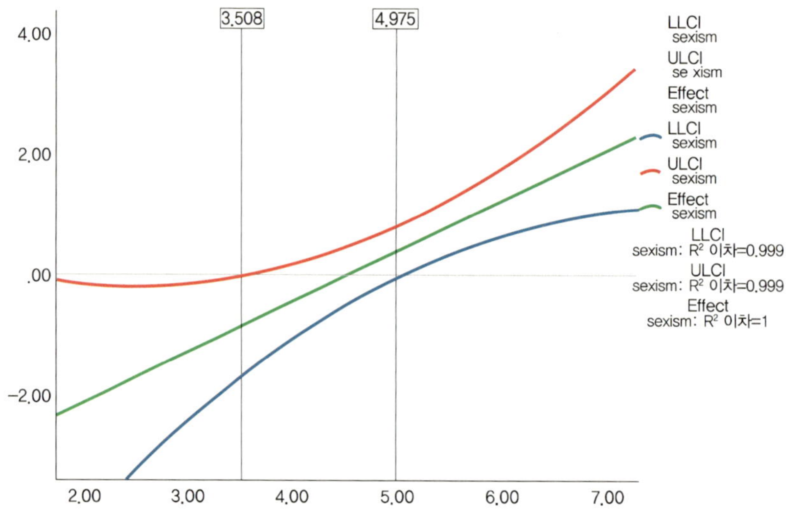

4 독립변수가 범주형 변수: 범주가 3개인 경우

독립변수의 범주가 3개인 다범주(multicategorical)에 대해 살펴본다. 출신대학(인문대/공대/경영대)이 초봉에 영향을 주는데 학점이 조절효과를 하는지를 검정하고자 [그림 2-4]의 모델을 세웠다고 가정한다.

그림 2-4 | 학점의 조절효과

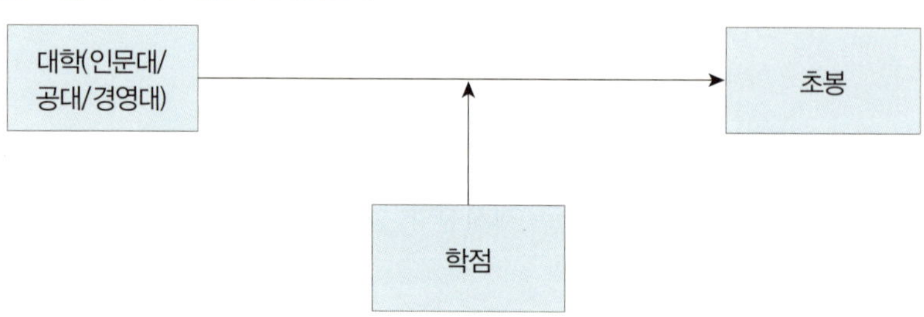

이를 분석하기 위한 자료는 다음과 같다. [college]는 [1=인문대], [2=공대], [3=경영대]로 코딩되었다.

Data 2-5 [Aiken&West_118.sav]

	college	GPA	salary	D1	D2
1	1.00	2.54	21140	.00	.00
2	1.00	2.25	20667	.00	.00
3	1.00	2.69	21003	.00	.00
4	1.00	2.84	21269	.00	.00
5	1.00	2.73	20831	.00	.00

4.1 SPSS에 의한 분석

1 각 단대별 평균GPA와 평균초봉을 계산하면 [표 2-4]와 같다.

표 2-4 ▮ 단대별 평균GPA와 평균초봉

	평균GPA	평균초봉($)
인문대	2.80	21,000
공대	2.40	28,000
경영대	3.00	24,000

1) 더미코딩 만들기

[college]를 더미코딩하기 위해 어떤 집단을 **비교범주(comparison category)** 또는 **준거범주(reference category)**로 할 것인가를 결정해야 한다. 인문대가 준거범주인 경우 D1은 인문대와 공대를 비교하고, D2는 인문대와 경영대를 비교한다.

표 2-5 ▮ 더미코딩을 위한 접근법

인문대가 비교집단			공대가 비교집단			경영대가 비교집단		
	D1	D2		D1	D2		D1	D2
인문대	0	0	인문대	1	0	인문대	1	0
공대	1	0	공대	0	0	공대	0	1
경영대	0	1	경영대	0	1	경영대	0	0

2 SPSS에서 더미변수를 만들기 위해 [파일]→[새파일]→[명령문]에서 다음과 같이 작성한다.

```
if (college=1) D1=0.
if (college=1) D2=0.
if (college=2) D1=1.
if (college=2) D2=0.
if (college=3) D1=0.
if (college=3) D2=1.
execute.
```

3 [메뉴]→[실행]→[모두]를 클릭하면 더미변수가 만들어진다.

	college	GPA	salary	GPA_c	D2GPA_c	D1GPA_c	D1	D2
1	1.00	2.54	21140	-.237	.000	.000	.00	.00
2	1.00	2.25	20667	-.527	.000	.000	.00	.00
3	1.00	2.69	21003	-.087	.000	.000	.00	.00
4	1.00	2.84	21269	.063	.000	.000	.00	.00
5	1.00	2.73	20831	-.047	.000	.000	.00	.00

2) 1단계분석: 더미변수만 포함한 모델 추정

더미변수만 포함한 모델을 추정하기 위한 회귀식은 다음과 같다.

$$\hat{Y} = b_0 + b_1 D1 + b_2 D2 \tag{2}$$

4 SPSS에서 회귀분석에서 다음과 같이 변수를 보낸다.

SPSS 대화상자 2-24 선형회귀분석

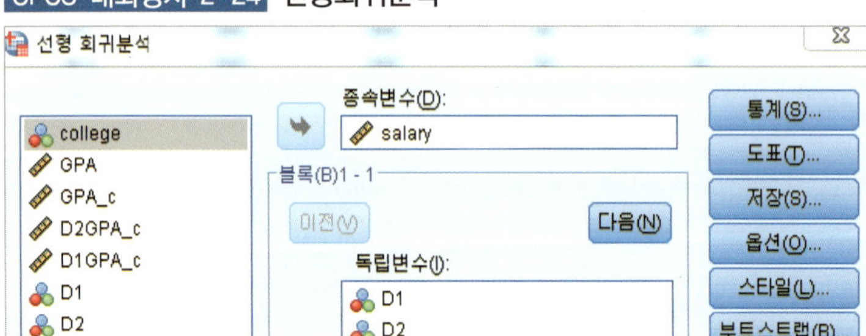

5 이를 실행하면 [Output 2-23]을 얻는다.

Output 2-23 SPSS output: 선형회귀분석 결과

계수[a]

모형		비표준화계수		표준화계수	t	유의수준
		B	표준오차	베타		
1	(상수)	21000.000	98.442		213.324	.000
	D1	6999.900	184.168	1.027	38.008	.000
	D2	3000.067	160.755	.504	18.662	.000

a. 종속변수: salary

6 식 (1)은 다음과 같이 쓸 수 있다.

인문대: $\hat{Y} = b_0 + b_1(0) + b_2(0) = b_0$

공대: $\hat{Y} = b_0 + b_1(1) + b_2(0) = b_1 + b_0$

경영대: $\hat{Y} = b_0 + b_1(0) + b_2(1) = b_2 + b_0$

7 위 식에 회귀모델을 추정하여 얻은 값을 대입하면 다음과 같다.

인문대: 21,000

공대: 21,000+6,999=28,000

경영대: 21,000+3,000=24,000

8 이 값은 각 대학의 평균초봉을 의미한다. 이를 그래프로 나타내면 [그래프 2-15]와 같다.

그래프 2-15 | 각 대학의 평균초봉

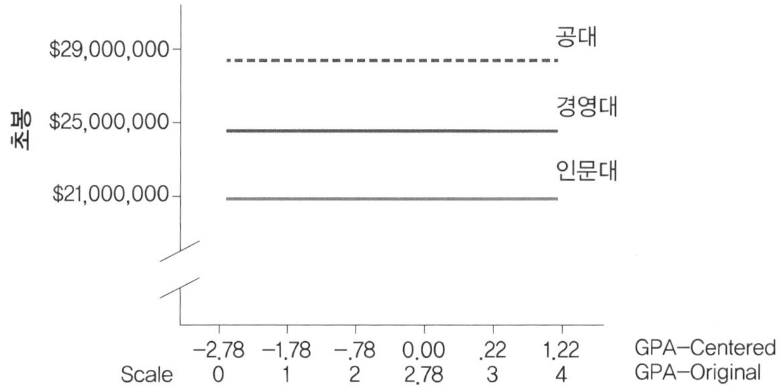

3) 2단계분석: 더미변수와 독립변수를 포함한 모델 추정

9 더미변수와 독립변수를 포함한 모델을 추정하기 위한 회귀식은 다음과 같다. 평균중심화한 변수(GPA_c)를 독립변수로 포함한다.

$$\hat{Y} = b_0 + b_1 D1 + b_2 D2 + b_3 GPA_c \qquad (3)$$

10 회귀분석에서 다음과 같이 지정한다.

SPSS 대화상자 2-25 선형회귀분석

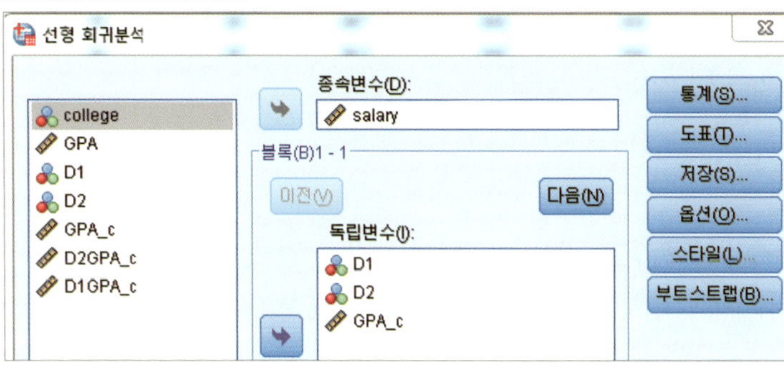

11 이를 실행하면 [Output 2-24]를 얻는다.

Output 2-24 선형회귀분석 결과

계수[a]

모형		비표준화계수		표준화계수	t	유의수준
		B	표준오차	베타		
1	(상수)	20978.311	66.042		317.653	.000
	D1	7377.469	132.924	1.082	55.501	.000
	D2	2820.649	110.265	.474	25.581	.000
	GPA_c	942.979	123.160	.149	7.657	.000

a. 종속변수: salary

12 회귀모델을 추정하여 얻은 값을 대입하면 다음과 같다.

인문대: $\hat{Y} = 20,978 + 943GPA$

공대: $\hat{Y} = 20,978 + 7,377 + 943GPA = 28,355 + 943GPA$

$$경영대: \hat{Y} = 20,978 + 2,821 + 943GPA = 23,799 + 943GPA$$

13 이를 그래프로 나타내면 [그래프 2-16]과 같다.

그래프 2-16 | 평균GPA가 초봉에 미치는 효과

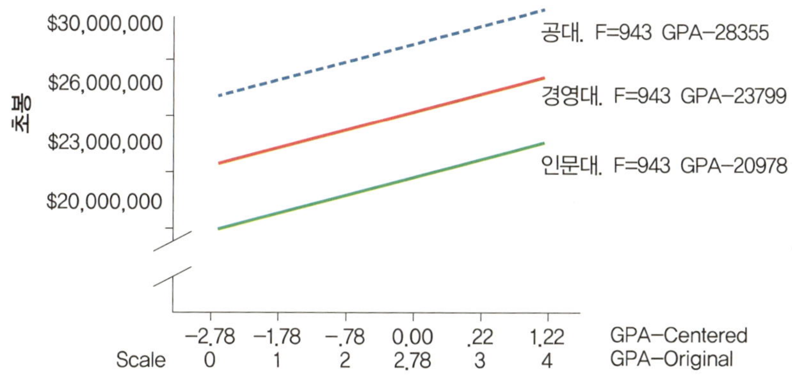

4) 3단계분석: 더미변수, 독립변수, 상호작용항을 포함한 모델 추정

14 3단계분석을 위한 회귀식은 다음과 같다.

$$\hat{Y} = b_0 + b_1 D1 + b_2 D2 + b_3 GPA_c + b_4 D1GPA_c + b_5 D2GPA_c \quad (4)$$

15 회귀분석에서 다음과 같이 변수를 지정한다.

SPSS 대화상자 2-26 선형회귀분석

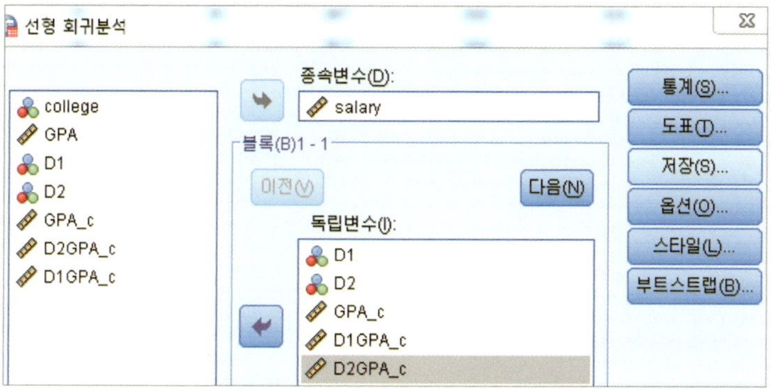

16 이를 실행하면 [Output 2-25]를 얻는다.

Output 2-25 선형회귀분석 결과

계수[a]

모형		비표준화계수		표준화계수	t	유의수준
		B	표준오차	베타		
1	(상수)	20981.832	45.846		457.661	.000
	D1	7064.441	111.854	1.036	63.158	.000
	D2	2619.003	82.728	.440	31.658	.000
	GPA_c	789.932	116.934	.125	6.755	.000
	D2GPA_c	1082.055	202.930	.087	5.332	.000
	D1GPA_c	−667.058	223.591	−.056	−2.983	.005

a. 종속변수: salary

17 더미코딩을 각 대학에 대입하면 다음과 같다.

인문대: $\hat{Y} = b_3 GPA + b_0$

공대: $\hat{Y} = b_1(1) + b_3 GPA + b_4 GPA + b_0 = (b_1 + b_0) + (b_3 + b_4) GPA$

경영대: $\hat{Y} = b_2(1) + b_3 GPA + b_5 GPA + b_0 = (b_2 + b_0) + (b_3 + b_5) GPA$

18 회귀분석에서 얻은 값을 대입하면 다음과 같다.

인문대: $\hat{Y} = 790 GPA + 20{,}982$

공대: $\hat{Y} = (7{,}064 + 20{,}982) + (790 - 667) GPA = 28{,}046 + 123 GPA$

경영대: $\hat{Y} = (2{,}619 + 20{,}982) + (790 + 1{,}082) GPA = 23{,}601 + 1{,}872 GPA$

19 이를 그래프로 나타내면 [그래프 2-17]과 같다.

그래프 2-17 | 평균GPA 및 출신대학이 초봉에 미치는 효과

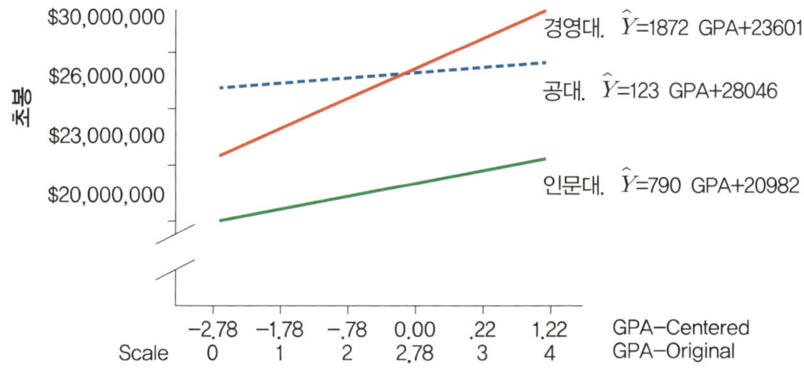

20 지금까지 범주가 3개인 경우 더미코딩에 의한 3단계 조절회귀분석에 대해 살펴보았다. 분석에서는 1단계분석은 생략하고 2단계와 3단계분석만 하면 된다. 이를 동시투입으로 해도 되고, 위계적 투입으로 해도 된다.

21 [Output 2-26]은 위계적 투입으로 분석하여 얻은 결과이다.

Output 2-26 위계적 투입에 의한 회귀분석결과

계수[a]						
모형		비표준화계수		표준화계수	t	유의수준
		B	표준오차	베타		
1	(상수)	20978.311	66.042		317.653	.000
	D1	7377.469	132.924	1.082	55.501	.000
	D2	2820.649	110.265	.474	25.581	.000
	GPA_c	942.979	123.160	.149	7.657	.000
2	(상수)	20981.832	45.846		457.661	.000
	D1	7064.441	111.854	1.036	63.158	.000
	D2	2619.003	82.728	.440	31.658	.000
	GPA_c	789.932	116.934	.125	6.755	.000
	D1GPA_c	−667.058	223.591	−.056	−2.983	.005
	D2GPA_c	1082.055	202.930	.087	5.332	.000

a. 종속변수: salary

4.2 PROCESS에 의한 분석

PROCESS는 범주가 3개 이상인 다범주인 경우 4개의 코딩시스템(Indicator/Sequential/Helmert/Effect)을 제공한다. 3개 범주를 예로 들어 각각의 코딩시스템의 의미를 나타내면 [표 2-6]과 같다. [Indicator]는 더미코딩(dummy coding)을 의미한다.

표 2-6 ▌코딩시스템(coding system)의 의미

group	Indicator		Sequential		Helmert		Effect	
	D_1	D_2	D_1	D_2	D_1	D_2	D_1	D_2
1	0	0	0	0	−2/3	0	−1	−1
2	1	0	1	0	1/3	−1/2	1	0
3	0	1	1	1	1/3	1/2	0	1

1) 분석

1 PROCESS에서 다음과 같이 변수와 모델넘버를 지정한다.

PROCESS 대화상자 2-6 변수지정 및 모델넘버

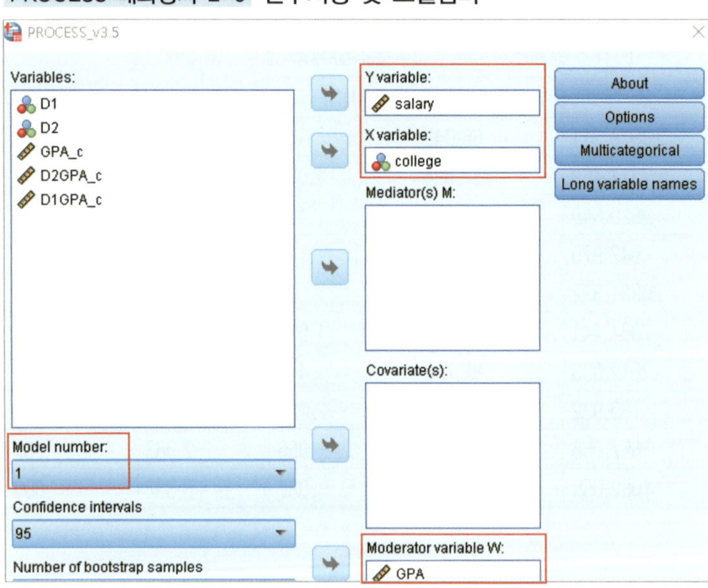

2 [Options] 버튼을 눌러 다음과 같이 체크한다.

PROCESS 대화상자 2-7 Options

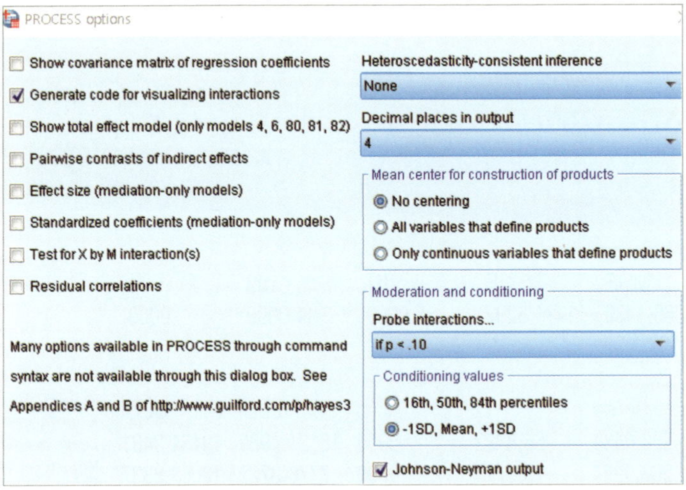

3 [Multicategorical] 버튼을 눌러 다음과 같이 지정한다.

PROCESS 대화상자 2-8 다범주변수 코딩시스템

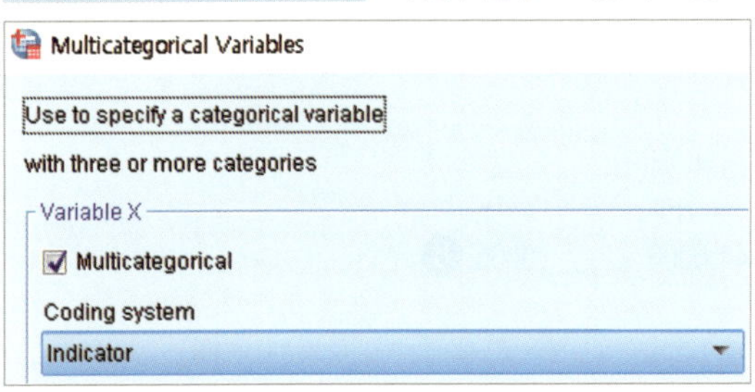

4 이를 실행하면 [Output 2-27]을 얻는다.

Output 2-27 PROCESS output

```
**************************************************************************
Model  : 1
    Y  : salary
    X  : college
    W  : GPA

Sample
Size:  50

Coding of categorical X variable for analysis:
```

```
college     X1      X2
  1.000    .000    .000  ⓐ
  2.000   1.000    .000
  3.000    .000   1.000

**************************************************************************
OUTCOME VARIABLE:
 salary

Model Summary
          R       R-sq        MSE          F        df1        df2          p
      .9969      .9938 52365.1430  1411.5292     5.0000    44.0000      .0000

Model
                  coeff         se          t          p       LLCI       ULCI
constant     18787.8740   330.6434    56.8222      .0000 18121.4989 19454.2491
X1            8917.1280   568.9997    15.6716      .0000  7770.3722 10063.8837
X2            -386.2967   599.0344     -.6449      .5224 -1593.5841   820.9907
GPA            789.9322   116.9335     6.7554      .0000   554.2656  1025.5987
Int_1         -667.0580   223.5905    -2.9834      .0046 -1117.6799  -216.4360
Int_2         1082.0549   202.9300     5.3322      .0000   673.0721  1491.0378

Product terms key:
 Int_1    :        X1       x       GPA
 Int_2    :        X2       x       GPA

Test(s) of highest order unconditional interaction(s):
       R2-chng          F        df1        df2          p
X*W      .0073    25.8035     2.0000    44.0000      .0000  ⓑ
----------
    Focal predict: college  (X)
          Mod var: GPA      (W)

Conditional effects of the focal predictor at values of the moderator(s):

Moderator value(s):  ⓒ
GPA       2.3419

        Effect         se          t          p       LLCI       ULCI
X1   7354.9701   101.6308    72.3695      .0000  7150.1445  7559.7956
X2   2147.7269   141.5613    15.1717      .0000  1862.4259  2433.0280

Test of equality of conditional means
         F        df1        df2          p
 2673.4901     2.0000    44.0000      .0000

Estimated conditional means being compared:
```

```
    college      salary
     1.0000  20637.7863
     2.0000  27992.7564
     3.0000  22785.5132
----------
Moderator value(s): ⓓ
GPA       2.7774

          Effect          se           t          p        LLCI        ULCI
X1     7064.4412    111.8541     63.1576      .0000   6839.0117   7289.8707
X2     2619.0027     82.7281     31.6579      .0000   2452.2733   2785.7321

Test of equality of conditional means
           F        df1        df2          p
   2152.4542     2.0000    44.0000      .0000

Estimated conditional means being compared:
    college      salary
     1.0000  20981.8316
     2.0000  28046.2727
     3.0000  23600.8342
----------
Moderator value(s): ⓔ
GPA       3.2129

          Effect          se           t          p        LLCI        ULCI
X1     6773.9123    183.4677     36.9215      .0000   6404.1534   7143.6711
X2     3090.2784     96.2893     32.0937      .0000   2896.2179   3284.3389

Test of equality of conditional means
           F        df1        df2          p
    960.1701     2.0000    44.0000      .0000

Estimated conditional means being compared:
    college      salary
     1.0000  21325.8768
     2.0000  28099.7891
     3.0000  24416.1552

Data for visualizing the conditional effect of the focal predictor:
Paste text below into a SPSS syntax window and execute to produce plot.

DATA LIST FREE/
   college     GPA          salary   .
BEGIN DATA.
     1.0000       2.3419  20637.7863
     2.0000       2.3419  27992.7564
```

```
   3.0000      2.3419  22785.5132
   1.0000      2.7774  20981.8316
   2.0000      2.7774  28046.2727
   3.0000      2.7774  23600.8342
   1.0000      3.2129  21325.8768
   2.0000      3.2129  28099.7891
   3.0000      3.2129  24416.1552
END DATA.
GRAPH/SCATTERPLOT=
 GPA      WITH      salary    BY        college .
*****************************************************************************
```

2) 조절효과 검정

1 $F(2,44)=25.804$, $p<.001$로 조절효과가 있다고 해석한다(ⓑ). 따라서 출신대학이 초봉에 미치는 효과는 평균GPA에 따라 달라진다고 해석한다. 다범주인 경우에는 F-test를 통해 조절효과를 검정한다.

3) 해석

1 ⓐ 인문대가 준거범주(reference category)이다. X_1은 공대, X_2는 경영대에 해당한다.

2 ⓒ, ⓓ, ⓔ는 상대적 조건부효과(relative conditional effect)를 의미한다. 조절변수의 수준에 따른 X가 Y에 미치는 효과이다. 상대적 조건부효과는 모두 유의적인 것으로 나타났다.

3 조건부효과를 단순기울기로 제시하면 [그래프 2-18]과 같다.

그래프 2-18 | **SPSS에 의한 그래프: 단순기울기**

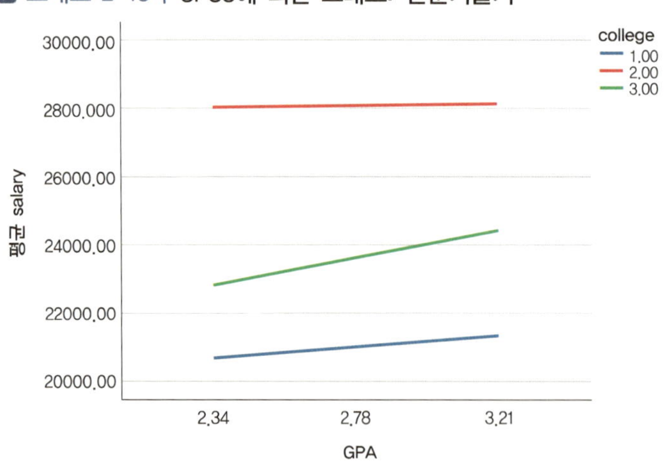

참고문헌

이형권 편역 (2015). PROCESS macro를 이용한 매개분석 · 조절분석 및 조절된 매개분석. 서울: 신영사.

홍세희, 정송 (2014). 회귀분석과 구조방정식 모형에서의 상호작용효과 검증: 이론과 절차. *인간발달연구*, 21(4), 1-24.

Aguinis, H. (2004). *Regression Analysis for Categorical Moderators*. New York, NY: The Guilford Press.

Aguinis, H., Beaty, J. C., Boik, R. J., and Pierce, C. A. (2005). Effect Size and Power in Assessing Moderating Effects of Categorical Variables Using Multiple Regression: A 30-Year Review. *Journal of Applied Psychology*, 90(1), 94-107.

Aguinis, H., and Gottfredson, R. K. (2010). Best-Practice Recommendations for Estimating Interaction Effects Using Moderated Multiple Regression. *Journal of Organizational Behavior*, 31, 776-786.

Aiken, L. S., and West, S. G. (1991). *Multiple Regression: Testing and Interpreting Interactions*. Thousand Oaks, CA: Sage.

Cohen, J., Cohen, P., West, S. G., and Aiken, L. S. (2003). *Applied Multiple Regression/Correlation Analysis for the Behavioral Sciences*. 3rd ed., Mahwah, NJ: Erlbaum.

Dawson, J. F. (2014). Moderation in Management Research: What, Why, When, and How. *Journal of Business and Psychology*, 29(1), 1-19.

Echambadi, R., and Hess, J. D. (2007). Mean-Centering Does Not Alleviate Collinearity Problems in Moderated Multiple Regression Models. *Marketing Science*, 26(3), 438-445.

Friedrich, R. J. (1982). In Defense of Multiplicative Terms in Multiple Regression Equations. *American Journal of Political Science*, 26(4), 797-833.

Hayes, A. F. (2013). *Introduction to Mediation, Moderation, and Conditional Process Analysis: A Regression-Based Approach*. New York, NY: The

Guilford Press.

Hayes, A. F. (2018). *Introduction to Mediation, Moderation, and Conditional Process Analysis: A Regression-Based Approach.* 2nd ed., New York, NY: The Guilford Press.

Hayes, A. F., and Matthes, J. (2009). Computational Procedures for Probing Interactions in OLS and Logistic Regression: SPSS and SAS Implementation. *Behavioral Research Methods*, 41(3), 924-936.

Hayes, A. F., and Montoya, A. K. (2017). A Tutorial on Testing, Visualizing, and Probing an Interaction Involving a Multicategorical Variable in Linear Regression Analysis. *Communication Methods and Measures*, 11(1), 1-30.

Overton, R. C. (2001). Moderated Multiple Regression for Interactions Involving Categorical Variables: A Statistical Control for Heterogeneous Variance across Two Groups. *Psychological Methods,* 6, 218-233.

Preacher, K. J., Curran, P. J., and Bauer, D. J. (2006). Computational Tools for Probing Interactions in Multiple Linear Regression, Multilevel Modeling, and Latent Curve Analysis. *Journal of Educational and Behavioral Statistics*, 31(4), 437-448.

West, S. G., Aiken, L. S., and Krull, J. L. (1996). Experimental Personality Designs: Analyzing Categorical by Continuous Variable Interactions. *Journal of Personality,* 64, 1-49.

Dawson 홈페이지: http://www.jeremydawson.co.uk/slopes.htm
Jose 홈페이지: pauljose.com
Preacher 홈페이지: http://www.quantpsy.org/interact/
Soper 홈페이지: http://www.danielsoper.com

CHAPTER

03

조절효과분석(Ⅱ): 범주형 조절변수

CHAPTER 03

조절효과분석(Ⅱ): 범주형 조절변수

이 장에서 **범주형 조절변수**(categorical moderator)에 대해 독립변수가 연속형 변수인 경우와 범주형 변수인 경우로 나누어 살펴본다. 종속변수는 모두 연속형 변수이다.

1 독립변수가 연속형 변수: 조절변수 범주가 2개(예 1)

학생의 교사에 대한 만족도(Y)는 학생의 모호성 수용도(X)에 의해 영향을 받는다. 모호성 수용도란 교사가 강의를 모호하게 해도 받아들이는 정도이다. 이들 간의 관계에서 교사의 교수법 스타일(W)의 조절역할을 가정한다. 즉, 모호성의 수용도가 낮은 학생은 교사의 교수법 스타일이 지시적인 것을 좋아하고, 반대로 모호성의 수용도가 높은 학생은 교사의 교수법 스타일이 비지시적인 것을 좋아한다고 가정한다.

가설검정을 위해 학생을 '지시적인 교수법 스타일(0)'($n = 20$)과 '비지시적 교수법 스타일(1)'($n = 20$)로 할당하고 '모호성의 수용도'와 '교사에 대한 만족도'를 7점으로 측정

그림 3-1 | **교수법 스타일의 조절효과**

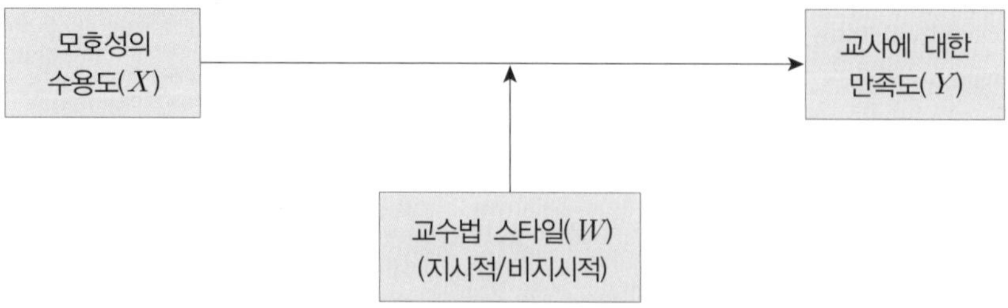

하였다. 교수법 스타일의 조절효과를 나타내면 [그림 3-1]과 같다.

교수법 스타일의 조절효과를 검정하기 위한 가설은 "모호성의 수용도가 교사에 대한 만족도에 미치는 효과는 교수법 스타일이 비지시적일수록 높을 것이다"와 같이 설정할 수 있다. 이를 분석하기 위한 자료는 다음과 같다.

Data 3-1 [Pedhazur14_3.sav]

	y	x	d	xd	e	xe
1	2	5	1	5	1	5
2	1	7	1	7	1	7
3	2	10	1	10	1	10
4	2	15	1	15	1	15
5	3	17	1	17	1	17

자료에서 [y]는 교사에 대한 만족도, [x]는 모호성의 수용도, [d]는 교수법 스타일로서 [1=비지시적], [0=지시적]으로 더미코딩(dummy coding)되었다. [e]는 [1=비지시적], [−1=지시적]으로 효과코딩(effect coding)되었다.

1.1 SPSS에 의한 분석

조절변수가 범주형 변수이면 더미코딩(dummy coding)을 하거나 또는 효과코딩(effect coding)을 한다. 더미코딩의 경우에 0으로 코딩된 범주가 **준거범주(reference category)**이다. 이 예에서 지시적 교수법이 준거범주이다.

1) MC의 문제

조절변수가 범주형 변수인 경우, 연속형 변수처럼 MC의 선택 문제에 처한다. 즉 MC와 관련하여 연구자는 2가지 옵션을 갖는다. ① 독립변수와 조절변수를 MC한다. ② 독립변수와 조절변수를 MC하지 않는다. 제1장에서 설명하였듯이, MC를 하나 안 하나 동일한 결과를 얻는다. 이 예에서 SPSS로는 MC를 하지 않고 분석하고, PROCESS로는 두 가지를 모두 하는 방식으로 해서 비교해본다.

2) 동시투입에 의한 분석

동시투입에 의해 조절효과를 분석하기 위한 회귀식은 다음과 같다.

$$\hat{Y} = b_0 + b_1 X + b_2 W + b_3 XW \quad (1)$$

1 회귀분석에 의해 분석하기 위해 먼저 독립변수(X)와 조절변수(W)를 곱한 상호작용항(XW: xd)을 만든다.

2 동시투입으로 분석하기 위해 [회귀분석]에서 다음과 같이 해당 변수를 보낸다.

SPSS 대화상자 3-1 선형회귀분석

3 이를 실행하면 [Output 3-1]을 얻는다.

Output 3-1 SPSS output: 회귀분석 결과

모형 요약

모형	R	R 제곱	조정된 R 제곱	표준 추정값 오류
1	.952[a]	.907	.899	.602

a. 예측변수: (상수), Teacher Directiveness, Tolerance of Ambuguity, xd

계수[a]

모형		비표준화계수		표준화계수	t	유의수준
		B	표준오차	베타		
1	(상수)	7.193	.267		26.969	.000
	Tolerance of Ambuguity	-.107	.008	-.986	-13.871	.000
	Teacher Directiveness	-6.000	.395	-1.601	-15.187	.000
	xd	.205	.011	2.218	18.565	.000

a. 종속변수: Satisfaction Rating

4 상호작용항의 계수(.205)가 유의적이므로 조절효과가 있다. 결과의 해석에 대해서는 PROCESS로 분석한 내용을 토대로 설명하기로 한다.

5 동시투입에 의해 분석하면 효과크기를 계산하기 위한 R_1^2 정보를 직접 얻지 못한다. 이를 위해 [통계량] 버튼을 눌러 [부분상관 및 편상관계수]를 체크한다.

SPSS 대화상자 3-2 선형회귀: 통계량

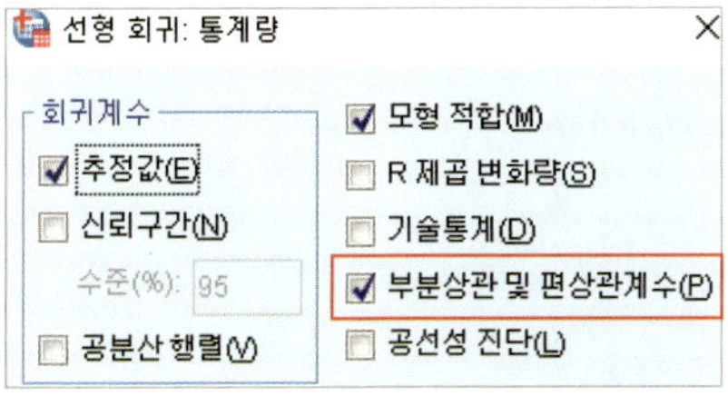

6 이를 실행하면 [Output 3-2]의 상관계수값을 얻는다.

Output 3-2 SPSS output: 부분상관

계수[a]

모형		비표준화계수		표준화계수	t	유의확률	상관계수		
		B	표준오차	베타			0차	편상관	부분상관
1	(상수)	7.193	.267		26.969	.000			
	Tolerance of Ambuguity	-.107	.008	-.986	-13.871	.000	-.058	-.918	-.705
	Teacher Directiveness	-6.000	.395	-1.601	-15.187	.000	.107	-.930	-.772
	xd	.205	.011	2.218	18.565	.000	.460	.952	.944

a. 종속변수: Satisfaction Rating

7 위의 Output에서 [xd]의 부분상관계수값 .944를 제곱한다. $.944^2 = .891$. [Output 3-1]에서 얻는 R제곱값= .907에서 .891을 빼면 .016이 R_1^2의 값이 된다. 위계적 투입으로 분석하면 이 값을 바로 보고한다.

3) 위계적 투입에 의한 분석

위계적 투입에 의해 조절효과를 분석하기 위한 회귀식은 다음과 같다.

$$\hat{Y} = b_0 + b_1 X + b_2 W \tag{2}$$

$$\hat{Y} = b_0 + b_1 X + b_2 W + b_3 XW \tag{3}$$

1 식 (2)를 추정하기 위해 종속변수, 독립변수, 조절변수를 해당 박스에 보낸다.

SPSS 대화상자 3-3 선형회귀분석

2 식 (3)을 추정하기 위해 [다음] 버튼을 누르고, 상호작용항([xd])을 보낸다.

SPSS 대화상자 3-4 선형회귀분석: 위계적 투입

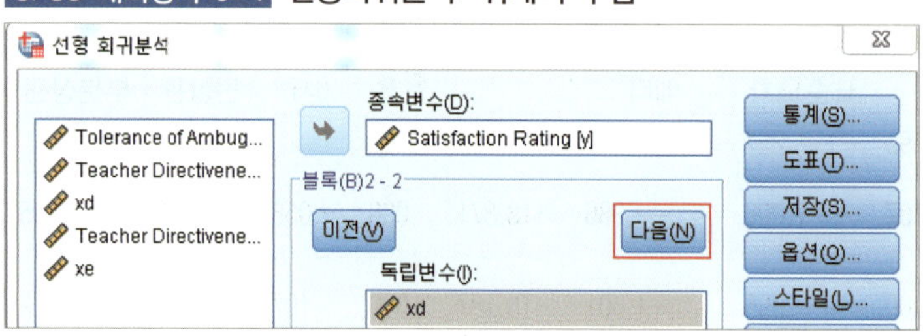

3 [통계] 버튼을 눌러 [선형회귀분석: 통계] 대화상자에서 [R 제곱 변화량]을 체크하고 [계속] 버튼을 누른다.

4 이를 실행하면 [Output 3-3]을 얻는다.

Output 3-3 SPSS output: 선형회귀분석 결과

모형 요약

모형	R	R 제곱	조정된 R 제곱	표준 추정값 오류	통계 변경				
					R 제곱 변화량	F 변화량	df1	df2	유의수준 F 변화량
1	.126[a]	.016	-.037	1.933	.016	.297	2	37	.745
2	.952[b]	.907	.899	.602	.891	344.677	1	36	.000

a. 예측변수: (상수), Teacher Directiveness, Tolerance of Ambuguity
b. 예측변수: (상수), Teacher Directiveness, Tolerance of Ambuguity, xd

계수[a]

모형		비표준화계수		표준화계수	t	유의수준
		B	표준오차	베타		
1	(상수)	4.216	.684		6.167	.000
	Tolerance of Ambuguity	-.007	.018	-.067	-.407	.686
	Teacher Directiveness	.419	.613	.112	.684	.498
2	(상수)	7.193	.267		26.969	.000
	Tolerance of Ambuguity	-.107	.008	-.986	-13.871	.000
	Teacher Directiveness	-6.000	.395	-1.601	-15.187	.000
	xd	.205	.011	2.218	18.565	.000

a. 종속변수: Satisfaction Rating

5 동시투입해서 분석한 것과 동일한 결과를 얻는다.

1.2 PROCESS에 의한 분석

1) MC알고 분석

1 PROCESS에서 다음과 같이 변수 및 모델넘버를 지정한다.

PROCESS 대화상자 3-1 변수지정 및 모델넘버

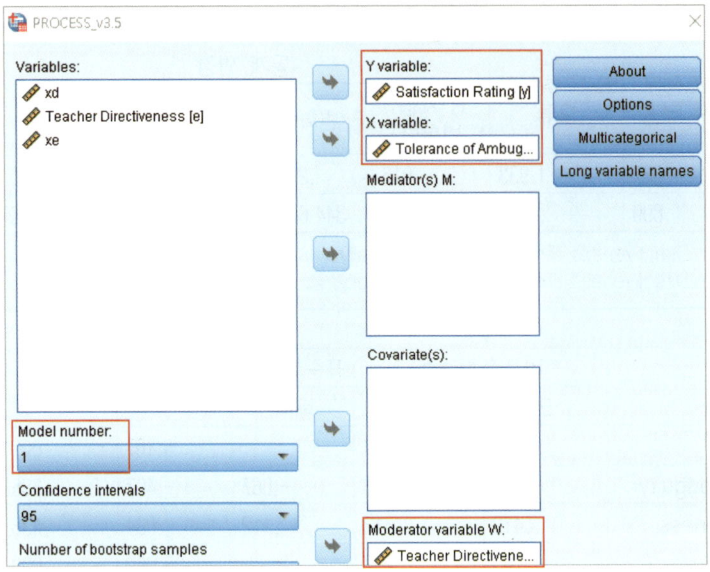

2 이를 실행하면 [Output 3-4]를 얻는다.

Output 3-4 PROCESS output

```
**************************************************************************
OUTCOME VARIABLE:
 y

Model Summary
          R       R-sq        MSE          F        df1        df2          p
      .9523      .9069      .3630   116.9298     3.0000    36.0000      .0000

Model
              coeff         se          t          p       LLCI       ULCI
constant     7.1932      .2667    26.9687      .0000     6.6523     7.7342
x            -.1068      .0077   -13.8714      .0000     -.1224     -.0912
d           -5.9997      .3951   -15.1869      .0000    -6.8009    -5.1985
Int_1         .2052      .0111    18.5655      .0000      .1827      .2276

Product terms key:
 Int_1    :        x        x        d

Test(s) of highest order unconditional interaction(s):
       R2-chng          F        df1        df2          p
X*W      .8911   344.6774     1.0000    36.0000      .0000
----------
```

Focal predict: x (X)
Mod var: d (W)

Conditional effects of the focal predictor at values of the moderator(s):

d	Effect	se	t	p	LLCI	ULCI
.0000	−.1068	.0077	−13.8714	.0000	−.1224	−.0912
1.0000	.0984	.0079	12.4083	.0000	.0823	.1144

****

2) MC하고 분석

1 PROCESS에서 앞서와 동일하게 변수를 지정한다.

2 [Options] 버튼을 눌러 다음과 같이 지정한다.

PROCESS 대화상자 3-2 Options

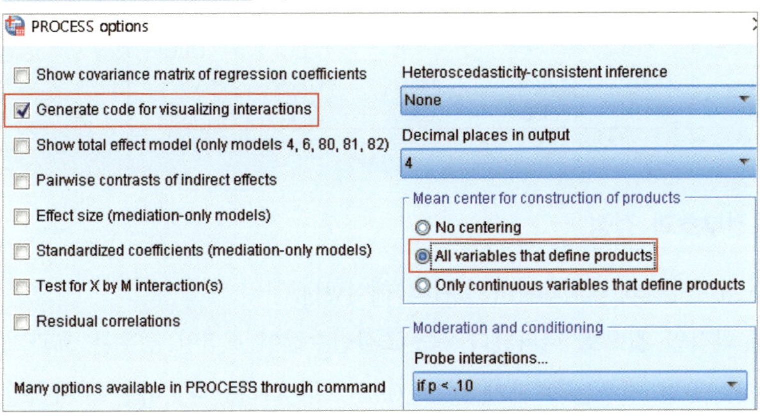

3 이를 실행하면 [Output 3-5]를 얻는다.

Output 3-5 PROCESS output

****

OUTCOME VARIABLE:
y

Model Summary

R	R-sq	MSE	F	df1	df2	p
.9523	.9069	.3630	116.9298	3.0000	36.0000	.0000

```
Model
              coeff        se          t          p       LLCI       ULCI
constant     4.0615     .0956    42.5055      .0000     3.8677     4.2553
x            -.0042     .0055     -.7635      .4501     -.0154      .0070
d             .4114     .1911     2.1527      .0381      .0238      .7990
Int_1         .2052     .0111    18.5655      .0000      .1827      .2276

Product terms key:
 Int_1    :        x        x        d

Test(s) of highest order unconditional interaction(s):
       R2-chng          F        df1        df2          p
X*W      .8911   344.6774     1.0000    36.0000      .0000
----------
    Focal predict: x         (X)
          Mod var: d         (W)

Conditional effects of the focal predictor at values of the moderator(s):

          d     Effect         se          t          p       LLCI       ULCI
     -.5000     -.1068      .0077   -13.8714      .0000     -.1224     -.0912
      .5000      .0984      .0079    12.4083      .0000      .0823      .1144
***************************************************************************
```

3) 조절효과 및 조건부효과 검정

1. 상호작용항이 유의적이므로 조절효과가 있다고 해석한다.
2. 조건부효과도 유의적인 것으로 나타났다. 즉 조절변수값이 −.5인 경우는 효과가 부적(−.107)으로, .5인 경우는 효과가 정적(.098)으로 나타났다. 이는 지시적인 경우는 모호성의 수용도가 증가할수록 교사에 대한 만족도가 떨어짐을 의미하고, 비지시적인 경우는 모호성의 수용도가 증가할수록 교사에 대한 만족도가 증가함을 의미한다.
3. PROCESS에서 얻은 값을 토대로 SPSS에서 단순기울기를 그린다.

▶ 그래프 3-1 | SPSS에 의한 그래프: 단순기울기

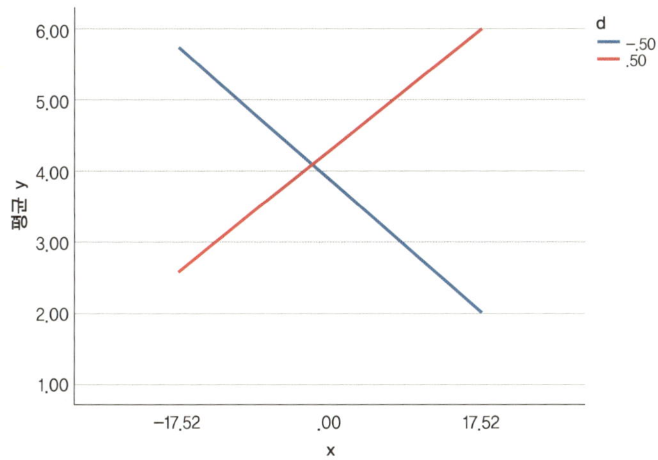

4) 분석결과의 보고

PROCESS에 의해 동시투입방식으로 MC해서 분석한 결과를 토대로 기술한다.

표 3-1 ▌교수법 스타일의 조절효과

변수		비표준화계수	표준오차	t	유의수준
독립변수	모호성의 수용도	-.004	.006	-.764	.450
조절변수	교수법 스타일	.411	.191	2.153	.038
상호작용항	모호성의 수용도× 교수법 스타일	.205	.011	18.566	.000

$R^2 = .907$, $F(3,36) = 116.930$

모호성의 수용도가 교사만족에 미치는 영향은 교수법 스타일이 조절효과를 하는 것으로 나타났다($B = .205$, $t(36) = 18.57$, $p = .00$). 이를 보다 구체적으로 살펴보기 위해 단순기울기를 검정한 결과, 비지시적(1)인 경우 기울기(slope)는 유의적으로 나타났고($B = 0.098$, $t(36) = 12.41$, $p = .00$), 지시적(0)인 경우도 유의적으로 나타났다($B = -.107$, $t(36) = -13.87$, $p = .00$). 즉 학생의 모호성 수용도는 교사의 만족도에 부적(-)인 영향을 주는데, 교사의 교수법이 지시적이면 그러한 관계는 부적으로 나타나고, 비지시적인 경우에는 정적으로 나타난다.

2 독립변수가 연속형 변수: 조절변수 범주가 2개(예 2)

교수의 실적이 좋을수록 연봉이 높을 것이다. 이러한 관계에서 정년보장의 조절역할을 검정해본다. 정년보장의 여부에 따라 연봉이 달라진다고 가정한다. 조절변수의 범주가 2개이다. 정년보장의 조절효과를 나타낸 것이 [그림 3-2]이다.

그림 3-2 | 정년보장의 조절효과

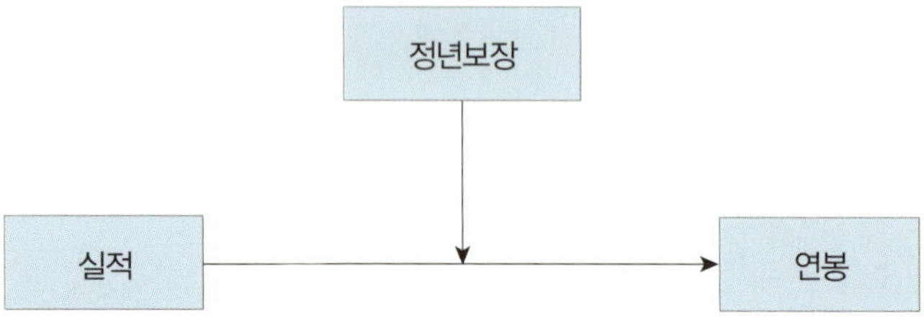

이 조절효과를 분석하기 위한 자료는 다음과 같다. 자료에서 [tenure]는 [0=tenured], [1=untenured]로 코딩되었다.

Data 3-2 [Aguinis_chap3.sav]

	perform	salary	tenure	perten
1	1.97	500.78	1.00	1.97
2	2.06	363.96	1.00	2.06
3	3.11	478.66	1.00	3.11
4	4.03	514.94	1.00	4.03
5	1.88	505.45	1.00	1.88

1) SPSS에 의한 분석

동시투입에 의해 분석하고 독립변수 및 조절변수를 MC한 경우와 그렇지 않은 경우로 나누어 살펴본다.

(1) MC하지 않고 분석

1 MC하지 않고 분석하면 [Output 3-6]을 얻는다.

Output 3-6 SPSS output: 회귀분석 결과

계수[a]						
모형		비표준화계수		표준화계수	t	유의확률
		B	표준오차	베타		
1	(상수)	183.633	38.999		4.709	.000
	perform	385.517	12.483	.693	30.885	.000
	tenure	-28.069	51.337	-.027	-.547	.585
	perten	-280.141	16.372	-.906	-17.111	.000

a. 종속변수: salary

(2) MC하고 분석

1 MC 변수를 이용하여 분석하면 [Output 3-7]을 얻는다.

Output 3-7 SPSS output: 회귀분석 결과

계수[a]						
모형		비표준화계수		표준화계수	t	유의확률
		B	표준오차	베타		
1	(상수)	1290.285	10.923		118.125	.000
	perform_c	368.708	11.751	.663	31.377	.000
	tenure_c	-870.171	14.980	-.844	-58.087	.000
	perten_c	-280.141	16.372	-.361	-17.111	.000

a. 종속변수: salary

2) PROCESS에 의한 분석

(1) MC하지 않고 분석

1 MC하지 않고 분석하면 [Output 3-8]을 얻는다.

Output 3-8 PROCESS output

```
**************************************************************************
OUTCOME VARIABLE:
 salary

Model Summary
          R       R-sq        MSE          F        df1        df2          p
      .9573      .9165 21533.0988  1449.0260     3.0000   396.0000      .0000
```

```
Model
              coeff        se          t          p       LLCI       ULCI
constant   183.6327   38.9992     4.7086      .0000   106.9613   260.3041
perform    385.5166   12.4825    30.8845      .0000   360.9763   410.0569
tenure     -28.0685   51.3370     -.5468      .5849  -128.9956    72.8586
Int_1     -280.1405   16.3724   -17.1105      .0000  -312.3282  -247.9528

Product terms key:
 Int_1    :        perform   x        tenure

Test(s) of highest order unconditional interaction(s):
       R2-chng          F        df1        df2          p
X*W      .0617   292.7701     1.0000   396.0000      .0000
----------
    Focal predict: perform  (X)
          Mod var: tenure   (W)

Conditional effects of the focal predictor at values of the moderator(s):

     tenure     Effect        se          t          p       LLCI       ULCI
      .0000   385.5166   12.4825    30.8845      .0000   360.9763   410.0569
     1.0000   105.3761   10.5945     9.9463      .0000    84.5477   126.2045
*************************************************************************
```

(2) MC하고 분석

2 MC하고 분석하면 [Output 3-9]를 얻는다.

Output 3-9 PROCESS output

```
*************************************************************************
OUTCOME VARIABLE:
 salary

Model Summary
          R       R-sq        MSE          F        df1        df2          p
      .9573      .9165 21533.0988  1449.0260     3.0000   396.0000      .0000

Model
              coeff        se          t          p       LLCI       ULCI
constant  1342.5533   11.6046   115.6917      .0000  1319.7390  1365.3676
perform    385.5166   12.4825    30.8845      .0000   360.9763   410.0569
tenure    -870.2129   14.9805   -58.0898      .0000  -899.6641  -840.7617
Int_1     -280.1405   16.3724   -17.1105      .0000  -312.3282  -247.9528
```

```
Product terms key:
 Int_1     :          perform   x          tenure

Test(s) of highest order unconditional interaction(s):
       R2-chng          F         df1         df2            p
X*W       .0617   292.7701      1.0000    396.0000        .0000
----------
    Focal predict: perform  (X)
          Mod var: tenure   (W)

Conditional effects of the focal predictor at values of the moderator(s):

       tenure      Effect        se          t          p       LLCI       ULCI
        .0000    385.5166   12.4825    30.8845      .0000   360.9763   410.0569
       1.0000    105.3761   10.5945     9.9463      .0000    84.5477   126.2045
***************************************************************************
```

3) 조절효과 및 조건부효과 검정

1. 상호작용항이 유의적이므로 조절효과가 있다고 해석한다.
2. 조건부효과도 조절변수의 두 수준에서 모두 유의적인 것으로 나타났다.
3. PROCESS에서 얻은 값을 토대로 단순기울기를 그리면 [그래프 3-2]와 같다.

그래프 3-2 | SPSS에 의한 그래프: 단순기울기

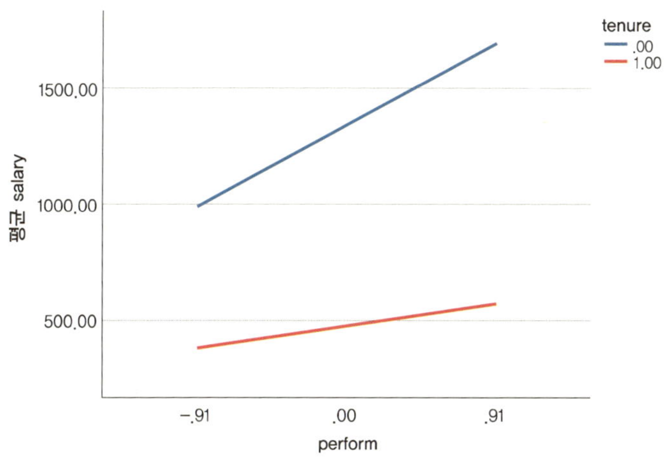

4) 결과보고 및 해석

정년보장을 받은 교수가 실적이 연봉에 미치는 효과가 더 크게 나타났다. 분석결과를 토대로 [표 3-2]를 제시한다.

표 3-2 정년보장 여부의 조절효과

변수		비표준화계수	표준오차	t	유의수준
독립변수	실적	385.517	12.483	30.885	.000
조절변수	정년보장 여부	-870.213	14.981	-58.090	.000
상호작용항	실적×정년보장 여부	-280.141	16.372	-17.111	.000

$R^2 = .917,\ F(1{,}396) = 292.770$

3 독립변수가 연속형 변수: 조절변수 범주가 3개

조절변수의 범주가 3개인 경우에 대해 살펴본다. [그림 3-3] 모델은 제2장에서 살펴본 모델인데, 독립변수와 조절변수가 바뀌었다. 학점이 좋을수록 초봉이 높아진다고 가정한다. 이들 간의 관계에서 출신대학(인문대/공대/경영대)이 조절효과를 하는지 검정하고자 한다.

그림 3-3 | 출신대학의 조절효과

조절효과를 검정하기 위한 자료는 다음과 같다. [college]는 [1=인문대], [2=공대], [3=경영대]로 코딩되었다.

Data 3-3 [Aiken&West_118.sav]

	college	GPA	salary	D1	D2
1	1.00	2.54	21140	.00	.00
2	1.00	2.25	20667	.00	.00
3	1.00	2.69	21003	.00	.00
4	1.00	2.84	21269	.00	.00
5	1.00	2.73	20831	.00	.00

[그림 3-3] 모델을 PROCESS로 분석하는 것에 초점을 맞추어 살펴본다.

1) PROCESS에 의한 분석

(1) MC않고 분석

1 PROCESS에서 다음과 같이 변수와 모델넘버를 지정한다.

PROCESS 대화상자 3-3 변수지정 및 모델넘버

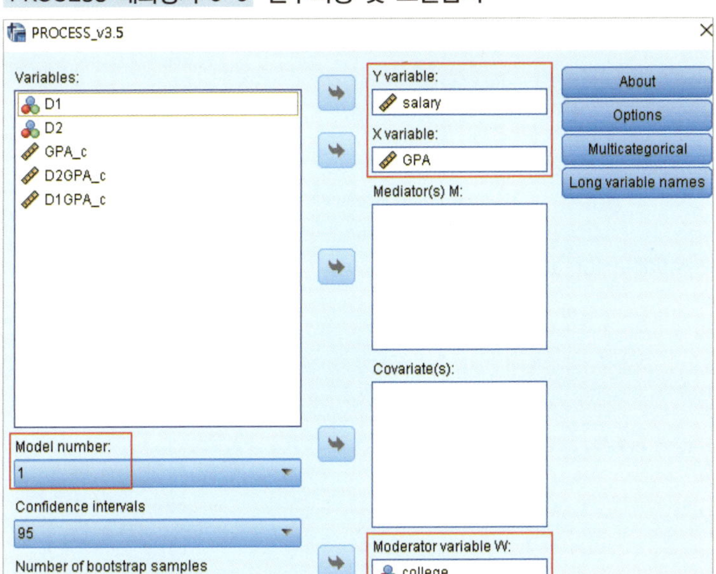

2 [Multicategorical] 버튼을 눌러 다음과 같이 지정한다. PROCESS는 변수가 범주형인 경우 4개의 코딩시스템(coding system)을 제공한다. [Indicator]는 더미코딩(dummy coding)을 의미한다.

PROCESS 대화상자 3-4 Multicategorical 변수

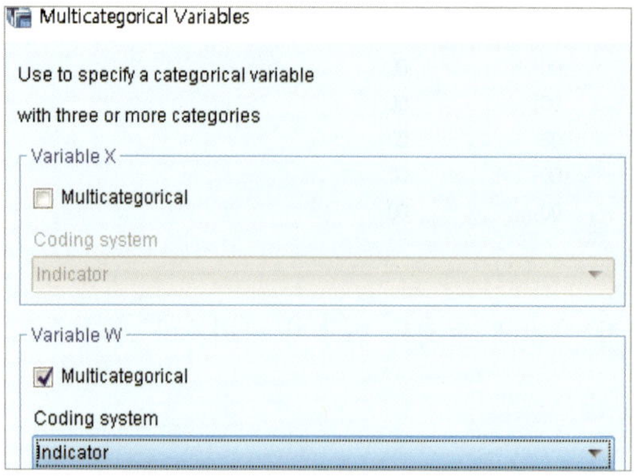

3 이를 실행하면 [Output 3-10]을 얻는다.

Output 3-10 PROCESS output: MC않고 분석

```
**************************************************************************
Model  : 1
    Y  : salary
    X  : GPA
    W  : college

Sample
Size:  50

Coding of categorical W variable for analysis:
 college      W1       W2
   1.000     .000     .000
   2.000    1.000     .000
   3.000     .000    1.000

**************************************************************************
OUTCOME VARIABLE:
 salary

Model Summary
          R       R-sq         MSE          F        df1        df2          p
      .9969      .9938  52365.1430  1411.5292     5.0000    44.0000      .0000

Model
                 coeff         se          t          p        LLCI        ULCI
constant    18787.8740   330.6434    56.8222      .0000  18121.4989  19454.2491
GPA           789.9322   116.9335     6.7554      .0000    554.2656   1025.5987
W1           8917.1280   568.9997    15.6716      .0000   7770.3722  10063.8837
```

```
W2            -386.2967   599.0344    -.6449     .5224  -1593.5841    820.9907
Int_1         -667.0580   223.5905   -2.9834     .0046  -1117.6799   -216.4360
Int_2         1082.0549   202.9300    5.3322     .0000    673.0721   1491.0378

Product terms key:
 Int_1    :      GPA      x      W1
 Int_2    :      GPA      x      W2

Test(s) of highest order unconditional interaction(s):
      R2-chng         F        df1        df2          p
X*W     .0073   25.8035     2.0000    44.0000      .0000
----------
    Focal predict: GPA     (X)
        Mod var: college   (W)

Conditional effects of the focal predictor at values of the moderator(s):

   college      Effect         se          t          p        LLCI        ULCI
    1.0000    789.9322   116.9335     6.7554      .0000    554.2656   1025.5987
    2.0000    122.8742   190.5762      .6448      .5224   -261.2110    506.9594
    3.0000   1871.9871   165.8527    11.2870      .0000   1537.7293   2206.2449
******************************************************************************
```

(2) MC하고 분석

4 MC하고 분석하면 [Output 3-11]을 얻는다.

Output 3-11 PROCESS output: MC하고 분석

```
******************************************************************************
OUTCOME VARIABLE:
 salary

Model Summary
          R       R-sq        MSE          F        df1        df2          p
      .9969      .9938 52365.1430  1411.5292     5.0000    44.0000      .0000

Model
                 coeff         se          t          p        LLCI        ULCI
constant    20981.8316    45.8458   457.6608      .0000  20889.4344  21074.2287
GPA           789.9322   116.9335     6.7554      .0000    554.2656   1025.5987
W1           7064.4412   111.8541    63.1576      .0000   6839.0117   7289.8707
W2           2619.0027    82.7281    31.6579      .0000   2452.2733   2785.7321
Int_1        -667.0580   223.5905    -2.9834      .0046  -1117.6799   -216.4360
Int_2        1082.0549   202.9300     5.3322      .0000    673.0721   1491.0378
```

```
Product terms key:
 Int_1    :    GPA    x    W1
 Int_2    :    GPA    x    W2

Test(s) of highest order unconditional interaction(s):
       R2-chng        F       df1       df2        p
X*W      .0073  25.8035    2.0000   44.0000    .0000 ⓐ
----------
    Focal predict: GPA     (X)
          Mod var: college (W)

Conditional effects of the focal predictor at values of the moderator(s): ⓑ

   college     Effect        se          t         p       LLCI       ULCI
    1.0000   789.9322  116.9335     6.7554     .0000   554.2656  1025.5987
    2.0000   122.8742  190.5762      .6448     .5224  -261.2110   506.9594
    3.0000  1871.9871  165.8527    11.2870     .0000  1537.7293  2206.2449
*************************************************************************
```

2) 조절효과 및 조건부효과 검정

1. 상호작용항이 유의적이므로 조절효과가 있다고 해석한다(ⓐ).
2. 조건부효과에서 [college=2]는 유의적이지 않다. 즉 공대는 조절효과가 없다고 해석한다. [college]의 조건부효과값은 다음과 같이 계산된다(ⓑ).
   - [college=1]은 GPA의 계수값(789.9322)과 같다.
   - [college=2]는 789.9322+(−667.0580)=122.8742
   - [college=3]은 789.9322+1082.0549=1871.9871

그래프 3-3 | SPSS에 의한 그래프: 단순기울기

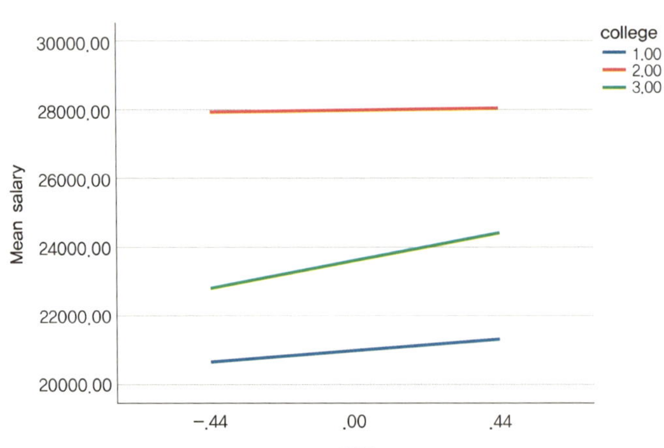

3 조건부효과를 그래프로 나타내면 [그래프 3-3]과 같다.

4 그래프를 다른 방법으로 그려보면 [그래프 3-4]와 같다. 이를 위해 그래프를 더블클릭한 다음, 도표 편집기 창에서 보간선 추가(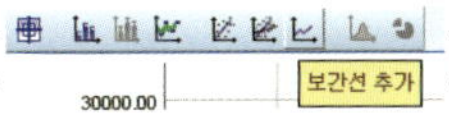

)를 누르면 된다.

그래프 3-4 | SPSS에 의한 그래프: 단순기울기

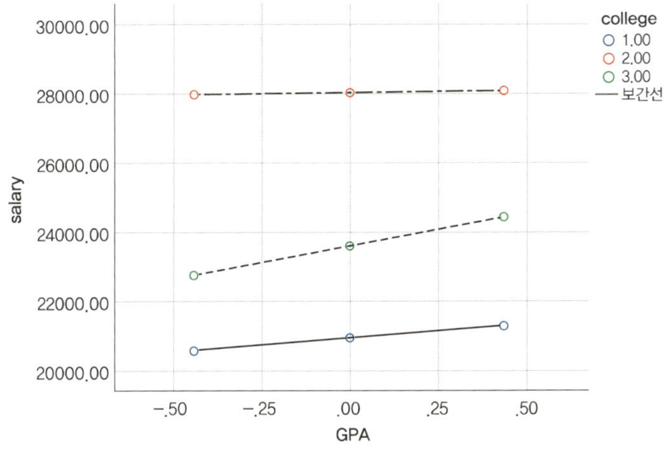

3) 결과보고

학점이 초봉에 미치는 효과는 유의적인 것으로 나타났다. 이러한 관계에서 출신대학은 조절역할을 하는 것으로 나타났다. 조건부효과를 검정한 결과 이러한 관계에서 공대는 조절역할을 하지 않는 것으로 나타났다.

표 3-3 ▌출신대학의 조절효과

변수		비표준화계수	표준오차	t	유의수준
독립변수	학점	789.93	116.93	6.76	.000
조절변수	출신대학(w1)	7064.44	111.85	63.16	.000
	출신대학(w2)	2619.00	82.73	31.66	.000
상호작용항	학점×출신대학(w1)	-667.06	223.59	-2.98	.000
	학점×출신대학(w2)	1082.05	202.93	5.33	.000

$R^2 = .99,\ F(2,\ 44) = 25.80$

4 독립변수가 범주형 변수: 조절변수 범주가 2개

독립변수가 범주형 변수이고, 조절변수도 범주형 변수인 경우에 대해 살펴본다.

그림 3-4 | 지지후보의 조절모델

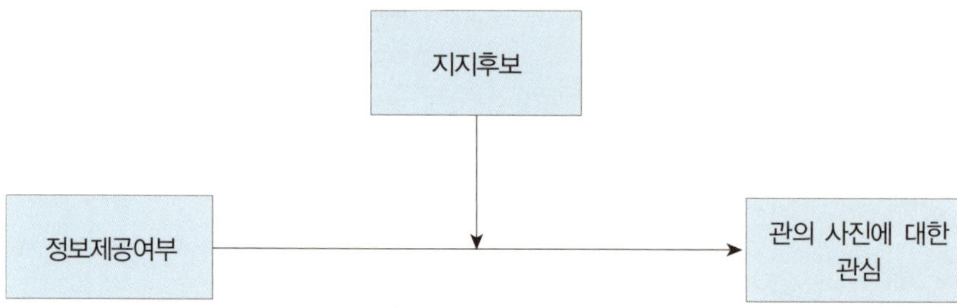

이 모델을 분석하기 위한 자료는 다음과 같다.

Data 3-4 [Hayes_caskets.sav]

	policy	interest	kerry	age	educ
1	1.00	4.00	1.00	39.00	3.00
2	.00	2.00	1.00	57.00	3.00
3	1.00	3.00	1.00	63.00	2.00
4	1.00	1.00	1.00	56.00	5.00
5	1.00	1.00	1.00	50.00	3.00

[interest]는 이라크전쟁에서 사망한 미군의 사진이 담긴 관에 대한 관심도(5점척도)이고, [policy]는 독립변수로서 2개의 집단으로 할당되었다. 하나는 기자들이 이 이미지를 찍지 못하도록 한 부시 행정부의 정보를 제공한 집단(1)이고, 다른 하나는 이러한 정보를 제공하지 않은 집단(0)이다. 조절변수인 [kerry]는 케리를 지지하는 집단(1), 부시를 지지하는 집단(0)의 2개 집단으로 할당되었다. 이 예는 2×2 팩토리얼 ANOVA이다.

2×2 팩토리얼 ANOVA는 상호작용항(XW)이 포함된 다중회귀분석과 동일한 결과를 산출한다. 이때 2개의 독립변수인 X와 W를 어떻게 코딩하느냐에 따라 **단순효과 모수화**(simple effect parameterization)와 **주효과 모수화**(main effect parameterization)로 나눌 수 있다. 단순효과 모수화는 더미코딩으로 분석하고, 주효과 모수화는 대조코딩으로 분석한다. 먼저 2×2 팩토리얼 ANOVA 분석을 해본다.

4.1 2×2 팩토리얼 ANOVA

1 [분석]→[일반선형모형]→[일변량]에서 다음과 같이 변수를 지정한다.

SPSS 대화상자 3-5 일변량 분석

2 이를 분석하면 [Output 3-12]를 얻는다.

Output 3-12 2×2 팩토리얼 ANOVA 분석결과

개체-간 효과 검정

종속변수: INTEREST: Interest in viewing casket images

소스	제 III 유형 제곱합	자유도	평균제곱	F	유의확률
수정된 모형	91.595[a]	3	30.532	28.597	.000
절편	2116.239	1	2116.239	1982.111	.000
policy	5.759	1	5.759	5.394	.021
kerry	82.110	1	82.110	76.906	.000
policy * kerry	4.372	1	4.372	4.095	.044
오차	573.338	537	1.068		
전체	2805.000	541			
수정된 합계	664.933	540			

a. R 제곱 = .138(수정된 R 제곱 = .133)

3 상호작용효과가 있는 것으로 나타났다.

4.2 SPSS에 의한 분석

1) 더미코딩에 의한 분석

1 회귀분석에서 다음과 같이 변수를 지정한다.

SPSS 대화상자 3-6 선형회귀분석

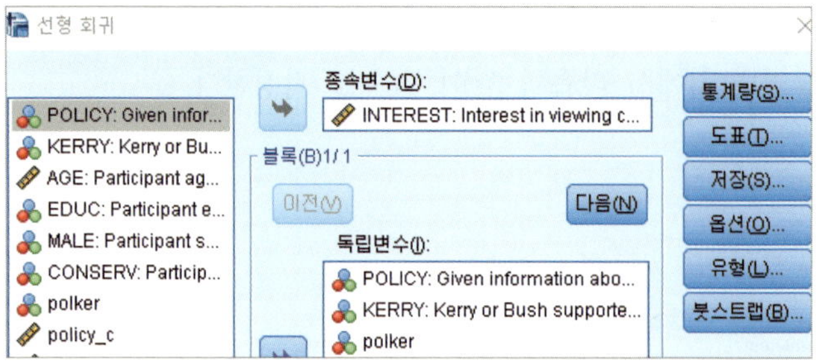

2 이를 실행하면 [Output 3-13]을 얻는다.

Output 3-13 SPSS output: 선형회귀분석 결과(단순효과 모수화)

계수[a]

모형		비표준화계수		표준화계수	t	유의확률
		B	표준오차	베타		
1	(상수)	1.784	.089		19.981	.000
	POLICY(0 = no, 1 = yes)	-.387	.127	-.174	-3.045	.002
	KERRY: Kerry or Bush supporter	.600	.127	.271	4.709	.000
	polker	.360	.178	.144	2.024	.044

a. 종속변수: INTEREST: Interest in viewing casket images

3 더미코딩에 의한 분석을 단순효과 모수화라 한다.

2) 대조코딩에 의한 분석

1 SPSS에 의해 회귀분석을 하기 전에 더미코딩을 대조코딩으로 바꾼다. [policy]와 [kerry]가 [0]과 [1]로 더미코딩되어 있는데 이를 [-.5]와 [.5]로 코딩한다. 이를 **대조코딩(contrast coding)**이라 한다. 즉 각 변수값에서 0.5를 빼준다. 이를 **주효과 모수화(main effect parameterization)**라 한다. 이들 변수를 각각 [policy_c]와 [kerry_c]로 명명하였다.

2 [policy_c]와 [kerry_c]의 상호작용항을 만든다. 이를 [polker_c]로 명명하였다.

3 [회귀분석]에서 다음과 같이 변수를 지정한다.

SPSS 대화상자 3-7 선형회귀분석

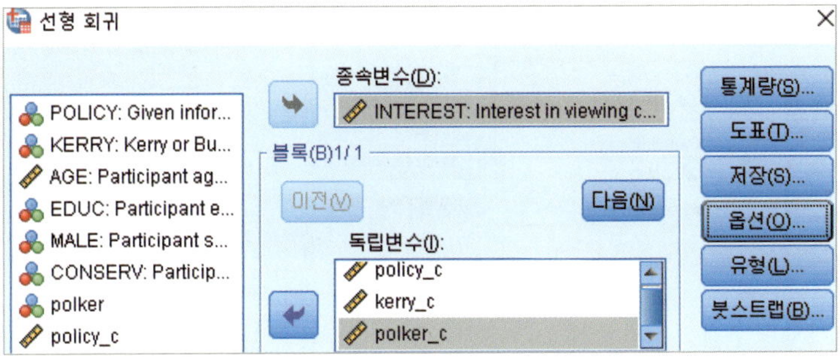

4 이를 실행하면 [Output 3-14]를 얻는다.

Output 3-14 SPSS output: 선형회귀분석 결과(주효과 모수화)

계수[a]

모형		비표준화계수		표준화계수	t	유의확률
		B	표준오차	베타		
1	(상수)	1.980	.044		44.521	.000
	policy_c	-.207	.089	-.093	-2.322	.021
	kerry_c	.780	.089	.352	8.770	.000
	polker_c	.360	.178	.081	2.024	.044

a. 종속변수: INTEREST: Interest in viewing casket images

5 단순효과 모수화와 비교하면 상호작용항의 계수(.360)는 동일하나 나머지 값은 다르다.

4.3 PROCESS에 의한 분석

1 독립변수와 조절변수가 모두 범주형 변수로 이루어진 조절효과를 분석하기 위해서는 주효과 모수화를 통해 분석한다.

2 PROCESS에서 다음과 같이 변수와 모델넘버를 지정한다.

PROCESS 대화상자 3-5 변수지정 및 모델넘버

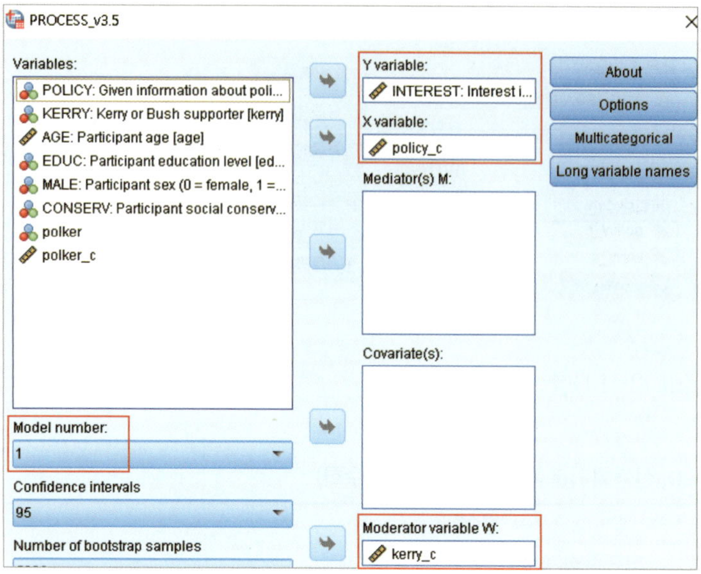

3 이를 실행하면 [Output 3-15]를 얻는다.

Output 3-15 PROCESS output: 주효과 모수화

****

OUTCOME VARIABLE:
interest

Model Summary

R	R-sq	MSE	F	df1	df2	p
.3711	.1378	1.0677	28.5965	3.0000	537.0000	.0000

Model

	coeff	se	t	p	LLCI	ULCI
constant	1.9803	.0445	44.5209	.0000	1.8930	2.0677
policy_c	−.2066	.0890	−2.3224	.0206	−.3814	−.0318
kerry_c	.7802	.0890	8.7696	.0000	.6054	.9549
Int_1	.3601	.1779	2.0236	.0435	.0105	.7096

Product terms key:
Int_1 : policy_c x kerry_c

Test(s) of highest order unconditional interaction(s):

	R2-chng	F	df1	df2	p
X*W	.0066	4.0951	1.0000	537.0000	.0435

```
----------
    Focal predict: policy_c (X)
        Mod var: kerry_c  (W)

Conditional effects of the focal predictor at values of the moderator(s):

     kerry_c     Effect       se         t        p       LLCI      ULCI
     -.5000     -.3866    .1270   -3.0454    .0024    -.6360    -.1372
      .5000     -.0266    .1247    -.2132    .8312    -.2715     .2183
***************************************************************************
```

4 결과를 해석한다. 부시 지지자들(kerry_c=-.05)은 통계적으로 유의적이다. 부시 지지자들 중 정보를 제공받은 응답자의 관심도(*Y*)의 평균=1.397은 정보를 제공받지 않은 응답자의 관심도의 평균=1.784보다 -.3866만큼 차이가 나고 이는 통계적으로 유의적이다. 반면, 케리 지지자들(kerry_c=.05) 가운데 정보를 제공받은 집단의 관심도 평균=2.357과 정보를 제공받지 않은 집단의 관심도 평균=2.384는 -.0266으로 유의적인 차이가 나지 않는다.

5 단순기울기를 그래프로 제시하면 [그래프 3-5]와 같다.

그래프 3-5 | SPSS에 의한 그래프: 단순기울기

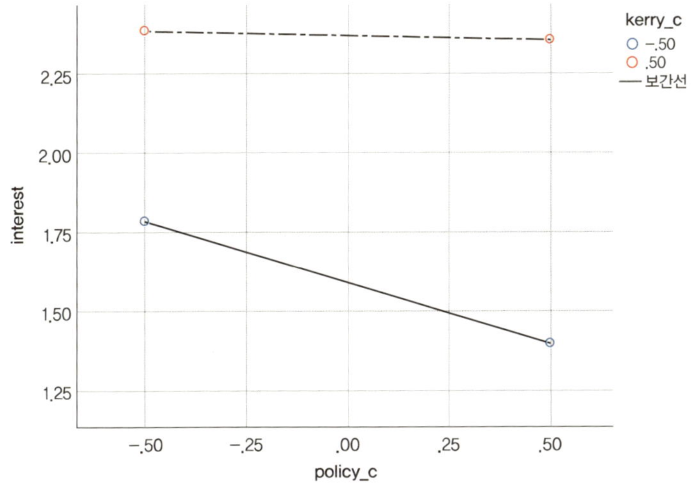

6 단순효과 모수화로 분석해본다.

PROCESS 대화상자 3-6 변수지정 및 모델넘버

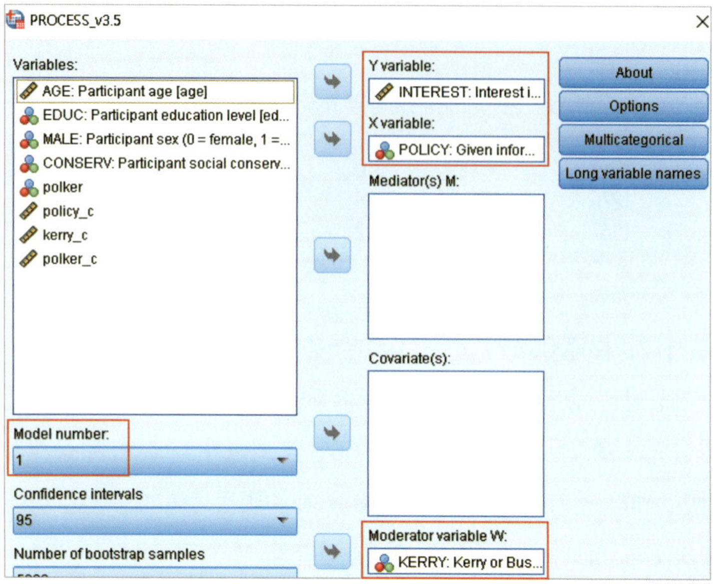

7 이를 실행하면 [Output 3-16]을 얻는다.

Output 3-16 PROCESS output: 단순효과 모수화

```
**************************************************************************
OUTCOME VARIABLE:
 interest

Model Summary
          R       R-sq       MSE          F        df1        df2          p
      .3711      .1378    1.0677    28.5965     3.0000   537.0000      .0000

Model
               coeff         se          t          p       LLCI       ULCI
constant      1.7836      .0893    19.9815      .0000     1.6082     1.9589
policy        -.3866      .1270    -3.0454      .0024     -.6360     -.1372
kerry          .6001      .1275     4.7087      .0000      .3498      .8505
Int_1          .3601      .1779     2.0236      .0435      .0105      .7096

Product terms key:
 Int_1    :        policy    x        kerry

Test(s) of highest order unconditional interaction(s):
       R2-chng          F        df1        df2          p
X*W      .0066     4.0951     1.0000   537.0000      .0435
```

```
----------
    Focal predict: policy   (X)
        Mod var: kerry      (W)

Conditional effects of the focal predictor at values of the moderator(s):

      kerry     Effect        se          t          p       LLCI       ULCI
      .0000     -.3866     .1270    -3.0454      .0024     -.6360     -.1372
     1.0000     -.0266     .1247     -.2132      .8312     -.2715      .2183
**************************************************************************
```

8 [Output 3-15]와 [Output 3-16]은 값이 차이가 있다. 결론적으로 **독립변수와 조절변수가 범주형 변수인 경우에는 주효과 모수화로 분석한다.**

5 범주형 조절변수의 분석 시 유의사항

① 범주형 조절변수는 MC를 해도 되고 안 해도 된다. 앞서 살펴본 바와 같이 조절변수를 MC를 하나 안 하나 동일한 결과를 얻는다.

② 범주형 조절변수인 경우 집단 간에 표본크기가 비슷하지 않으면 검정력이 낮은 문제가 있다. 따라서 집단 간에 표본크기를 비슷하게 하는 것이 Best-Practices이다.

③ 독립변수와 조절변수가 범주형 변수인 경우에는 주효과 모수화로 분석한다.

참고문헌

이형권 편역 (2015). PROCESS macro를 이용한 매개분석 · 조절분석 및 조절된 매개분석. 서울: 신영사.

Aguinis, H. (2004). *Regression Analysis for Categorical Moderators.* New York, NY: The Guilford Press.

Aguinis, H., and Gottfredson, R. K. (2010). Best-Practice Recommendations for Estimating Interaction Effects Using Moderated Multiple Regression. *Journal of Organizational Behavior*, 31, 776-786.

Aguinis, H., Beaty, J. C., Boik, R. J., and Pierce, C. A. (2005). Effect Size and Power in Assessing Moderating Effects of Categorical Variables Using Multiple Regression: A 30-Year Review. *Journal of Applied Psychology*, 90(1), 94-107.

Aiken, L. S., and West, S. G. (1991). *Multiple Regression: Testing and Interpreting Interactions.* Thousand Oaks, CA: Sage.

Allen, D. G., Weeks, K. P., and Moffitt, K. R. (2005). Turnover Intentions and Voluntary Turnover: The Moderating Roles of Self-Monitoring, Locus of Control, Proactive Personality, and Risk Aversion. *Journal of Applied Psychology*, 90(5), 980-990.

Cohen, J., Cohen, P., West, S. G., and Aiken, L. S. (2003). *Applied Multiple Regression/Correlation Analysis for the Behavioral Sciences.* 3rd ed., Mahwah, NJ: Erlbaum.

Hayes, A. F. (2013). *Introduction to Mediation, Moderation, and Conditional Process Analysis: A Regression-Based Approach.* New York, NY: The Guilford Press.

Hayes, A. F. (2018). *Introduction to Mediation, Moderation, and Conditional Process Analysis: A Regression-Based Approach.* 2nd ed., New York, NY: The Guilford Press.

Hayes, A. F., and Matthes, J. (2009). Computational Procedures for Probing Interactions in OLS and Logistic Regression: SPSS and SAS

Implementation. *Behavioral Research Methods*, 41(3), 924–936.

Hayes, A. F. (2016). SPSS Syntax Reference for MODPROBE macro version 2.0; Updated 23 January 2016, retrieved from http://afhayes.com/

Patry, M. W. (2008). Attractive But Guilty: Deliberation and The Physical Attractiveness Bias. *Psychological Reports*, 102, 727–733.

West, S. G., Aiken, L. S., and Krull, J. L. (1996). Experimental Personality Designs: Analyzing Categorical by Continuous Variable Interactions, *Journal of Personality*, 64(1), 1–48.

CHAPTER 04

다중조절효과분석

1. 가법다중조절모델
2. 조절된 조절모델
3. 조절된 조절모델의 기존 연구 고찰

CHAPTER 04 다중조절효과분석

지금까지는 조절변수가 1개인 **단일조절모델**(single moderation model) 또는 **단순조절모델**(simple moderation model)에 대해 살펴보았다. 이 장에서 조절변수가 2개인 **다중조절모델**(multiple moderation model)에 대해 살펴본다. 다중조절모델에는 **가법다중조절모델**(additive multiple moderation model)과 **조절된 조절모델**(moderated moderation model)이 있다.

1 가법다중조절모델

가법다중조절모델을 개념적으로 나타내면 [그림 4-1]과 같다. 그림에서 볼 수 있듯, X가 Y에 미치는 효과가 조절변수인 W와 Z에 의해 조절되는가를 알아보고자 한다.

그림 4-1 | **가법다중조절모델의 개념적 모델**

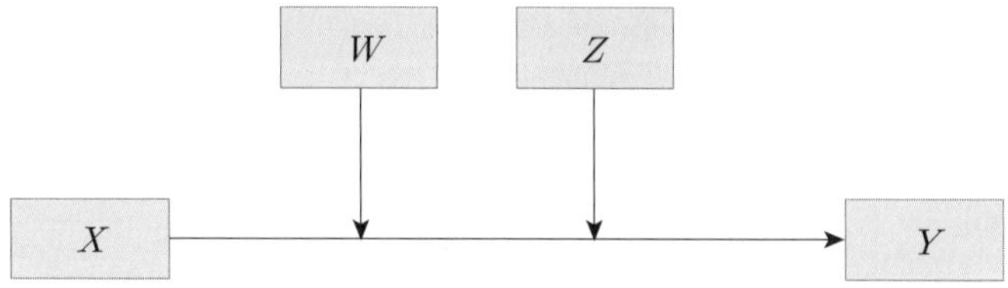

이를 통계적 모델로 나타내면 [그림 4-2]와 같다.

그림 4-2 | 가법다중조절모델의 통계적 모델

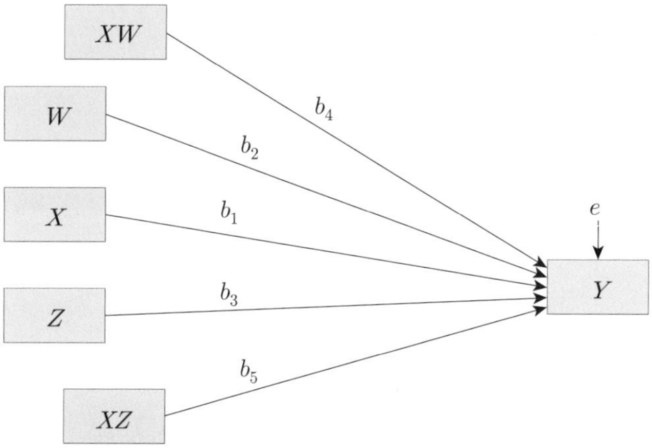

위 통계적 모델을 회귀식으로 나타내면 다음과 같다.

$$Y = b_0 + b_1 X + b_2 W + b_3 Z + b_4 XW + b_5 XZ + e \quad (1)$$

식 (1)에서 X가 Y에 미치는 조건부효과는 다음과 같다.

$$\theta_{X \to Y} = b_1 + b_4 W + b_5 Z \quad (2)$$

b_1은 W와 Z가 0일 때 X가 Y에 미치는 효과이다. b_4와 b_5는 W와 Z에 따른 X가 Y에 미치는 효과이다. 구체적으로 b_4는 W가 1단위 변화할 때 X가 Y에 미치는 조건부효과이고, b_5는 Z가 1단위 변화할 때 X가 Y에 미치는 조건부효과이다.

[그림 4-3] 모델을 통해 가법다중조절모델에 대해 살펴본다. 기후변화에 대한 정부의 조치를 지지하는 것(Y: govact)에 대해 기후변화에 대해 부정적인 감정을 갖고 있는 정도(X: negemot), 성별(W: sex), 연령(Z: age) 등을 조사하였다고 가정한다. 정치적 이념(ideology)과 기후변화에 대한 호의적 감정(posemot)을 공변량(covariate)으로 고려한다. 이들 변수 간의 관계를 제시하면 [그림 4-3]과 같다. 이 모델을 통해 연구자는 성별(W)과 연령(Z)의 조절효과가 어떻게 나타나는지 알고자 한다.

그림 4-3 | 기후변화에 대한 정부정책지지의 성별 및 연령의 조절효과

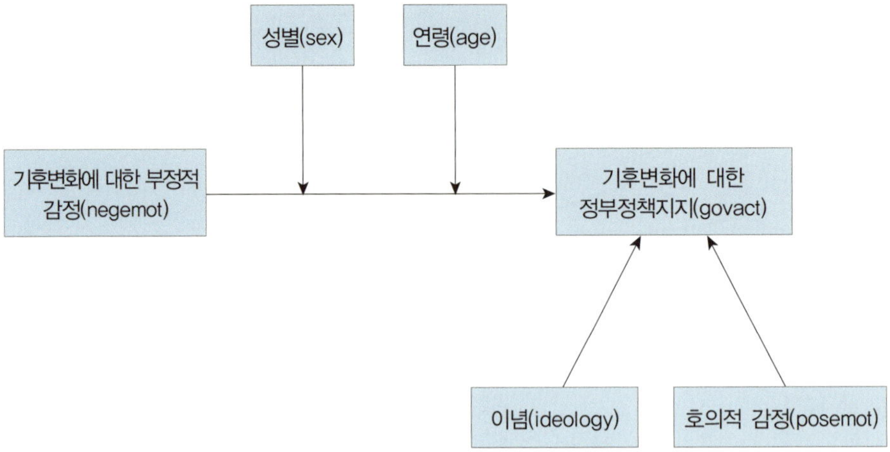

이 모델을 분석하기 위한 자료는 다음과 같다.

Data 4-1 [Hayes-chap9.sav]

	govact	posemot	negemot	ideology	age	sex
1	3.60	3.67	4.67	6	61	0
2	5.00	2.00	2.33	2	55	0
3	6.60	2.33	3.67	1	85	1
4	1.00	5.00	5.00	1	59	0
5	4.00	2.33	1.67	4	22	1

1 이를 분석하기 위해 PROCESS에서 다음과 같이 지정한다. 이때 [sex]와 [age]는 [*W*]와 [*Z*] 어디에 넣든 동일한 결과를 산출하기 때문에 상관이 없다. 이 예에서는 [sex]를 [*W*]에 [age]를 [*Z*]로 지정하였다. 가법다중모델을 분석하기 위한 모델넘버는 [2]이다.

PROCESS 대화상자 4-1 변수지정 및 모델넘버

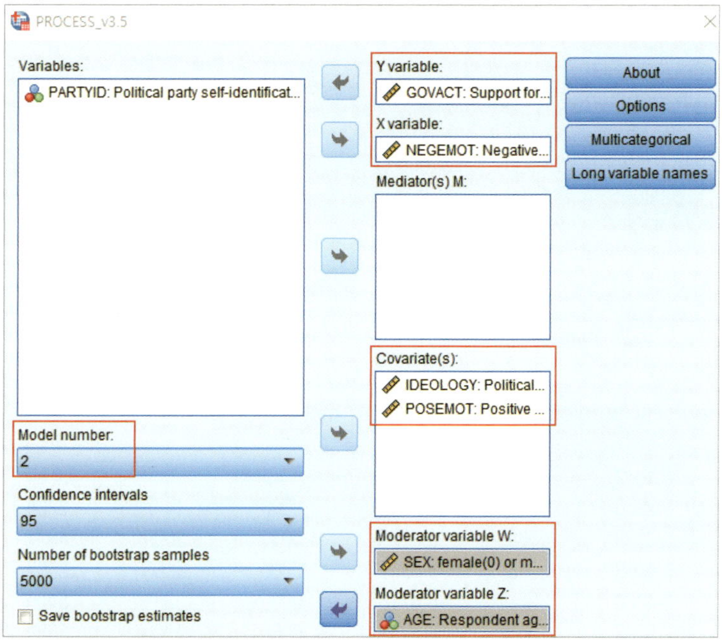

2 이를 실행하면 [Output 4-1]을 얻는다.

Output 4-1 PROCESS output: 가법다중조절모델의 분석결과

```
**************************************************************************
OUTCOME VARIABLE:
 govact
```

Model Summary

R	R-sq	MSE	F	df1	df2	p
.6426	.4129	1.0960	81.0915	7.0000	807.0000	.0000

Model

	coeff	se	t	p	LLCI	ULCI
constant	5.2716	.3361	15.6861	.0000	4.6119	5.9313
(b_1)negemot	.0931	.0820	1.1348	.2568	−.0679	.2540
(b_2)sex	−.7417	.1941	−3.8216	.0001	−1.1227	−.3607
(b_4)Int_1	.2045	.0501	4.0836	.0000	.1062	.3028
(b_3)age	−.0182	.0061	−2.9974	.0028	−.0302	−.0063
(b_5)Int_2	.0047	.0016	3.0134	.0027	.0017	.0078
posemot	−.0235	.0276	−.8489	.3962	−.0777	.0308
ideology	−.2068	.0266	−7.7721	.0000	−.2590	−.1545

```
Product terms key:
 Int_1    :        negemot  x        sex
 Int_2    :        negemot  x        age

Test(s) of highest order unconditional interaction(s):
           R2-chng          F        df1        df2          p
X*W          .0121    16.6759     1.0000   807.0000      .0000
X*Z          .0066     9.0804     1.0000   807.0000      .0027
BOTH         .0246    16.9208     2.0000   807.0000      .0000
----------
    Focal predict: negemot  (X)
        Mod var: sex        (W)
        Mod var: age        (Z)

Conditional effects of the focal predictor at values of the moderator(s):

       sex        age     Effect         se          t          p       LLCI       ULCI
     .0000    30.0000      .2356      .0448     5.2619      .0000      .1477      .3234
     .0000    51.0000      .3353      .0369     9.0895      .0000      .2629      .4077
     .0000    67.0000      .4113      .0484     8.4997      .0000      .3163      .5063
    1.0000    30.0000      .4400      .0519     8.4718      .0000      .3381      .5420
    1.0000    51.0000      .5398      .0352    15.3259      .0000      .4706      .6089
    1.0000    67.0000      .6158      .0400    15.3898      .0000      .5372      .6943
Data for visualizing the conditional effect of the focal predictor:
Paste text below into a SPSS syntax window and execute to produce plot.

DATA LIST FREE/
   negemot        sex        age     govact .
BEGIN DATA.
     1.6700      .0000    30.0000     4.2003
     3.6700      .0000    30.0000     4.6714
     5.3300      .0000    30.0000     5.0624
     1.6700      .0000    51.0000     3.9840
     3.6700      .0000    51.0000     4.6546
     5.3300      .0000    51.0000     5.2112
     1.6700      .0000    67.0000     3.8192
     3.6700      .0000    67.0000     4.6418
     5.3300      .0000    67.0000     5.3246
     1.6700     1.0000    30.0000     3.8000
     3.6700     1.0000    30.0000     4.6801
     5.3300     1.0000    30.0000     5.4106
     1.6700     1.0000    51.0000     3.5838
     3.6700     1.0000    51.0000     4.6633
     5.3300     1.0000    51.0000     5.5593
     1.6700     1.0000    67.0000     3.4190
     3.6700     1.0000    67.0000     4.6505
     5.3300     1.0000    67.0000     5.6727
```

```
END DATA.
GRAPH/SCATTERPLOT=
 negemot  WITH     govact   BY        sex       /PANEL   ROWVAR=  age .
***************************************************************************
```

3 Output을 해석한다. $b_4 = 0.2045$, $t(807) = 4.0836$, $p < .001$이고, $b_5 = 0.0047$, $t(807) = 3.0134$, $p < 0.0027$로 통계적으로 모두 유의적이기 때문에 부정적 감정이 정부정책지지에 미치는 효과가 성별 및 연령에 의해 조절된다고 해석한다.

4 b_4계수(0.2045)는 성별과 부정적 감정의 상호작용항의 계수로서 성별이 [0=female], [1=male]로 코딩되었기 때문에 여자에 비해 남자가 부정적 감정이 증가하면 정부정책의 지지가 증가한다고 해석한다.

5 b_5계수(0.0047)는 연령과 부정적 감정의 상호작용항의 계수로서 연령이 증가할수록 부정적 감정이 증가하면 정부정책의 지지가 증가한다고 해석한다.

6 상호작용에 의한 R^2 변화량을 보면, 2개의 상호작용에 의해 정부정책의 지지를 2.46% 설명하는 것으로 나타났다($F(2,\ 807) = 16.921$, $p < .001$). 성별의 조절효과는 1.21% 설명력을 갖고($F(1,\ 807) = 16.676$, $p < .001$), 연령의 조절효과는 0.66% 설명력을 갖는 것으로 나타났다($F(1,\ 807) = 9.080$, $p = .003$).

7 성별과 연령을 동시에 고려한 조건부효과는 [Conditional effects of the focal predictor at values of the moderator(s):]에 나타난다. 여자는 나이가 들면 효과값이 커지는 것을 알 수 있다. 마찬가지로 남자도 나이가 들면 효과값이 커지는 것을 알 수 있다. 결론적으로 기후변화에 대한 부정적 감정이 증가하면 정부정책의 지지가 높아지는데 이는 남자이면서 나이가 든 사람일수록 그 효과는 커진다고 해석한다. 이를 그래프로 제시하면 [그래프 4-1]과 같다.

그래프 4-1 | SPSS에 의한 그래프: 성별과 연령의 조절효과

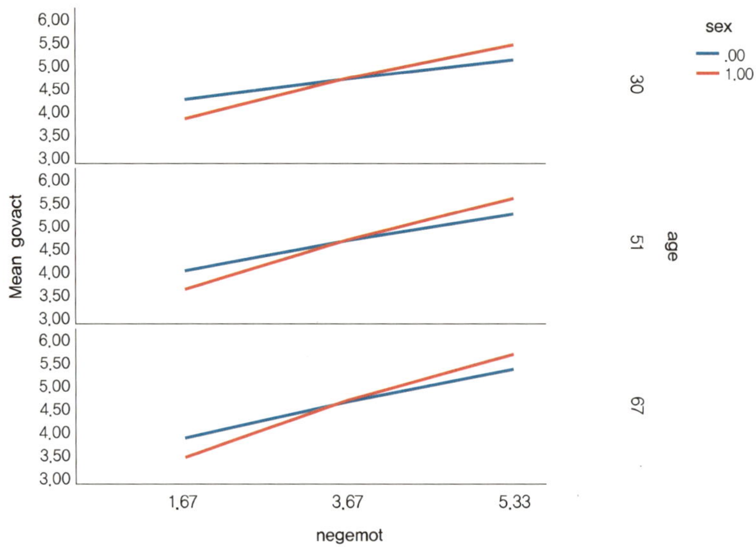

2 조절된 조절모델

조절된 조절모델(moderated moderation model)이란 [그림 4-4]처럼 조절변수가 조절된 모델을 의미한다. 조절된 조절모델에는 2개의 조절변수가 포함된다. 조절변수 W를 **제1조절변수**(primary moderator)라 하고, 조절변수 Z를 **제2조절변수**(secondary moderator)라 한다. 조절된 조절모델은 개념적 모델을 통해 알 수 있듯, X와 Y 사이의 관계를 제1조절변수인 W가 조절하고, 이 조절관계를 제2조절변수인 Z가 조절한다고 가정한다. 조절된 조절을 **3원상호작용**(three-way interaction)이라고도 한다.

그림 4-4 | 조절된 조절의 개념적 모델

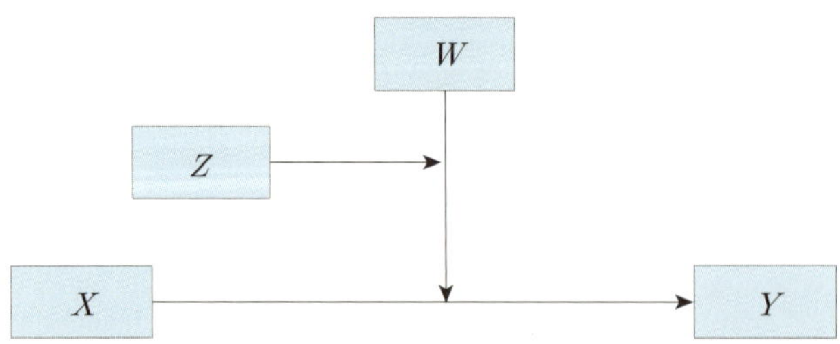

조절된 조절모델의 통계적 모델은 [그림 4-5]와 같다.

그림 4-5 | 조절된 조절의 통계적 모델

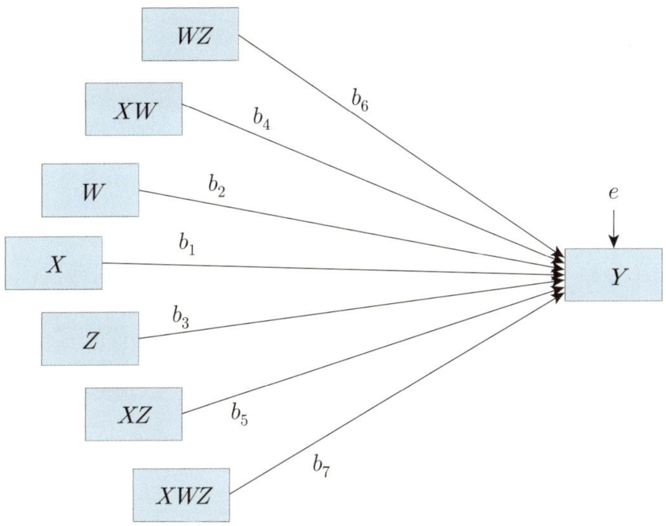

통계적 모델의 회귀식은 다음과 같다.

$$Y = b_0 + b_1 X + b_2 W + b_3 Z + b_4 XW + b_5 XZ + b_6 WZ + b_7 XWZ + e \qquad (3)$$

식 (3)을 다음과 같이 정리할 수 있다.

$$Y = (b_0 + b_2 W + b_3 Z + b_6 WZ) + (b_1 + b_4 W + b_5 Z + b_7 WZ)X + e \qquad (4)$$

식 (4)에서 $(b_0 + b_2 W + b_3 Z + b_6 WZ)$는 절편을 의미하고, $(b_1 + b_4 W + b_5 Z + b_7 WZ)$는 기울기를 의미한다. 식 (3)을 보면 3개의 2원상호작용항(XW, XZ, WZ), 1개의 3원상호작용항(XWZ)으로 구성되어 있는 것을 알 수 있다. 이 식을 통해 X가 Y에 주는 효과는 W, Z, WZ의 함수라는 것을 알 수 있다. X의 조건부효과는 다음과 같다.

$$\theta_{X \to Y} = b_1 + b_4 W + b_5 Z + b_7 WZ \qquad (5)$$

식 (4)는 다음과 같이 정리할 수 있다.

$$Y = b_0 + (b_1 + b_5 Z)X + [(b_4 + b_7 Z)W]X + b_2 W + b_3 Z + b_6 WZ + e \tag{6}$$

식 (6)에서 X가 Y에 미치는 효과는 두 부분으로 구성되어 있는 것을 알 수 있다. 첫째는 Z에 의해 결정되는 $(b_1 + b_5 Z)$이고, 둘째는 W에 의해 결정되는 $(b_4 + b_7 Z)$이다. X가 Y에 미치는 W의 조절효과는 Z에 의해 조절된다고 가정하는 모델이 조절된 조절모델이다.

식 (3)에서 b_1은 W와 Z가 모두 0일 때 X가 Y에 미치는 조건부효과이고, b_2는 X와 Z가 모두 0일 때 W가 Y에 미치는 조건부효과이고, b_3은 X와 W가 모두 0일 때 Z가 Y에 미치는 조건부효과이다. b_4는 $Z=0$일 때 X와 W 간의 조건적 상호작용효과이고, b_5는 $W=0$일 때 X와 Z 간의 조건적 상호작용효과이고, b_6은 $X=0$일 때 W와 Z 간

표 4-1 ▌조절된 조절효과 해석

계수 및 부호				해석
b_1	b_4	b_5	b_7	
+	+	+	+	X가 증가하면 Y는 증가하는데(b_1), b_4가 증가하고 b_5가 증가할수록 X가 Y에 미치는 효과는 커진다(b_7).
	+	−	−	X가 증가하면 Y는 증가하는데(b_1), b_4가 증가하고 b_5가 감소할수록 X가 Y에 미치는 효과는 작아진다(b_7).
	+	+	−	X가 증가하면 Y는 증가하는데(b_1), b_4가 증가하고 b_5가 증가할수록 X가 Y에 미치는 효과는 작아진다(b_7).
	+	−	+	X가 증가하면 Y는 증가하는데(b_1), b_4가 증가하고 b_5가 감소할수록 X가 Y에 미치는 효과는 커진다(b_7).
−	−	+	+	X가 증가하면 Y는 감소하는데(b_1), b_4가 감소하고 b_5가 증가할수록 X가 Y에 미치는 효과는 커진다(b_7).
	−	−	+	X가 증가하면 Y는 감소하는데(b_1), b_4가 감소하고 b_5가 감소할수록 X가 Y에 미치는 효과는 커진다(b_7).
	−	+	−	X가 증가하면 Y는 감소하는데(b_1), b_4가 감소하고 b_5가 증가할수록 X가 Y에 미치는 효과는 작아진다(b_7).
	−	−	−	X가 증가하면 Y는 감소하는데(b_1), b_4가 감소하고 b_5가 감소할수록 X가 Y에 미치는 효과는 작아진다(b_7).

의 조건적 상호작용효과이다. b_7은 X, W, Z 간의 3원상호작용 추정치이다.

조절된 조절모델의 분석결과는 b_1, b_4, b_5, b_7의 부호가 양(+)인지, 음(−)인지에 따라 [표 4-1]과 같이 해석한다. 이때의 부호는 평균중심화를 해서 얻은 결과를 기준으로 한다.

2.1 조절된 조절모델: 예 1

기후변화에 대한 정부정책지지 모델을 대상으로 조절된 조절모델에 대해 살펴본다.

그림 4-6 | 성별 및 연령의 조절된 조절모델

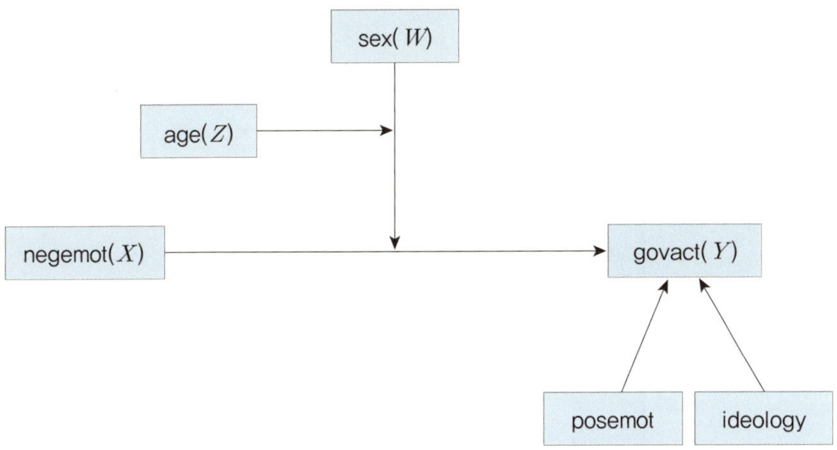

이 모델을 분석하기 위한 자료는 다음과 같다.

Data 4-2 [Hayes-chap9.sav]

	govact	posemot	negemot	ideology	age	sex	partyid
1	3.60	3.67	4.67	6	61	0	2
2	5.00	2.00	2.33	2	55	0	1
3	6.60	2.33	3.67	1	85	1	1
4	1.00	5.00	5.00	1	59	0	1
5	4.00	2.33	1.67	4	22	1	1

자료에서 [govact]는 [Y], [sex]는 [W], [age]는 [Z], [negemot]는 [X], [posemot]와 [ideology]는 공변량이라고 가정한다. 지구온난화에 대한 정부정책의 지지를 평가하

기 위해 815명을 대상으로 조사하였다. [govact]는 정부정책의 지지(1=매우반대, 7=매우찬성), [negemot]는 기후변화에 대해 갖는 부정적 감정(1=전혀 없다, 6=매우 부정적), [sex]는(0=female, 1=male), [ideology]는 정치적 이념(1=매우 진보적, 7=매우 보수적)으로 측정하였다.

1) PROCESS에 의한 분석

(1) 원점수에 의한 분석

1 PROCESS에서 다음과 같이 해당 변수를 지정하고 [Model number]를 [3]으로 바꾼다. 모델넘버 [3]은 조절된 조절을 분석하기 위한 모델넘버이다.

PROCESS 대화상자 4-2 변수지정 및 모델넘버

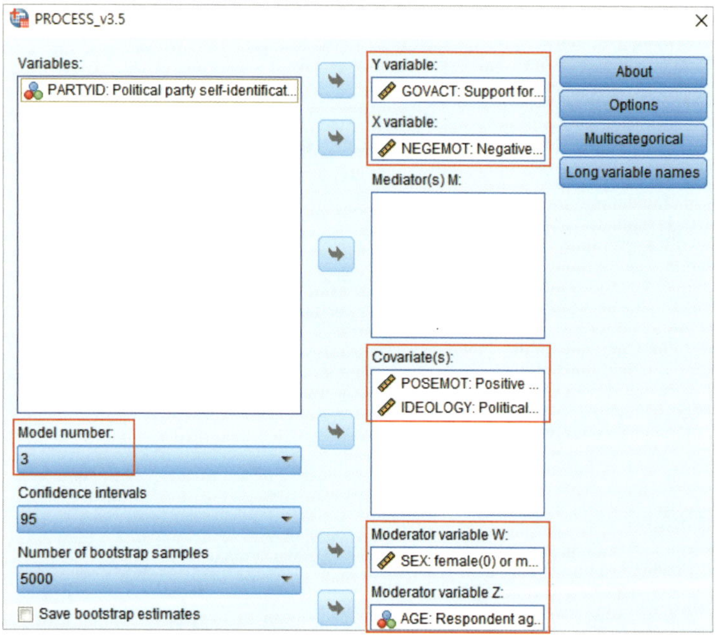

2 [Options] 버튼을 눌러 다음과 같이 지정한다.

PROCESS 대화상자 4-3 Options

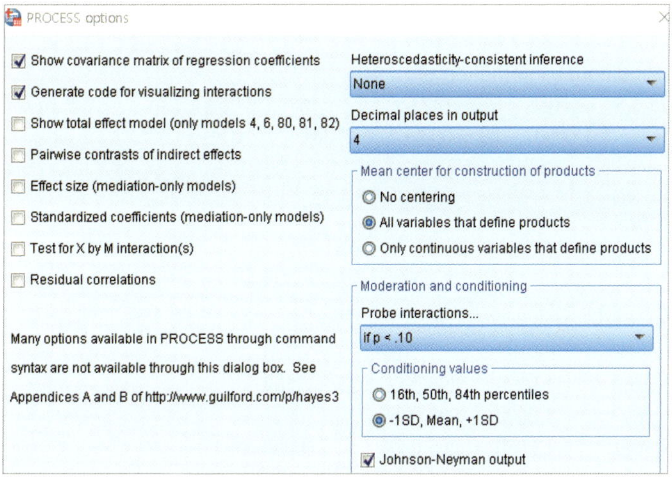

3 이를 분석하면 [Output 4-2]를 얻는다.

Output 4-2 PROCESS output: 조절된 조절모델 분석결과

****

OUTCOME VARIABLE:
govact

Model Summary

R	R-sq	MSE	F	df1	df2	p
.6451	.4162	1.0926	63.7645	9.0000	805.0000	.0000

Model

	coeff	se	t	p	LLCI	ULCI
constant	4.5595	.4850	9.4007	.0000	3.6075	5.5115
negemot(b_1)	.2728	.1181	2.3112	.0211	.0411	.5046
sex	.5294	.6465	.8188	.4131	-.7396	1.7984
Int_1(b_4)	-.1308	.1675	-.7808	.4351	-.4595	.1980
age	-.0034	.0095	-.3562	.7218	-.0220	.0152
Int_2(b_5)	.0009	.0024	.3806	.7036	-.0038	.0056
Int_3	-.0253	.0123	-2.0592	.0398	-.0494	-.0012
Int_4(b_7)	.0067	.0032	2.0961	.0364	.0004	.0129
posemot	-.0206	.0277	-.7453	.4563	-.0749	.0337
ideology	-.2055	.0266	-7.7265	.0000	-.2577	-.1533

Product terms key:

Int_1	:	negemot	x	sex
Int_2	:	negemot	x	age

```
Int_3    :        sex      x        age
Int_4    :        negemot  x        sex       x        age

Test(s) of highest order unconditional interaction(s):
        R2-chng         F        df1        df2          p
X*W*Z     .0032    4.3934     1.0000   805.0000      .0364
----------
    Focal predict: negemot  (X)
        Mod var: sex        (W)
        Mod var: age        (Z)

Test of conditional X*W interaction at value(s) of Z:
        age     Effect          F        df1        df2          p
    33.2054      .0910     1.5269     1.0000   805.0000      .2169
    49.5362      .2000    15.9812     1.0000   805.0000      .0001
    65.8670      .3091    19.1027     1.0000   805.0000      .0000

Conditional effects of the focal predictor at values of the moderator(s):


       sex        age     Effect         se          t          p       LLCI       ULCI
     .0000    33.2054      .3032      .0487     6.2259      .0000      .2076      .3988
     .0000    49.5362      .3181      .0368     8.6399      .0000      .2459      .3904
     .0000    65.8670      .3331      .0585     5.6954      .0000      .2183      .4479
    1.0000    33.2054      .3942      .0565     6.9713      .0000      .2832      .5052
    1.0000    49.5362      .5182      .0363    14.2841      .0000      .4470      .5894
    1.0000    65.8670      .6422      .0421    15.2609      .0000      .5596      .7248

Moderator value(s) defining Johnson-Neyman significance region(s):
      Value    % below    % above
    38.1138    28.2209    71.7791

Conditional X*W interaction at values of the moderator Z:
        age     Effect         se          t          p       LLCI       ULCI
    17.0000     -.0172      .1169     -.1475      .8828     -.2467      .2122
    20.5000      .0061      .1069      .0573      .9543     -.2038      .2160
    24.0000      .0295      .0972      .3035      .7616     -.1613      .2203
    27.5000      .0529      .0878      .6019      .5474     -.1196      .2253
    31.0000      .0763      .0789      .9661      .3343     -.0787      .2312
    34.5000      .0996      .0707     1.4100      .1589     -.0391      .2383
    38.0000      .1230      .0633     1.9440      .0522     -.0012      .2472
    38.1138      .1238      .0630     1.9629      .0500      .0000      .2475
    41.5000      .1464      .0571     2.5625      .0106      .0343      .2585
    45.0000      .1697      .0526     3.2246      .0013      .0664      .2731
    48.5000      .1931      .0503     3.8408      .0001      .0944      .2918
    52.0000      .2165      .0503     4.3008      .0000      .1177      .3153
    55.5000      .2399      .0528     4.5425      .0000      .1362      .3435
    59.0000      .2632      .0574     4.5883      .0000      .1506      .3759
```

```
62.5000    .2866    .0636    4.5073    .0000    .1618    .4114
66.0000    .3100    .0710    4.3647    .0000    .1706    .4494
69.5000    .3334    .0793    4.2022    .0000    .1776    .4891
73.0000    .3567    .0883    4.0415    .0001    .1835    .5300
76.5000    .3801    .0977    3.8920    .0001    .1884    .5718
80.0000    .4035    .1074    3.7570    .0002    .1927    .6143
83.5000    .4269    .1174    3.6366    .0003    .1965    .6573
87.0000    .4502    .1276    3.5297    .0004    .1999    .7006

Data for visualizing the conditional effect of the focal predictor:
Paste text below into a SPSS syntax window and execute to produce plot.

DATA LIST FREE/
   negemot     sex        age         govact .
BEGIN DATA.
     2.0296     .0000    33.2054    4.1592
     3.5580     .0000    33.2054    4.6226
     5.0864     .0000    33.2054    5.0860
     2.0296     .0000    49.5362    4.1343
     3.5580     .0000    49.5362    4.6206
     5.0864     .0000    49.5362    5.1068
     2.0296     .0000    65.8670    4.1094
     3.5580     .0000    65.8670    4.6185
     5.0864     .0000    65.8670    5.1276
     2.0296    1.0000    33.2054    4.0326
     3.5580    1.0000    33.2054    4.6351
     5.0864    1.0000    33.2054    5.2376
     2.0296    1.0000    49.5362    3.8157
     3.5580    1.0000    49.5362    4.6077
     5.0864    1.0000    49.5362    5.3997
     2.0296    1.0000    65.8670    3.5988
     3.5580    1.0000    65.8670    4.5803
     5.0864    1.0000    65.8670    5.5619
END DATA.
GRAPH/SCATTERPLOT=
 negemot  WITH     govact   BY       sex      /PANEL   ROWVAR=  age .
*******************************************************************************
```

4 분석결과를 토대로 다음과 같은 회귀식을 세울 수 있다.

$$\hat{Y} = 4.560 + .273(b_1)X + .529(b_2)W - .003(b_3)Z - .131(b_4)XW + .001(b_5)XZ - .025(b_6)WZ + .007(b_7)XWZ - .021C_1 - .206C_2 \quad (7)$$

5 Output에서 알 수 있듯, 3원상호작용이 유의적이어서($b_7 = .007$, $t(805) = 2.096$,

$p=.036$) 조절된 조절효과가 있다고 해석한다. 즉 'negemot'이 'govact'에 주는 'sex'의 조절효과는 'age'에 따라 달라진다고 할 수 있다. 따라서 기후변화에 대해 갖는 부정적 감정이 정부정책지지에 미치는 성별의 조절효과는 나이에 따라 다르다고 해석한다.

6 3원상호작용효과를 심층적으로 살펴보기 위해 특정값 선택법(pick-a-point approach)으로 분석한다. PROCESS에서 이는 [Test of conditional X*W interaction at value(s) of Z:]에 제시된다. 이 값은 다음 식에 의해 추정된다.

$$\theta_{XW\rightarrow Y}=b_4+b_7Z \tag{8}$$

예를 들어, Z값(age)이 30일 때는 다음과 같다.

$$\theta_{XW\rightarrow Y}=-.1308+.0067\times 30=0.0702$$

(반올림 때문에 output 값(.0696)과 약간 다름)

7 Z값이 30일 때에는 XW의 조절효과는 없고($(\theta_{XW\rightarrow Y})|Z=30=0.0696$, $F(1,805)$

그래프 4-2 | SPSS에 의한 그래프

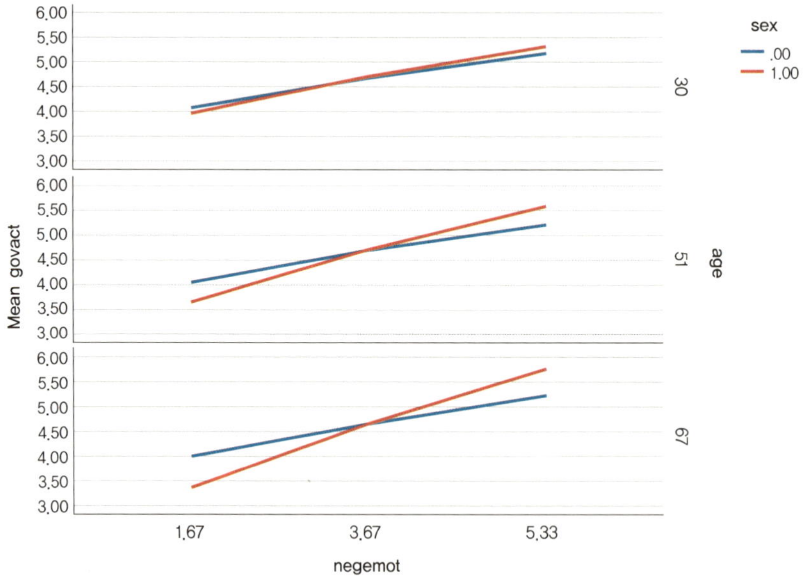

$=.730$, $p=.393$, Z값이 51일 때는 $F(1,805)=17.561$, $p<.001$, Z값이 67일 $F(1,805)=18.654$, $p<.001$로 조절효과가 있는 것으로 나타났다. 즉 나이가 많은 사람은 성별에 따라 부정적 감정이 정부정책의 지지에 미치는 효과가 다르게 나타난다. 이를 그래프로 제시하면 [그래프 4-2]와 같다.

8 [그래프 4-2]를 그리기 위해서 SPSS에서 [Graph]→[Legacy dialog]→[Line]→[Multiple]으로 가서 [Define] 버튼을 클릭한다. 그 창에서 다음과 같이 지정한다.

SPSS 대화상자 4-1 그래프 그리기

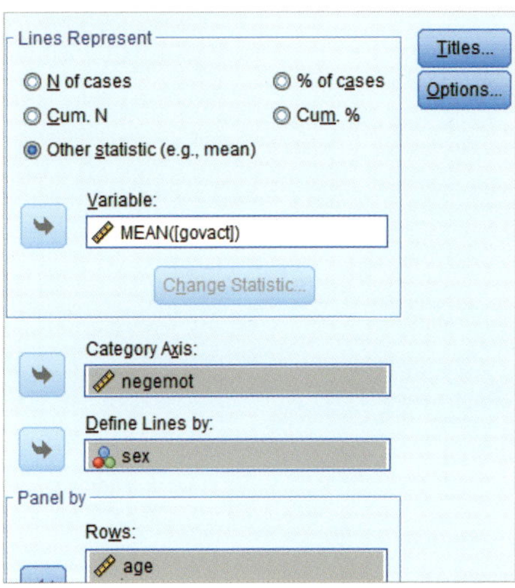

9 [그래프 4-2]를 통해 알 수 있듯이 기후변화에 대한 부정적 감정이 정부정책의 지지에 미치는 효과는 정적이며, 남자와 여자 간의 효과 차이는 나이를 먹을수록 커지는 것을 알 수 있다. 이러한 3원상호작용효과는 0.3%만이 설명되고 있다.

10 Johnson-Neyman기법에 의해 분석한 결과, Z(age)가 38.113 이상일 때 XW의 조절효과가 있고, 이러한 응답자는 71.7791%인 것으로 나타났다.

11 나이(Z)가 30일 때 여성(0)은 효과가 .3003이고, 남성(1)은 .3699이다. 이 차이는 .0696으로 특정값 선택법에서의 값과 동일하다. 그리고 이 차이는 유의적이지 않다. 마찬가지로, $Z=51$일 때에는 여성은 .3195, 남성은 .5293이다. 이 차이는 .2098로 유의적이다. 이러한 관계를 그래프로 제시하면 [그래프 4-3]과 같다.

SPSS 대화상자 4-2 명령문

```
data list free/age effect llci ulci.
begin data.
   17.0000   -.0172   -.2467   .2122
   20.5000   .0061   -.2038   .2160
   24.0000   .0295   -.1613   .2203
   27.5000   .0529   -.1196   .2253
   31.0000   .0763   -.0787   .2312
   34.5000   .0996   -.0391   .2383
   38.0000   .1230   -.0012   .2472
   38.1138   .1238   .0000   .2475
   41.5000   .1464   .0343   .2585
   45.0000   .1697   .0664   .2731
   48.5000   .1931   .0944   .2918
   52.0000   .2165   .1177   .3153
   55.5000   .2399   .1362   .3435
   59.0000   .2632   .1506   .3759
   62.5000   .2866   .1618   .4114
   66.0000   .3100   .1706   .4494
   69.5000   .3334   .1776   .4891
   73.0000   .3567   .1835   .5300
   76.5000   .3801   .1884   .5718
   80.0000   .4035   .1927   .6143
   83.5000   .4269   .1965   .6573
   87.0000   .4502   .1999   .7006
end data.
graph/scatter(overlay)=age age age with llci ulci effect (pair).
```

12 이를 그래프로 제시하면 [그래프 4-3]과 같다.

그래프 4-3 | SPSS에 의한 신뢰밴드

→ Graph

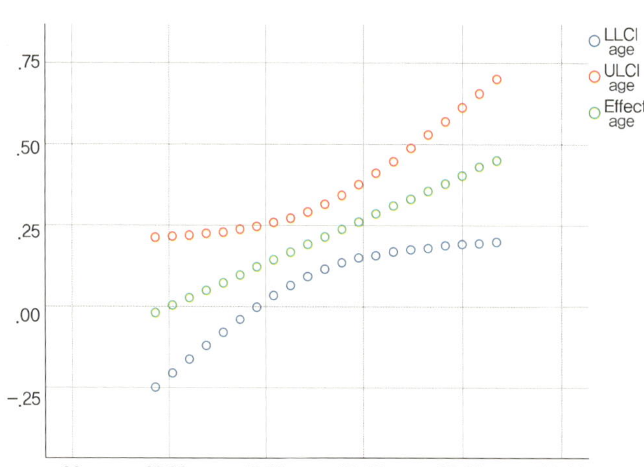

13 이 그래프를 정교하게 그리면 [그래프 4-4]와 같다.

그래프 4-4 | SPSS에 의한 신뢰밴드

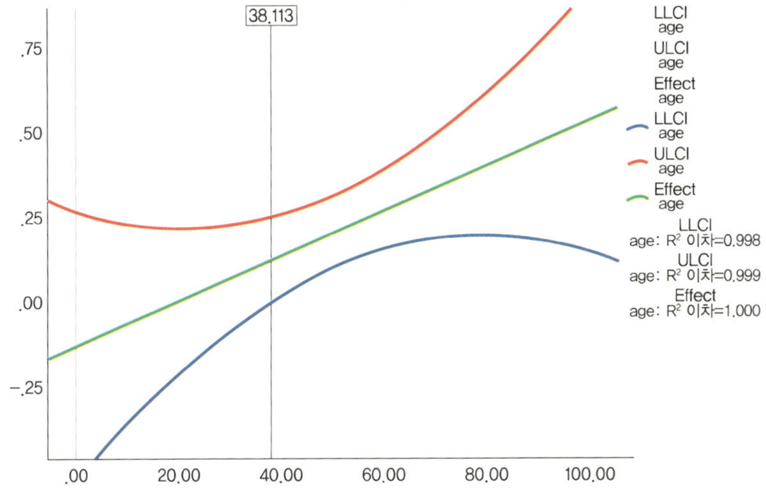

(2) 평균중심화에 의한 분석

1 앞서와 동일하게 지정하고, [Options] 버튼을 눌러 다음과 같이 지정한다.

PROCESS 대화상자 4-4 Options

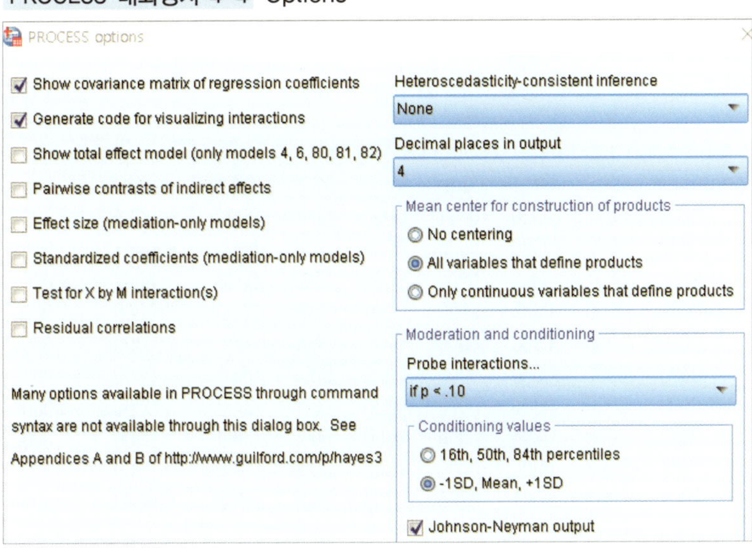

2 이를 실행하면 [Output 4-3]을 얻는다.

Output 4-3 **PROCESS output: 평균중심화에 의한 분석결과**

```
**************************************************************************
OUTCOME VARIABLE:
 govact

Model Summary
          R       R-sq        MSE          F        df1        df2          p
      .6451      .4162     1.0926    63.7645     9.0000   805.0000      .0000

Model
                 coeff         se          t          p       LLCI       ULCI
constant        5.5179      .1435    38.4386      .0000     5.2361     5.7996
negemot(b1)      .4158      .0267    15.5974      .0000      .3635      .4682
sex             -.0128      .0752     -.1707      .8645     -.1604      .1347
Int_1(b4)        .2000      .0500     3.9976      .0001      .1018      .2983
age             -.0009      .0023     -.3759      .7071     -.0055      .0037
Int_2(b5)        .0042      .0016     2.6114      .0092      .0010      .0073
Int_3           -.0016      .0046     -.3370      .7362     -.0106      .0075
Int_4(b7)        .0067      .0032     2.0961      .0364      .0004      .0129
posemot         -.0206      .0277     -.7453      .4563     -.0749      .0337
ideology        -.2055      .0266    -7.7265      .0000     -.2577     -.1533

Product terms key:
 Int_1    :        negemot    x        sex
 Int_2    :        negemot    x        age
 Int_3    :        sex        x        age
 Int_4    :        negemot    x        sex        x        age

Covariance matrix of regression parameter estimates:
          constant  negemot    sex   Int_1    age   Int_2   Int_3   Int_4  posemot  ideology
constant     .0206   -.0006  .0011   .0000  .0001   .0000   .0000   .0000   -.0024    -.0029
negemot     -.0006    .0007  .0002   .0000  .0000   .0000   .0000   .0000   -.0001     .0002
sex          .0011    .0002  .0057   .0000  .0000   .0000   .0000   .0000   -.0002    -.0001
Int_1        .0000    .0000  .0000   .0025  .0000   .0000   .0000   .0000    .0000     .0001
age          .0001    .0000  .0000   .0000  .0000   .0000   .0000   .0000    .0000     .0000
Int_2        .0000    .0000  .0000   .0000  .0000   .0000   .0000   .0000    .0000     .0000
Int_3        .0000    .0000  .0000   .0000  .0000   .0000   .0000   .0000    .0000     .0000
Int_4        .0000    .0000  .0000   .0000  .0000   .0000   .0000   .0000    .0000     .0000
posemot     -.0024   -.0001 -.0002   .0000  .0000   .0000   .0000   .0000    .0008     .0000
ideology    -.0029    .0002 -.0001   .0001  .0000   .0000   .0000   .0000    .0000     .0007
   Test(s) of highest order unconditional interaction(s):
        R2-chng          F        df1        df2          p
X*W*Z     .0032     4.3934     1.0000   805.0000      .0364
```

```
----------
    Focal predict: negemot  (X)
          Mod var: sex      (W)
          Mod var: age      (Z)
Test of conditional X*W interaction at value(s) of Z:
      age     Effect        F       df1        df2        p
 -16.3308      .0910   1.5269    1.0000   805.0000    .2169
    .0000      .2000  15.9812    1.0000   805.0000    .0001
  16.3308      .3091  19.1027    1.0000   805.0000    .0000

Conditional effects of the focal predictor at values of the moderator(s):

      sex        age     Effect        se          t        p      LLCI      ULCI
   -.4883   -16.3308      .3032     .0487     6.2259    .0000     .2076     .3988
   -.4883      .0000      .3181     .0368     8.6399    .0000     .2459     .3904
   -.4883    16.3308      .3331     .0585     5.6954    .0000     .2183     .4479
    .5117   -16.3308      .3942     .0565     6.9713    .0000     .2832     .5052
    .5117      .0000      .5182     .0363    14.2841    .0000     .4470     .5894
    .5117    16.3308      .6422     .0421    15.2609    .0000     .5596     .7248

Moderator value(s) defining Johnson-Neyman significance region(s):
    Value    % below    % above
 -11.4224    28.2209    71.7791

Conditional X*W interaction at values of the moderator Z:
      age     Effect        se          t          p       LLCI       ULCI
 -32.5362    -.0172     .1169     -.1475      .8828     -.2467      .2122
 -29.0362     .0061     .1069      .0573      .9543     -.2038      .2160
 -25.5362     .0295     .0972      .3035      .7616     -.1613      .2203
 -22.0362     .0529     .0878      .6019      .5474     -.1196      .2253
 -18.5362     .0763     .0789      .9661      .3343     -.0787      .2312
 -15.0362     .0996     .0707     1.4100      .1589     -.0391      .2383
 -11.5362     .1230     .0633     1.9440      .0522     -.0012      .2472
 -11.4224     .1238     .0630     1.9629      .0500      .0000      .2475
  -8.0362     .1464     .0571     2.5625      .0106      .0343      .2585
  -4.5362     .1697     .0526     3.2246      .0013      .0664      .2731
  -1.0362     .1931     .0503     3.8408      .0001      .0944      .2918
   2.4638     .2165     .0503     4.3008      .0000      .1177      .3153
   5.9638     .2399     .0528     4.5425      .0000      .1362      .3435
   9.4638     .2632     .0574     4.5883      .0000      .1506      .3759
  12.9638     .2866     .0636     4.5073      .0000      .1618      .4114
  16.4638     .3100     .0710     4.3647      .0000      .1706      .4494
  19.9638     .3334     .0793     4.2022      .0000      .1776      .4891
  23.4638     .3567     .0883     4.0415      .0001      .1835      .5300
  26.9638     .3801     .0977     3.8920      .0001      .1884      .5718
  30.4638     .4035     .1074     3.7570      .0002      .1927      .6143
  33.9638     .4269     .1174     3.6366      .0003      .1965      .6573
  37.4638     .4502     .1276     3.5297      .0004      .1999      .7006
```

```
Data for visualizing the conditional effect of the focal predictor:
Paste text below into a SPSS syntax window and execute to produce plot.

DATA LIST FREE/
   negemot     sex        age        govact .
BEGIN DATA.
     -1.5284    -.4883   -16.3308     4.1592
       .0000    -.4883   -16.3308     4.6226
      1.5284    -.4883   -16.3308     5.0860
     -1.5284    -.4883      .0000     4.1343
       .0000    -.4883      .0000     4.6206
      1.5284    -.4883      .0000     5.1068
     -1.5284    -.4883    16.3308     4.1094
       .0000    -.4883    16.3308     4.6185
      1.5284    -.4883    16.3308     5.1276
     -1.5284     .5117   -16.3308     4.0326
       .0000     .5117   -16.3308     4.6351
      1.5284     .5117   -16.3308     5.2376
     -1.5284     .5117      .0000     3.8157
       .0000     .5117      .0000     4.6077
      1.5284     .5117      .0000     5.3997
     -1.5284     .5117    16.3308     3.5988
       .0000     .5117    16.3308     4.5803
      1.5284     .5117    16.3308     5.5619
END DATA.
GRAPH/SCATTERPLOT=
 negemot  WITH     govact  BY      sex      /PANEL   ROWVAR=  age .
*****************************************************************************
```

3 b_1, b_4, b_5, b_7 부호가 모두 양(+)이므로 부정적 감정이 증가할수록 정부정책지지는 증가하는데, 이러한 관계는 남자이고 나이를 먹을수록 증가하는 것으로 해석할 수 있다. 여기에서 남자인 이유는 [여자=0], [남자=1]로 코딩되었기 때문이다. 즉 0에서 1로 증가한다.

2) SPSS에 의한 분석

SPSS에 의해 위계적 회귀분석으로 분석해보기로 한다. 위계적 분석이 아닌 동시회귀분석으로 해도 된다.

1 식 (1)에 있는 XW, XZ, WZ, XWZ 변수를 만든다. 이들 변수를 만들어 다음과 같이 저장하였다.

Data 4-3 [Hayes-chap9_1.sav]

	govact	posemot	negemot	ideology	age	sex	partyid	negsex	negage	sexage	negsexage	intercept
1	3.60	3.67	4.67	6	61	0	2	.00	284.87	.00	.00	1.00
2	5.00	2.00	2.33	2	55	0	1	.00	128.15	.00	.00	1.00
3	6.60	2.33	3.67	1	85	1	1	3.67	311.95	85.00	311.95	1.00
4	1.00	5.00	5.00	1	59	0	1	.00	295.00	.00	.00	1.00
5	4.00	2.33	1.67	4	22	1	1	1.67	36.74	22.00	36.74	1.00

2 다음과 같은 절차에 따라 선형회귀분석을 한다.

3 통제변수를 가장 먼저 투입한다.

4 [다음] 버튼을 눌러 1원 변수(X, W, Z)를 투입한다.

5 [다음] 버튼을 눌러 2원 변수(XW, WZ, XZ)를 투입한다.

6 [다음] 버튼을 눌러 3원 변수(XWZ)를 투입한다.

7 이를 실행하면 [Output 4-4]를 얻는다. [Output 4-2]와 동일한 결과를 얻는다.

Output 4-4 SPSS output: 위계적 선형회귀분석 결과

계수[a]

모형		비표준화계수		표준화계수	t	유의확률
		B	표준오차	베타		
1	(상수)	6.024	.163		37.032	.000
	POSEMOT:	.031	.032	.031	.965	.335
	IDEOLOGY:	-.376	.029	-.417	-13.097	.000
2	(상수)	4.064	.205		19.791	.000
	POSEMOT:	-.027	.028	-.027	-.951	.342
	IDEOLOGY:	-.218	.027	-.243	-8.071	.000
	NEGEMOT:	.441	.026	.495	16.676	.000
	AGE:	-.001	.002	-.016	-.552	.581
	SEX: female(0) or male(1)	-.010	.077	-.004	-.131	.896
3	(상수)	5.226	.367		14.245	.000
	POSEMOT:	-.024	.028	-.023	-.857	.392
	IDEOLOGY:	-.206	.027	-.229	-7.746	.000
	NEGEMOT:	.095	.082	.107	1.156	.248
	AGE:	-.017	.007	-.208	-2.552	.011
	SEX: female(0) or male(1)	-.671	.301	-.247	-2.230	.026
	negsex	.204	.050	.303	4.077	.000
	negage	.005	.002	.337	2.979	.003
	sexage	-.001	.005	-.030	-.309	.758

4	(상수)	4.559	.485		9.401	.000
	POSEMOT:	-.021	.028	-.020	-.745	.456
	IDEOLOGY:	-.205	.027	-.228	-7.726	.000
	NEGEMOT:	.273	.118	.307	2.311	.021
	AGE:	-.003	.009	-.041	-.356	.722
	SEX: female(0) or male(1)	.529	.646	.195	.819	.413
	negsex	-.131	.167	-.194	-.781	.435
	negage	.001	.002	.065	.381	.704
	sexage	-.025	.012	-.536	-2.059	.040
	negsexage	.007	.003	.563	2.096	.036

a. 종속변수: GOVACT: Support for government action

8 세 변수(negemot, sex, age)의 평균과 표준편차를 구하면 다음과 같다.

Output 4-5 SPSS output: 통계량

통계량				
		NEGEMOT: Negative emotions about climate change	SEX: female(0) or male(1)	AGE: Respondent age at last birthday
N	유효	815	815	815
	결측	0	0	0
평균		3.5580	.49	49.54
표준편차		1.52843	.500	16.331

9 Dawson의 엑셀시트를 이용하여 그래프를 그리면 [그래프 4-5]와 같다.

그래프 4-5 | Dawson의 그래프

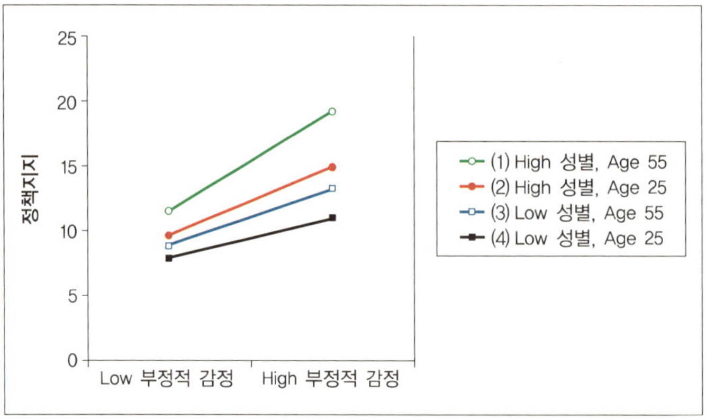

10 기울기차이 검정(slope difference test) 결과는 다음과 같다.

Slope difference tests (NB calculated at the values shown in cells B39-B42 unless empty):

Pair of slopes	Slope difference	t-value	p-value	95% Confidence interval
(1) and (2)	1.031	#DIV/0!	#DIV/0!	#DIV/0!
(1) and (3)	1.421	11.370	0.000	(1.176, 1.666)
(1) and (4)	1.949	15.594	0.000	(1.704, 2.194)
(2) and (3)	0.391	3.126	0.002	(0.146, 0.636)
(2) and (4)	0.919	7.350	0.000	(0.674, 1.164)
(3) and (4)	0.528	#DIV/0!	#DIV/0!	#DIV/0!

	Slope 1	Slope 2	Slope 3	Slope 4
	성별 = 4.5	성별 = 4.5	성별 = 2	성별 = 2
	나이 = 55	나이 = 25	나이 = 55	나이 = 25
Gradient of simple slope:	3.205	2.175	1.784	1.256
t-value of simple slope:	14.147	9.599	17.245	12.140
p-value of simple slope:	0.000	0.000	0.000	0.000

2.2 조절된 조절모델: 예 2

[그림 4-7]의 모델을 분석한다. PROCESS로 평균중심화해서 분석해본다.

그림 4-7 | 조절된 조절모델

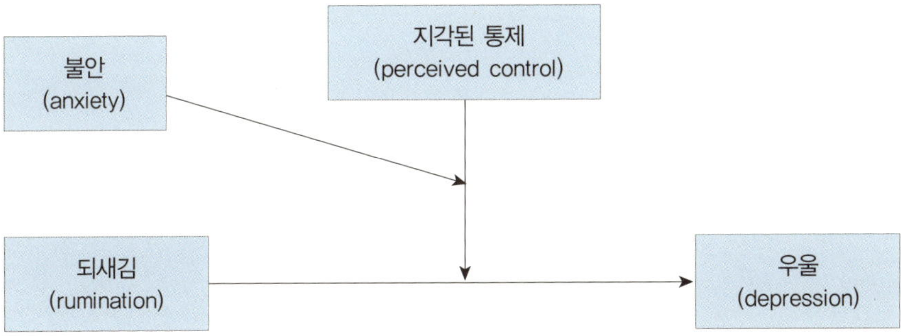

분석할 자료는 다음과 같다.

Data 4-4 [Jose_chap7.sav]

	rumination	percontrol	depress	anxiety	sex
1	24.87	-.45	18.62	38.00	1
2	-2.13	4.55	-7.38	2.00	1
3	-10.13	8.55	-7.38	5.00	1
4	28.87	-18.45	27.62	37.00	1
5	1.87	11.55	-7.38	3.00	1

1 PROCESS에서 다음과 같이 변수 및 모델넘버를 지정한다.

PROCESS 대화상자 4-5 변수지정 및 모델넘버

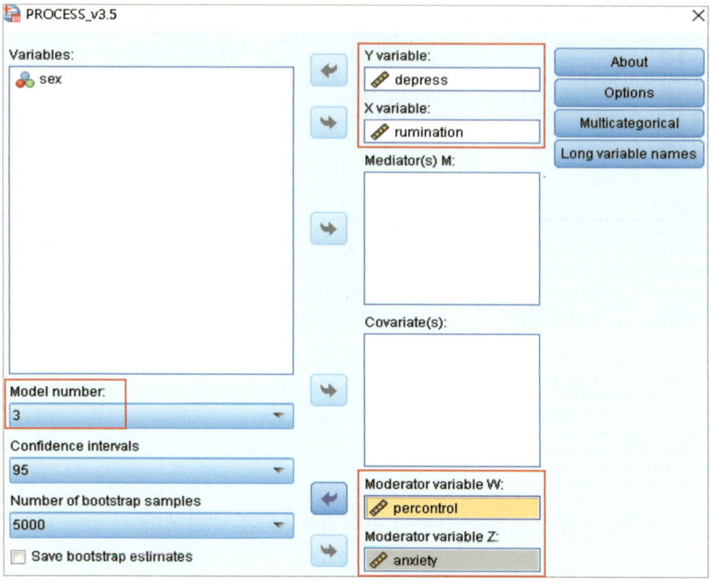

2 이를 실행하면 [Output 4-6]을 얻는다.

Output 4-6 PROCESS output

****
OUTCOME VARIABLE:
depress

Model Summary

R	R-sq	MSE	F	df1	df2	p
.7694	.5920	22.8733	190.3237	7.0000	918.0000	.0000

Model

	coeff	se	t	p	LLCI	ULCI
constant	−.5377	.1831	−2.9361	.0034	−.8971	−.1783
ruminati(b_1)	.1260	.0203	6.2088	.0000	.0862	.1658
percontr	−.3498	.0218	−16.0158	.0000	−.3927	−.3070
Int_1(b_4)	−.0014	.0021	−.6600	.5094	−.0054	.0027
anxiety	.2441	.0244	10.0153	.0000	.1962	.2919
Int_2(b_5)	.0082	.0021	3.8789	.0001	.0041	.0124
Int_4(b_7)	.0003	.0001	2.1857	.0291	.0000	.0006

```
Product terms key:
 Int_1    :    ruminati x    percontr
 Int_2    :    ruminati x    anxiety
 Int_3    :    percontr x    anxiety
 Int_4    :    ruminati x    percontr x    anxiety
*************************************************************************
```

3 되새김이 증가하면 우울이 증가하는데, 지각된 통제가 감소하고 불안이 증가할수록 우울은 증가한다고 해석한다. b_7이 유의적이지 않으면 조절된 조절효과는 없는 것이고 이러한 해석은 의미가 없다.

4 분석결과를 그래프로 제시하면 [그래프 4-6]과 같다.

그래프 4-6 | SPSS 그래프

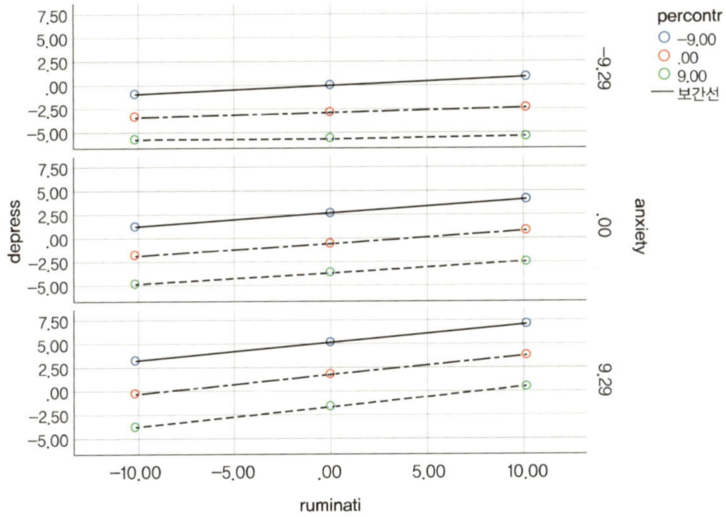

3 조절된 조절모델의 기존 연구 고찰

3.1 de Zúñiga 등(2018)의 연구

de Zúñiga 등의 연구모델은 [그림 4-8]과 같다.

그림 4-8 | de Zúñiga 등(2018)의 연구모델

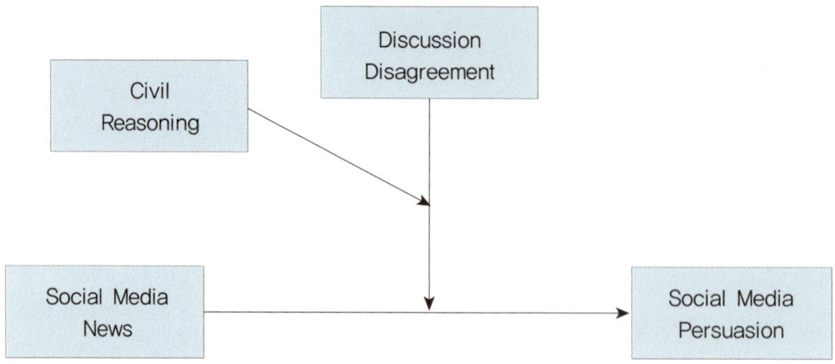

이들의 연구에서 가설 7이 조절된 조절효과와 관련된 것이다. 이를 원문으로 소개하면 다음과 같다(p.305).

> **H7**: Civil reasoning will positively moderate the conditional influence of political discussion disagreement in the relationship between social media news use and political persuasion on social media. For those individuals who are exposed to civil reasoning in their discussions, and to political discussion disagreement, the positive social media news use–political persuasion relationship will be stronger.

분석결과를 제시하면 [표 4-2]와 같다.

표 4-2 | de Zúñiga 등(2018)의 연구결과

Table 3. OLS moderated moderation model showing three-way interactions among social media news use, political discussion disagreement, and civil reasoning political persuasion on social media.

	B	*SE*	95% CI	
SM news use × political discussion disagreement	0.047	0.014	0.018	0.075*
SM news use × civil reasoning	0.036	0.011	0.013	0.058*
Political discussion disagreement × civil reasoning	−0.016	0.010	−0.035	0.004
SM news use × political discussion disagreement × civil reasoning	−0.008	0.003	−0.013	−0.002*

Note. SM = Social media. Analyses performed using the PROCESS macro for SPSS (Model 3; Hayes 2013). *Denotes statistically significant relationships where $p < .05$. Model includes the same demographic and political orientation control variables as found in Table 2.

[그래프 4-7]은 Dawson의 엑셀시트를 이용하여 얻은 3원상호작용을 제시한 것이다.

그래프 4-7 | de Zúñiga 등(2018)의 3원상호작용효과

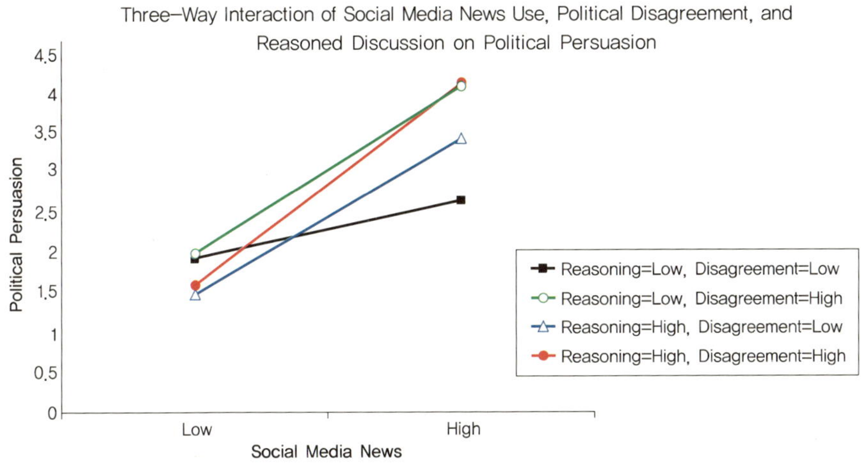

3.2 Kollmann 등(2019)의 연구

Kollmann 등은 66개 팀의 창업학생을 대상으로 다음과 같은 조절된 조절모델을 연구하였다. 이들의 연구결과를 토대로 조절된 조절모델의 분석결과를 해석하는 데 초점을 두고 살펴본다.

그림 4-9 | Kollmann 등(2019)의 연구모델

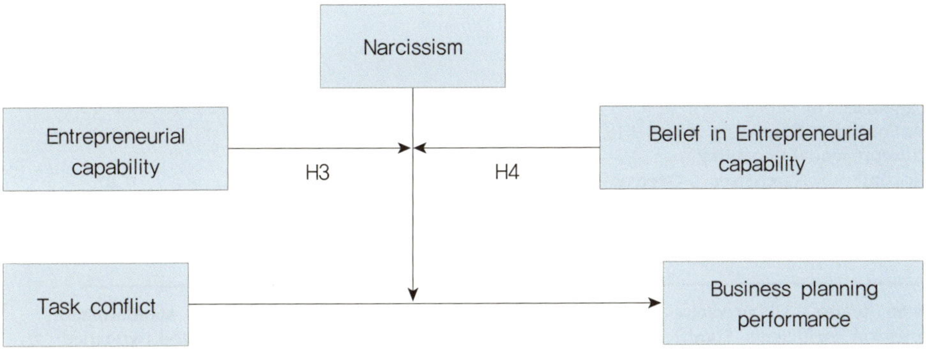

그들이 설정한 조절된 조절모델의 가설은 다음과 같다.

H3: The greater a team's level of entrepreneurial capability, the stronger the positive moderation effect of the team's level of narcissism on the task conflict-business planning performance link.

H4: The greater a team's level of belief in their entrepreneurial capability, the stronger the positive moderation effect of the team's level of narcissism on the task conflict-business planning performance link.

분석결과는 [표 4-3]과 같다.

표 4-3 Kollmann 등(2019)의 연구결과

Hierarchical Regression Results (Dependent Variable: Business Planning Performance)

	Model 1	Model 2	Model 3	Model 4
Age	−0.12	−0.11	−0.16	−0.05
Gender (Percentage Females in the Team)	0.06	0.09	0.18	0.30*
Work Experience	−0.01	−0.05	−0.13	−0.24⁺
Acquaintance	−0.16	−0.19	−0.16	−0.15
Start-Up Experience	0.03	−0.06	0.04	0.12
Task Conflict		0.22*	0.30*	0.25*
Narcissism		0.10	0.09	0.08
Entrepreneurial Capability		−0.22	−0.26	−0.35*
Belief in Entrepreneurial Capability		0.36*	0.25	0.26
Overconfidence		−0.37⁺	−0.23	−0.23
Task Conflict × Narcissism			0.27*	0.49**
Task Conflict × Entrepreneurial Capability			−0.26	−0.52*
Task Conflict × Belief in Entrepreneurial Capability			0.37*	0.39*
Task Conflict × Overconfidence			−0.19	−0.29
Narcissism × Entrepreneurial Capability			0.17	0.16
Narcissism × Belief in Entrepreneurial Capability			−0.16	−0.25
Narcissism × Overconfidence			−0.04	0.00
Task Conflict × Narcissism × Entrepreneurial Capability				0.37*
Task Conflict × Narcissism × Belief in Entrepreneurial Capability				0.32*
Task conflict × Narcissism × Overconfidence				0.20
Degrees of Freedom	5,60	10,55	17,48	20,45
R^2	0.05	0.17	0.36	0.47
F	0.61	1.14	1.58	1.98

N = 66 teams. All predictor variables are z-standardized. Entries represent standardized regression coefficients. Significance tests are one-tailed for directional hypotheses and two-tailed for controls.
⁺$p < .10$
*$p < .05$
**$p < .01$

1 분석결과 가운데 가장 먼저 보아야 할 것은 3원상호작용항이다. 가설3의 3원상호작

용항의 계수(.37)가 유의적으로 나타났다.

2 가설이 예측한 대로 방향이 나타났는가를 확인한다. 이를 위해 b_1, b_4, b_7의 계수가 모두 정적(+)인가를 확인한다. 가설3과 관련된 계수의 부호는 $b_1 = .25$, $b_4 = .49$, $b_7 = .37$ 모두 정적인 것으로 나타났다. 가설4와 관련된 계수의 부호는 $b_1 = .25$, $b_4 = .39$, $b_7 = .32$로 모두 정적인 것으로 나타났다. 따라서 가설3과 가설4는 지지되었다. 따라서 가설3은 '과업갈등'이 증가하면 '경영계획성과'가 증가하는데, '나르시즘'이 증가하면 '과업갈등'이 '경영계획성과'에 미치는 효과가 커지고, '기업가적 능력'이 커지면 '과업갈등'과 '나르시즘'의 2원상호작용효과가 더 커진다고 해석한다.

3 **만약 3원상호작용항의 계수가 비유의적인 것으로 나타난다면 가설은 지지되지 않는 것으로 해석한다. 이 경우, 조건부효과의 검정은 의미가 없다.**

참고문헌

이형권 편역 (2015). PROCESS macro를 이용한 매개분석 · 조절분석 및 조절된 매개분석. 서울: 신영사.

Dawson, J. F., and Richter, A. W. (2006). Probing Three-Way Interactions in Moderated Multiple Regression: Development and Application of a Slope Difference Test. *Journal of Applied Psychology*, 91(4), 917-926.

de Zúniga, H. G., Barnidge, M., and Diehl, T. (2018). Political Persuasion on Social Media: A Moderated Moderation Model of Political Discussion Disagreement and Civil Reasoning. *The Information Society*, 34(5), 302-315.

Hayes, A. F. (2018). *Introduction to Mediation, Moderation, and Conditional Process Analysis: A Regression-Based Approach*. 2nd ed., New York, NY: Guilford Press.

Jaccard, J., and Turrisi, R. (2003). *Interaction Effects in Multiple Regression*. 2nd ed., Thousand Oaks, CA: Sage.

Kollmann, T., Stöckmann, C., and Linstaedt, J. W. (2019). Task Conflict, Narcissism and Entrepreneurial Capability in Teams Planning a Business: A Moderated Moderation Approach to Explaining Business Planning Performance. *Journal of Small Business Management*, 57(4), 1399-1423.

Pinto, J. F., Dawood, S., and Pinto, M. B. (2014). Project Management and Burnout: Implications of the Demand-Control-Support Model on Project-Based Work. *International Journal of Project Management*, 32, 578-589.

Shkoler, O., and Kimura, T. (2020). How Does Work Motivation Impact Employees' Investment at Work and Their Job Engagement? A Moderated-Moderation Perspective Through an International Lens. *Frontiers in Psychology*, 11(38), 1-16.

CHAPTER

05

로지스틱 조절회귀분석

1. 로지스틱 회귀분석
2. 로지스틱 조절회귀분석

CHAPTER 05 로지스틱 조절회귀분석

1 로지스틱 회귀분석

로지스틱 회귀분석(logistic regression analysis)은 범주형 변수인 종속변수를 대상으로 독립변수가 종속변수에 미치는 영향을 분석한다. 예를 들어, 종속변수인 이직/잔류에 독립변수인 직무만족과 임금만족이 영향을 줄 것인가를 연구한다. 이때, 종속변수인 이직/잔류는 2개의 범주를 갖는다. 이처럼 2개의 범주로 이루어진 종속변수를 대상으로 한 로지스틱 회귀분석을 **이분형 로지스틱 회귀분석**(binary logistic regression analysis) 또는 **이항 로지스틱 회귀분석**(binomial logistic regression analysis)이라 한다. 종속변수의 범주가 3개 이상인 경우에는 **다항 로지스틱 회귀분석**(multinomial logistic regression analysis)이라 한다. 이하에서 로지스틱 회귀분석에 대해 간략히 살펴본다.

어떤 사건이 발생할 확률을 p라고 하면, 발생하지 않을 확률은 $(1-p)$가 된다. 예를 들어, 어떤 사람이 투표할 확률이 75%라면, 투표를 하지 않을 확률은 25%가 된다. p를 $(1-p)$로 나눈 것을 **오즈**(odds) 또는 **승산**(odds)이라 한다. 오즈는 p와 $(1-p)$의 비율을 의미한다.

$$\text{오즈(odds)} = \frac{p}{(1-p)} \tag{1}$$

앞선 예에서 오즈는 $\frac{.75}{.25} = 3$이 된다. 즉 투표를 할 확률은 투표를 하지 않을 확률보다 3배 높다. 식 (1)에서 오즈와 확률과의 관계는 다음과 같이 나타낼 수 있다.

$$확률(p) = \frac{odds}{(1 + odds)} \quad (2)$$

로지스틱 회귀분석으로 연구하는 경우 확률의 관점이 아닌 오즈의 관점에서 결과를 해석하는 것이 이론적 의미가 있기 때문에 이를 더 선호한다.

오즈에 자연로그(natural log: ln)를 취하면 다음과 같고, 이를 **로그오즈**(log odds) 또는 간단히 **로짓**(logit)이라 한다. 로짓이란 단어는 logistic unit에서 따온 것이다.

$$로그오즈(\text{log odds}) = \text{logit} = \ln\left(\frac{p}{1-p}\right) \quad (3)$$

앞선 예에서 로그오즈는 ln(3)=1.0986이 된다(계산기에 있는 ln과 log 표시 가운데 ln을 이용). 이 예에서 투표를 할 확률을 p로 가정하였다. 반대로 투표를 하지 확률을 p로 가정한다. 그러면 투표를 할 확률은 $1-p$가 된다. 이 경우의 오즈는 $\frac{.25}{.75}=.333$이 된다. 각각의 오즈를 odds1과 odds2라고 하면 다음과 같은 **오즈비**(odds ratio: OR)를 구한다.

$$오즈비(\text{odds ratio}) = \frac{odds1}{odds2} = \frac{p1(1-p1)}{p2(1-p2)} \quad (4)$$

앞선 예에서 odds1=3, odds2=.333이므로 오즈비는 $\frac{3}{.333}=9.009$가 된다. SPSS의 로지스틱 회귀계수에서 보고되는 오즈비는 Exp(b)로 보고된다. 이 값은 로지스틱 회귀계수(b)에 지수(exponential)를 취한 것이다(계산기에서 e^x 이용해서 계산).

로지스틱 회귀계수(X_b)로부터 확률은 다음과 같이 구한다.

$$p = \frac{\text{Exp}(X_b)}{(1+\text{Exp}(X_b))} \quad (5)$$

투표를 할 의도에 영향을 줄 수 있는 변수 X_1, X_2, X_k 등을 고려한 오즈는 다음과 같은 식으로 나타낼 수 있다.

$$\frac{p}{(1-p)} = e^{(b_0 + b_1X_1 + b_2X_2 +, \ldots, + b_kX_K)} \quad (6)$$

식 (6)에 자연로그(ln)를 취하면 종속변수와 독립변수 간에 선형적 관계가 성립한다. 이를 **로지스틱 회귀식(logistic regression equation)**이라 한다. 로지스틱 회귀식에서 종속변수는 로그오즈이다.

$$\ln\left(\frac{p}{1-p}\right) = b_0 + b_1X_1 + b_2X_2 + \ldots + b_kX_k \tag{7}$$

식 (7)을 p로 정리하면 다음과 같다.

$$p = \frac{1}{1+e^{-(b_0+b_1X_1+b_2X_2+\ldots+b_kX_k)}} \tag{8}$$

다음 예를 통해 로지스틱 회귀분석에 대해 간단히 살펴본다. 아래는 공부한 시간과 합격여부(Pass=1, Fail=0)에 대한 자료이다.

Data 5-1 [Pass_Fail.sav]

	Pass	Hours
1	0	.50
2	0	.75
3	0	1.00
4	0	1.25
5	0	1.50

1 [분석]→[이분형 로지스틱]으로 가서 다음과 같이 변수를 지정한다.

SPSS 대화상자 5-1 **이분형 로지스틱**

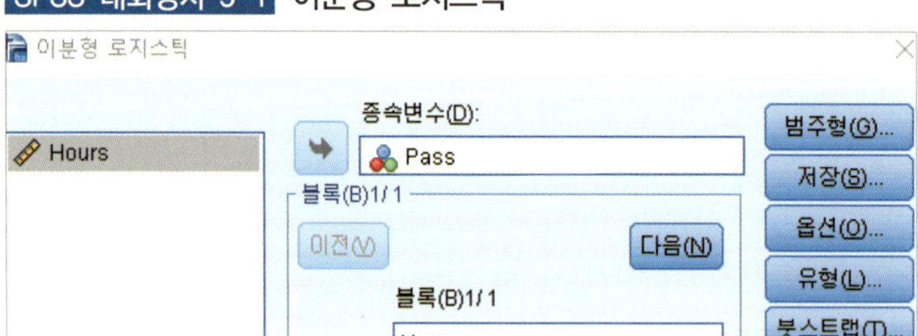

2 이를 실행하면 [Output 5-1]을 얻는다.

Output 5-1 SPSS output

Variables in the Equation

		B	SE	Wald	df	Sig.	Exp(B)	95% C.I.for EXP(B)	
								Lower	Upper
Step 1[a]	Hours	1.505	.629	5.727	1	.017	4.503	1.313	15.439
	Constant	-4.078	1.761	5.362	1	.021	.017		

a. Variable(s) entered on step 1: Hours.

3 이 결과를 토대로 다음과 같은 식을 세울 수 있다.

$$\ln\left(\frac{p}{1-p}\right)=-4.078+1.505\times Hours$$

4 공부시간이 1시간 증가하면 합격할 가능성이 4.503만큼 높아진다고 해석한다.

5 Exp(B)가 1보다 크면 독립변수가 종속변수에 정(+)의 영향을 미치고, Exp(B)가 1보다 작으면 부(−)의 영향을 미친다고 해석한다.

2 로지스틱 조절회귀분석

조절 로지스틱회귀분석(moderated logistic regression analysis) 또는 **로지스틱 조절회귀분석(logistic moderated regression analysis)**은 범주형 종속변수를 대상으로 조절효과를 분석한다. 독립변수와 조절변수를 연속형 변수와 범주형 변수로 구분하면 4개(2×2)의 상황이 있다. 독립변수와 조절변수가 모두 범주형 변수인 경우에는 어떤 변수가 독립변수이고 어떤 변수가 조절변수인지에 관계없이 상호작용효과계수는 동일한 값을 얻는다.

2.1 독립변수는 범주형 변수, 조절변수는 연속형 변수

1) SPSS에 의한 분석

[그림 5-1] 모델을 대상으로 조절 로지스틱회귀분석에 대해 살펴본다. 독립변수인 처치

를 했는가의 여부(0=No intervention, 1=intervention)가 종속변수인 치료가 되었는지 여부(0=Not cured, 1=cured)에 조절변수인 치료기간(duration)이 영향을 미치는지 검정하고자 한다.

그림 5-1 | 치료기간의 조절효과

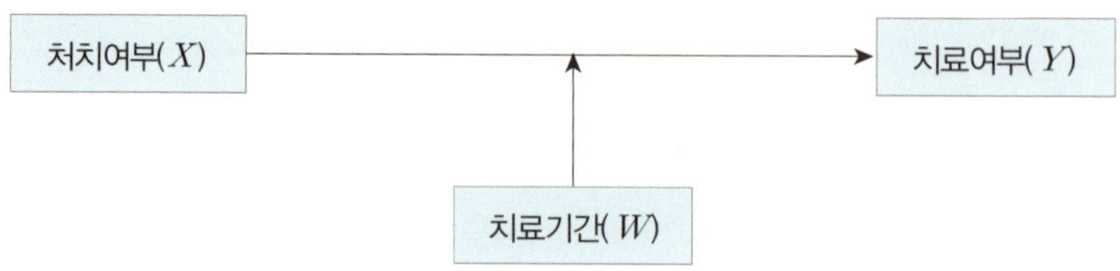

이 모델을 분석하기 위한 자료는 다음과 같다.

Data 5-2 [Field-chap8.sav]

	Cured	Intervention	Duration
1	0	0	7
2	0	0	7
3	0	0	6
4	1	0	8
5	1	1	7

(1) 주효과분석

먼저 주효과(main effect)의 로지스틱 회귀모델을 추정하기로 한다. 로지스틱 조절효과분석을 할 때 주효과분석은 안 해도 된다. 주효과분석을 위한 회귀식은 다음과 같다.

$$\ln\left(\frac{p}{1-p}\right) = B_0 + B_1X_1 \tag{9}$$

1 SPSS 메뉴에서 [분석]→[회귀분석]→[이분형로지스틱]으로 간다.

2 로지스틱 회귀분석 대화상자에서 [Cured]를 [종속변수]에, [Intervention]을 [공변량(C)]으로 보낸다.

3 [범주형(G)] 버튼을 누른다. [Intervention]을 [범주형 공변량(T)]으로 보낸다.

4 [참조범주]를 [처음]으로 지정하고 [변경] 버튼을 누른다. [계속] 버튼을 누른다.

SPSS 대화상자 5-2 **이분형 로지스틱**

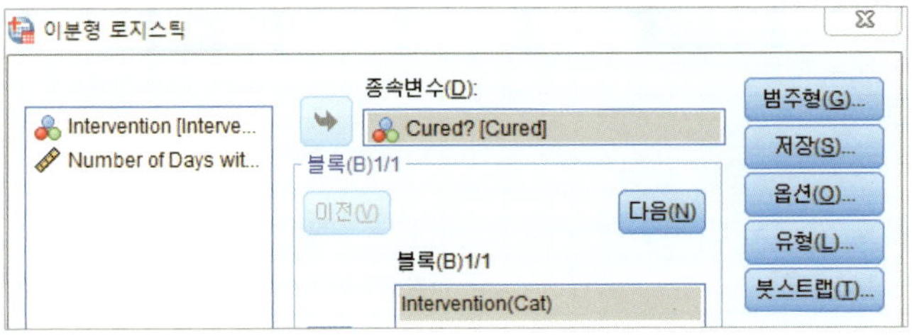

5 [확인] 버튼을 누르면 실행이 된다. 이를 실행하면 [Output 5-2]를 얻는다.

6 [Output 5-2]를 토대로 결과를 해석하기로 한다.

Output 5-2 **SPSS output: 분류표**

Classification Table[a,b]

	Observed		Predicted		
			Cured?		Percentage Correct
			Not Cured	Cured	
Step 0	Cured?	Not Cured	0	48	.0
		Cured	0	65	100.0
	Overall Percentage				57.5

a. Constant is included in the model.
b. The cut value is .500

7 [Output 5-2]는 독립변수가 없고 절편만 있는 기저모형인 $\ln(\frac{p}{1-p}) = B_0$을 이용하여 [cured]와 [not cured]를 예측한 것(predicted)과 관측결과(observed)를 비교한 것이다. 관측자료 113명 가운데 65명이 [cured]이고(57.5%), 48명이 [not cured]이므로(42.5%) [cured]가 약간 높다. 독립변수가 없는 경우 정확한 예측이 불가능하므로 [cured]가 [not cured]보다 비율이 더 높기 때문에 113명 모두 [cured]로 예측하는 것이 더 정확할 것이다.

Output 5-3 **SPSS output: 방정식의 변수**

Variables in the Equation

		B	SE	Wald	df	Sig.	Exp(B)
Step 0	Constant	.303	.190	2.538	1	.111	1.354

8 기저모델에서 절편(B_0)을 추정한 값이 .303임을 알려준다.

Output 5-4 SPSS output: 모형요약

모형 요약			
단계	-2 로그우도	Cox와 Snell의 R 제곱	Nagelkerke R 제곱
1	144.158[a]	.084	.113

a. 모수 추정값이 .001보다 작게 변경되어 계산반복수 3에서 추정을 종료하였습니다.

9 모형의 적합도를 보여준다. 이 가운데 Nagelkerke가 많이 쓰이고, 이 값이 .20 이상이면 적합도가 좋다고 본다.

Output 5-5 SPSS output: 분류표

Classification Table[a]

	Observed		Predicted		
			Cured?		Percentage Correct
			Not Cured	Cured	
Step 1	Cured?	Not Cured	32	16	66.7
		Cured	24	41	63.1
	Overall Percentage				64.6

a. The cut value is .500

10 독립변수(intervention)를 추가하여 얻은 적중률이다(73/113=64.6%). 기저모델의 적중률 57.5%에 비해 7.1%만큼 증가되었다.

Output 5-6 SPSS output: 방정식 내 변수

Variables in the Equation

		B	SE	Wald	df	Sig.	Exp(B)
Step 1[a]	Intervention(1)	1.229	.400	9.447	1	.002	3.417
	Constant	-.288	.270	1.135	1	.287	.750

a. Variable(s) entered on step 1: Intervention.

11 독립변수의 로지스틱 회귀계수(B_1 =1.229)는 유의적이다. 이 값과 절편의 값(-.288)을 이용하여 확률을 계산해본다.

$$p(cured) = \frac{1}{1+e^{-(B_0+B_1X_1)}} = \frac{1}{1+e^{-[-0.288+(1.229\times 0)]}} = 0.428$$

$$p(not\ cured) = 1 - p(cured) = 1 - 0.428 = .572$$

따라서 $odds = \frac{0.428}{0.572} = 0.748$이다.

12 독립변수가 1단위 변화할 때 위의 값이 어떻게 변화하는지 알아본다. 이 사례에서 독립변수는 이분형 변수이므로 [intervention]이 1일 때의 값을 계산하면 된다.

$$p(cured) = \frac{1}{1+e^{-(B_0+B_1X_1)}} = \frac{1}{1+e^{-[-0.288+(1.229\times 1)]}} = 0.719$$

$$p(not\ cured) = 1 - p(cured) = 1 - 0.719 = .281$$

따라서 $odds = \frac{0.719}{0.281} = 2.559$이다.

13 독립변수의 1단위 변화 전 · 후의 odds를 이용해 odds의 변화율을 계산한다.

$$\Delta odds = \frac{\text{독립변수의 1단위 변화 후 } odds}{\text{원래 } odds} = \frac{2.559}{0.748} = 3.421$$

14 오즈비(odds ratio)인 Exp(B)=3.417은 독립변수가 1단위 증가할 때 [cured]될 odds는 3.417만큼 증가한다는 의미를 갖는다. 이는 독립변수가 연속형 변수인 경우의 해석이다. 이 예에서 독립변수는 범주형 변수이다. 따라서 1로 코딩된 처치를 받은 사람은 0으로 코딩된 처치를 안 받은 사람에 비해 치료될 가능성이 3.417배 높다고 해석한다.

15 이를 확률로 계산하면 다음과 같다. $p = \frac{\text{Exp}(B)}{1+\text{Exp}(B)} = \frac{3.417}{1+3.417} = 77.36\%$이다. 따라서 [intervention]을 하면 [cured]될 확률이 77.36%가 된다고 해석한다.

(2) 조절효과분석

로지스틱 조절효과분석을 위한 회귀식은 다음과 같다.

$$\ln\left(\frac{p}{1-p}\right)=B_0+B_1X+B_2W+B_3XW \quad (10)$$

1 SPSS 메뉴에서 [분석]→[회귀분석]→[이분형로지스틱]으로 간다.

2 로지스틱 회귀분석 대화상자에서 [Cured]를 [종속변수]에 [Intervention], [Duration]을 [공변량(C)]으로 보낸다.

3 상호작용항을 만들기 위해 [Shift] 또는 [Ctrl] 키를 누른 상태에서 왼쪽 창에 있는 두 변수를 블록지정하면 [>a*b>] 버튼이 활성화된다.

SPSS 대화상자 5-3 **이분형 로지스틱: 상호작용항 만들기**

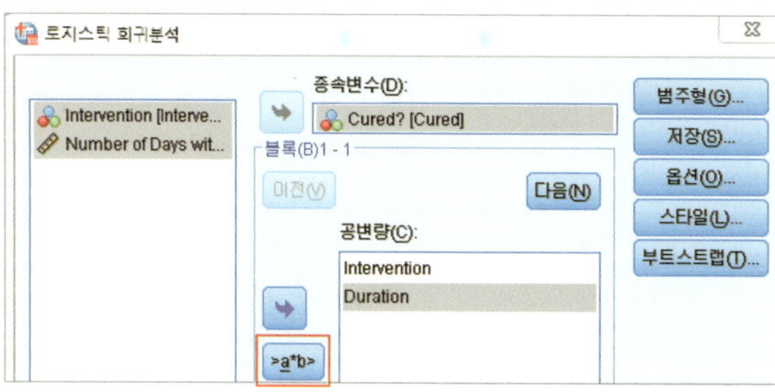

4 [범주형(G)] 버튼을 누른다. [Intervention]을 [범주형 공변량(T)]으로 보낸다.

SPSS 대화상자 5-4 **로지스틱 회귀분석: 범주형 변수 정의**

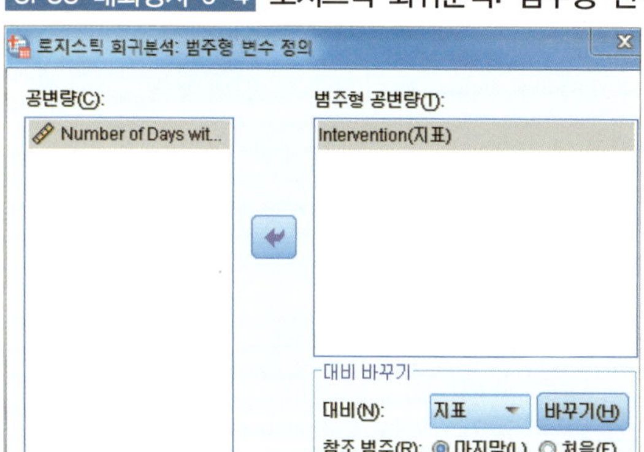

5 [대비 바꾸기]의 [참조범주(R)]가 [마지막(L)]이 디폴트로 되어 있는데, 이는 범주형 변수의 마지막을 **준거범주(reference category)**로 지정한다는 의미이다. 마지막을

[참조범주]로 한다는 의미는 0과 1 가운데 1을 참조범주로 한다는 뜻이다. 0과 1 중에서 어떤 것을 참조범주로 하느냐에 따라 값이 다르다.

6 만약 [성별]이 남자는 [1], 여자는 [2]로 코딩되었다면 준거범주를 [마지막(L)]으로 하게 되면 남자는 1, 여자는 0으로 재코딩된다. 집단번호가 높은 여자가 기준집단이 된다.

7 [0]을 준거범주로 지정하기 위해 [처음(F)] 라디오 버튼을 지정하고 [바꾸기(H)] 버튼을 누른다. [계속] 버튼을 누른다. 그러면 해당 변수 뒤에 [Cat]이라고 붙는다.

SPSS 대화상자 5-5 이분형 로지스틱: 범주형 지정

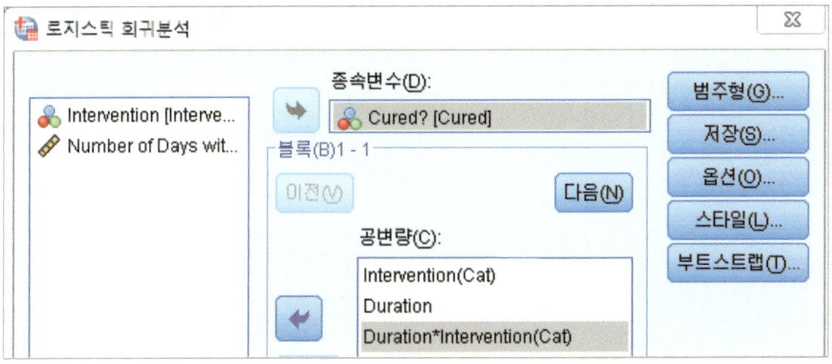

8 [확인] 버튼을 누르면 실행이 된다. [Output 5-7]은 그 가운데 일부이다.

Output 5-7 SPSS output: 조절효과분석

방정식의 변수

		B	SE	Wald	df	유의수준	Exp(B)
1단계[a]	Intervention(1)	1.850	2.535	.533	1	.465	6.363
	Duration	.034	.245	.020	1	.889	1.035
	Duration by Intervention(1)	-.087	.352	.061	1	.805	.917
	상수	-.520	1.684	.095	1	.757	.594

a. 1단계에서 입력된 변수입니다: Intervention, Duration, Duration × Intervention.

9 위의 Output을 토대로 다음과 같은 로짓모델을 세울 수 있다.

$$\text{로짓(치료)} = -.520 + 1.850(\text{Intervention}) + .034(\text{Duration}) - .087(\text{Duration*Intervention})$$

10 로지스틱 회귀계수(B)는 독립변수의 값을 일정하게 하였을 때 독립변수의 값이 1단위 증가하면 확률(p)가 확률($1-p$)보다 Exp(B)만큼 증가함을 의미한다. 따라서 다른 독립변수들의 점수가 동일하다고 할 때 각 독립변수에서 처치를 받은 사람은 처치를 받지 않은 사람보다 6.363배 완치될 가능성이 높다고 할 수 있다.

11 상호작용항이 유의적이지 않아 조절효과가 없는 것으로 나타났다. 따라서 치료기간은 치료여부에 영향을 주지 않는다고 해석한다.

2) PROCESS에 의한 분석

PROCESS는 로지스틱 조절회귀분석을 쉽게 하도록 설계되었다. 이하의 분석은 PROCESS에 초점을 맞추어 살펴본다. 로지스틱 조절회귀분석을 PROCESS로 분석할 때 MC는 선택의 문제이다. 이하의 예에서 PROCESS에 의한 분석은 모두 MC를 하고 한다.

1 다음과 같이 변수와 모델넘버를 지정한다.

PROCESS 대화상자 5-1 변수지정 및 모델넘버

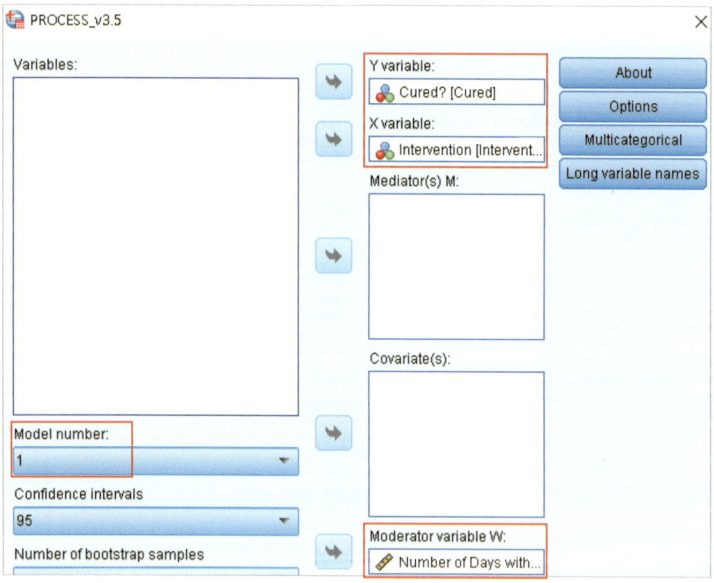

2 [Options] 버튼을 눌러 다음과 같이 지정한다.

PROCESS 대화상자 5-2 Options

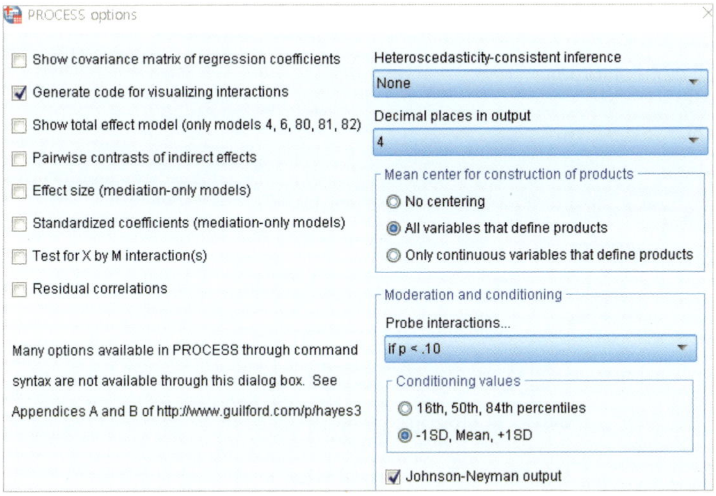

3 변수명이 8글자 이상이 있는 것이 있으므로([intervention]), [Long variable names] 버튼을 눌러 체크한다.

4 이를 실행하면 [Output 5-8]을 얻는다.

Output 5-8 PROCESS output

```
**************************************************************************
OUTCOME VARIABLE:
 Cured

Coding of binary Y for logistic regression analysis:
      Cured   Analysis
        .00        .00
       1.00       1.00

Model Summary
      -2LL    ModelLL         df          p  McFadden   CoxSnell   Nagelkrk
  144.0948     9.9892     3.0000      .0187     .0648      .0846      .1137

Model
                coeff         se          Z          p       LLCI       ULCI
constant        .3459      .2080     1.6628      .0963     -.0618      .7536
Interven       1.2350      .4157     2.9711      .0030      .4203     2.0497
Duration       -.0095      .1761     -.0539      .9570     -.3545      .3356
Int_1          -.0869      .3520     -.2470      .8049     -.7768      .6030

These results are expressed in a log-odds metric.
```

```
Product terms key:
 Int_1     :        Interven x         Duration

Likelihood ratio test(s) of highest order
unconditional interactions(s):
        Chi-sq        df          p
X*W      .0610    1.0000       .8049
----------
    Focal predict: Interven (X)
        Mod var: Duration (W)
*************************************************************************
```

5 SPSS에 의해 분석한 [Output 5-2]와 비교하면 상호작용항의 계수는 동일하나 나머지는 차이가 있다. 이는 PROCESS로 분석할 때 MC했기 때문이다. MC 여부에 따라 b_1과 b_2계수는 다르지만 b_3(상호작용항의 계수)는 동일하다는 점을 상기하라(제1장 참조). 분석결과, 상호작용항이 유의적이지 않아 조절효과가 없는 것으로 나타났다.

6 **PROCESS에 보고되는 계수는 log-odds 값이다. 이 값에 지수(exponential)를 취하면 오즈비(OR: Exp(B))가 된다.**

2.2 독립변수는 범주형 변수, 조절변수는 범주형 변수

독립변수, 조절변수 모두 범주형 변수인 경우는 어떤 변수가 독립변수이고 어떤 변수가 조절변수인지에 상관없이 상호작용항의 계수는 동일하지만 나머지 계수는 다르다. [그림 5-2] 모델을 대상으로 이에 대해 살펴본다.

1) 심장병 발병의 흡연여부의 조절효과

그림 5-2 | 독립변수, 조절변수 모두 범주형 변수

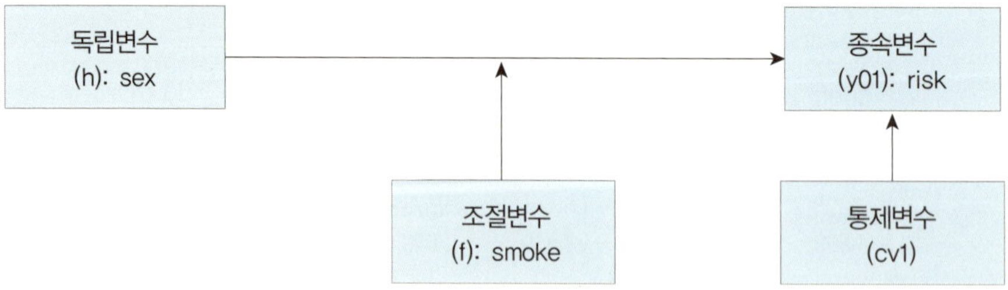

이 모델은 [y01]은 심장병으로부터 고통받을 위험(1=위험, 0=위험하지 않음), [h]는 성별(male=1, female=0), [f]는 흡연여부(smoke=1, no smoke=0)라 가정한다. 이 모델의 로지스틱 회귀식은 다음과 같다(통제변수는 생략함).

$$\text{logit } p(Y=1) = b_0 + b_1 sex + b_2 smoke + b_3(sex \times smoke) \quad (11)$$

이 모델을 분석하기 위한 자료는 다음과 같다.

Data 5-3 [idre_ucla1.sav]

	id	y	y01	f	h	cv1
1	45	35	0	1	0	41
2	108	33	0	0	0	41
3	15	39	0	0	0	44
4	67	37	0	0	0	42
5	153	31	0	0	1	40

1 PROCESS에서 다음과 같이 변수와 모델넘버를 지정한다.

PROCESS 대화상자 5-3 변수 및 모델넘버 지정

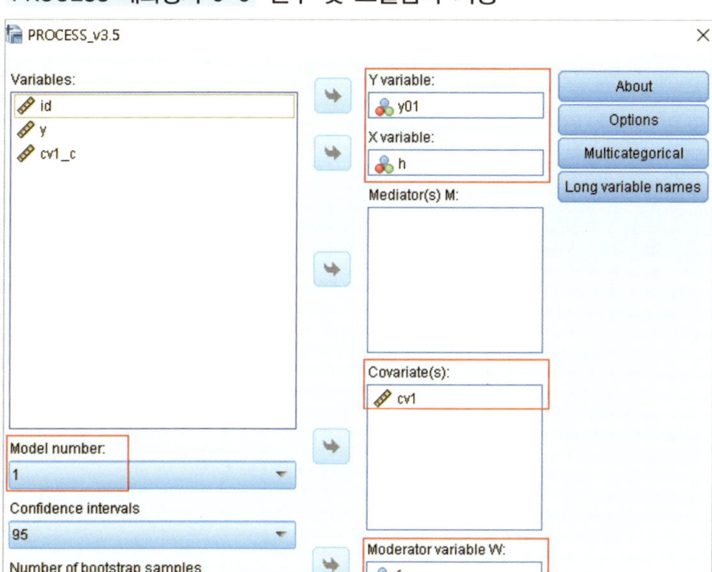

2 이를 실행하면 [Output 5-9]를 얻는다.

Output 5-9 PROCESS output

```
**************************************************************************
OUTCOME VARIABLE:
 y01

Coding of binary Y for logistic regression analysis:
        y01  Analysis
        .00      .00
       1.00     1.00

Model Summary
      -2LL    ModelLL       df         p  McFadden   CoxSnell  Nagelkrk
  157.4839   106.0984   4.0000     .0000     .4025      .4117     .5622

Model
                coeff        se         Z         p       LLCI      ULCI
constant      -9.3864    1.6469   -5.6994     .0000   -12.6143   -6.1585
h              1.2749     .4143    3.0771     .0021      .4628    2.0869
f              1.6446     .4365    3.7674     .0002      .7890    2.5002
Int_1         -2.0478     .8808   -2.3249     .0201    -3.7741    -.3214
cv1             .1965     .0329    5.9807     .0000      .1321     .2609

These results are expressed in a log-odds metric.

Product terms key:
 Int_1    :        h        x        f

Likelihood ratio test(s) of highest order
unconditional interactions(s):
        Chi-sq       df        p
X*W     5.8397   1.0000    .0157
----------
    Focal predict: h       (X)
          Mod var: f       (W)

Conditional effects of the focal predictor at values of the moderator(s):

          f    Effect        se         Z         p      LLCI      ULCI
     -.5450    2.3909     .6608    3.6179     .0003    1.0957    3.6862
      .4550     .3432     .5508     .6230     .5333    -.7363    1.4226
**************************************************************************
```

3 결과를 해석한다.

ⓐ 모델적합도는 Nagelkerke R^2가 .56으로 좋게 나타났다. 모델의 설명력은 56% 임을 의미한다.

ⓑ 상호작용항의 계수가 유의적으로 나타났다. 따라서 흡연여부는 조절효과가 있다고 해석한다.

ⓒ 독립변수와 조절변수가 모두 범주형 변수인 경우, 각 변수의 준거범주에 비해 종속변수가 1로 코딩된 가능성으로 해석한다. 따라서 여자에 비해 남자가 흡연을 하지 않는 것보다 흡연을 하게 되면 심장병으로 고통받을 위험이 $e^{-2.0478} = .129$배 준다고 해석한다.

4 Dawson의 엑셀시트로 그래프를 그린다.

그래프 5-1 | Dawson의 그래프

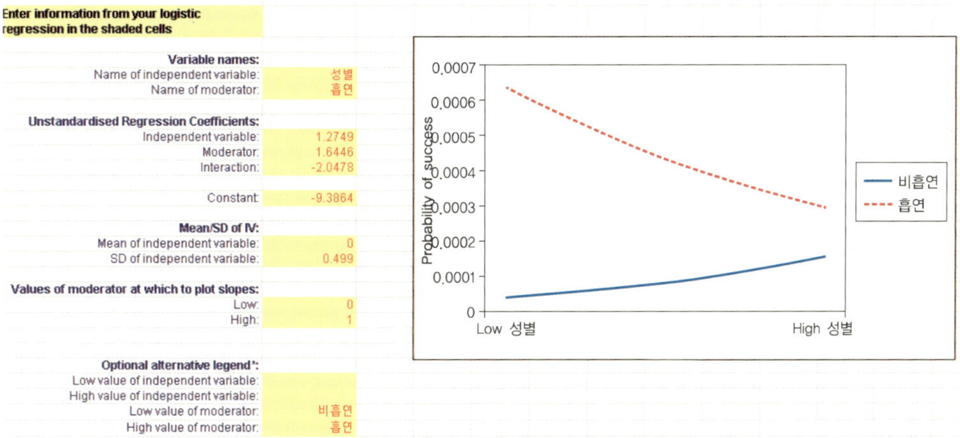

2) Patry(2008)의 연구

[그림 5-3]은 Patry(2008)의 연구모델이다. 피의자가 죄가 있고([0=guilty]), 없는가([1=no guilty])를 판단하는 데 피의자가 매력적인지([0=attractive]) 아닌지([1=plain-looking])에 따라 달라진다고 가정한다. 이런 결정을 심사숙고하지 않은 집단([0=not deliberate])과 심사숙고한 집단([1=deliberated])으로 나누었다. $n=122$명의 가짜 배심원을 대상으로 2×2 피험자 간 요인설계(between-subjects factorial design)를 한 실험을 하였다. 그는 심사숙고하지 않은 집단에서 피의자가 매력적이지 않다고 느낀 집단이 죄가 있다고 할 가능성이 클 것으로 가정하였다.

그림 5-3 | Patry의 연구모델

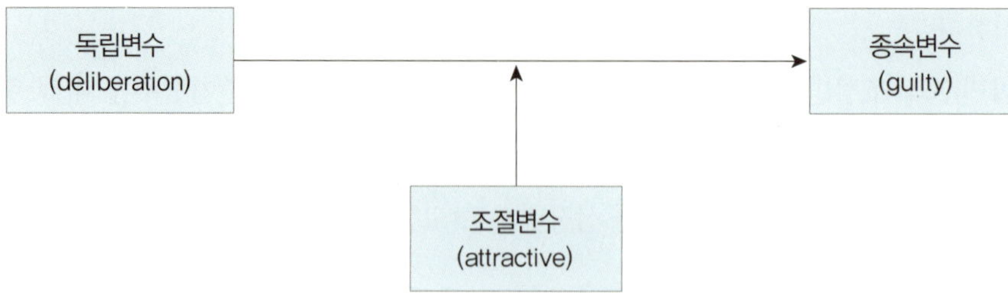

자료는 Patry(2008)의 논문(p.731)에 있다. 이를 다음과 같이 코딩한다.

Data 5-4 [Patry(2008).sav]

	Delib	Plain	Guilty	Freq
1	0	0	0	13
2	0	0	1	14
3	0	1	0	8
4	0	1	1	27
5	1	0	0	22

1 이 자료는 원자료(raw data)가 아니므로 [데이터]→[가중케이스]→[가중케이스 지정]을 하고 [빈도변수]를 지정하고, [확인] 버튼을 누른 다음 분석한다.

SPSS 대화상자 5-6 가중케이스 지정

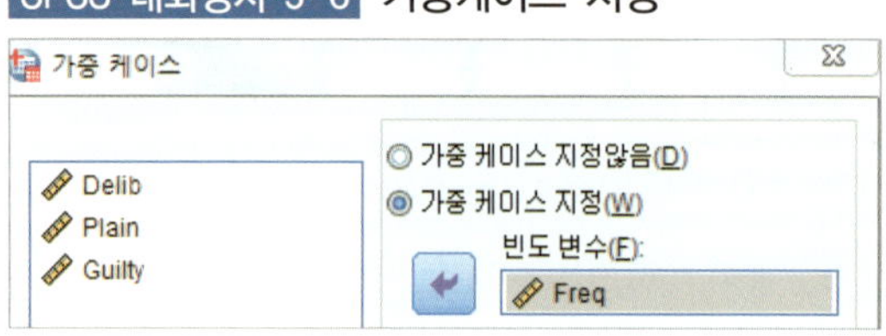

2 [분석]→[회귀분석]→[이분형 로지스틱]에서 다음과 같이 변수를 보내고 [확인] 버튼을 누른다. 상호작용항을 만드는 것은 앞에서 설명하였다((2) 3 참조).

SPSS 대화상자 5-7 이분형 로지스틱

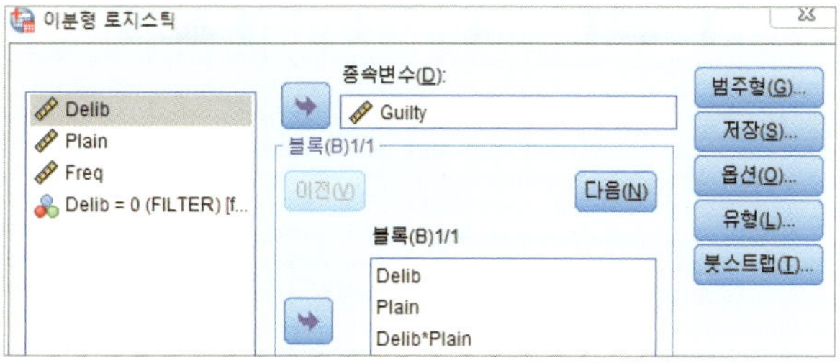

3 [범주형] 버튼을 누른 다음, [처음]을 [참조범주]로 지정한다. SPSS 버전에 따라 [표시자]로 된 것도 있고, [지표]로 된 것도 있다.

SPSS 대화상자 5-8 로지스틱 회귀: 범주형 변수정의

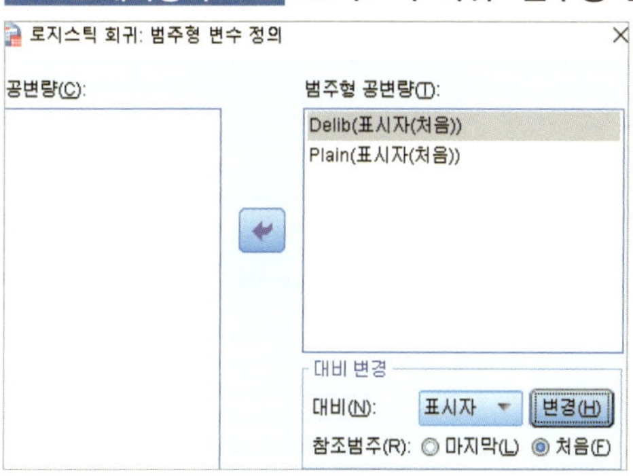

4 이를 실행하면 [Output 5-10]을 얻는다.

Output 5-10 SPSS output: 로지스틱 회귀분석

Variables in the Equation

		B	SE	Wald	df	Sig.	Exp(B)
Step 1[a]	Delib	-1.086	.565	3.697	1	.054	.338
	Plain	1.142	.557	4.204	1	.040	3.134
	Delib by Plain	-3.498	1.231	8.075	1	.004	.030
	Constant	.074	.385	.037	1	.847	1.077

a. Variable(s) entered on step 1: Delib, Plain, Delib * Plain.

5 [deliberation]은 약하게 유의적인 것으로 나타났다(Wald=3.70, p=0.054). Patry 논문에서 odds ratio=.39로 표기되어 있는데 이는 오자이다. odds ratio

=.34는 심사숙고하지 않는 응답자는 심사숙고한 응답자에 비해 피의자가 죄가 있다고 판단한다. 피의자의 외모가 매력적인 정도도 유의적인 것으로 나타난다. 즉 피의자의 외모가 매력적인 사람보다는 평범한 사람이 죄가 있다고 생각한다(odds ratio=3.13, Wald=4.20, p=0.04). 심사숙고와 피의자의 외모와의 상호작용은 유의적인 것으로 나타났다(Wald=8.08, p=0.004).

6 상호작용을 보다 심도있게 파악하기 위해 심사숙고하지 않는 사람과 심사숙고한 사람을 각각 분리하여 교차분석(cross-tab analysis)을 한다.

7 이를 위해 [데이터]→[케이스 선택]→[조건을 만족하는 케이스]에서 [조건] 버튼을 눌러 [케이스선택조건]을 [delib=0]으로 한다.

8 [분석]→[기술통계량]→[교차분석]으로 간다. 해당 변수를 각각 다음과 같이 [행]과 [열]로 보내고, [통계량] 버튼에서 [카이제곱]과 [상관관계]를 체크한다.

SPSS 대화상자 5-9 교차분석

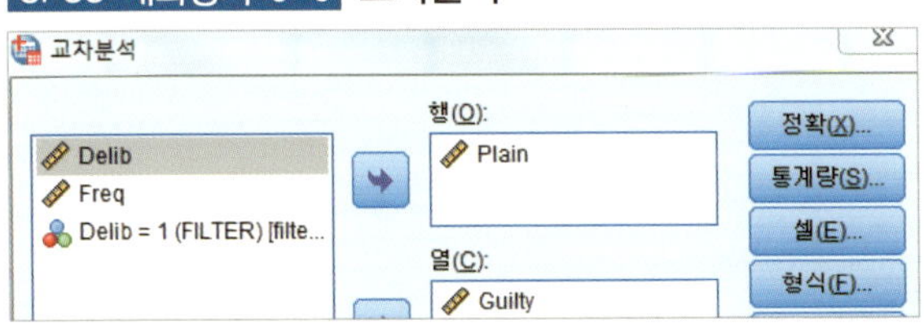

9 이를 실행하면 [Output 5-11]을 얻는다.

Output 5-11 SPSS output: 교차분석 결과

Chi-Square Tests

	Value	df	Asymptotic Significance (2-sided)	Exact Sig. (2-sided)	Exact Sig. (1-sided)
Pearson Chi-Square	4.353[a]	1	.037		
Continuity Correction[b]	3.297	1	.069		
Likelihood Ratio	4.361	1	.037		
Fisher's Exact Test				.058	.035
Linear-by-Linear Association	4.282	1	.039		
N of Valid Cases	62				

a. 0 cells (0.0%) have expected count less than 5. The minimum expected count is 9.15.
b. Computed only for a 2x2 table

10 심사숙고하지 않는 사람은 피의자가 매력적인 사람보다는 평범한 사람이 더 죄가 있다고 판단한다고 해석한다.

11 [Output 5-12]는 [delib=1]로 해서 얻은 분석결과이다.

Output 5-12 SPSS output: 교차분석 결과

Chi-Square Tests

	Value	df	Asymptotic Significance (2-sided)	Exact Sig. (2-sided)	Exact Sig. (1-sided)
Pearson Chi-Square	6.405[a]	1	.011		
Continuity Correction[b]	4.706	1	.030		
Likelihood Ratio	7.161	1	.007		
Fisher's Exact Test				.026	.013
Linear-by-Linear Association	6.298	1	.012		
N of Valid Cases	60				

a. 2 cells (50.0%) have expected count less than 5. The minimum expected count is 4.50.
b. Computed only for a 2x2 table

12 이 결과를 토대로 심사숙고하는 사람은 피의자가 평범한 사람에 비해 매력적인 사람이 더 죄가 있다고 판단한다고 해석한다.

13 [Output 5-10]을 토대로 그래프를 제시하면 [그래프 5-2]와 같다.

그래프 5-2 | Dawson의 그래프

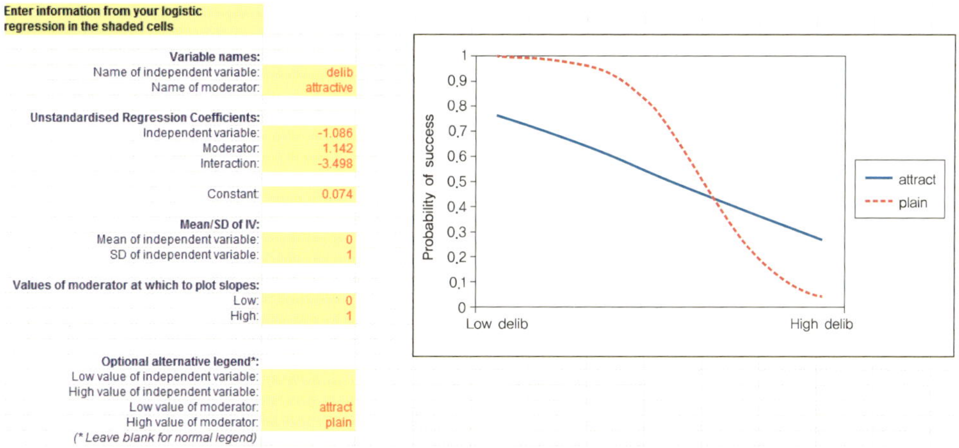

2.3 독립변수는 연속형 변수, 조절변수는 범주형 변수

[그림 5-4] 모델은 독립변수가 연속형 변수, 조절변수가 범주형 변수인 경우이다.

그림 5-4 | 독립변수는 연속형 변수, 조절변수는 범주형 변수

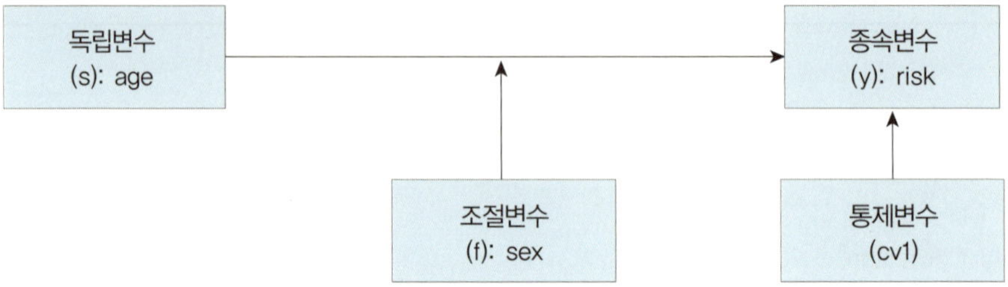

[그림 5-4] 모델은 [y]는 심장병으로부터 고통받을 위험(1=위험, 0=위험하지 않음), [s]는 연령, [f]는 성별(남자=1, 여자=0)이라 가정한다. 이 모델의 로지스틱 회귀식은 다음과 같다.

$$\text{logit } p(Y=1) = b_0 + b_1 age + b_2 sex + b_3 (age \times sex) \quad (12)$$

이 모델을 분석하기 위한 자료는 다음과 같다.

Data 5-5 [idre_ucla2.sav]

	id	y	f	s	cv1
1	1	0	1	41	40
2	2	0	1	41	33
3	3	1	0	56	48
4	4	0	1	51	41
5	5	0	0	31	43

1 PROCESS에서 다음과 같이 변수와 모델넘버를 지정한다.

PROCESS 대화상자 5-4 변수 및 모델넘버 지정

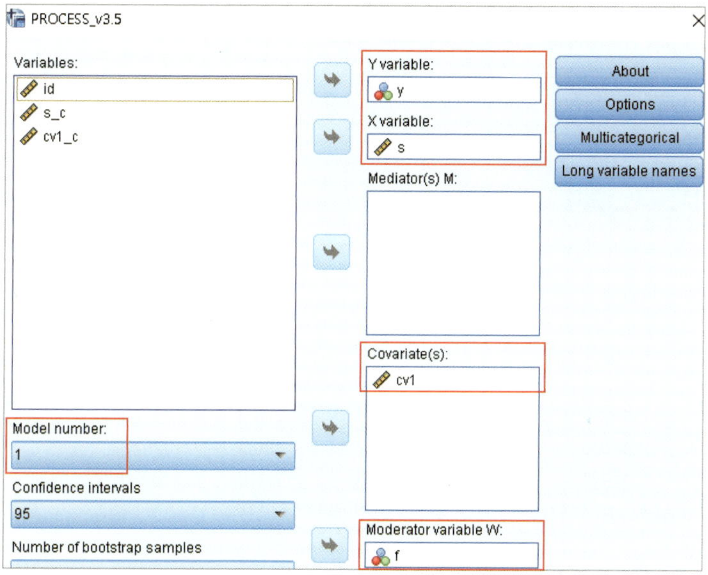

2 이를 실행하면 [Output 5-13]을 얻는다.

Output 5-13 PROCESS output

```
**************************************************************************
OUTCOME VARIABLE:
 y

Coding of binary Y for logistic regression analysis:
          y  Analysis
        .00       .00
       1.00      1.00
```

Model Summary

-2LL	ModelLL	df	p	McFadden	CoxSnell	Nagelkrk
149.1757	114.4066	4.0000	.0000	.4340	.4356	.5949

Model

	coeff	se	Z	p	LLCI	ULCI
constant(b_0)	-8.9461	1.7587	-5.0868	.0000	-12.3931	-5.4991
s(b_1)	.0881	.0258	3.4131	.0006	.0375	.1387
f(b_2)	1.6238	.4557	3.5637	.0004	.7308	2.5169
Int_1(b_3)	-.1595	.0570	-2.7969	.0052	-.2713	-.0477
cv1	.1877	.0348	5.3959	.0000	.1195	.2559

```
These results are expressed in a log-odds metric.
Product terms key:
 Int_1    :       s       x       f

Likelihood ratio test(s) of highest order
unconditional interactions(s):
          Chi-sq        df          p
X*W       9.8034    1.0000      .0017
----------
     Focal predict: s        (X)
          Mod var: f         (W)

Conditional effects of the focal predictor at values of the moderator(s):

          f    Effect       se         Z        p      LLCI     ULCI
     -.5450     .1751    .0470    3.7246    .0002     .0829    .2672
      .4550     .0155    .0293     .5304    .5958    -.0419    .0730
***************************************************************************
```

3 계수의 해석은 다음과 같다.

ⓐ b_0은 나이가 0인 여자가 심장병으로 고통받을 위험에 대한 로그오즈이다.

ⓑ b_1은 여자 가운데 나이가 1살 증가하는 데 관련된 로그오즈이다.

ⓒ b_2는 나이가 0인 사람 가운데 여자와 관련된 로그오즈이다.

ⓓ b_3은 여자 가운데 나이가 1살 증가하는 데 관련된 로그오즈와 남자 가운데 나이가 1살 증가하는 데 관련된 변화와 관련된 로그오즈 간의 차이이다.

4 상호작용항이 유의적이므로 조절효과가 있다. 나이를 먹을수록 심장병으로부터 고통받을 위험은 커지는데 여자에(여자가 0으로 코딩됨) 비해 남자가 더 큰 위험에 처할 가능성이 높다고 해석한다. 조건부효과 검정을 통해 나이가 젊은 경우에는 성별에 따라 차이가 있지만, 나이가 많은 경우에는 성별에 따라 유의적인 차이가 없다고 해석한다.

5 이를 Dawson의 엑셀시트를 이용하여 그래프를 그리면 [그래프 5-3]과 같다.

그래프 5-3 | Dawson의 그래프

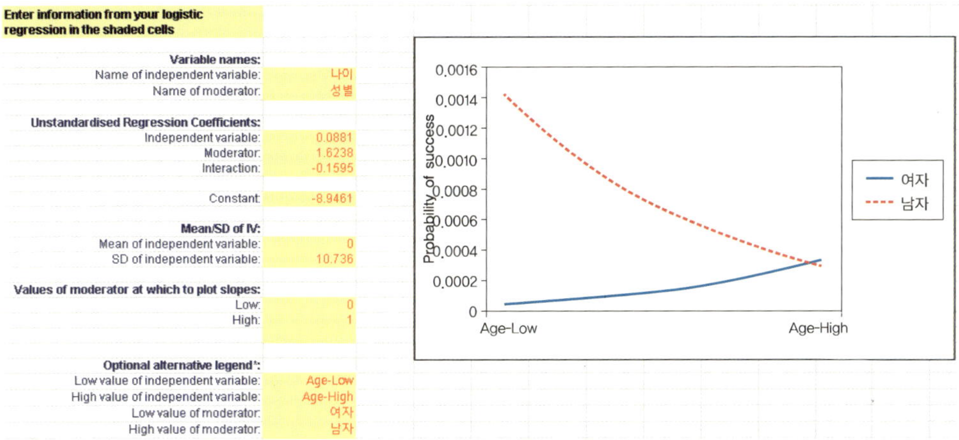

2.4 독립변수는 범주형 변수, 조절변수는 연속형 변수

[그림 5-4] 모델에서 독립변수와 조절변수를 바꾸어본다. 즉 독립변수는 [f], 조절변수는 [s]로 해서 분석해본다. 이 모델의 로지스틱 회귀식은 다음과 같다.

$$\text{logit } p(Y=1) = b_0 + b_1 sex + b_2 age + b_3 (sex \times age) \tag{13}$$

그림 5-5 | 독립변수는 범주형 변수, 조절변수는 연속형 변수 모델

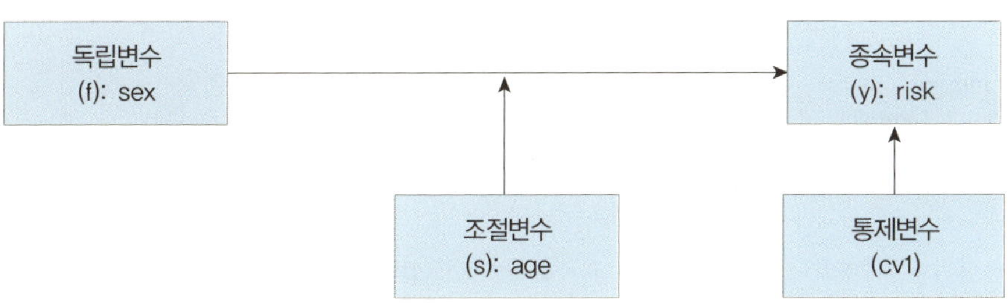

1 PROCESS에서 다음과 같이 변수와 모델넘버를 지정한다.

PROCESS 대화상자 5-5 변수 및 모델넘버 지정

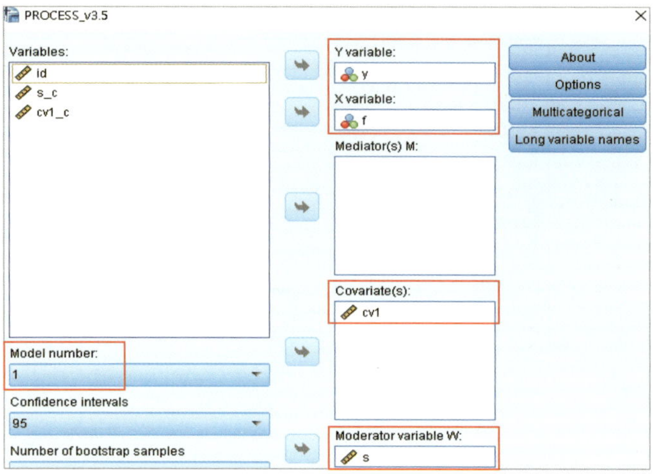

2 이를 분석하면 [Output 5-14]를 얻는다.

Output 5-14 PROCESS output

```
**************************************************************************
OUTCOME VARIABLE:
 y

Coding of binary Y for logistic regression analysis:
          y   Analysis
        .00        .00
       1.00       1.00

Model Summary
       -2LL    ModelLL         df          p  McFadden   CoxSnell   Nagelkrk
   149.1757   114.4066     4.0000      .0000     .4340      .4356      .5949

Model
                  coeff        se          Z          p       LLCI       ULCI
constant(b0)    -8.9461    1.7587    -5.0868      .0000   -12.3931    -5.4991
f(b1)            1.6238     .4557     3.5637      .0004      .7308     2.5169
s(b2)             .0881     .0258     3.4131      .0006      .0375      .1387
Int_1(b3)        -.1595     .0570    -2.7969      .0052     -.2713     -.0477
cv1               .1877     .0348     5.3959      .0000      .1195      .2559

These results are expressed in a log-odds metric.

Product terms key:
 Int_1    :        f        x        s
```

```
Likelihood ratio test(s) of highest order
unconditional interactions(s):
         Chi-sq        df          p
X*W      9.8034    1.0000      .0017
----------
    Focal predict: f        (X)
        Mod var: s          (W)

Conditional effects of the focal predictor at values of the moderator(s):

          s      Effect        se         Z         p      LLCI      ULCI
   -10.7358      3.3365     .7867    4.2409     .0000    1.7945    4.8784
      .0000      1.6238     .4557    3.5637     .0004     .7308    2.5169
    10.7358      -.0888     .7390    -.1201     .9044   -1.5373    1.3597

Moderator value(s) defining Johnson-Neyman significance region(s):
      Value    % below    % above
     4.0654    66.5000    33.5000

Conditional effect of focal predictor at values of the moderator:
          s      Effect        se         Z         p      LLCI      ULCI
   -26.4050      5.8361    1.6016    3.6438     .0003    2.6969    8.9752
   -24.1550      5.4771    1.4790    3.7032     .0002    2.5783    8.3760
   -21.9050      5.1182    1.3575    3.7704     .0002    2.4576    7.7788
   -19.6550      4.7593    1.2373    3.8465     .0001    2.3342    7.1844
   -17.4050      4.4003    1.1190    3.9326     .0001    2.2072    6.5935
   -15.1550      4.0414    1.0031    4.0291     .0001    2.0755    6.0074
   -12.9050      3.6825     .8906    4.1350     .0000    1.9370    5.4280
   -10.6550      3.3236     .7830    4.2448     .0000    1.7890    4.8582
    -8.4050      2.9646     .6826    4.3433     .0000    1.6268    4.3025
    -6.1550      2.6057     .5931    4.3936     .0000    1.4433    3.7681
    -3.9050      2.2468     .5201    4.3202     .0000    1.2275    3.2661
    -1.6550      1.8879     .4713    4.0054     .0001     .9641    2.8116
      .5950      1.5289     .4547    3.3624     .0008     .6377    2.4202
     2.8450      1.1700     .4736    2.4703     .0135     .2417    2.0983
     4.0654       .9753     .4976    1.9600     .0500     .0000    1.9506
     5.0950       .8111     .5242    1.5472     .1218    -.2164    1.8385
     7.3450       .4521     .5985     .7554     .4500    -.7210    1.6252
     9.5950       .0932     .6889     .1353     .8924   -1.2570    1.4435
    11.8450      -.2657     .7899    -.3364     .7366   -1.8138    1.2824
    14.0950      -.6246     .8979    -.6957     .4866   -2.3844    1.1351
    16.3450      -.9836    1.0106    -.9732     .3304   -2.9643     .9972
    18.5950     -1.3425    1.1267   -1.1915     .2334   -3.5508     .8658
*************************************************************************
```

3 분석결과의 해석은 다음과 같다.

ⓐ b_0은 나이가 0인 여자가 심장병으로부터 고통받을 위험의 로그오즈이다.

ⓑ b_1은 나이가 0인 사람 가운데 남자 대 여자의 로그오즈 비율이다.

ⓒ b_2는 여자 가운데 나이가 1살 증가할수록 종속변수(위험)에 미치는 로그오즈 비율이다.

ⓓ b_3은 남자가 나이가 1살 증가하는 데 관련된 로그오즈의 비율과 여자가 나이가 1살 증가하는 데 관련된 로그오즈의 비율의 차이이다. b_3은 나이가 1살 차이가 나는 여자 대 남자 집단의 로그오즈 비율의 차이이기도 하다.

ⓔ 성별이 심장병 위험에 미치는 효과는 나이가 1살 증가할수록 $e^{(-.1595)} = .853$만큼 감소한다고 해석한다.

4 J-N기법에 의해 분석한 결과, 조절변수 수준이 4.0654보다 작은 경우에만 조절효과가 있는 것으로 나타났다. 이는 전체 응답자의 66.5%에 해당한다.

5 이를 Dawson의 엑셀시트로 그리면 [그래프 5-4]와 같다.

그래프 5-4 | Dawson의 그래프

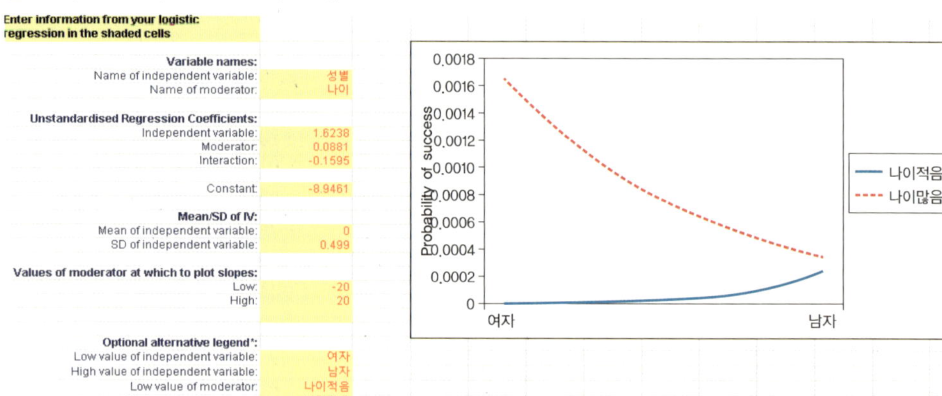

6 성별이 여자(0)인 경우에는 나이가 많고 적은가에 따라 심장병으로부터 고통받을 위험의 확률이 크게 차이가 있지만, 성별이 남자(1)인 경우에는 나이의 정도에 따라 큰 차이가 없는 것으로 해석한다.

2.5 독립변수는 연속형 변수, 조절변수는 연속형 변수: 예 1

[그림 5-6] 모델을 통해 독립변수, 조절변수 모두 연속형 변수인 경우에 대해 살펴본다.

그림 5-6 | 독립변수, 조절변수 모두 연속형 변수

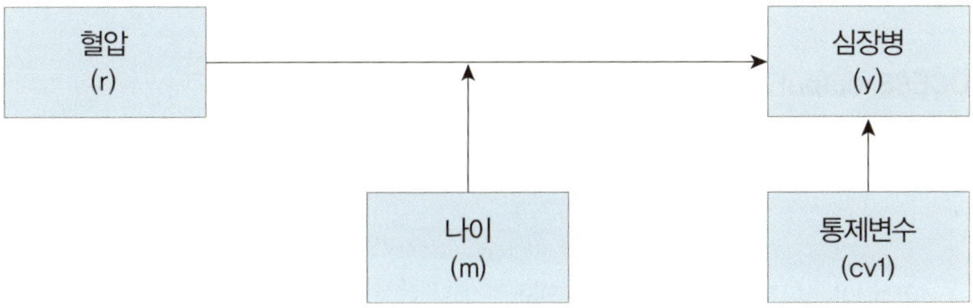

이 모델을 로지스틱 회귀식으로 나타내면 다음과 같다.

$$\text{logit } p(Y=1) = b_0 + b_1 BP + b_2 age + b_3 (BP \times age) \quad (14)$$

이 모델을 분석하기 위한 자료는 다음과 같다.

Data 5-6 [idre_ucla3.sav]

	id	y	r	m	cv1
1	1	.00	34.00	40.00	41.00
2	2	.00	39.00	33.00	41.00
3	3	1.00	63.00	48.00	56.00
4	4	.00	44.00	41.00	51.00
5	5	.00	47.00	43.00	31.00

1 PROCESS에서 다음과 같이 변수와 모델넘버를 지정한다.

PROCESS 대화상자 5-6 변수 및 모델넘버 지정

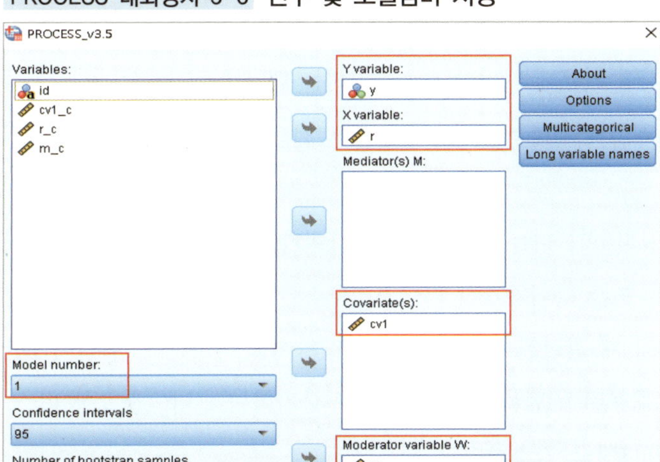

2 이를 실행하면 [Output 5-15]를 얻는다.

Output 5-15 PROCESS output

```
**************************************************************************
OUTCOME VARIABLE:
 y

Coding of binary Y for logistic regression analysis:
        y  Analysis
      .00       .00
     1.00      1.00

Model Summary
      -2LL   ModelLL        df         p  McFadden  CoxSnell  Nagelkrk
  155.9077   66.8023    4.0000     .0000     .3000     .2840     .4228
Model
                 coeff        se         Z         p      LLCI      ULCI
constant(b0)   -3.2766    1.4972   -2.1885     .0286   -6.2110    -.3422
r(b1)            .0755     .0340    2.2180     .0266     .0088     .1421
m(b2)            .1545     .0391    3.9563     .0001     .0780     .2311
Int_1(b3)       -.0068     .0033   -2.0441     .0409    -.0133    -.0003
cv1              .0310     .0272    1.1396     .2545    -.0223     .0842
**************************************************************************
```

3 결과를 해석한다.

ⓐ b_0는 나이가 0이고 혈압이 0인 사람이 심장병으로부터 고통받을 로그오즈이다.

ⓑ b_1(r)은 나이가 0인 사람 가운데 혈압이 1mmHg 증가하는 데 관련된 로그오즈 비율이다. 혈압이 1단위 증가하면 심장병으로부터 위험을 느낄 가능성은 $e^{(.0755)} = 1.078$ 만큼 증가한다.

ⓒ b_2(m)는 혈압이 0인 사람 가운데 나이가 1살 증가하는 데 관련된 로그오즈 비율이다. 나이를 1살 더 먹으면 심장병으로부터 위험을 느낄 가능성은 $e^{(.1545)} = 1.167$ 만큼 증가한다.

ⓓ b_3은 혈압이 1mmHg 차이가 나는 사람 가운데 나이가 1살 증가하는 데 관련된 로그오즈 비율의 차이, 또는 나이가 1살 차이가 나는 두 연령 동일집단에 대해 혈압이 1mmHg이 증가할 때 관련된 로그오즈 차이의 차이를 의미한다. 혈압이 1단위 증가하면 심장병으로부터 위험을 느낄 가능성은 증가하는데 나이를 1살 더 먹게 되면 $e^{(-.0068)} = .993$만큼 감소한다고 해석한다.

4 Dawson의 엑셀시트로 그래프를 그리면 [그래프 5-5]와 같다.

그래프 5-5 | Dawson의 그래프

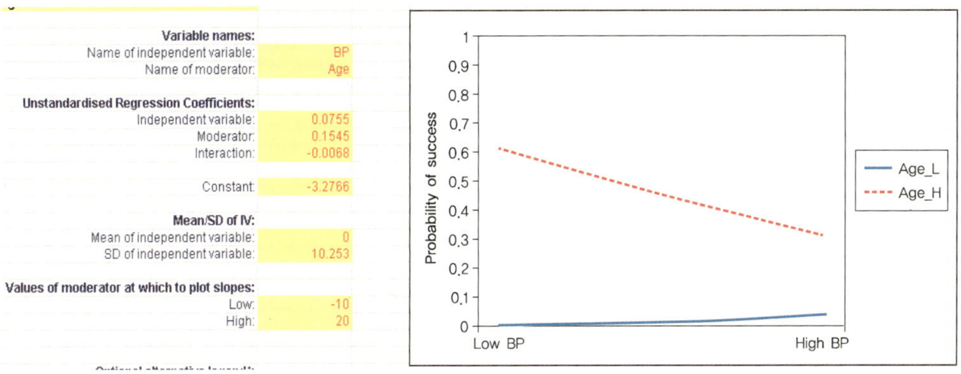

2.6 독립변수는 연속형 변수, 조절변수는 연속형 변수: 예 2

[그림 5-7] 모델을 통해 독립변수, 조절변수 모두 연속형 변수인 경우에 대해 살펴본다.

그림 5-7 | 독립변수, 조절변수 모두 연속형 변수

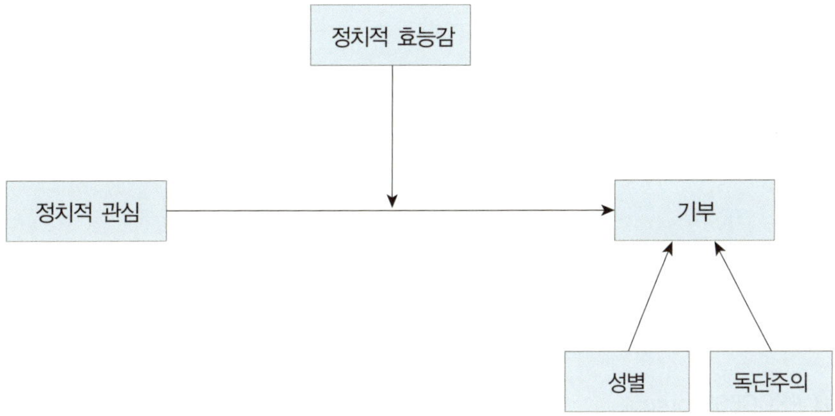

정치적 관심(polinter)이 기부(donate)에 미치는 효과에서 외적 정치적 효능감(external political efficacy: epe)이 조절효과를 하는지 알고자 한다. 통제변수로 성별(gender)과 독단주의(dogmatism)를 고려한다. 이 모델을 분석하기 위한 자료는 다음과 같다.

Data 5-7 [Crowson_logistic regression.sav]

	donate	gender	polinter	dogmati	epe	cfc
1	.00	.00	3.08	4.05	4.17	4.09
2	.00	.00	5.33	2.50	5.50	5.18
3	1.00	.00	5.33	2.05	3.67	5.27
4	.00	1.00	4.33	2.60	5.00	3.64
5	1.00	1.00	6.00	3.60	6.17	4.27

1 PROCESS에서 다음과 같이 지정한다.

PROCESS 대화상자 5-7 변수 및 모델넘버 지정

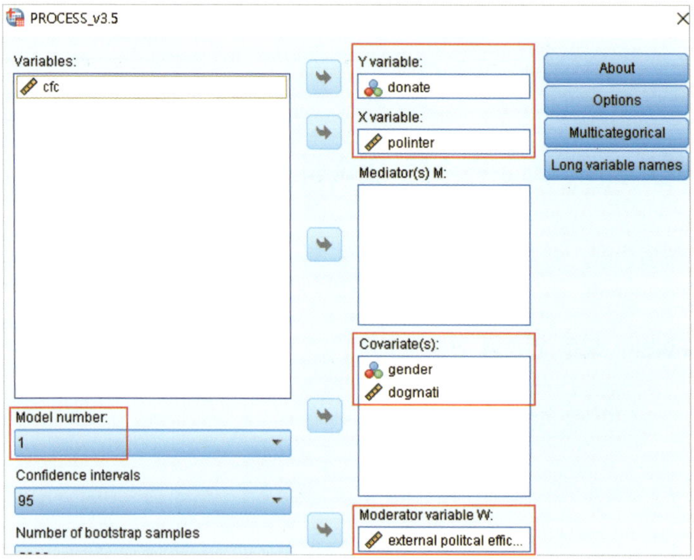

2 [Options] 버튼을 눌러 [Johnson-Neyman output]을 체크한다.

3 이를 실행하면 [Output 5-16]을 얻는다.

Output 5-16 PROCESS output

```
**************************************************************************
OUTCOME VARIABLE:
 donate

Coding of binary Y for logistic regression analysis:
     donate   Analysis
        .00        .00
       1.00       1.00
```

Model Summary

-2LL	ModelLL	df	p	McFadden	CoxSnell	Nagelkrk
148.5472	41.9939	5.0000	.0000	.2204	.2133	.3216

Model

	coeff	se	Z	p	LLCI	ULCI
constant(b_0)	-2.7989	.7856	-3.5626	.0004	-4.3388	-1.2591
polinterb_1)	.6723	.2347	2.8645	.0042	.2123	1.1323
epe(b_2)	.2524	.2377	1.0617	.2884	-.2135	.7183
Int_1(b_3)	.3261	.1176	2.7732	.0056	.0956	.5566
gender	-.1047	.4262	-.2457	.8059	-.9400	.7306
dogmati	.3443	.2122	1.6222	.1048	-.0717	.7603

These results are expressed in a log-odds metric.

Product terms key:

Int_1 : polinter x epe

Likelihood ratio test(s) of highest order
unconditional interactions(s):

	Chi-sq	df	p
X*W	6.4820	1.0000	.0109

Focal predict: polinter (X)

Mod var: epe (W)

Conditional effects of the focal predictor at values of the moderator(s):

epe	Effect	se	Z	p	LLCI	ULCI
-1.1880	.2848	.2537	1.1226	.2616	-.2125	.7822
.0000	.6723	.2347	2.8645	.0042	.2123	1.1323
1.1880	1.0598	.2913	3.6386	.0003	.4889	1.6306

Moderator value(s) defining Johnson-Neyman significance region(s):

Value	% below	% above
-.6479	26.2857	73.7143

Conditional effect of focal predictor at values of the moderator:

epe	Effect	se	Z	p	LLCI	ULCI
-3.4714	-.4599	.4380	-1.0498	.2938	-1.3184	.3987
-3.1714	-.3620	.4085	-.8862	.3755	-1.1628	.4387
-2.8714	-.2642	.3800	-.6952	.4869	-1.0090	.4806
-2.5714	-.1664	.3527	-.4716	.6372	-.8577	.5250
-2.2714	-.0685	.3270	-.2095	.8340	-.7093	.5723
-1.9714	.0293	.3031	.0968	.9229	-.5648	.6234
-1.6714	.1272	.2817	.4515	.6516	-.4249	.6792
-1.3714	.2250	.2632	.8548	.3927	-.2909	.7410

```
  -1.0714     .3229     .2485    1.2993     .1938    -.1642     .8099
   -.7714     .4207     .2381    1.7671     .0772    -.0459     .8873
   -.6479     .4610     .2352    1.9600     .0500     .0000     .9219
   -.4714     .5185     .2326    2.2293     .0258     .0627     .9744
   -.1714     .6164     .2324    2.6521     .0080     .1609    1.0719
    .1286     .7142     .2375    3.0069     .0026     .2487    1.1798
    .4286     .8121     .2476    3.2796     .0010     .3268    1.2974
    .7286     .9099     .2621    3.4716     .0005     .3962    1.4236
   1.0286    1.0078     .2803    3.5953     .0003     .4584    1.5571
   1.3286    1.1056     .3015    3.6664     .0002     .5146    1.6966
   1.6286    1.2034     .3252    3.7001     .0002     .5660    1.8409
   1.9286    1.3013     .3509    3.7085     .0002     .6136    1.9890
   2.2286    1.3991     .3781    3.7005     .0002     .6581    2.1402
   2.5286    1.4970     .4065    3.6822     .0002     .7002    2.2938

Data for visualizing the conditional effect of the focal predictor:
Paste text below into a SPSS syntax window and execute to produce plot.

DATA LIST FREE/
   polinter       epe      donate       prob .
BEGIN DATA.
   -1.2590   -1.1880   -2.3907      .0839
     .0000   -1.1880   -2.0321      .1159
    1.2590   -1.1880   -1.6734      .1580
   -1.2590     .0000   -2.5786      .0705
     .0000     .0000   -1.7322      .1503
    1.2590     .0000    -.8858      .2920
   -1.2590    1.1880   -2.7666      .0592
     .0000    1.1880   -1.4323      .1927
    1.2590    1.1880    -.0981      .4755
END DATA.
GRAPH/SCATTERPLOT=
 polinter WITH     donate    BY       epe .
GRAPH/SCATTERPLOT=
 polinter WITH     prob      BY       epe .
**************************************************************************
```

4 결과를 해석한다.

ⓐ 정치적 관심이 1단위 증가할수록 기부할 가능성은 $e^{(.6723)} = 1.959$ 만큼 증가한다.

ⓑ 정치적 효능감은 기부의도에 영향을 주지 않는 것으로 나타났다.

ⓒ 상호작용항은 유의적이므로 조절효과가 있다. 정치적 관심이 증가하면 기부는 증가하는데 정치적 효능감이 증가할수록 기부의도는 $e^{(.3261)} = 1.386$ 만큼 증가한다고 해석한다.

5 이를 Dawson의 엑셀시트로 그린 것이 [그래프 5-6]이다.

그래프 5-6 | Dawson의 그래프

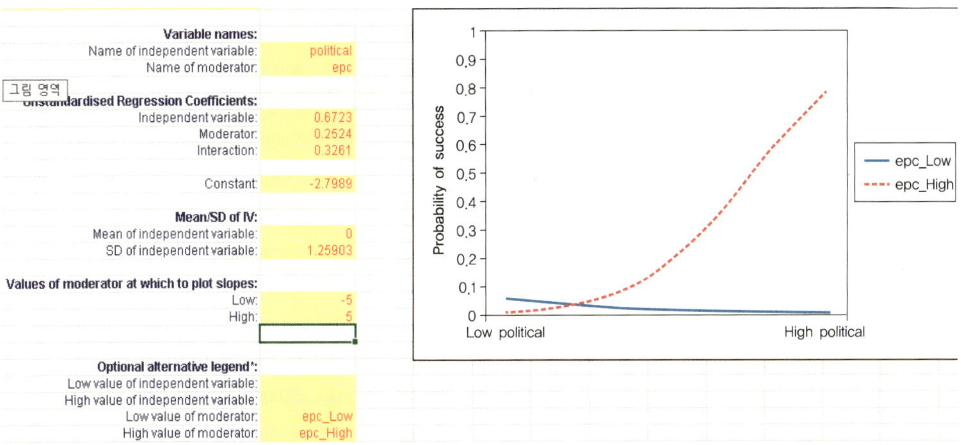

참고문헌

홍세희 (2005). 이항 및 다항 로지스틱 회귀분석. 서울: 교육과학사.

Allen, D. G., Weeks, K. P., and Moffitt, K. R. (2005). Turnover Intentions and Voluntary Turnover: The Moderating Roles of Self-Monitoring, Locus of Control, Proactive Personality, and Risk Aversion. *Journal of Applied Psychology*, 90(5), 980-990.

Bruin, J. 2006. newtest: command to compute new test. UCLA: Statistical Consulting Group. https://stats.idre.ucla.edu/stata/ado/analysis/.

Cohen, J., Cohen, P., West, S. G., and Aiken, L. S. (2003). *Applied Multiple Regression/Correlation Analysis for the Behavioral Sciences*. 3rd ed., Mahwah, NJ: Erlbaum.

Garson, G. D. (2014). Logistic Regression: Binary & Multinomial. Statistical Associates.

Hayes, A. F., and Matthes, J. (2009). Computational Procedures for Probing Interactions in OLS and Logistic Regression: SPSS and SAS Implementation. *Behavioral Research Methods*, 41(3), 924-936.

Jaccard, J. (2001). *Interaction Effects in Logistic Regression*. Thousand Oaks, CA.: Sage Publications.

Patry, M. W. (2008). Attractive But Guilty: Deliberation and The Physical Attractiveness Bias. *Psychological Reports*, 102, 727-733.

Dawson 홈페이지: http://www.jeremydawson.co.uk/slopes.htm

UCLA Statistical Consulting. Deciphering Interactions in Logistic Regression

Crowson, M. (2019). Using Hayes Process macro v3.3 with moderated logistic regression in SPSS

https://www.youtube.com/watch?v=Dbwq_or9I0M&list=PLITf5JBUH0l6CcMpI1iJZBygzSA5umPOf&index=2&t=0s&app=desktop

CHAPTER 06

매개효과분석(Ⅰ)

CHAPTER 06 매개효과분석(Ⅰ)

1 매개변수 및 매개효과의 의의

1.1 매개변수의 의의

매개효과는 심리학의 초기 패러다임인 자극-반응 패러다임(stimulus-response: S-R paradigm)의 한계를 극복하고자, R. S. Woodworth에 의해 제안된 자극-유기체-반응 패러다임(stimulus-organism-response: S-O-R paradigm)을 기반으로 한다. 즉 인간의 행동을 설명하는 데 있어 어떤 자극에 노출되면 바로 반응을 하는 것이 아니라, 유기체 내에서 작동하는 메커니즘(mechanism)을 통해 반응한다고 보는 것이 보다 더 합리적이라는 논리에 기반을 둔다.

그림 6-1 | S-O-R 패러다임

매개변수(mediator, mediating variable)는 독립변수와 종속변수 간의 관계를 설명하기 위해 개입하는 제3의 변수이다. Baron & Kenny(1986)의 매개변수와 관련된 정의를 원문 그대로 살펴본다.

> the mediator function of a third variable, which represents the generative mechanism through which the focal independent variable is able to influence the dependent variable of interest(p.1173).
> In general, a given variable may be said to function as a mediator to the extent that it accounts for the relation between the predictor and the criterion(p.1176).

일반적으로 매개변수는 다른 변수와의 관계에서 변하는 속성을 갖는 변수들이 여기에 속한다. 심리학에서 이러한 성격을 갖는 변수들을 **상태변수(state variable)**라 한다. 예를 들면 불안, 정직, 무드 등은 변화할 소지가 있는 상태변수들이고 이들이 매개변수로 많이 쓰인다.

매개변수는 독립변수와 종속변수 간의 관계를 설명하는 데 개입되는 변수로서 왜(why) 또는 어떻게(how)를 설명하기 위해 필요한 변수이다. 예를 들어, 사람은 스트레스를 받게 되면 우울해진다. 이 경우, 스트레스를 받으면 우울해지는 이유를 설명할 수 있는 변수가 매개변수이다. 스트레스를 받으면 왜 우울해질까? 이를 설명하기 위한 매개변수로 '불안'을 들 수 있다. 즉 스트레스를 받으면 불안하게 되고 불안하면 우울해진다고 가정할 수 있다. 이러한 관계를 [그림 6-2]와 같이 나타낼 수 있다.

그림 6-2 | 불안의 매개효과

매개효과(mediated effect)가 있다는 것은 독립변수가 매개변수에 영향을 주고, 매개변수가 종속변수에 영향을 주는 간접효과(indirect effect)가 통계적으로 유의적임을 의미한다. 스트레스의 예에서 스트레스가 불안에 영향을 주고, 불안이 우울에 영향을 준다면 불안은 매개효과가 있다고 한다. 즉 '스트레스→불안→우울'의 관계가 성립한다. **매개효과분석(mediating effect analysis)**은 이러한 매개변수가 효과가 있는가를 검정하는 것이다.

상담프로그램을 받은 집단과 받지 않은 집단에 따라 웰빙(wellbeing)이 달라진다고 가정한다. 이러한 이유를 설명하기 위해 '사회적 지원'을 매개변수로 설정하여 매개효과를 검정할 수 있다. 이러한 관계를 나타내면 [그림 6-3]과 같다.

그림 6-3 | 사회적 지원의 매개효과

[그림 6-3]의 매개효과를 분석한 결과, 사회적 지원이 정적(+)으로 유의적인 매개효과를 하는 것으로 나타났다면 이는 상담을 받은 그룹은 그렇지 않은 그룹에 비해 사회적 지원을 증가시키면 웰빙이 높아짐을 의미한다. 마찬가지로, 상담을 받은 그룹보다 상담을 받지 않은 그룹이 사회적 지원이 더 감소하면 사회적 지원은 유의적인 매개변수가 된다. 이러한 상담의 효과를 평가함으로써 종속변수(즉, 웰빙)에 영향을 미치는 메커니즘에 관한 정보를 얻을 수 있다. 이러한 정보는 상담의 효과적인 요인에 초점을 맞추게 하고, 비효과적인 요인을 제거할 수 있는 시사점을 제공해준다.

매개변수의 의미에 대해 MacKinnon(2008)의 책 표지를 통해 이해하기로 한다. [그림 6-4]는 그의 책 표지 이미지이다. 이미지를 통해 알 수 있듯, **독립변수와 종속변수 간의 관계를 설명할 수 있는 블랙박스 안에 숨어있는 변수를 찾는 것이 매개효과분석이 갖는 의미이다.**

그림 6-4 | MacKinnon(2008) 책 표지

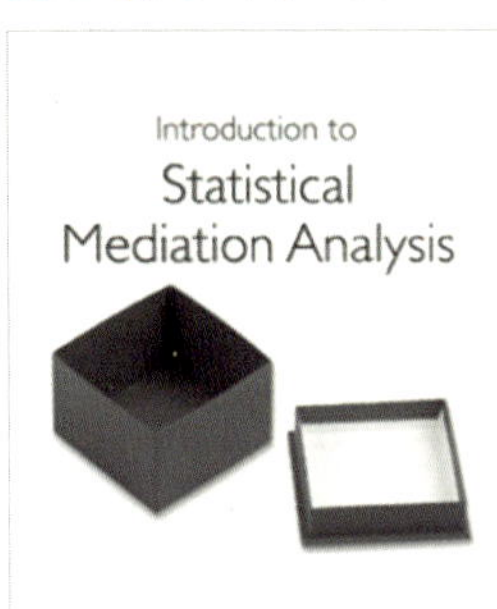

2 매개효과분석의 의의

2.1 기존의 연구 및 이론의 통합

매개효과분석의 의의에 대해 살펴본다. 매개효과분석을 통해 기존의 연구나 이론을 통합할 수 있다. 사회과학에서 많이 쓰이고 있는 Fishbein & Ajzen의 합리적 행동이론(theory of reasoned action)을 통해 이에 대해 살펴본다. [그림 6-5]는 합리적 행동이론을 나타낸 것이다.

그림 6-5 | 합리적 행동이론

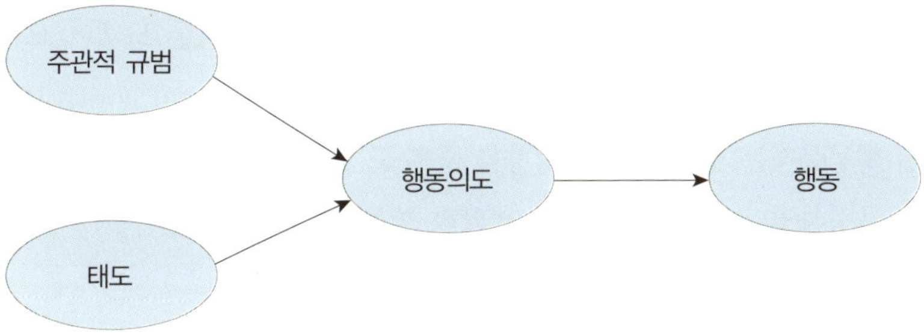

이 이론을 만들기 위해 어떤 과정을 겪어야 했는지를 매개효과분석의 관점에서 살펴본다. 먼저 행동이 이루어지기 위해서는 행동의도가 있어야 한다. 이 두 변수 간에 인과관계가 성립한다면 행동의도에 영향을 줄 수 있는 변수를 고민해야 한다. 그들은 이 변수들로 '주관적 규범'과 '태도'를 고려하였다. 이를 [그림 6-6]과 같이 나타낼 수 있다.

그림 6-6 | 주관적 규범, 행동의도, 행동 간 관계

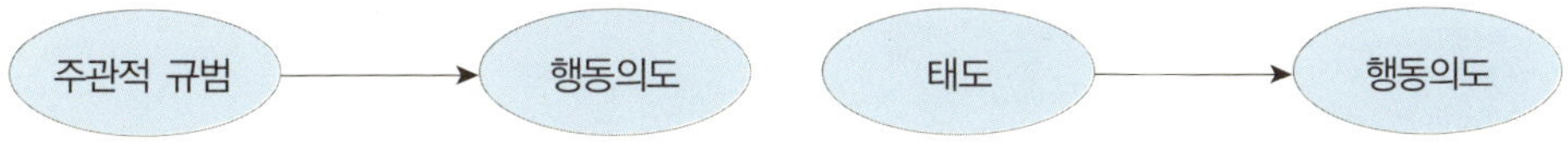

'행동의도→행동', '주관적 규범→행동의도' 간의 관계를 많은 연구를 대상으로 분석한 다음, 이들의 관계를 하나의 틀로 묶을 수 있다.

그림 6-7 | 주관적 규범 → 행동의도 → 행동 간 관계

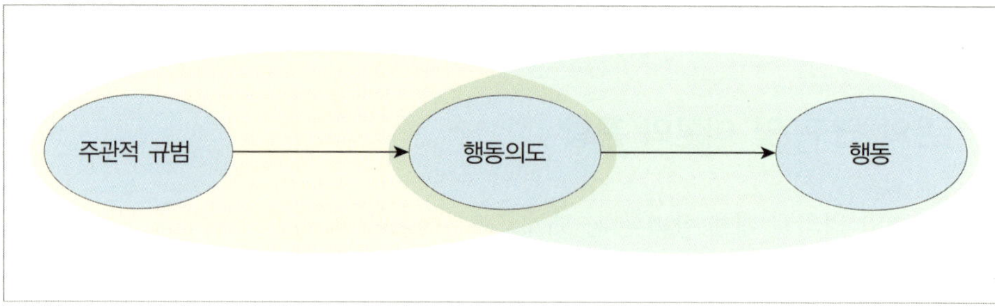

[그림 6-7]을 대상으로 많은 연구를 통해 행동의도가 주관적 규범과 행동 간에 매개효과를 하는 것으로 나타나면 하나의 이론이 만들어진다.

이들은 행동의도와 행동 간에 영향을 주지 않는 결과가 나타나면서 계획적 행동이론(theory of planned behavior)을 만들게 된다. 그들은 합리적 행동이론 모델이 모든 행동을 예측할 수 없음을 인정하고 지각된 행동통제(perceived behavioral control)를 추가하였다. 지각된 행동통제는 행동에 직접 영향을 줄 수도 있고, 행동의도를 매개해 영향을 줄 수 있다고 가정하였다. [그림 6-8]은 계획적 행동이론을 나타낸다.

그림 6-8 | 계획적 행동이론

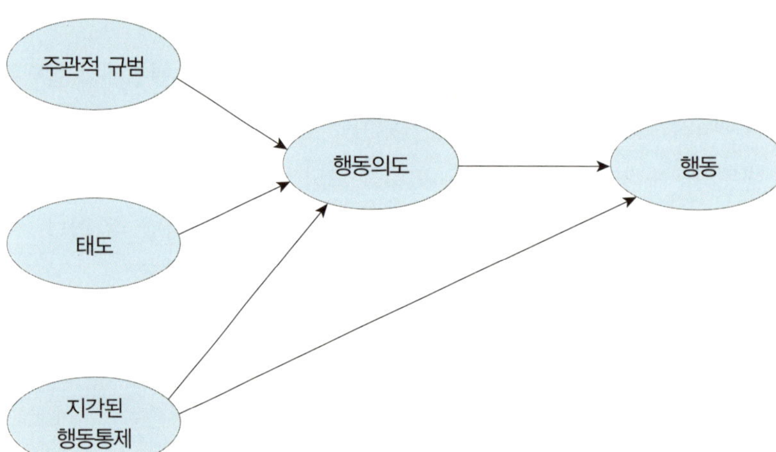

다른 예를 통해 이에 대해 더 이해하기로 한다. 조직행동분야의 연구에서 리더의 리더십이 종업원 성과에 영향을 준다는 많은 연구결과가 축적되어 있다.

▶ 그림 6-9 | **변혁적 리더십과 종업원 성과**

또한 변혁적 리더십과 상사-부하 교환관계(leader-member exchange: LMX)에도 인과관계가 있는 연구들이 축적되어 있다.

▶ 그림 6-10 | **변혁적 리더십과 상사-부하 교환관계**

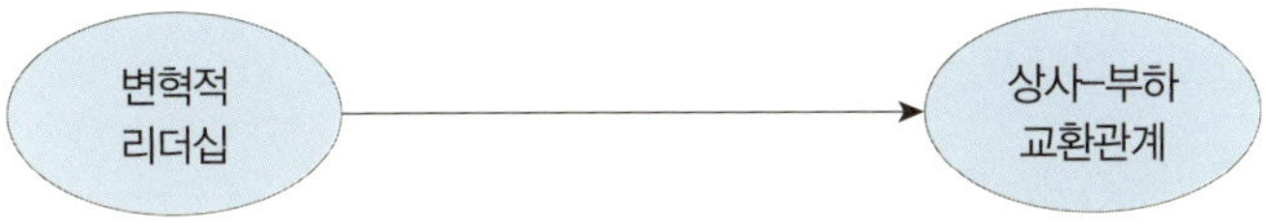

기존의 이러한 연구결과를 토대로 이들 간에 왜 변혁적 리더십이 종업원 성과를 높이는지 그 변수로 '상사-부하 교환관계(LMX)'를 생각해볼 수 있다. 즉 변혁적 리더십이 높으면 상사-부하 교환관계가 높아지고 이로 인해 종업원 성과가 높아진다는 예측을 할 수 있다.

▶ 그림 6-11 | **변혁적 리더십과 종업원 성과 간 상사-부하 교환관계의 매개역할**

2.2 인과관계의 메커니즘 파악

두 변수 간에 인과관계가 있는 것으로 나타나면 이들 간의 관계를 설명할 수 있는 제3의 변수인 매개변수를 포함하여 연구할 수 있다. 이 매개변수가 매개효과가 있는 것으로 나타나면 두 변수 간의 관계가 발생하는 내부 메커니즘을 파악할 수 있다. 앞서 MacKinnon의 책 이미지를 통해 알 수 있듯, 매개효과분석을 통해 두 변수 간의 블랙박스 안에 숨어 있는 변수를 찾아낼 수 있고, 그들 변수들 간에 어떤 작용을 통해 독립변수가 종속변수에 영향을 주는지 파악할 수 있다.

변혁적 리더십과 종업원 성과 간의 관계를 설명해 줄 수 있는 블랙박스 안에 숨어 있는 매개변수를 찾아 이들 두 변수 간의 인과관계가 어떤 메커니즘을 통해 일어나는지를 알 수 있게 된다.

그림 6-12 | 블랙박스의 규명

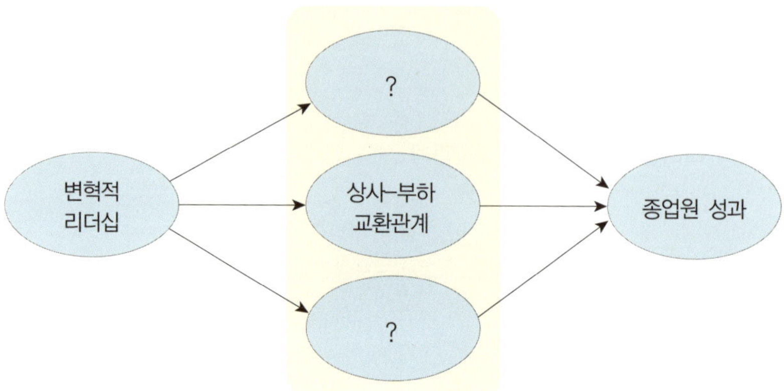

2.3 실무적 시사점 도출

매개효과분석은 종속변수를 관리하는 관점에서 시사점을 얻을 수 있다. 예를 들어, 스트레스와 우울 간의 관계에서 불안이 완전매개(full mediation)하는 것으로 나타났다면 우울을 관리하기 위해서는 불안을 관리해야 함을 시사한다. 만약 부분매개(partial mediation)의 결과를 얻었다면 우울을 관리하기 위해서는 스트레스와 불안을 동시에 관리해야 하는 시사점을 얻는다.

그림 6-13 | 불안의 완전매개효과

그림 6-14 | 불안의 부분매개효과

3 매개모델의 유형

매개모델에는 다양한 유형이 있는데 그 가운데 대표적인 것들을 살펴본다. 이를 어떻게 분석할 것인가에 대해서는 제7장과 제8장에서 살펴본다.

3.1 단일매개모델

단일매개모델(single mediator model)은 하나의 독립변수와 하나의 종속변수 사이에 하나의 매개변수만 있는 모델이다.

그림 6-15 | 단일매개모델

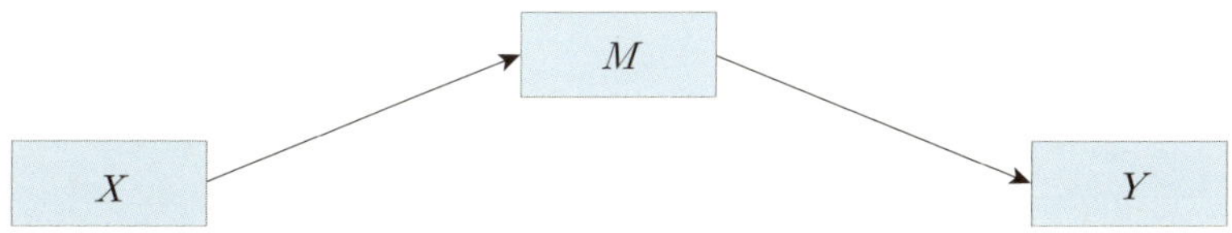

3.2 다중매개모델

다중매개모델(multiple mediator model)은 독립변수와 종속변수 사이에 여러 개의 매개변수가 있는 모델이다. 이에는 **평행다중매개모델(parallel multiple mediator model)**과 **연속다중매개모델(serial multiple mediator model)**이 있다.

그림 6-16 | 평행다중매개모델

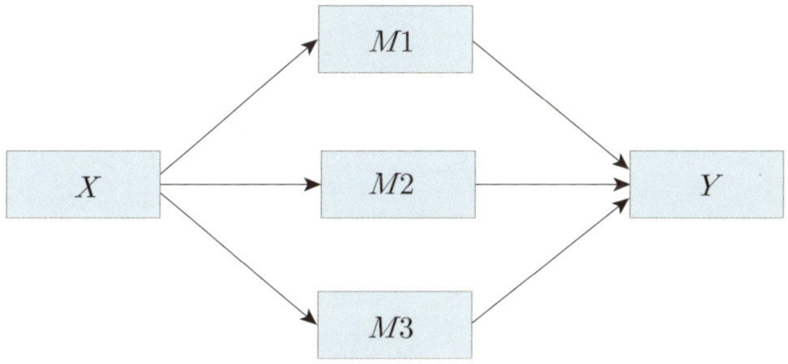

▶ 그림 6-17 | 연속다중매개모델

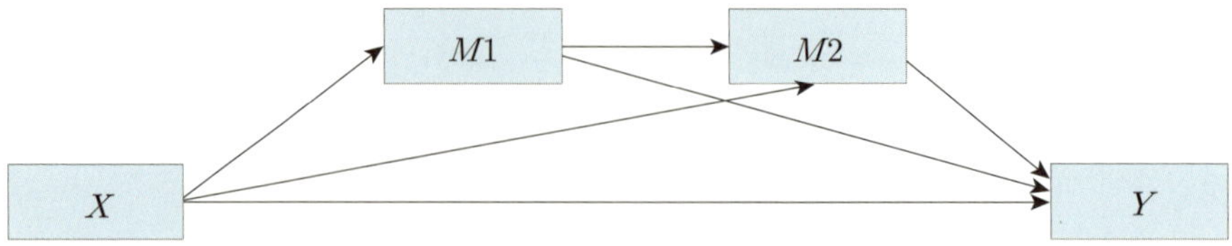

3.3 다중독립모델

다중독립모델(multiple X model)은 독립변수가 여러 개 있는 모델이다.

▶ 그림 6-18 | 다중독립모델

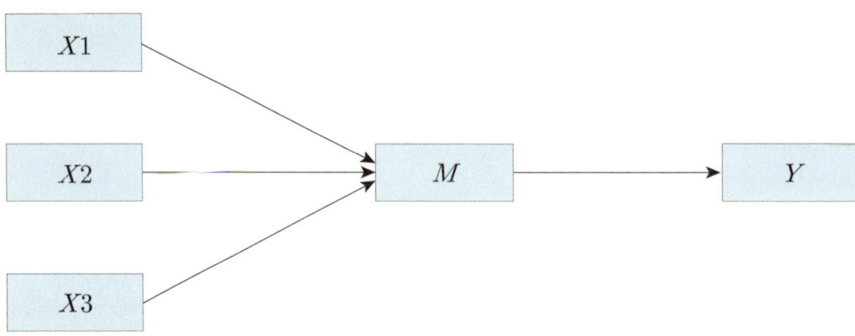

3.4 다중종속모델

다중종속모델(multiple Y model)은 종속변수가 여러 개 있는 모델이다.

▶ 그림 6-19 | 다중종속모델

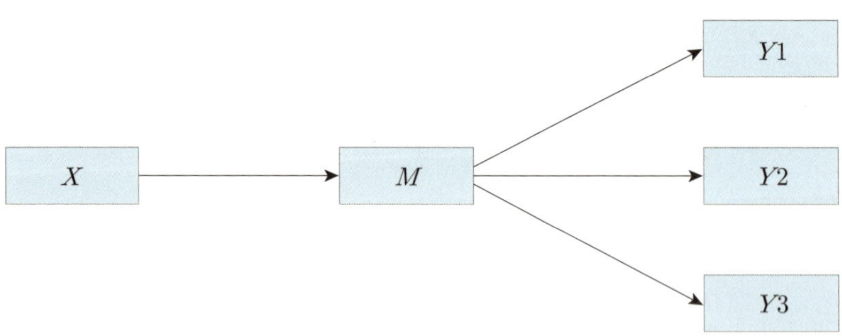

이 외에도 다양한 유형의 매개모델이 있다. 이에 대해서는 제7장과 제8장에서 살펴본다.

4 매개효과 검정을 위한 연구설계

매개효과를 검정하기 위해 ① 독립변수와 종속변수 간의 관계, ② 적절한 매개변수 선정, ③ 매개효과의 검정력에 영향을 미치는 요인 등을 연구설계(research design)에서 고려한다.

4.1 독립변수와 종속변수 간의 관계

매개효과를 검정하기 위한 첫 번째 단계는 독립변수와 종속변수 간에 유의적인 관계가 있는가를 검토하는 것이다. 그러한 면에서 독립변수와 종속변수 간에 기존의 연구를 토대로 유의적인 관계가 있는 변수를 선정해야 한다. 앞서 언급했듯이 매개효과분석의 주된 목적은 독립변수와 종속변수 간에 왜 관계가 있는가를 검토하는 데 있다.

그러나 연구자는 독립변수와 종속변수 간에 유의적인 관계가 없더라도 매개효과를 검정할 수 있다. 매개효과가 있기 위해서는 독립변수와 종속변수 간에 유의적인 관계가 반드시 있어야 되는가에 관해서는 논쟁이 있다. 즉 매개효과가 있기 위한 전제조건으로 독립변수와 종속변수 간에 유의적인 관계가 있어야 된다고 주장하는 학자도 있고, 그렇지 않아도 된다고 주장하는 학자도 있다. 일반적인 견해는 독립변수와 종속변수 간에 유의적인 관계가 없어도 매개효과가 있을 수 있다는 것이다.

4.2 적절한 매개변수의 선정

이론적으로 매개변수는 독립변수의 결과이며, 종속변수의 원인이 된다. 그러한 면에서 매개변수가 이러한 관계를 설명하는 데 이론적인 근거가 있어야 된다. 만약 매개변수가 이러한 관계를 설명하는 데 있어 이론적 근거가 부족한 경우, 다음과 같은 상황에서 매개변수로 설정할 수 있다. 예를 들어, '변수 A'가 '변수 B'에 영향을 준다는 선행연구가 있고, 또한 '변수 B'가 '변수 C'에 영향을 준다는 선행연구가 있다면 세 변수 간에 '$A \to B \to C$'의 관계가 있게 된다. 이 경우 '변수 B'가 매개변수가 되어 매개효과를 검정할 수 있다. 이때, '변수 A'와 '변수 C'가 관련이 있다는 선행연구가 있거나, 또는 이론적 주장이 있다면 '변수 B'가 매개효과를 하는지 검정할 수 있다.

4.3 매개효과의 검정력 고려

이론적 근거를 토대로 잠재적인 매개변수들을 확인했다면, 어떤 매개변수를 검정할 것인가를 결정할 때 매개효과의 **검정력(power)**을 높일 수 있는 변수를 선정하는 것이 바람직하다. 매개효과의 검정력은 독립변수, 매개변수, 종속변수의 관계에 따라 달라진다. 이러한 관점에서, 매개변수가 독립변수 및 종속변수와의 상관이 비슷하거나 또는 매개변수가 독립변수보다는 종속변수와 더 큰 상관을 갖는 변수를 매개변수로 선정하는 것이 바람직하다. 매개효과는 매개변수와 종속변수 간의 상관관계의 크기에 의해 제일 많은 영향을 받는다. 즉 **매개변수와 종속변수 간의 상관계수가 커야 검정력을 높일 수 있고, 매개효과가 있는 것으로 나올 가능성이 높다.**

5 매개효과분석 접근법

매개효과분석은 회귀분석과 구조방정식모델링(structural equation modeling: SEM)으로 분석할 수 있다. 이 가운데 어떤 분석을 이용할 것인가는 다음 사항을 고려하여 결정한다.

표본크기가 200 이상(또는 적어도 150)이고 관측변수가 2개 이상의 변수로 측정된 경우에는 SEM을 이용하여 분석하는 것이 바람직하다. SEM은 측정오차를 추정할 수 있기 때문에 보다 정확한 계수를 추정한다. 변수가 1개로 측정되고 표본크기가 크지 않은 경우에는 회귀분석에 의한 붓스트레핑을 이용하는 것이 바람직하다.

매개효과분석은 독립변수(X), 매개변수(M), 종속변수(Y)가 어떤 척도로 되어 있느냐에 따라 SEM, 회귀분석, 로짓(logit), 로지스틱(logistic) 등으로 분석할 수 있다. 로짓과 로지스틱은 종속변수가 범주형인 경우에 모두 적용할 수 있다. 매개효과분석법을 제시하면 [표 6-1]과 같다.

표 6-1 ▌매개효과분석법

X	M	Y	매개분석 단계		
			$X \rightarrow Y(c)$	$X \rightarrow M(a)$	$X \& M \rightarrow Y(b)$
연속	연속	연속	SEM/회귀	SEM/회귀	SEM/회귀
연속	연속	범주	로지스틱	SEM/회귀	로지스틱
연속	범주	연속	SEM/회귀	로지스틱	SEM/회귀
연속	범주	범주	로지스틱	로지스틱	로지스틱
범주	연속	연속	SEM/회귀	SEM/회귀	SEM/회귀
범주	연속	범주	로짓	SEM/회귀	로지스틱
범주	범주	연속	SEM/회귀	로짓	SEM/회귀
범주	범주	범주	로짓	로짓	로짓

출처: Iacobucci (2012), p.584. 주: SEM=structural equation modeling

5.1 매개효과분석법

SPSS에 의해 회귀분석으로 매개효과를 검정하는 방법에는 ① Baron & Kenny 접근법, ② 계수의 곱 검정(product of coefficients test), ③ 계수의 차이검정(difference of coefficients test) 등이 있다. 이 가운데 ① Baron & Kenny 접근법과 ② 계수의 곱 검정이 많이 쓰인다. 이하에서 이에 대해 살펴본다.

1) Baron & Kenny 접근법

Baron & Kenny 접근법(BK 접근법)은 세 번의 회귀분석을 통해 계수의 유의도를 파악하여 매개효과를 검정한다.

그림 6-20 | 매개효과분석: 모델 1

그림 6-21 | 매개효과분석: 모델 2

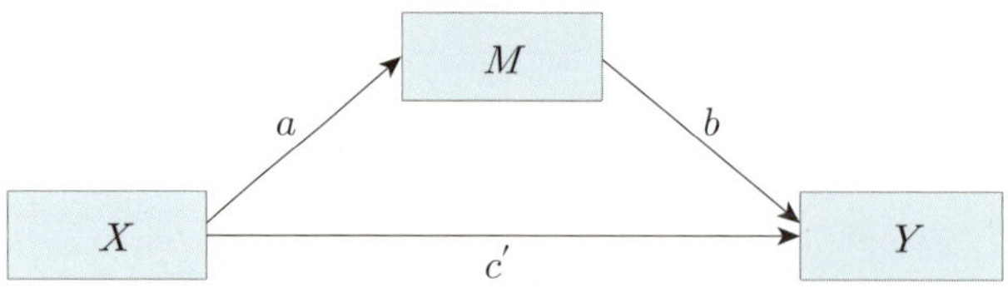

- 1단계: 모델 1에서 Y를 종속변수로 X를 독립변수로 회귀분석을 한 결과 계수 c가 유의적이어야 한다. 이 값이 **총효과**(total effect)이다.

$$Y = i_1 + cX + e_1$$

- 2단계: 모델 2에서 M을 종속변수로 X를 독립변수로 회귀분석을 한 결과 계수 a가 유의적이어야 한다.

$$M = i_2 + aX + e_2$$

- 3단계: 모델 2에서 Y를 종속변수로 X와 M을 독립변수로 회귀분석을 한 결과 계수 b가 유의적이고, c'는 c보다 작아야 한다. c'는 **직접효과**(direct effect)이다.

$$Y = i_4 + c'X + bM + e_3$$

표 6-2 | Baron & Kenny의 매개효과분석

단계	분석	도식
1단계	독립변수(X)가 종속변수(Y)를 예측하는 단순회귀분석	$X \xrightarrow{c} Y$
2단계	독립변수(X)가 매개변수(M)를 예측하는 단순회귀분석	$X \xrightarrow{a} Y$
3단계	독립변수(X)와 매개변수(M)가 종속변수(Y)를 예측하는 다중회귀분석	$X \xrightarrow{c'} Y$, $M \xrightarrow{b} Y$
4단계	3단계분석을 통해 c'이 비유의적이면 완전매개, c'이 유의적이면 부분매개로 해석	

- **4단계**: 1단계에서 3단계분석까지 얻은 계수값 a, b가 유의적이고 c'가 비유의적이면 **완전매개**(complete mediation)이고, a, b가 유의적이고 c'도 유의적이면 **부분매개**(partial mediation)라 한다. 지금까지 설명한 내용을 정리하면 [표 6-2]와 같다.

직접효과(c')는 매개변수(M)를 통제했을 때 독립변수(X)가 종속변수(Y)에 미치는 회귀계수이다. 총효과(c)는 독립변수가 매개변수를 경유하지 않고 종속변수에 직접 영향을 미치는 직접효과(c')와 매개변수를 통해서 영향을 미치는 간접효과(ab)의 합($c = c' + ab$)이다.

M을 포함했을 때 X가 Y에 미치는 영향이 비유의적이면 **완전매개**(full mediation, complete mediation)라 하고, M을 포함했을 때 X가 Y에 미치는 영향이 줄어들거나 유의적이면 **부분매개**(partial mediation)라 해석한다.

BK 접근법은 많은 연구자들이 사용하고 있지만 문제가 있다. 첫째, 이 방법은 간접효과의 유의성을 직접 검정하지 못한다. 즉 간접효과를 직접 검정하지 못하고 일련의 검정을 통해 나온 결과를 토대로 추론을 한다. 이러한 면에서 BK 접근법을 **인과단계접근법**(causal step approach)이라고도 한다. 둘째, 통계적 검정력이 낮다. 간접효과가 있다고 할 때 그것을 탐지할 능력이 낮다.

2) 계수의 곱 검정(product of coefficients test)

계수의 곱 검정에 의한 매개효과분석은 [그림 6-21]의 모델을 추정하여 얻는 계수 a와 b의 곱으로 검정한다. 즉 매개효과는 ab이며 이의 통계적 유의도(H_0: $ab = 0$)를 검정한다. 매개효과(ab)는 계수 c와 계수 c'의 차이($c - c'$)와 거의 일치한다. 즉, $ab \approx c - c'$이다. 매개효과(ab)의 유의도(H_0: $ab = 0$)를 검정하기 위해 **Sobel 검정**(Sobel test)과 **붓스트레핑**(bootstrapping)이 쓰인다. 이 가운데 최근에는 Sobel 검정이 갖는 문제점으로 인해 붓스트레핑이 많이 쓰인다. Sobel 검정을 위해서는 [그림 6-21] 모델을 대상으로 다음과 같은 회귀식을 추정하여 a와 b의 회귀계수를 얻어야 한다.

$$M = i_2 + aX + e_2$$

$$Y = i_4 + c'X + bM + e_3$$

위 회귀식을 추정하여 얻은 a와 b의 비표준화회귀계수와 각각의 표준오차(standard error: SE)를 다음과 같은 Sobel 검정 공식에 대입하여 z값을 구하여 이 값이 통계적으로 유의적인가를 검토한다.

$$z = \frac{ab}{\sqrt{a^2 se_b^2 + b^2 se_a^2}}$$

점추정(point estimation)에 의해 $|z|$가 1.96보다 크면 유의수준 0.05에서 통계적으로 유의적인 것으로 판단한다. 구간추정(interval estimation)인 경우에는 $ab \pm 1.96 s_{ab}$를 구하여 그 신뢰구간(confidence interval)에 0이 포함되지 않으면 유의수준 0.05에서 통계적으로 유의적인 것으로 판단한다.

Sobel 검정은 다음과 같은 한계가 있어 최근에는 많이 쓰이지 않고, 붓스트레핑(bootstrapping)이 많이 쓰인다. 첫째, 통계적 검정력이 낮다. 충분한 검정력을 갖기 위해서는 표본크기가 커야 한다. MacKinnon 등(2002)은 Sobel 검정을 하기 위해서는 최소한 1,000의 표본크기가 필요하다고 주장하였다. 둘째, ab가 정규분포를 한다는 가정하에 검정을 하는데 그 가정이 맞지 않는다는 것이다. [그림 6-22]는 Shrout & Bolger(2002)의 연구에서 제시된 하나의 사례이다. 그림에서 볼 수 있듯, 왼쪽으로 치우친 분포를 보이고 있다.

그림 6-22 | ab분포

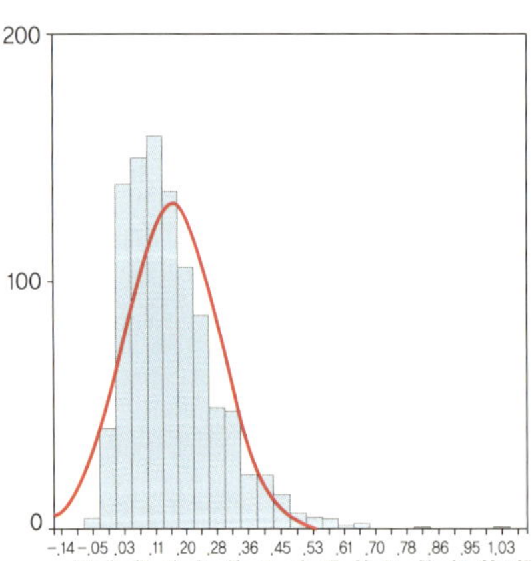

3) 계수의 차이검정(difference of coefficients test)

직접효과(c')와 총효과(c)를 비교하는 접근법이다. 즉 매개효과는 $c-c'$이다. 이 방법은 많이 쓰이고 있지 않다. 이의 유의도를 계산하는 공식은 MacKinnon 등(2002)을 참고하기 바란다.

4) Hayes의 분석법

Hayes(2009, 2013), Rucker 등(2011), MacKinnon 등(2000, 2002), Shrout & Bolger(2002), Zhao 등(2010)은 BK 접근법에서의 1단계분석이 필요하지 않고 다음과 같은 두 개의 방정식을 추정하면 된다고 주장한다.

$$M = i_2 + aX + e_2$$

$$Y = i_4 + c'X + bM + e_3$$

위 식에서 얻은 a와 b값을 토대로 Sobel 검정이 아닌 붓스트레핑을 통해 ab의 통계적 유의성을 판단하면 된다고 주장한다.

5) 붓스트레핑(bootstrapping)의 개요

붓스트레핑에 대해 개괄적으로 살펴본다.

- 1단계: 모집단에서 n크기의 표본을 추출한다. 이것이 원래표본(original sample)이 된다.
- 2단계: 1단계에서 추출한 n크기의 표본과 대체할 수 있는 n크기의 무작위표본을 추출한다. 이때 표본추출은 복원추출(replacement sampling)에 의해 이루어진다. 이것이 붓스트렙 표본(bootstrap sample)이 된다.
- 3단계: 2단계에서 얻는 재표본(re-sampling)에서 통계치를 계산한다.
- 4단계: 2단계와 3단계를 총 k번 수행한다.
- 5단계: 2단계부터 4단계를 거쳐 산출된 k개의 통계치를 가장 낮은 값에서부터 가장 높은 값으로 정렬한다.

▶ 그림 6-23 | 붓스트레핑의 일반적 절차

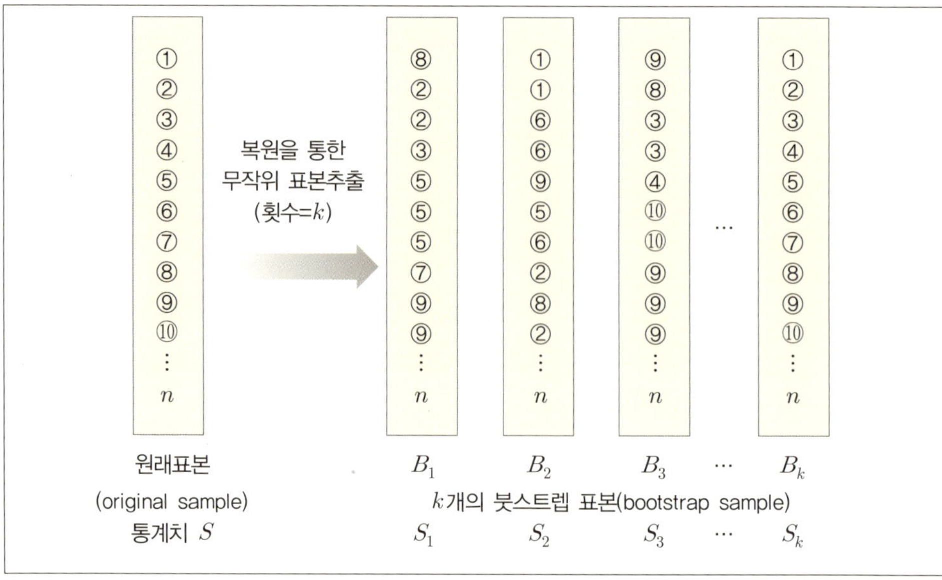

- 6단계: k를 5,000으로 했을 경우, 95% 신뢰구간의 하한선을 5단계로부터 얻은 통계치의 분포에서 125번째 통계치로 정의한다. 그리고 95% 신뢰구간의 상한선을 5단계로부터 얻은 통계치의 분포에서 4875번째 통계치로 정의한다. 이 방법이 붓스트렙된 신뢰구간을 계산하는 백분위수 방법(percentile method)이다.

[표 6-3]을 통해 이에 대해 알아보기로 한다.

원래표본(n =10)을 대상으로 a, b, ab의 값을 구하면 각각 1.10, 0.70, 0.77이 된다. a는 M을 종속변수로 X를 독립변수로 하여 회귀분석을 하면 구할 수 있다. b는 Y를 종속변수로 X와 M을 독립변수로 하여 회귀분석을 하면 구할 수 있다. 이를 토대로 구한 ab의 값은 점추정치(point estimate)이다. ab에 대한 붓스트렙 신뢰구간은 k횟수만큼의 재표본추출을 통해 구할 수 있다.

이 자료에서 볼 수 있듯, Bootstrap sample 1에는 case 2와 case 8이 각각 두 번 추출되었고, case 7과 case 10은 추출되지 않은 것을 알 수 있다. 마찬가지로, Bootstrap sample 2에는 case 8과 case 10이 각각 두 번 추출되었고, case 1과 case 9는 추출되지 않은 것을 알 수 있다. 이것이 복원(with replacement)에 의한 무작위표본추출의 의미이다.

표 6-3 a, b, ab의 붓스트렙 추정치의 예

Original sample				Bootstrap sample 1				Bootstrap sample 2			
case	X	M	Y	case	X	M	Y	case	X	M	Y
1	0	1.5	3.00	4	0	2.5	4.50	10	1	5.0	5.00
2	0	2.0	2.75	8	1	3.0	3.75	3	0	1.0	3.50
3	0	1.0	3.50	2	0	2.0	2.75	7	1	2.5	2.25
4	0	2.5	4.50	3	0	1.0	3.50	5	0	4.5	4.75
5	0	4.0	4.75	1	0	1.5	3.00	6	1	4.5	4.50
6	1	4.5	4.50	2	0	2.0	2.75	8	1	3.0	3.75
7	1	2.5	2.25	6	1	4.5	4.50	8	1	3.0	3.75
8	1	3.0	3.75	8	1	3.0	3.75	4	0	2.5	4.50
9	1	1.5	2.50	5	0	4.0	4.75	10	1	5.0	5.00
10	1	5.0	5.00	9	1	1.5	2.50	2	0	2.0	2.75
a b ab		1.100 0.700 0.770		a b ab'		0.833 0.631 0.526		a b ab'		1.458 0.713 1.039	

이제 k개의 ab' 붓스트렙 추정치에 대한 신뢰구간의 추정에 대해 살펴본다. 만약 신뢰구간이 95%라면 ab'값의 k분포에 있는 2.5번째 백분위수(percentile)와 97.5번째 백분위수에 있는 값이 각각 하한(lower bound)과 상한(upper bound)이 된다. **이러한 붓스트레핑 신뢰구간(confidence interval)법은 자료의 무작위 재표본추출에 의해 계산되므로 분석할 때마다 붓스트렙 신뢰구간의 값이 달라진다는 단점이 있다.**

5.2 SPSS 회귀분석에 의한 매개효과분석

[그림 6-24] 모델을 통해 ① BK 접근법, ② 계수의 곱 검정, ③ Hayes 접근법에 의해 매개효과를 분석하는 것에 관해 살펴본다.

그림 6-24 | 총효과 및 매개효과모델

(a) 총효과모델

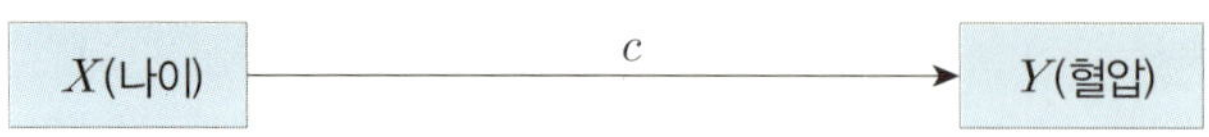

(b) 매개효과모델

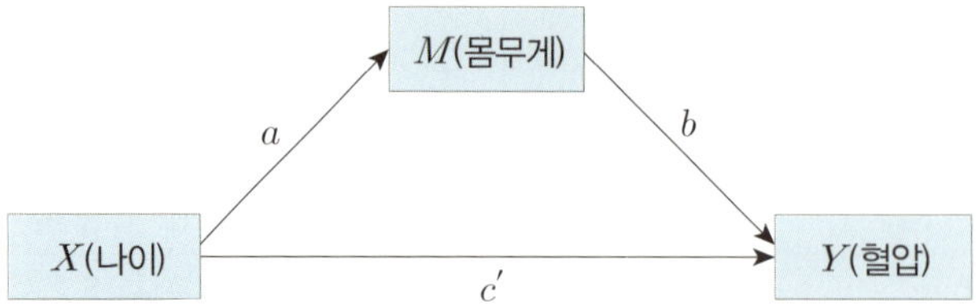

이 모델을 분석하기 위한 자료는 다음과 같다.

Data 6-1 [91346_16ds.sav]

	age	weight	bp
1	25	82	89
2	30	142	151
3	33	66	37
4	35	113	127
5	37	123	65

1) BK 접근법

1 1단계분석: 1단계분석을 위한 회귀식은 다음과 같다: $Y = i_1 + cX + e_1$. 즉 Y를 종속변수로 M을 독립변수로 회귀분석을 하여 계수 c가 유의적인가를 본다.

Output 6-1 SPSS에 의한 회귀분석: 1단계분석결과

계수[a]

모형		비표준화계수		표준화계수	t	유의수준
		B	표준오차	베타		
1	(상수)	10.398	26.222		.397	.695
	나이	2.862(c)	.432	.782	6.631	.000

a. 종속변수: 혈압

2 분석결과 c가 유의적인 것으로 나타났다.

3 2단계분석: 2단계분석을 위한 회귀식은 다음과 같다: $M = i_2 + aX + e_2$. 즉 M을 종속변수로 X를 독립변수로 회귀분석을 하여 계수 a가 유의적인가를 본다.

Output 6-2 SPSS에 의한 회귀분석: 2단계분석결과

계수[a]

모형		비표준화계수		표준화계수	t	유의수준
		B	표준오차	베타		
1	(상수)	78.508	24.130		3.254	.003
	나이	1.432(a)	.397(se_a)	.563	3.605	.001

a. 종속변수: 몸무게

4 분석결과 a가 유의적인 것으로 나타났다.

5 3단계분석: 3단계분석을 위한 회귀식은 다음과 같다: $Y = i_4 + c'X + bM + e_3$. 즉 Y를 종속변수로 X와 M을 독립변수로 회귀분석을 하여 계수 c'과 계수 b가 유의적인가를 본다.

Output 6-3 SPSS에 의한 회귀분석: 3단계분석결과

계수[a]

모형		비표준화계수		표준화계수	t	유의수준
		B	표준오차	베타		
1	(상수)	-28.046	27.985		-1.002	.325
	몸무게	.490(c')	.187	.340	2.623	.014
	나이	2.161(b)	.475(se_b)	.590	4.551	.000

a. 종속변수: 혈압

6 분석결과 c'과 b가 유의적인 것으로 나타났다.

7 1단계에서 3단계까지의 회귀분석결과를 토대로 a와 b가 모두 유의적이고 c'이 유의적이기 때문에 부분매개를 하는 것으로 해석한다.

2) 계수의 곱 검정(product of coefficients test)

2단계분석에서 얻은 비표준화계수(a)와 표준오차(se_a), 3단계분석에서 얻은 비표준화계수(b)와 표준오차(se_b)를 이용하여 간접효과(ab)의 유의도(H_0: $ab = 0$)를 검정한다.

이를 위해 Sobel 검정이 많이 이용된다.

1 Sobel 검정을 하기 위한 계산기는 많은데, **Google에서 'Sobel calculator'라고 검색어를 입력하면 첫 번째와 두 번째에 나타나는 계산기가 가장 많이 쓰인다. 첫 번째 계산기는 Preacher 교수의 계산기이고, 두 번째 계산기는 Soper 교수의 계산기이다.**

2 Preacher 교수의 'Sobel calculator'에 값을 넣고 계산하면 다음과 같이 z 검정통계량(Test statistic)이 1.96보다 커($p < .05$) 매개효과(간접효과)가 유의적이라고 해석한다.

[Preacher의 Sobel test calculator]

Input:			Test statistic:	Std. Error:	p-value:
a	1.432	Sobel test:	2.11998373	0.33098367	0.03400742
b	.490	Aroian test:	2.0685873	0.33920734	0.03858483
s_a	.397	Goodman test:	2.17541195	0.3225504	0.02959926
s_b	.187	Reset all	Calculate		

3 Soper 교수의 계산기를 이용한다.

[Soper의 Sobel test calculator]

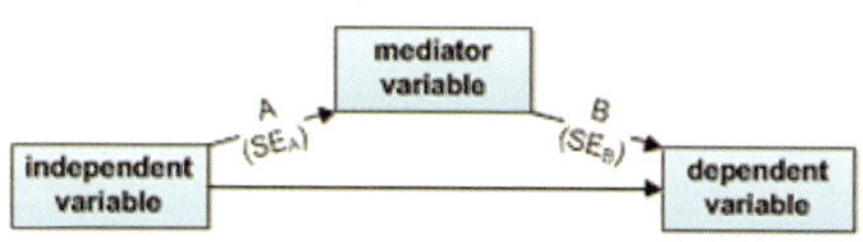

A: 1.432
B: .490
SE_A: .397
SE_B: 0.187
Calculate!

Sobel test statistic: 2.11998373
One-tailed probability: 0.01700371
Two-tailed probability: 0.03400742

4 두 계산기의 값이 동일하다. 결론적으로, 간접효과가 유의적이고 나이가 혈압에 주는 직접효과도 유의적이기 때문에 부분매개를 한다고 해석한다.

3) PROCESS에 의한 분석

1 PROCESS에서 다음과 같이 변수와 모델넘버를 지정한다.

PROCESS 대화상자 6-1 **변수지정과 모델넘버**

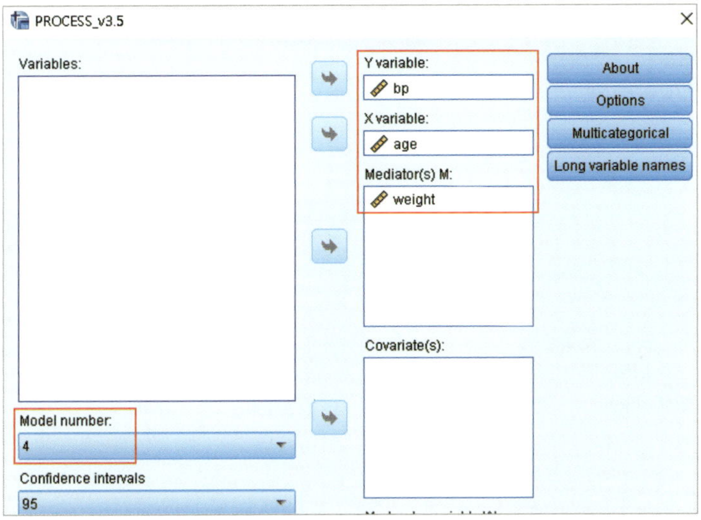

2 [Options] 버튼을 눌러 다음과 같이 지정하고, [Continue] 버튼을 누른다.

PROCESS 대화상자 6-2 Options

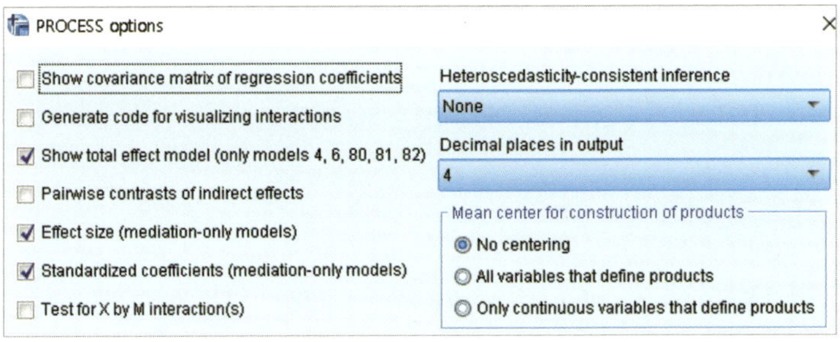

3 이를 실행하면 [Output 6-4]를 얻는다.

Output 6-4 PROCESS output

```
**************************************************************************
OUTCOME VARIABLE:
 weight
```

```
Model Summary
          R       R-sq        MSE          F        df1        df2          p
      .5631      .3171  1379.3532    12.9989     1.0000    28.0000      .0012

Model
              coeff         se          t          p       LLCI       ULCI
constant    78.5076    24.1299     3.2535      .0030    29.0783   127.9368
age          1.4321      .3972     3.6054      .0012      .6184     2.2458

Standardized coefficients
          coeff
age       .5631

******************************************************************************
OUTCOME VARIABLE:
 bp

Model Summary
          R       R-sq        MSE          F        df1        df2          p
      .8306      .6899  1346.2865    30.0390     2.0000    27.0000      .0000

Model
              coeff         se          t          p       LLCI       ULCI
constant   -28.0464    27.9846    -1.0022      .3251   -85.4679    29.3750
age          2.1610      .4749     4.5507      .0001     1.1866     3.1353
weight        .4897      .1867     2.6228      .0142      .1066      .8728

Standardized coefficients
             coeff
age          .5901
weight       .3401

************************** TOTAL EFFECT MODEL ****************************
OUTCOME VARIABLE:
 bp

Model Summary
          R       R-sq        MSE          F        df1        df2          p
      .7816      .6109  1628.9667    43.9670     1.0000    28.0000      .0000

Model
              coeff         se          t          p       LLCI       ULCI
constant    10.3978    26.2225      .3965      .6947   -43.3180    64.1137
age          2.8622      .4317     6.6308      .0000     1.9780     3.7465

Standardized coefficients
          coeff
age       .7816
```

```
************* TOTAL, DIRECT, AND INDIRECT EFFECTS OF X ON Y *************
Total effect of X on Y
     Effect        se         t         p      LLCI      ULCI      c_ps      c_cs
     2.8622     .4317    6.6308     .0000    1.9780    3.7465     .0450     .7816

Direct effect of X on Y
     Effect        se         t         p      LLCI      ULCI     c'_ps     c'_cs
     2.1610     .4749    4.5507     .0001    1.1866    3.1353     .0340     .5901

Indirect effect(s) of X on Y:
           Effect    BootSE  BootLLCI  BootULCI
weight      .7013     .5222     .1121    2.1920

Partially standardized indirect effect(s) of X on Y:
           Effect    BootSE  BootLLCI  BootULCI
weight      .0110     .0085     .0019     .0364

Completely standardized indirect effect(s) of X on Y:
           Effect    BootSE  BootLLCI  BootULCI
weight      .1915     .1345     .0329     .5733
*******************************************************************************
```

4 간접효과(.701)는 95% 신뢰구간에 0을 포함하지 않으므로 유의적이다. 따라서 매개효과가 있다고 해석한다.

5 **간접효과값 .701은 X(나이)값이 한 단위 다른 두 사례가 X가 M(몸무게)을 경유해 Y(혈압)에 미치는 효과가 ab(.701)만큼 차이가 난다는 것을 의미한다.**

6 효과크기

매개효과의 통계적 유의도를 보고하는 것 외에, 효과크기를 보고하는 것이 권장된다. **효과크기(effect size)**는 효과의 실질적 중요성(practical importance) 또는 실질적 유의성(practical significance)을 의미하고, 귀무가설에 비해 상대적으로 효과가 얼마나 있는가를 의미한다. [Output 6-5]는 [그림 6-24] 모델을 분석한 결과 가운데 효과크기를 제시한 것이다.

Output 6-5 PROCESS output: 간접효과크기

```
******************************************************************************
Partially standardized indirect effect of X on Y
           Effect     Boot SE     BootLLCI     BootULCI
weight      .0110       .0084        .0024        .0418

Completely standardized indirect effect of X on Y
           Effect     Boot SE     BootLLCI     BootULCI
weight      .1915       .1340        .0428        .6366
******************************************************************************
```

PROCESS에서는 부분표준화효과(partially standardized effect)와 완전표준화효과(completely standardized effect)의 효과크기를 보고한다.

6.1 부분표준화효과

부분표준화효과크기는 Y의 원래척도가 아니고 Y의 표준편차로 효과를 수정한 값이다. 부분표준화직접효과크기(c'_{ps}), 부분표준화간접효과크기(ab_{ps})는 다음과 같이 계산된다.

$$c'_{ps} = \frac{c'}{SD_Y}, \quad ab_{ps} = \frac{ab}{SD_y}$$

[Output 6-4]에서 부분표준화직접효과크기(c'_{ps})는 .0340, 부분표준화간접효과크기(ab_{ps})는 .0110이다. c'_{ps}=.0340은 나이가 한 단위 큰 사례는 혈압이 .0340만큼 높다는 의미이고, ab_{ps}=.0110은 나이가 한 단위 차이가 나는 두 사례의 혈압은 나이가 몸무게를 매개해 혈압에 미치는 효과가 .0110만큼 차이가 난다는 의미를 갖는다.

6.2 완전표준화효과

부분표준화효과크기는 c'과 ab를 Y의 표준편차로 재척도화(rescale)하지만 X는 원척도(original metric)를 그대로 사용한다. 따라서 이 크기는 X의 척도에 따라 달라지기 때문에 척도의존형(scale-bound)이다. 그리고 때로는 X의 한 단위의 차이가 실질적으로 의미가 없는 경우도 있다. 따라서 부분표준화효과에서 X의 척도화(scaling)를 제거

하면 X의 1표준편차의 차이가 나는 두 사례 간에 Y의 표준편차의 차이만큼의 직접효과와 간접효과를 나타낸 것이 완전표준화효과이다. 완전표준화직접효과크기(c'_{cs})와 완전표준화간접효과크기(ab_{cs})는 다음과 같이 계산된다.

$$c'_{cs} = \frac{SD_X(c')}{SD_Y} = SD_X(c'_{ps}), \quad ab_{cs} = \frac{SD_X(ab)}{SD_Y} = SD_X(ab_{ps})$$

[Output 6-6]에서 완전표준화직접효과크기(c'_{cs})는 .590이고, 완전표준화간접효과크기(ab_{cs})는 .192이다. $c'_{cs} = .590$은 나이를 먹을수록 혈압이 .590만큼 높아진다는 의미를 갖고, $ab_{cs} = .192$는 사례 i의 나이가 사례 j보다 1표준편차만큼 크다면 나이→몸무게→혈압의 과정을 거쳐 혈압에 미치는 효과가 사례 j보다 사례 i가 .192 표준편차만큼 크다는 의미를 갖는다.

7 부분매개와 완전매개의 구분에 대한 비판

BK 접근법에 의해 매개효과를 분석하면 ① M이 매개효과가 없든지, ② 부분매개를 하든지, 또는 ③ 완전매개를 하든지 등 세 가지 가운데 하나의 결과를 얻는다. 부분매개는 M이 X와 Y의 관계를 완전히 설명하지 못한다는 것을 의미하고, 완전매개는 X와 Y의 관계가 간접효과에 의해 완전히 설명됨을 의미한다. 이러한 완전매개와 부분매개의 구분은 실질적으로 또한 이론적으로도 의미가 없다고 주장하는 학자들의 견해를 살펴보기로 한다.

7.1 Hayes(2013, 2018)의 주장

첫째, 완전매개와 부분매개는 연구자가 총효과가 통계적으로 0과 다르다는 가정을 토대로 한다. 그러나 총효과가 없는 경우에도 간접효과가 있는 경우가 있다. 그리고 총효과가 유의적이어야 한다는 가정은 실제 연구에서 적용하기가 어려운 문제가 있다. 이러한 비판에 대해 Kenny도 총효과가 유의적이지 않아도 된다고 나중에 이를 수용하였다 (Kenny et al. 1998; Kenny 홈페이지 참조).

둘째, 동일한 방법과 동일한 측정을 통해 동일한 과정으로 분석을 하는 연구자 A와 연구자 B가 있다고 가정한다. 그리고 이들의 연구가 표본크기가 B보다는 A가 작다고 가정한다. 만약 M이 X와 Y의 관계에서 부분매개를 하는 것으로 나타나면 연구자 B가 A보다 부분매개를 한다는 주장을 더 강하게 할 수 있다. 왜냐하면 B의 직접효과(c')는 더 강한 검정력을 갖기 때문이다. 만약 완전매개를 원한다면 보다 적은 표본크기를 갖는 것이 최선의 길이다. 그런데 이는 표본크기는 클수록 좋다는 원칙에 위배된다.

7.2 Zhao 등(2010)의 주장

Zhao 등(2010)은 완전매개와 부분매개라는 용어 대신에 다음과 같은 용어를 제안한다. 이들의 주장이 수용되어 top journal에서도 매개효과에 대한 명칭을 이러한 관점에서 부여하는 경향이 늘고 있다.

① **보충매개(complementary mediation)**: 매개효과(ab)와 직접효과(c)가 모두 존재하고 방향이 일치함.

② **경쟁매개(competitive mediation)**: 매개효과(ab)와 직접효과(c)가 모두 존재하고 방향이 일치하지 않음.

③ **간접만 매개(indirect-only mediation)**: 매개효과(ab)는 있으나 직접효과(c)가 없음.

④ **직접만 비매개(direct-only nonmediation)**: 매개효과(ab)는 없고 직접효과(c)만 있음.

⑤ **무효과 비매개(no-effect nonmediation)**: 매개효과(ab)와 직접효과(c)가 모두 없음.

이를 정리하면 [표 6-4]와 같다.

표 6-4 ▌Zhao 등의 매개효과분류

분류		간접효과가 유의적인가?	직접효과가 유의적인가?	직접효과와 간접효과가 동일한 부호인가?
매개	보충매개	예	예	예
	경쟁매개	예	예	아니오
	간접만 매개	예	아니오	
비매개	직접만 비매개	아니오	예	
	무효과 비매개	아니오	아니오	

이러한 매개효과가 이론구축을 위해 제공하는 시사점은 [표 6-5]와 같다.

표 6-5 ▌매개효과별 이론구축 시사점

분류	매개변수가 맞는가?	생략된 매개변수가 있는가?	시사점
보충매개	예	가능성 있음	이론적 틀이 완전하지 않음, 매개변수가 이론적 틀에서 가설화된 것과 일치, 다른 매개변수가 포함되지 않을 가능성
경쟁매개	예	가능성 있음	
간접만 매개	예	가능성 없음	매개변수가 이론적 틀에서 가설화된 것과 일치
직접만 매개	아니오	가능성 있음	이론적 틀이 문제가 있음, 생략된 매개변수 가능성 고려
무효과 비매개	아니오	가능성 없음	직접효과도 간접효과도 아님, 이론적 틀이 틀림

[그림 6-25]의 Zhao 등(2010)의 모델을 통해 이에 대해 살펴본다. Zhao 등은 1994년에 실시된 Super Bowl 경기를 대상으로 자료를 수집하였다. 분석의 단위는 경기 동안에 광고된 상표이다. 독립변수인 [frequency]는 경기 동안에 상표 광고를 실시한 횟

그림 6-25 | Zhao 등(2010)의 매개효과모델

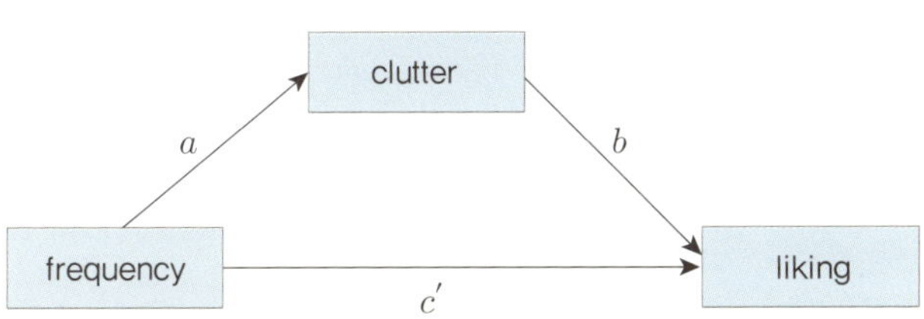

수이고, 종속변수인 [liking]은 광고된 상표에 대한 호감도이고, 매개변수인 [clutter]는 특정 상표가 광고되는 동안 다른 광고들이 광고된 총수이다.

분석을 위한 자료는 다음과 같다.

Data 6-2 [Zhao et al(2010).sav]

	liking	frequenc	clutter	survord
1	.55	1	3.00	1.000
2	.61	2	6.00	2.000
3	.60	1	4.00	5.000
4	.53	3	6.00	6.000
5	.57	1	4.00	7.000

1 PROCESS에서 다음과 같이 변수와 모델넘버를 지정한다.

PROCESS 대화상자 6-3 변수지정과 모델넘버

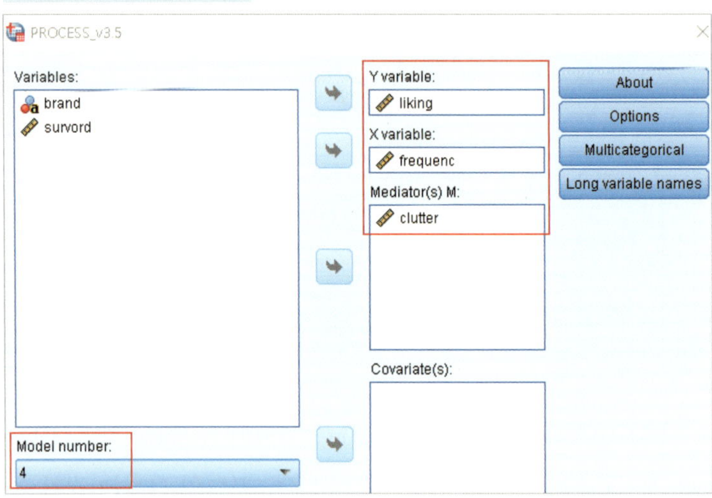

2 PROCESS를 이용하여 분석하면 [Output 6-6]을 얻는다.

Output 6-6 PROCESS output

```
**************************************************************************
Model  : 4
    Y  : liking
    X  : frequenc
    M  : clutter
```

```
Sample
Size:  56

**************************************************************************
OUTCOME VARIABLE:
 clutter

Model Summary
          R       R-sq        MSE          F        df1        df2          p
      .7497      .5620     4.4288    69.2853     1.0000    54.0000      .0000

Model
              coeff         se          t          p       LLCI       ULCI
constant     1.0150      .5552     1.8280      .0731     -.0982     2.1282
frequenc     2.5359      .3047     8.3238      .0000     1.9251     3.1467

**************************************************************************
OUTCOME VARIABLE:
 liking

Model Summary
          R       R-sq        MSE          F        df1        df2          p
      .4987      .2487      .0059     8.7726     2.0000    53.0000      .0005

Model
              coeff         se          t          p       LLCI       ULCI
constant      .5917      .0209    28.2514      .0000      .5497      .6338
frequenc      .0570      .0169     3.3802      .0014      .0232      .0908
clutter      -.0208      .0050    -4.1712      .0001     -.0308     -.0108

************************ TOTAL EFFECT MODEL ************************
OUTCOME VARIABLE:
 liking

Model Summary
          R       R-sq        MSE          F        df1        df2          p
      .0455      .0021      .0077      .1123     1.0000    54.0000      .7389

Model
              coeff         se          t          p       LLCI       ULCI
constant      .5706      .0232    24.5884      .0000      .5241      .6172
frequenc      .0043      .0127      .3351      .7389     -.0213      .0298

************* TOTAL, DIRECT, AND INDIRECT EFFECTS OF X ON Y **************
Total effect of X on Y
     Effect         se          t          p       LLCI       ULCI       c_ps
      .0043      .0127      .3351      .7389     -.0213      .0298      .0489
```

```
Direct effect of X on Y
Effect        se          t          p       LLCI      ULCI      c'_ps      c'_cs
.0570      .0169     3.3802     .0014     .0232     .0908      .6529      .6081

Indirect effect(s) of X on Y:
           Effect     BootSE    BootLLCI    BootULCI
clutter    -.0527      .0154      -.0862      -.0238

Partially standardized indirect effect(s) of X on Y:
           Effect     BootSE    BootLLCI    BootULCI
clutter    -.6040      .1548      -.9481      -.3241

Completely standardized indirect effect(s) of X on Y:
           Effect     BootSE    BootLLCI    BootULCI
clutter    -.5625      .1720      -.9388      -.2484
*************************************************************************
```

3 간접효과 -.0527은 95% 신뢰구간에 0을 포함하지 않아 유의적이므로 매개효과가 있다. 간접효과(ab)=-.0527과 직접효과(c)=.0570을 곱하면(abc) 부호가 부적(-)이어 경쟁매개가 된다. 경쟁매개는 **비일관된 매개(inconsistent mediation)**라고도 하고, 바로 이어서 살펴볼 억제효과와도 같은 의미를 갖는다.

8 억제효과

일반적으로 매개효과모델에서 매개변수가 포함되면 독립변수와 종속변수 간의 직접효과의 크기가 총효과에 비해 줄어들게 된다. 이와는 달리, 매개변수가 포함되면 독립변수와 종속변수 간 직접효과의 크기가 총효과에 비해 커지는 경우가 있다. 이러한 경우를 **억제효과(suppression effect)**라 하고, 이러한 변수를 **억제변수(suppressor)**라 한다. 억제효과는 $c-c' < 0$ 또는 $ab < 0$을 의미한다. [그림 6-26]의 모델을 통해 이에 대해 살펴본다.

그림 6-26 | 총효과 및 매개효과모델

(a) 총효과모델

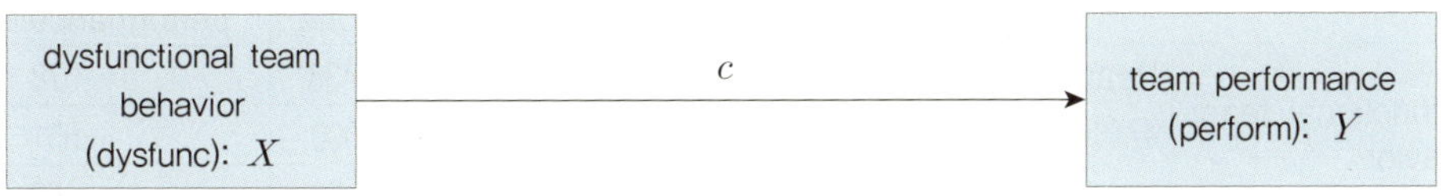

(b) 매개효과모델

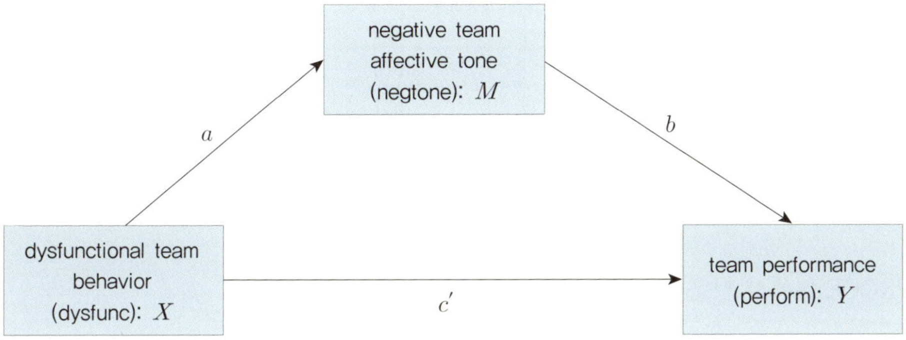

이를 분석하기 위한 자료는 다음과 같다.

Data 6-3 [Cole et al(2011).sav]

	dysfunc	negtone	perform
1	-.23	-.51	.12
2	-.13	.22	.52
3	.00	-.08	-.08
4	-.33	-.11	-.08
5	.39	-.48	.12

1 이들 변수 간 상관계수는 [Output 6-7]과 같다. X와 Y 간의 상관($r=.078$)은 유의적이지 않고, X와 M 간의 상관($r=.438$) 및 M과 Y 간의 상관($r=-.400$)은 유의적이다.

Output 6-7 SPSS output: 상관계수

		Dysfunctional team behavior	Negative affective tone	Team performance
Dysfunctional team behavior	Pearson 상관계수	1	.438**	.078
	유의수준(양쪽)		.000	.551
	N	60	60	60
Negative affective tone	Pearson 상관계수	.438**	1	-.400**
	유의수준(양쪽)	.000		.002
	N	60	60	60
Team performance	Pearson 상관계수	.078	-.400**	1
	유의수준(양쪽)	.551	.002	
	N	60	60	60

** $p < 0.01$

2 PROCESS에서 다음과 같이 변수와 모델넘버를 지정한다.

PROCESS 대화상자 6-4 변수지정 및 모델넘버

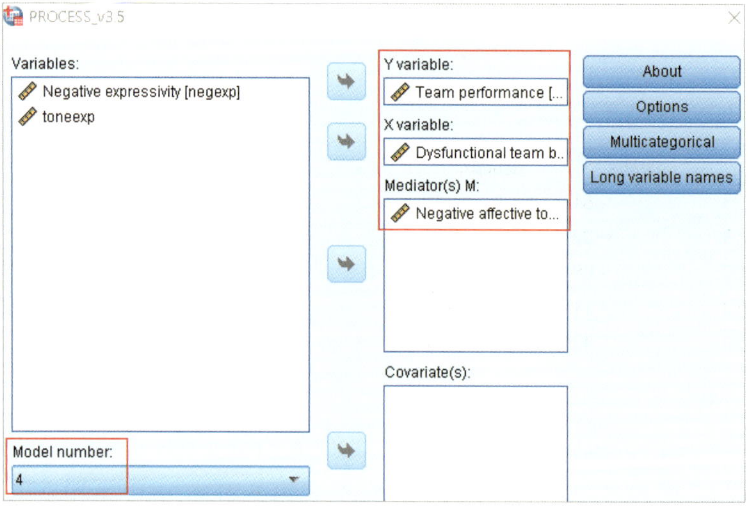

3 이를 분석하면 [Output 6-8]을 얻는다.

Output 6-8 PROCESS output

```
************* TOTAL, DIRECT, AND INDIRECT EFFECTS OF X ON Y *************

Total effect of X on Y
     Effect         se          t          p       LLCI       ULCI
      .1102      .1840      .5991      .5514     -.2581      .4786

Direct effect of X on Y
     Effect         se          t          p       LLCI       ULCI
      .4414      .1807     2.4434      .0177      .0797      .8032

Indirect effect(s) of X on Y:
              Effect     BootSE   BootLLCI   BootULCI
negtone       -.3312     . 1460     -.6468     -.0859
*********************************************************************************
```

4 이 Output을 통해 알 수 있듯, $c-c' = .110-.441<0$이고, $ab = -.332<0$이다. 따라서 [negtone]은 억제변수이고, 이 모델은 억제효과에 해당한다.

9 Beyond Baron & Kenny, Sobel

앞에서 여러 번 언급했듯이, Baron & Kenny의 매개효과분석법이 많은 비판을 받고 있다. 또한 Sobel test도 한계가 있다는 점이 지적되고 있다. 따라서 최근에는 여러 학자들이 다음과 같이 분석할 것을 제안한다. 그러한 면에서 'Beyond Baron & Kenny, Sobel'이라고 절의 제목을 달았다.

첫째, 매개효과분석을 위해 ab가 유의적인가만 보면 된다. ab가 유의적이면 매개효과가 있고, ab가 유의적이지 않으면 매개효과가 없다고 해석한다.

둘째, ab의 유의성을 검토하기 위해 Sobel test가 아닌 붓스트레핑을 한다. 이러한 면에서 Sobel test를 PROCESS v2에서는 제공하였으나, PROCESS v3부터는 제공하지 않고 있다.

10 매개효과와 간접효과의 차이

일반적으로 매개효과(mediated effect)와 간접효과(indirect effect)는 상호호환하여 쓰인다. 그러나 이들 간에는 중요한 차이가 있다. 매개효과는 매개변수가 하나만 있는 간접효과의 특수한 경우에 해당한다. 매개효과가 있다는 결론을 내리기 위해서는 $X \rightarrow Y$의 총효과가 있다는 것을 가정한다. 간접효과의 경우에는 이러한 가정이 필요하지 않다. 총효과가 유의적이지 않은 경우에도 간접효과는 유의적일 수 있다. 매개효과는 총효과의 검토를 통해 판단되어야 한다(Holmbeck 1997; Preacher and Hayes 2004). **결론적으로 매개효과라는 용어를 쓰기 위해서는 총효과가 있어야 하고, 총효과가 없는 경우에는 간접효과라는 용어를 쓰는 것이 적절하다.**

참고문헌

서영석 (2010). 상담심리 연구에서 매개효과와 조절효과 검증: 개념적 구분 및 자료 분석 시 고려 사항. *한국심리학회지: 상담 및 심리치료*, 22(4), 1147–1168.

Aguinis, H., Edwards, J. R., and Bradley, K. J. (2017). Improving Our Understanding of Moderation and Mediation in Strategic Management Research. *Organizational Research Methods*, 20(4), 665–685.

Aiken, L. S., and West, S. G. (1991). *Multiple Regression: Testing and Interpreting Interactions*. Thousand Oaks, CA: Sage.

Baron, R. M., and Kenny, D. A. (1986). The Moderator–Mediator Variable Distinction in Social Psychological Research: Conceptual, Strategic, and Statistical Considerations. *Journal of Personality and Social Psychology*, 51(6), 1173-1182.

Cheung, G. W., and Lau, R. S. (2008). Testing Mediation and Suppression Effects of Latent Variables. *Organizational Research Methods*, 11(2), 296–325.

Cohen, J., Cohen, P., West, S. G., and Aiken, L. S. (2003). *Applied Multiple Regression/Correlation Analysis for the Behavioral Sciences*. 3rd ed., Mahwah, NJ: Erlbaum.

Cole, M. G., and Dendukuri, N. (2003). Risk Factors for Depression Among Elderly Community Subjects: A Systematic Review and Meta–Analysis. *American Journal of Psychiatry*, 160(6), 1147–1156.

Collins, L. M., Graham, J. J., and Flaherty, B. P. (1998). An Alternative Framework for Defining Mediation. *Multivariate Behavioral Research*, 33, 295–312.

Frazier, P. A., Tix, A. P., and Barron, K. E. (2004). Testing Moderator and Mediator Effects in Counseling Psychology Research. *Journal of Counseling Psychology*, 51(1), 115–134.

Hayes, A. F. (2009). Beyond Baron and Kenny: Statistical Mediation Analysis in The New Millennium. *Communication Monographs*, 76(4), 408-420.

Hayes, A. F. (2013). *Introduction to Mediation, Moderation, and Conditional Process Analysis: A Regression-Based Approach.* New York, NY: The Guilford Press.

Hayes, A. F. (2018). *Introduction to Mediation, Moderation, and Conditional Process Analysis: A Regression-Based Approach.* 2nd ed., New York, NY: The Guilford Press.

Holmbeck, G. N. (1997). Toward Terminological, Conceptual, and Statistical Clarity in the Study of Mediators and Moderators: Examples From the Child-Clinical and Pediatric Psychology Literatures. *Journal of Consulting and Clinical Psychology*, 65(4), 599-610.

Iacobucci, D. (2008). *Mediation Analysis.* Thousand Oaks, CA: Sage Publications.

Iacobucci, D. (2012). Mediation Analysis and Categorical Variables: The Final Frontier. *Journal of Consumer Psychology*, 22, 582-594.

Jose, P. E. (2013). *Doing Statistical Mediation and Moderation.* New York, NY: The Guilford Press.

Kenny, David A. homepage: davidakenny.net/crm/mediate.htm

Kenny, D. A., Kashy, D. A., and Bolger, N. (1998). Data Analysis in Social Psychology In Gilbert, D., Fiske, S. T., and Lindzey, G. (Eds.), *Handbook of Social Psychology,* 4th ed., Vol. 1 (pp.233-265), New York: McGraw-Hill.

Koschate-Fischer, N., and Schwille, E. (2021). Mediation Analysis in Experimental Research. In Homburg, C., Klarmann, M., and Vomberg, A. (Eds.), *Handbook of Market Research* (pp.1-49), Springer.

MacKinnon, D. P. (2000). Contrasts in Multiple Mediator Models. In J. S. Rose, L. Chassin, C. C. Presson, and S. J. Sherman (Eds.), *Multivariate Applications in Substance Use Research* (pp.141-160), Mahwah, NJ: Erlbaum.

MacKinnon, D. P. (2008). *Introduction to Statistical Mediation Analysis.* Mahwah, NJ: Erlbaum.

MacKinnon, D. P., Fairchild, A. J., and Fritz, M. S. (2007). Mediation analysis. *Annual Review of Psychology*, 58, 593-614.

MacKinnon, D. P., Lockwood, C. M., Hoffman, J. M., West, S. G., and Sheets, V. (2002). A Comparison of Methods to Test Mediation and Other

Intervening Variable Effects. *Psychological Methods*, 7(1), 83–104.

MacKinnon, D. P., Krull, J. L., and Lockwood, C. M. (2000). Equivalence of the Mediation, Confounding and Suppression Effect. *Prevention Science*, 1(4), 173–181.

Pieters, R. (2017). Meaningful Mediation Analysis: Plausible Causal Inference and Informative Communication. *Journal of Consumer Research*, 44(3), 692–716.

Preacher, K. J., and Hayes, A. F. (2004). SPSS and SAS Procedures for Estimating Indirect Effects in Simple Mediation Models. *Behavior Research Methods, Instruments, and Computers*, 36(4), 717-731.

Preacher, K. J., and Hayes, A. F. (2008). Asymptotic and Resampling Strategies for Assessing and Comparing Indirect Effects in Multiple Mediator Models. *Behavior Research Methods*, 40(3), 879-891.

Preacher, K. J., and Kelley, K. (2011). Effect Size Measures for Mediation Models: Quantitative Strategies for Communicating Indirect Effects. *Psychological Methods*, 16(2), 93–115.

Preacher, K. J., Curran, P. J., and Bauer, D. J. (2006). Computational Tools for Probing Interactions in Multiple Linear Regression, Multilevel Modeling, and Latent Curve Analysis. *Journal of Educational and Behavioral Statistics*, 31(4), 437–448.

Rose, B. M., Holmbeck, G. N., Coakley, R. M., and Franks, E. A. (2004). Mediator and Moderator Effects in Developmental and Behavioral Pediatric Research. *Developmental and Behavioral Pediatrics*, 25(1), 58–67.

Rucker, D. D., Preacher, K. J., Tormala, Z. L., and Petty, R. E. (2011). Mediation Analysis in Social Psychology: Current Practices and New Recommendations. *Social and Personality Psychology Compass*, 5/6, 359–371.

Shrout, P. E., and Bolger, N. (2002). Mediation in Experimental and Nonexperimental Studies: New Procedures and Recommendations. *Psychological Methods*, 7(4), 422–445.

Zhao, X., Lynch, J. G. Jr., and Chen, Q. (2010). Reconsidering Baron and Kenny: Myths and Truths about Mediation Analysis. *Journal of Consumer Research*, 37(August), 197–206.

CHAPTER

07

매개효과분석(Ⅱ)

1. 단일매개모델
2. 다중매개모델
3. 독립변수가 여러 개 있는 모델
4. 종속변수가 여러 개 있는 모델

CHAPTER 07

매개효과분석(Ⅱ)

1 단일매개모델

단일매개모델(single mediator model) 또는 **단순매개모델**(simple mediator model)은 독립변수와 종속변수 간에 하나의 매개변수가 있는 모델을 의미한다.

1.1 독립변수가 이분형 변수인 경우

[그림 7-1]을 대상으로 독립변수가 실험변수로 조작된 이분형(binary) 변수이고, 매개변수 및 종속변수가 연속형 변수인 모델에 대해 살펴본다.

그림 7-1 | 독립변수가 이분형 변수인 경우

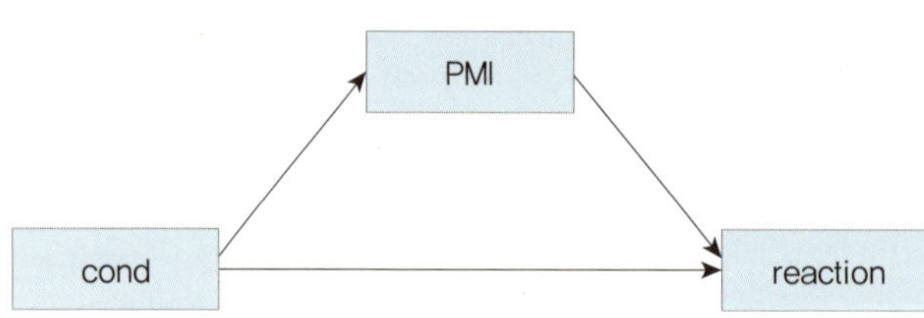

이 모델에서 독립변수([cond])는 경제위기 기사를 1면에 실었다고 알려준 집단([$cond$ = 1]), 중간에 실었다고 알려준 집단([$cond$ = 0])으로 조작화되었고, 종속변수인 반응([reaction])은 이러한 기사를 보고 설탕을 구매하고자 하는 의도이고, 매개변수인 추정된 미디어 영향력([pmi])은 그러한 기사에 노출된 다른 사람들이 그 기사를 얼마나 믿을 것인가를 의미한다. 이를 분석하기 위한 자료는 다음과 같다.

Data 7-1 [Hayes-chap4.sav]

	cond	pmi	reaction
1	1.00	7.00	5.25
2	.00	6.00	1.25
3	1.00	5.50	5.00
4	.00	6.50	2.75
5	.00	6.00	2.50

1) SPSS 회귀분석에 의한 분석

SPSS 회귀분석에 의한 매개효과분석은 두 번의 회귀분석을 통해 얻은 값을 Sobel test를 하는 방법이 사용된다.

1 [pmi]를 종속변수로, [cond]를 독립변수로 하여 회귀분석을 한다.

SPSS 대화상자 7-1 회귀분석

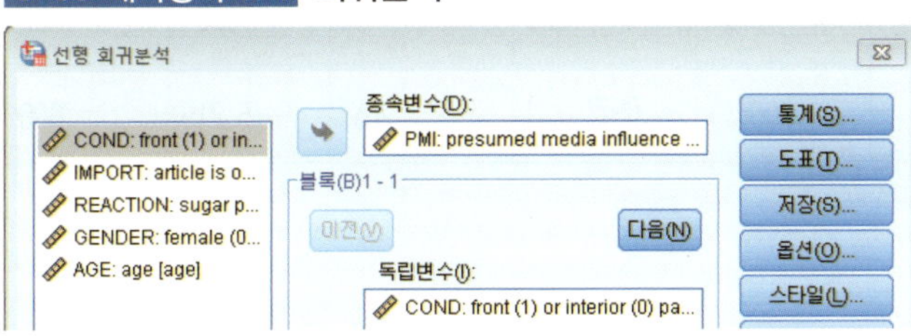

2 이를 실행하면 [Output 7-1]을 얻는다.

Output 7-1 SPSS output: 회귀분석결과

모형		비표준화계수		표준화계수	t	유의수준
		B	표준오차	베타		
1	(상수)	5.377	.162		33.222	.000
	COND: front (1) or interior (0) page of the newspaper	.477(a)	.236(se_a)	.181	2.022	.045

a. 종속변수: PMI: presumed media influence

3 분석결과 [cond]는 [PMI]에 영향을 주는 것으로 나타났다.

4 [reaction]을 종속변수로, [PMI]와 [cond]를 독립변수로 회귀분석을 한다.

SPSS 대화상자 7-2 회귀분석

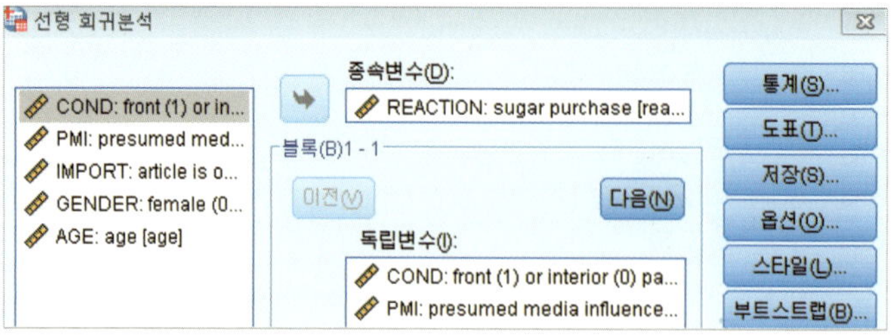

5 이를 실행하면 [Output 7-2]를 얻는다.

Output 7-2 SPSS output: 회귀분석결과

모형		비표준화계수		표준화계수	t	유의수준
		B	표준오차	베타		
1	(상수)	.527	.550		.958	.340
	COND: front (1) or interior (0) page of the newspaper	.254	.256	.082	.994	.322
	PMI: presumed media influence	.506(b)	.097(se_b)	.432	5.219	.000

a. 종속변수: REACTION: sugar purchase

6 분석결과 [pmi]는 [reaction]에 영향을 주나, [cond]는 영향을 주지 않는 것으로 나타났다.

7 위에서 얻은 값을 토대로 Sobel test를 한다. Sobel test 계산기에 해당 값을 입력하고 [Calculate] 버튼을 누른다.

[Preacher의 Sobel test calculator]

Input:		Test statistic:		Std. Error:	p-value:
a	.477	Sobel test:	1.88466304	0.12806639	0.05947535
b	.506	Aroian test:	1.85525657	0.13009629	0.0635596
s_a	.236	Goodman test:	1.91551365	0.1260038	0.05542703
s_b	.097	Reset all	Calculate		

8 $p > .05$ 이어 유의적이지 않으므로 매개효과가 없다고 해석한다.

2) PROCESS에 의한 분석

1 다음과 같이 변수와 모델넘버를 지정한다.

PROCESS 대화상자 7-1 변수지정 및 모델넘버

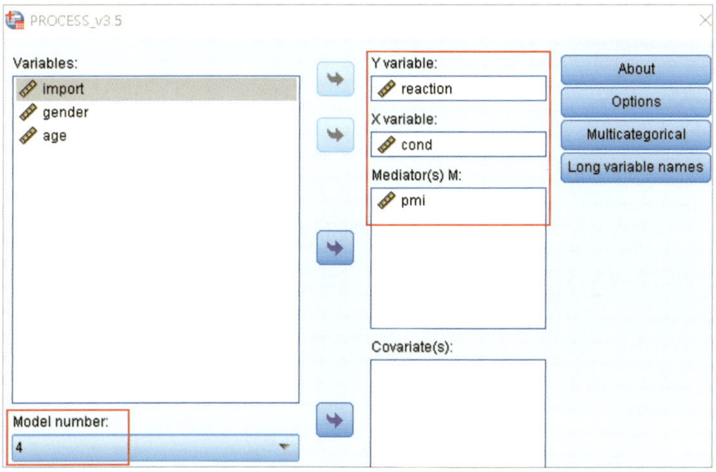

2 이를 실행하면 [Output 7-3]을 얻는다.

Output 7-3 PROCESS output

```
**************************************************************************
OUTCOME VARIABLE:
 pmi

Model Summary
          R       R-sq        MSE          F        df1        df2          p
      .1808      .0327     1.7026     4.0878     1.0000   121.0000      .0454

Model
              coeff         se          t          p       LLCI       ULCI
constant     5.3769      .1618    33.2222      .0000     5.0565     5.6973
cond         .4765(a)    .2357     2.0218      .0454      .0099      .9431

Standardized coefficients
          coeff
cond      .3607

**************************************************************************
OUTCOME VARIABLE:
 reaction
```

```
Model Summary
          R       R-sq        MSE          F        df1        df2          p
      .4538      .2059     1.9404    15.5571     2.0000   120.0000      .0000

Model
              coeff         se          t          p       LLCI       ULCI
constant      .5269      .5497      .9585      .3397     -.5615     1.6152
cond          .2544(c')  .2558      .9943      .3221     -.2522      .7609
pmi           .5064(b)   .0970     5.2185      .0000      .3143      .6986

Standardized coefficients
          coeff
cond      .1641
pmi       .4316

*************************** TOTAL EFFECT MODEL ****************************
OUTCOME VARIABLE:
 reaction

Model Summary
          R       R-sq        MSE          F        df1        df2          p
      .1603      .0257     2.3610     3.1897     1.0000   121.0000      .0766

Model
              coeff         se          t          p       LLCI       ULCI
constant     3.2500      .1906    17.0525      .0000     2.8727     3.6273
cond          .4957      .2775     1.7860      .0766     -.0538     1.0452

Standardized coefficients
          coeff
cond      .3197

************** TOTAL, DIRECT, AND INDIRECT EFFECTS OF X ON Y **************

Total effect of X on Y
     Effect         se          t          p       LLCI       ULCI       c_ps
      .4957      .2775     1.7860      .0766     -.0538     1.0452      .3197

Direct effect of X on Y
     Effect         se          t          p       LLCI       ULCI      c'_ps
      .2544      .2558      .9943      .3221     -.2522      .7609      .1641

Indirect effect(s) of X on Y:
         Effect     BootSE   BootLLCI   BootULCI
pmi    .2413(ab)     .1306      .0040      .5184

Partially standardized indirect effect(s) of X on Y:
```

```
          Effect    BootSE   BootLLCI  BootULCI
pmi        .1557     .0829      .0027     .3308
***********************************************************************************
```

3 붓스트레핑 결과, 간접효과(ab)는 95% 신뢰구간 [.0040, .5184]에 0을 포함하지 않으므로 간접효과가 있다고 해석한다. **이는 앞서 분석한 Sobel test와는 다른 결과를 보인다. 이러한 경우 붓스트레핑이 더 정확하므로 이를 토대로 해석한다.**

4 회귀계수를 해석한다. 회귀계수 $a=.477$은 [cond]가 한 단위 차이나는 두 사례의 [PMI] 값은 .477만큼 차이가 난다는 것을 의미한다. [cond]는 1과 0으로 코딩되었기 때문에 .477은 두 집단의 [PMI]의 평균의 차이와 같다.

5 회귀계수 $b=.506$은 동일한 [cond]에 속하면서 [PMI] 값이 한 단위 차이나는 두 사례의 [reaction]의 차이이다. 즉 신문기사의 위치가 동일한 사례 가운데 [PMI]가 한 단위 높은 사례는 설탕구매의도[reaction]가 .506만큼 높다는 것을 의미한다.

6 간접효과 $ab=.241$는 신문기사가 1면에 실린 것으로 배정된 집단($cond=1$)은 그렇지 않은 집단에 비해 미디어영향력의 정도를 통해 설탕구매의도에 미치는 효과가 .241만큼 크다는 것을 의미한다.

7 직접효과(c')=.254는 동일한 [pmi] 값을 가지면서 [cond]가 한 단위 차이가 나는 두 사례의 [reaction]의 차이이다. 즉 신문기사가 1면에 실렸다고 배정된 사례는 중간에 실렸다고 배정된 사례보다 설탕구매의도가 .254만큼 높다는 것을 의미한다. 이 값은 통계적으로 유의적이지 않다.

1.2 독립변수의 범주가 3개인 경우

독립변수의 범주가 2개 이상인 **다범주(multicategorical)**에 대해 살펴본다. 범주가 3개인 경우를 살펴본다.

그림 7-2 | 독립변수 범주가 3개인 매개모델

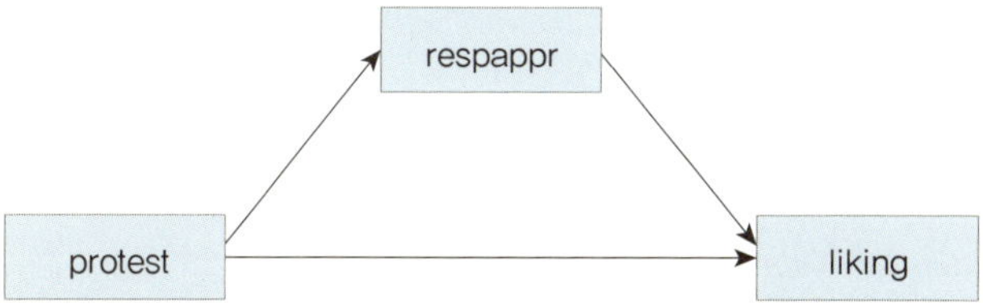

이 모델에서 [protest]는 3개의 범주로 코딩되었는데, [protest=0]은 항의를 하지 않은 것, [protest=1]은 개인적으로 항의한 것, [protest=2]는 집단으로 항의한 것을 의미한다. [respappr]은 항의한 것이 어느 정도 적절했는지에 대한 평가를 의미하고, [liking]은 좋아하는 정도를 의미한다. 이 모델을 분석하기 위한 자료는 다음과 같다.

Data 7-2 [Hayes_protest.sav]

	subnum	protest	sexism	angry	liking	respappr
1	209	2.00	4.87	2	4.83	4.25
2	44	.00	4.25	1	4.50	5.75
3	124	2.00	5.00	3	5.50	4.75
4	232	2.00	5.50	1	5.66	7.00
5	30	2.00	5.62	1	6.16	6.75

이 모델을 PROCESS로 분석하는 것에 대해 살펴본다.

1 PROCESS에서 다음과 같이 변수와 모델넘버를 지정한다.

PROCESS 대화상자 7-2 변수지정 및 모델넘버

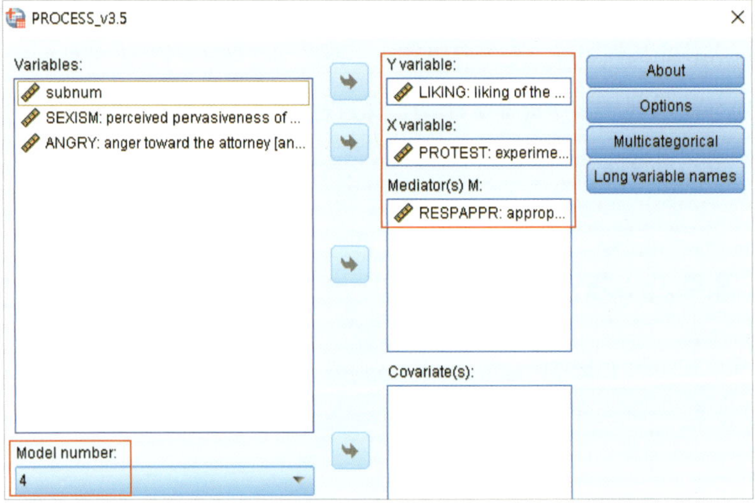

2 [Multicategorical] 버튼을 눌러 다음과 같이 지정한다.

PROCESS 대화상자 7-3 다범주 변수

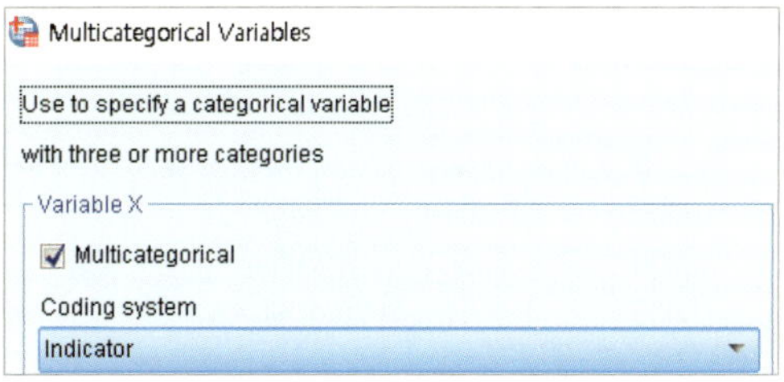

3 [코딩시스템]에는 4가지 옵션이 있다. [Indicator]는 더미코딩을 의미한다.

PROCESS 대화상자 7-4 코딩 시스템

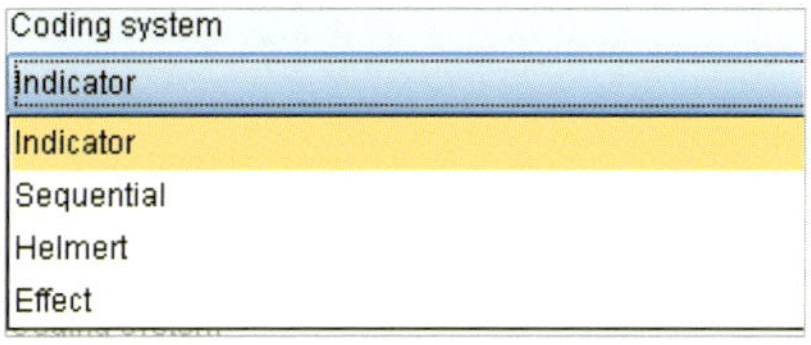

4 이를 실행하면 [Output 7-4]를 얻는다.

Output 7-4 PROCESS output

```
**************************************************************************
Model  : 4
    Y  : liking
    X  : protest
    M  : respappr

Sample
Size:  129

Coding of categorical X variable for analysis:
 protest       X1       X2
     .000     .000     .000
    1.000    1.000     .000
    2.000     .000    1.000

**************************************************************************
OUTCOME VARIABLE:
 respappr

Model Summary
```

```
         R       R-sq        MSE          F        df1        df2          p
     .5106      .2607     1.3649    22.2190     2.0000   126.0000      .0000

Model
              coeff         se          t          p       LLCI       ULCI
constant     3.8841      .1825    21.2881      .0000     3.5231     4.2452
X1           1.2612      .2550     4.9456      .0000      .7565     1.7659
X2           1.6103      .2522     6.3842      .0000     1.1111     2.1095

**************************************************************************
OUTCOME VARIABLE:
 liking

Model Summary
         R       R-sq        MSE          F        df1        df2          p
     .5031      .2531      .8427    14.1225     3.0000   125.0000      .0000

Model
              coeff         se          t          p       LLCI       ULCI
constant     3.7103      .3074    12.0711      .0000     3.1020     4.3187
X1           -.0037      .2190     -.0169      .9865     -.4371      .4297
X2           -.2202      .2280     -.9658      .3360     -.6715      .2310
respappr      .4119      .0700     5.8844      .0000      .2734      .5504

*************** DIRECT AND INDIRECT EFFECTS OF X ON Y **************

Relative direct effects of X on Y
         Effect         se          t          p       LLCI       ULCI
X1       -.0037      .2190     -.0169      .9865     -.4371      .4297
X2       -.2202      .2280     -.9658      .3360     -.6715      .2310

Omnibus test of direct effect of X on Y:
   R2-chng          F        df1        df2          p
     .0087      .7286     2.0000   125.0000      .4846
----------

Relative indirect effects of X on Y

 protest     ->    respappr     ->    liking

         Effect     BootSE   BootLLCI   BootULCI
X1        .5195      .1494      .2539      .8343
X2        .6633      .1666      .3637     1.0210
**************************************************************************
```

5 독립변수가 다범주인 경우, 간접효과는 0으로 코딩된 준거집단(reference group)에 비해 $X1$(개인적으로 항의), $X2$(집단으로 항의)의 각각의 효과를 계산한다. 따라서 항의를 하지 않은 준거집단에 비해 개인적으로 항의한 것으로 배정된 집단($X1$)은 항의에 대한 평가를 통해 호감도에 미치는 효과가 .520만큼 높아지고, 집단으로 항의한 것으로 배정된 집단($X2$)은 항의에 대한 평가를 통해 호감도에 미치는 효과가 .663만큼 높아진다는 의미를 갖는다.

1.3 독립변수가 연속형 변수인 경우: 통제변수가 없는 경우

독립변수가 연속형 변수이면서 통제변수가 없는 경우에 대해 살펴본다.

그림 7-3 | 독립변수가 연속형 변수인 매개모델

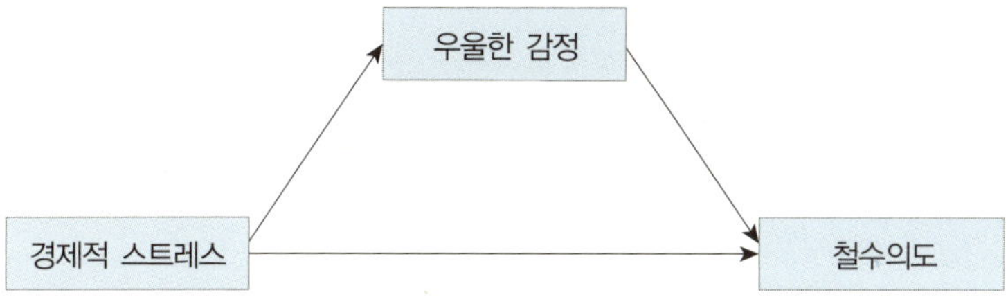

이 모델에 대해 간단히 살펴본다. 기업가들이 경제적 스트레스에 처한 경우 우울한 감정을 느끼게 되고 기업을 철수하고자 하는 의도에 어떤 영향을 주는가를 알고자 한다. 이 모델을 분석하기 위한 자료는 다음과 같다.

Data 7-3 [Hayes-estress.sav]

	tenure	estress	affect	withdraw	sex	age	ese
1	1.67	6.00	2.60	3.00	1	51	5.33
2	.58	5.00	1.00	1.00	0	45	6.05
3	.58	5.50	2.40	3.66	1	42	5.26
4	2.00	3.00	1.16	4.66	1	50	4.35
5	5.00	4.50	1.00	4.33	1	48	4.86

1 PROCESS에서 다음과 같이 변수와 모델넘버를 지정한다.

PROCESS 대화상자 7-5 변수지정 및 모델넘버

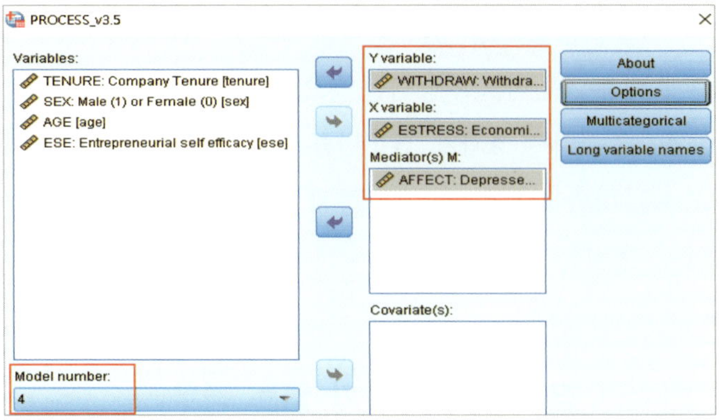

2 이를 실행하면 [Output 7-5]를 얻는다.

Output 7-5 PROCESS output

```
**************************************************************************
OUTCOME VARIABLE:
 affect
Model Summary
          R       R-sq        MSE          F        df1        df2          p
      .3401      .1156      .4650    33.9988     1.0000   260.0000      .0000
Model
              coeff         se          t          p       LLCI       ULCI
constant      .7994      .1433     5.5777      .0000      .5172     1.0816
estress       .1729      .0296     5.8308      .0000      .1145      .2313
**************************************************************************
OUTCOME VARIABLE:
 withdraw
Model Summary
          R       R-sq        MSE          F        df1        df2          p
      .4247      .1804     1.2841    28.4946     2.0000   259.0000      .0000
Model
              coeff         se          t          p       LLCI       ULCI
constant     1.4471      .2520     5.7420      .0000      .9508     1.9433
estress      -.0768      .0524    -1.4667      .1437     -.1800      .0263
affect        .7691      .1031     7.4627      .0000      .5662      .9721

************************** TOTAL EFFECT MODEL ****************************
OUTCOME VARIABLE:
 withdraw
Model Summary
          R       R-sq        MSE          F        df1        df2          p
      .0641      .0041     1.5543     1.0718     1.0000   260.0000      .3015
```

Model

	coeff	se	t	p	LLCI	ULCI
constant	2.0619	.2620	7.8691	.0000	1.5459	2.5778
estress	.0561	.0542	1.0353	.3015	-.0506	.1629

************ TOTAL, DIRECT, AND INDIRECT EFFECTS OF X ON Y ************

Total effect of X on Y

Effect	se	t	p	LLCI	ULCI	c_ps	c_cs
.0561	.0542	1.0353	.3015	-.0506	.1629	.0450	.0641

Direct effect of X on Y

Effect	se	t	p	LLCI	ULCI	c'_ps	c'_cs
-.0768	.0524	-1.4667	.1437	-.1800	.0263	-.0616	-.0877

Indirect effect(s) of X on Y:

	Effect	BootSE	BootLLCI	BootULCI
affect	.1330	.0333	.0694	.2006

****

3 붓스트레핑에 의해 분석한 결과, 95% 신뢰구간에 0을 포함하지 않으므로 간접효과가 있는 것으로 나타났다. 간접효과 계수 .1330은 스트레스가 한 단위 더 큰 기업가는 한 단위 작은 기업가에 비해 우울한 감정을 느껴 기업을 철수하려는 의도가 .133 만큼 더 크다는 것을 의미한다.

1.4 독립변수가 연속형 변수인 경우: 통제변수가 있는 경우

[그림 7-3] 모델에 통제변수로 나이를 고려한 [그림 7-4] 모델을 살펴본다.

그림 7-4 | 통제변수를 고려한 모델

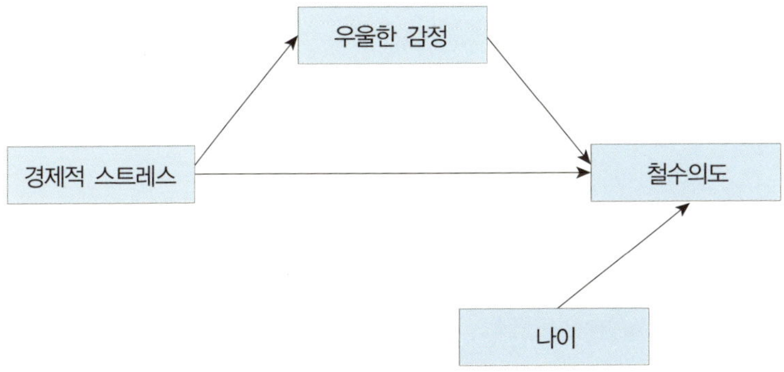

1 PROCESS에서 다음과 같이 변수와 모델넘버를 지정한다.

PROCESS 대화상자 7-6 변수지정 및 모델넘버

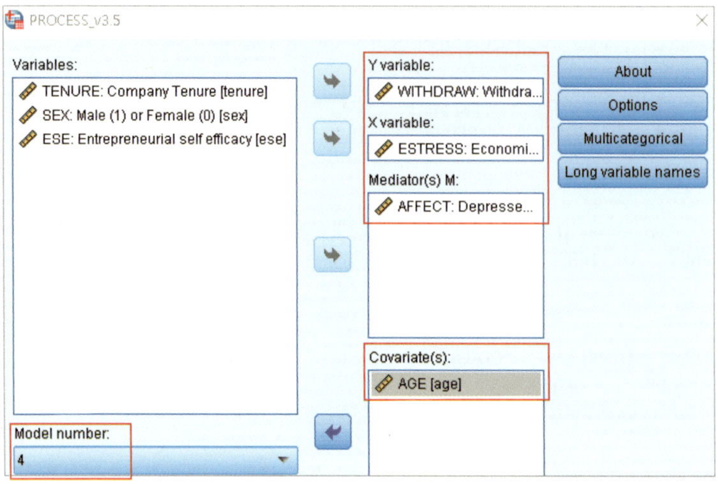

2 이를 실행하면 [Output 7-6]을 얻는다.

Output 7-6 PROCESS output

```
*****************************************************************************
Model  : 4
    Y  : withdraw
    X  : estress
    M  : affect

Covariates:
 age

Sample
Size:  262

*****************************************************************************
OUTCOME VARIABLE:
 affect

Model Summary
          R       R-sq        MSE          F        df1        df2          p
      .3424      .1173      .4659    17.2037     2.0000   259.0000      .0000

Model
```

	coeff	se	t	p	LLCI	ULCI
constant	.9167	.2224	4.1221	.0001	.4788	1.3546
estress	.1742	.0297	5.8579	.0000	.1157	.2328
age	-.0028	.0041	-.6906	.4904	-.0109	.0052

****

OUTCOME VARIABLE:
withdraw

Model Summary

R	R-sq	MSE	F	df1	df2	p
.4252	.1808	1.2884	18.9828	3.0000	258.0000	.0000

Model

	coeff	se	t	p	LLCI	ULCI
constant	1.5568	.3818	4.0781	.0001	.8051	2.3086
estress	-.0753	.0526	-1.4306	.1537	-.1789	.0283
affect	.7674	.1033	7.4271	.0000	.5640	.9709
age	-.0026	.0068	-.3833	.7018	-.0160	.0108

************************* TOTAL EFFECT MODEL ****************************

OUTCOME VARIABLE:
withdraw

Model Summary

R	R-sq	MSE	F	df1	df2	p
.0753	.0057	1.5578	.7387	2.0000	259.0000	.4788

Model

	coeff	se	t	p	LLCI	ULCI
constant	2.2604	.4066	5.5585	.0000	1.4596	3.0611
estress	.0584	.0544	1.0740	.2838	-.0487	.1655
age	-.0048	.0075	-.6388	.5235	-.0195	.0099

************* TOTAL, DIRECT, AND INDIRECT EFFECTS OF X ON Y ************

Total effect of X on Y

Effect	se	t	p	LLCI	ULCI	c_ps	c_cs
.0584	.0544	1.0740	.2838	-.0487	.1655	.0468	.0667

Direct effect of X on Y

Effect	se	t	p	LLCI	ULCI	c'_ps	c'_cs
-.0753	.0526	-1.4306	.1537	-.1789	.0283	-.0604	-.0860

Indirect effect(s) of X on Y:

	Effect	BootSE	BootLLCI	BootULCI
affect	.1337	.0328	.0714	.2042

****

3 통제변수가 있는 경우(.1337)와 통제변수가 없는 경우(.1330) 간접효과가 약간의 차이가 있다.

2 다중매개모델

다중매개모델(multiple mediator model)은 매개변수가 여러 개가 있는 모델을 의미한다. 이는 **평행다중매개모델**(parallel multiple mediator model)과 **연속다중매개모델**(serial multiple mediator model)로 나눌 수 있다.

2.1 평행다중매개모델: 예 1

[그림 7-5]의 평행다중매개모델에 대해 살펴본다. 평행다중매개란 독립변수와 종속변수 사이에 매개변수가 여러 개가 있고 그들 간에는 어떠한 인과관계도 없는 모델을 의미한다.

그림 7-5 | 평행다중매개모델

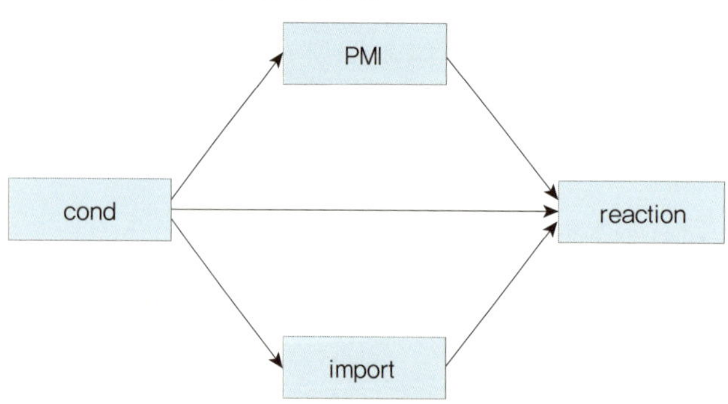

이를 분석하기 위한 자료는 다음과 같다.

Data 7-4 [Hayes-chap4.sav]

	cond	pmi	import	reaction	gender	age
1	1.00	7.00	6.00	5.25	1.00	51.00
2	.00	6.00	1.00	1.25	1.00	40.00
3	1.00	5.50	6.00	5.00	1.00	26.00
4	.00	6.50	6.00	2.75	.00	21.00
5	.00	6.00	5.00	2.50	1.00	27.00

1 PROCESS에서 다음과 같이 변수와 모델넘버를 지정한다.

PROCESS 대화상자 7-7 변수지정 및 모델넘버

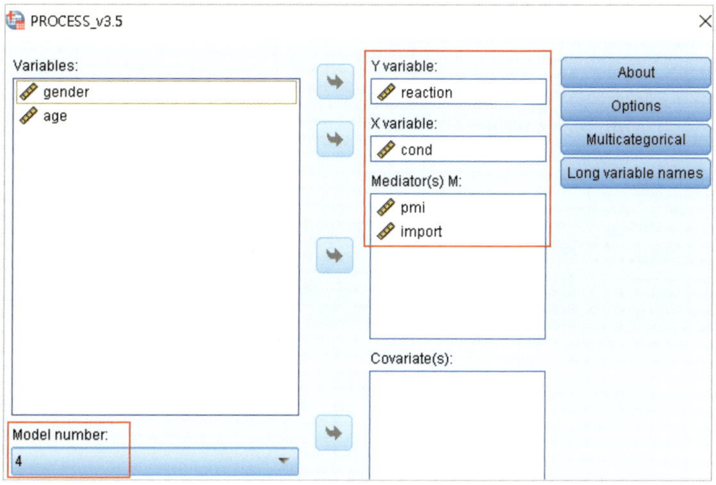

2 [Options] 버튼을 눌러 다음과 같이 지정한다.

PROCESS 대화상자 7-8 Options

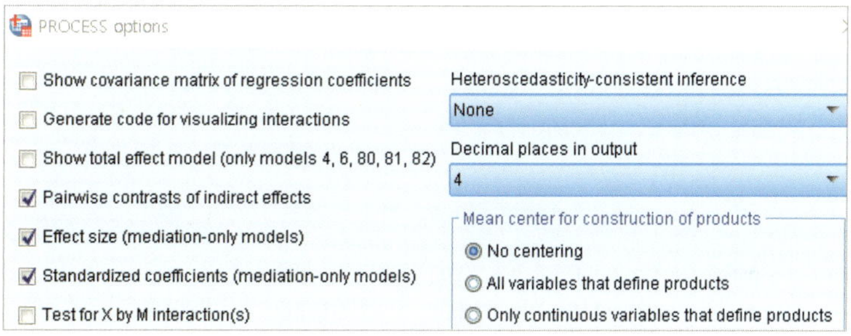

3 이를 실행하면 [Output 7-7]을 얻는다.

Output 7-7 PROCESS output

```
**************************************************************************
Model  : 4
    Y  : reaction
    X  : cond
   M1  : pmi
   M2  : import

Sample
Size:  123

**************************************************************************
OUTCOME VARIABLE:
 pmi

Model Summary
          R       R-sq        MSE          F        df1        df2          p
      .1808      .0327     1.7026     4.0878     1.0000   121.0000      .0454

Model
              coeff         se          t          p       LLCI       ULCI
constant     5.3769      .1618    33.2222      .0000     5.0565     5.6973
cond          .4765      .2357     2.0218      .0454      .0099      .9431

**************************************************************************
OUTCOME VARIABLE:
 import

Model Summary
          R       R-sq        MSE          F        df1        df2          p
      .1809      .0327     2.9411     4.0942     1.0000   121.0000      .0452

Model
              coeff         se          t          p       LLCI       ULCI
constant     3.9077      .2127    18.3704      .0000     3.4866     4.3288
cond          .6268      .3098     2.0234      .0452      .0135     1.2401

**************************************************************************
OUTCOME VARIABLE:
 reaction

Model Summary
          R       R-sq        MSE          F        df1        df2          p
      .5702      .3251     1.6628    19.1118     3.0000   119.0000      .0000
```

```
Model
              coeff        se          t          p        LLCI       ULCI
constant     -.1498     .5298     -.2828      .7778    -1.1989      .8993
cond          .1034     .2391      .4324      .6662     -.3701      .5768
pmi           .3965     .0930     4.2645      .0000      .2124      .5806
import        .3244     .0707     4.5857      .0000      .1843      .4645

*************** DIRECT AND INDIRECT EFFECTS OF X ON Y ***************

Direct effect of X on Y
     Effect         se          t          p       LLCI       ULCI
      .1034      .2391      .4324      .6662     -.3701      .5768

Indirect effect(s) of X on Y:
             Effect     BootSE   BootLLCI   BootULCI
TOTAL         .3923      .1670      .0795      .7312
pmi           .1890      .1034      .0017      .4129
import        .2033      .1156      .0060      .4578
(C1)         -.0144      .1423     -.3067      .2564

Specific indirect effect contrast definition(s):
(C1)          pmi         minus    import
*****************************************************************************
```

4 직접효과는 없는 것으로 나타났다. 붓스트렙 결과 [pmi]나 [import] 모두 신뢰구간에 0을 포함하지 않아 매개효과가 있는 것으로 나타났다. 두 매개효과의 합인 총간접효과(.3923)도 유의적인 것으로 나타났다. 두 간접효과의 차이(−.0144)는 유의적인 차이가 없는 것으로 나타났다.

2.2 평행다중매개모델: 예 2

[그림 7-6]과 같은 평행다중매개모델의 분석에 대해 살펴본다.

그림 7-6 | 평행다중매개모델

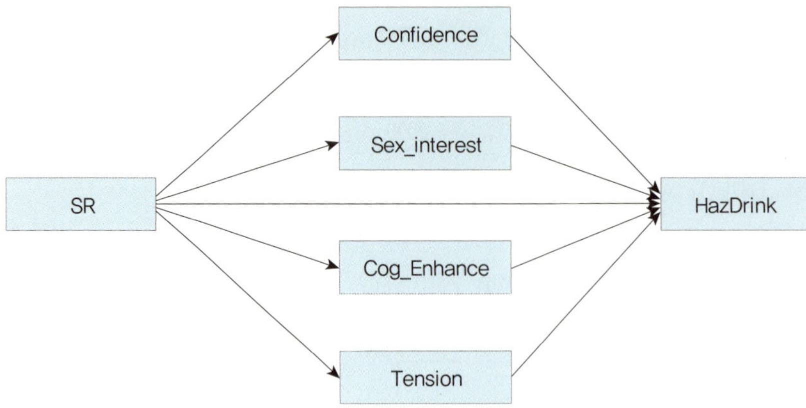

이 모델을 분석하기 위한 자료는 다음과 같다.

Data 7-5 [MultipleMediation.sav]

	sex	age	SR	Confidence	Sex_Interest	Cug_Enhance	Tension	HazDrink
1	1	21	17.00	58.00	15.00	3.00	15.00	28.00
2	0	23	14.00	47.00	14.00	7.00	9.00	11.00
3	1	18	10.00	43.00	9.00	6.00	6.00	7.00
4	1	19	10.00	33.00	9.00	9.00	8.00	3.00
5	1	17	8.00	41.00	11.00	6.00	11.00	1.00

1 PROCESS에서 다음과 같이 변수 및 모델넘버를 지정한다.

PROCESS 대화상자 7-9 변수지정과 모델넘버

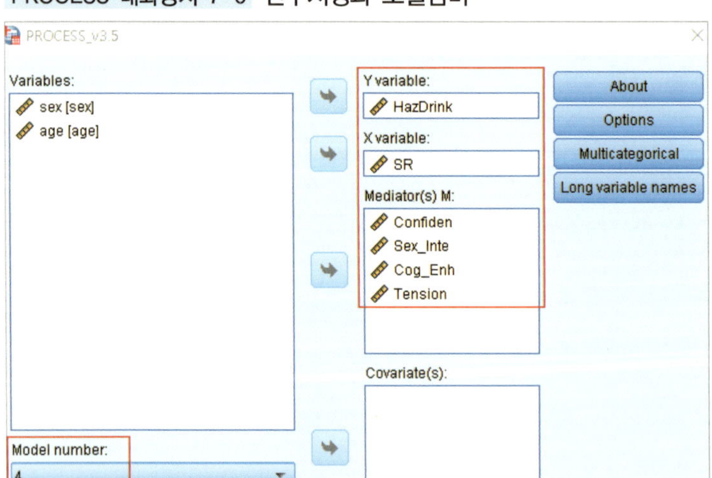

2 [Options] 버튼을 눌러 다음과 같이 지정한다.

PROCESS 대화상자 7-10 Options

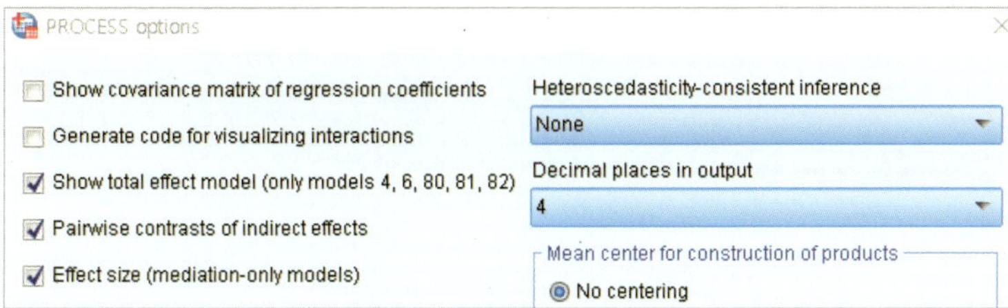

3 이를 실행하면 [Output 7-8]을 얻는다.

Output 7-8 PROCESS output

```
**************************************************************************
Model  : 4
    Y  : HazDrink
    X  : SR
   M1  : Confiden
   M2  : Sex_Inte
   M3  : Cog_Enh
   M4  : Tension

Sample
Size:  97

**************************************************************************
OUTCOME VARIABLE:
 Confiden

Model Summary
          R       R-sq        MSE          F        df1        df2          p
      .2300      .0529    51.5059     5.3064     1.0000    95.0000      .0234

Model
              coeff         se          t          p       LLCI       ULCI
constant    38.0745     2.1113    18.0338      .0000    33.8831    42.2660
SR            .3687      .1600     2.3036      .0234      .0509      .6864

**************************************************************************
OUTCOME VARIABLE:
 Sex_Inte

Model Summary
```

```
          R       R-sq        MSE          F        df1        df2          p
      .2629      .0691     6.4818     7.0557     1.0000    95.0000      .0093

Model
              coeff         se          t          p       LLCI       ULCI
constant     9.7204      .7490    12.9783      .0000     8.2335    11.2073
SR            .1508      .0568     2.6563      .0093      .0381      .2635

**************************************************************************
OUTCOME VARIABLE:
 Cog_Enh

Model Summary
          R       R-sq        MSE          F        df1        df2          p
      .0118      .0001     4.2770      .0132     1.0000    95.0000      .9088

Model
              coeff         se          t          p       LLCI       ULCI
constant     5.7047      .6084     9.3766      .0000     4.4969     6.9126
SR           -.0053      .0461     -.1148      .9088     -.0969      .0863

**************************************************************************
OUTCOME VARIABLE:
 Tension

Model Summary
          R       R-sq        MSE          F        df1        df2          p
      .0556      .0031     9.8448      .2951     1.0000    95.0000      .5882

Model
              coeff         se          t          p       LLCI       ULCI
constant     8.4366      .9230     9.1400      .0000     6.6041    10.2691
SR            .0380      .0700      .5432      .5882     -.1009      .1769

**************************************************************************
OUTCOME VARIABLE:
 HazDrink

Model Summary
          R       R-sq        MSE          F        df1        df2          p
      .6277      .3941    27.1187    11.8356     5.0000    91.0000      .0000

Model
              coeff         se          t          p       LLCI       ULCI
constant   -13.8240     3.9900    -3.4646      .0008   -21.7498    -5.8982
SR            .0822      .1217      .6754      .5011     -.1595      .3238
Confiden      .3598      .0849     4.2376      .0001      .1912      .5285
Sex_Inte      .3227      .2374     1.3590      .1775     -.1490      .7943
```

```
Cog_Enh      -.0726     .2702     -.2687     .7888     -.6093      .4641
Tension       .5058     .1841     2.7479     .0072      .1402      .8714

************************ TOTAL EFFECT MODEL ***************************
OUTCOME VARIABLE:
 HazDrink

Model Summary
          R       R-sq        MSE          F        df1        df2          p
      .1989      .0396    41.1735     3.9141     1.0000    95.0000      .0508

Model
              coeff         se          t          p       LLCI       ULCI
constant     6.8660     1.8877     3.6373      .0004     3.1185    10.6136
SR            .2831      .1431     1.9784      .0508     -.0010      .5672

*********** TOTAL, DIRECT, AND INDIRECT EFFECTS OF X ON Y ***********

Total effect of X on Y
Effect         se          t          p       LLCI       ULCI       c_ps       c_cs
.2831       .1431     1.9784      .0508     -.0010      .5672      .0435      .1989

Direct effect of X on Y
Effect         se          t          p       LLCI       ULCI      c'_ps      c'_cs
.0822       .1217      .6754      .5011     -.1595      .3238      .0126      .0577

Indirect effect(s) of X on Y:
              Effect     BootSE   BootLLCI   BootULCI
TOTAL          .2009      .1072     -.0056      .4200
Confiden       .1327      .0707      .0004      .2828
Sex_Inte       .0487      .0361     -.0104      .1299
Cog_Enh        .0004      .0130     -.0313      .0273
Tension        .0192      .0439     -.0619      .1214
(C1)           .0840      .0761     -.0546      .2438
(C2)           .1323      .0716      .0027      .2836
(C3)           .1134      .0699     -.0212      .2578
(C4)           .0483      .0384     -.0169      .1362
(C5)           .0294      .0532     -.0839      .1316
(C6)          -.0188      .0448     -.1200      .0628

Specific indirect effect contrast definition(s):
(C1)        Confiden    minus    Sex_Inte
(C2)        Confiden    minus    Cog_Enh
(C3)        Confiden    minus    Tension
(C4)        Sex_Inte    minus    Cog_Enh
(C5)        Sex_Inte    minus    Tension
(C6)        Cog_Enh     minus    Tension
*********************************************************************
```

4 [Confiden]만 간접효과가 있는 것으로 나타났고, (C2)만 유의적인 것으로 나타났다. [Confiden]을 통한 간접효과가 [Cog_Enh]을 통한 간접효과보다 큰 것으로 나타났다. 붓스트레핑 결과값은 분석할 때마다 값이 달라진다는 점을 상기하라.

2.3 연속다중매개모델: 예 1

연속다중매개모델(serial multiple mediator model)이란 독립변수와 종속변수 사이의 매개변수가 다른 매개변수(들)에 영향을 주어 종속변수에 영향을 미치는 모델을 의미한다. [그림 7-7]의 연속다중매개모델에 대해 살펴본다.

그림 7-7 | 연속다중매개모델

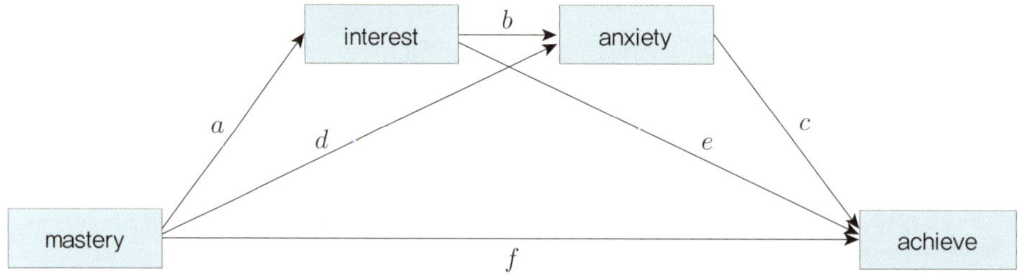

이 모델에는 ① $a \rightarrow b \rightarrow c$, ② $a \rightarrow e$, ③ $d \rightarrow c$ 등 3개의 매개효과가 있다. 이처럼 매개변수가 여러 개가 있는 경우 특정 경로에 해당하는 간접효과를 **특정간접효과(specific indirect effect)**라 한다. 이를 분석하기 위한 자료는 다음과 같다.

Data 7-6 [Crowson_path analysis data.sav]

	perfgoal	achieve	mastery	interest	anxiety	genderid
1	32.00	6.13	5.71	6.00	1.67	1.00
2	32.26	1.63	1.43	4.00	6.33	1.00
3	37.88	4.50	1.29	2.00	3.67	1.00
4	58.09	2.38	2.29	4.00	3.67	1.00
5	26.74	5.13	4.57	5.50	3.67	.00

1 PROCESS에서 다음과 같이 변수와 모델넘버를 지정한다.

PROCESS 대화상자 7-11 변수지정 및 모델넘버

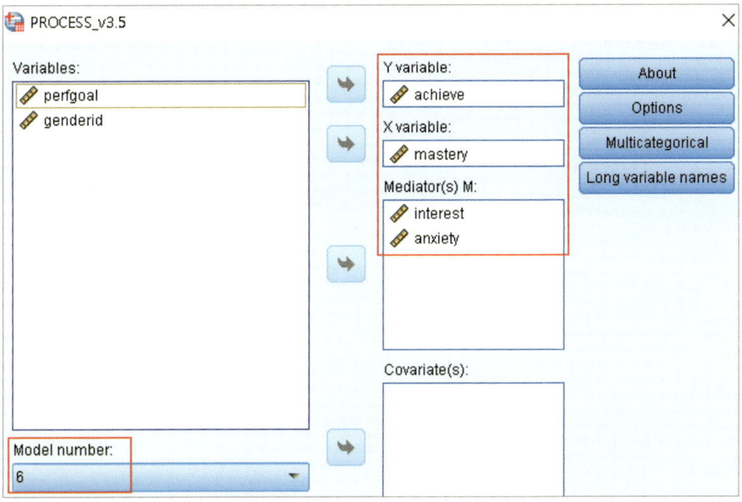

2 이를 실행하면 [Output 7-9]를 얻는다.

Output 7-9 PROCESS output

```
**************************************************************************
Model  : 6
    Y  : achieve
    X  : mastery
   M1  : interest
   M2  : anxiety
Sample
Size:  140
**************************************************************************
OUTCOME VARIABLE:
 interest

Model Summary
          R       R-sq        MSE          F        df1        df2          p
      .6073      .3688     2.0014    80.6467     1.0000   138.0000      .0000

Model
              coeff         se          t          p       LLCI       ULCI
constant     1.3341      .2724     4.8976      .0000      .7955     1.8727
mastery       .7701      .0858     8.9804      .0000      .6006      .9397

**************************************************************************
OUTCOME VARIABLE:
 anxiety
```

```
Model Summary
          R       R-sq        MSE          F        df1        df2          p
      .3372      .1137     2.4678     8.7904     2.0000   137.0000      .0003

Model
              coeff         se          t          p       LLCI       ULCI
constant     5.8815      .3277    17.9471      .0000     5.2334     6.5295
mastery      -.4064      .1199    -3.3905      .0009     -.6434     -.1694
interest      .0094      .0945      .0994      .9209     -.1775      .1963

**************************************************************************
OUTCOME VARIABLE:
 achieve

Model Summary
          R       R-sq        MSE          F        df1        df2          p
      .6221      .3871     1.0175    28.6271     3.0000   136.0000      .0000

Model
              coeff         se          t          p       LLCI       ULCI
constant     1.8090      .3852     4.6961      .0000     1.0472     2.5707
mastery       .3449      .0801     4.3046      .0000      .1865      .5034
interest      .2109      .0607     3.4754      .0007      .0909      .3310
anxiety      -.0404      .0549     -.7364      .4627     -.1489      .0681

************************* TOTAL EFFECT MODEL ****************************
OUTCOME VARIABLE:
 achieve

Model Summary
          R       R-sq        MSE          F        df1        df2          p
      .5748      .3304     1.0955    68.0845     1.0000   138.0000      .0000

Model
              coeff         se          t          p       LLCI       ULCI
constant     1.8523      .2015     9.1910      .0000     1.4538     2.2508
mastery       .5235      .0634     8.2513      .0000      .3981      .6490

************ TOTAL, DIRECT, AND INDIRECT EFFECTS OF X ON Y ************

Total effect of X on Y
     Effect         se          t          p       LLCI       ULCI
      .5235      .0634     8.2513      .0000      .3981      .6490

Direct effect of X on Y
     Effect         se          t          p       LLCI       ULCI
      .3449      .0801     4.3046      .0000      .1865      .5034
```

```
Indirect effect(s) of X on Y:
            Effect    BootSE   BootLLCI   BootULCI
TOTAL        .1786     .0613     .0570      .2965
Ind1         .1625     .0562     .0490      .2731
Ind2         .0164     .0251    -.0281      .0716
Ind3        -.0003     .0056    -.0129      .0111

Indirect effect key:
Ind1 mastery    ->    interest    ->    achieve
Ind2 mastery    ->    anxiety     ->    achieve
Ind3 mastery    ->    interest    ->    anxiety    ->    achieve
******************************************************************************
```

3 분석결과, $a \rightarrow e$ 즉 'mastery → interest → achieve'만 간접효과가 유의적인 것으로 나타났다.

2.4 연속다중매개모델: 예 2

[그림 7-8]도 2개의 매개변수 간에 관계가 있는 것으로 설정되었으므로 연속다중매개모델에 해당한다.

그림 7-8 | 연속다중매개모델

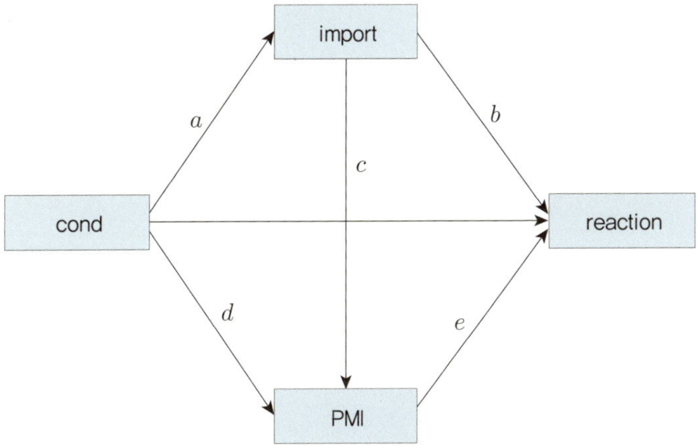

이 모델에는 ① $a \rightarrow b$, ② $a \rightarrow c \rightarrow e$, ③ $d \rightarrow e$ 등 3개의 매개효과가 있다.

1 [그림 7-5]를 분석한 자료를 이용하여 분석한다.

2 다음과 같이 변수를 지정하고 [Model number]를 [6]으로 바꾼다. **이때 [Mediator(s) M]에 변수를 넣는 순서가 중요하다. [import]를 먼저 넣고, 다음에 [PMI]를 넣는다. 그래야 import → PMI로 인식한다.**

PROCESS 대화상자 7-12 변수지정 및 모델넘버

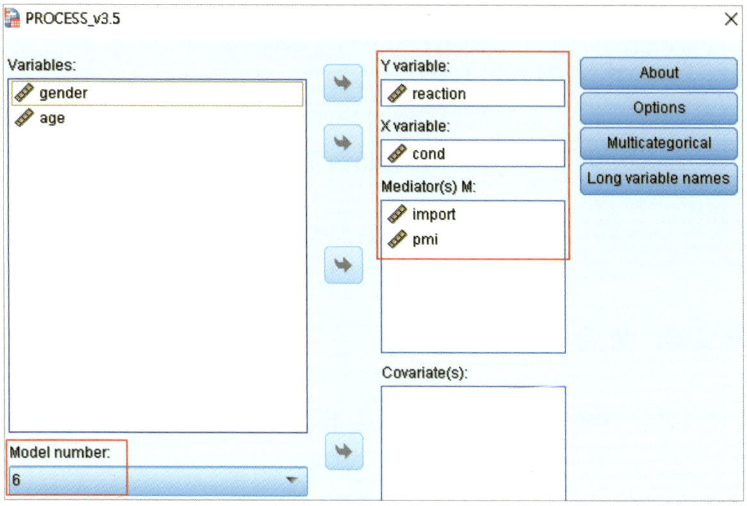

3 이를 실행하면 [Output 7-10]을 얻는다.

Output 7-10 PROCESS output

```
*****************************************************************************
Model  : 6
    Y  : reaction
    X  : cond
   M1  : import
   M2  : pmi

Sample
Size:  123

Direct effect of X on Y
     Effect        se         t         p       LLCI      ULCI
      .1034     .2391     .4324     .6662     -.3701     .5768
```

```
Indirect effect(s) of X on Y:
            Effect     BootSE    BootLLCI    BootULCI
TOTAL        .3923      .1657       .0868       .7493
Ind1         .2033      .1152       .0031       .4574
Ind2         .1402      .0999      -.0475       .3575
Ind3         .0488      .0364      -.0009       .1373
(C1)         .0631      .1572      -.2280       .3885
(C2)         .1546      .0990      -.0051       .3820
(C3)         .0915      .1086      -.1294       .3120

Specific indirect effect contrast definition(s):
(C1)           Ind1       minus     Ind2
(C2)           Ind1       minus     Ind3
(C3)           Ind2       minus     Ind3

Indirect effect key:
Ind1 cond         ->    import       ->    reaction
Ind2 cond         ->    pmi          ->    reaction
Ind3 cond         ->    import       ->    pmi          ->    reaction
*************************************************************************
```

4 $a \rightarrow b$ 경로만 간접효과가 유의적이다. 간접효과계수는 .2033으로 나타났다. (c1), (c2), (c3)은 두 간접효과의 차이를 검정한 것이다. 간접효과는 모두 차이가 없다.

5 [PMI]를 먼저 넣고 [import]를 다음에 넣어본다. 이는 PMI→import를 가정한다.

PROCESS 대화상자 7-13 변수지정 및 모델넘버

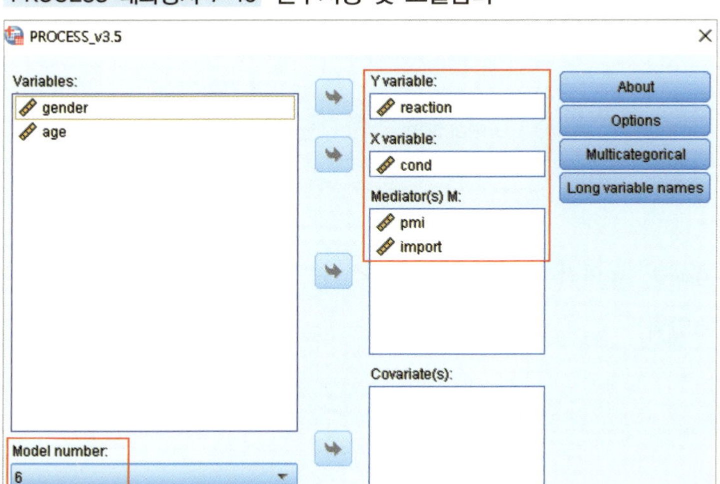

6 이를 실행하면 [Output 7-11]을 얻는다.

Output 7-11 PROCESS output

```
**************************************************************************
Model  : 6
    Y  : reaction
    X  : cond
   M1  : pmi
   M2  : import

     Sample
Size:    123

Direct effect of X on Y
      Effect        se         t         p      LLCI      ULCI
       .1034     .2391     .4324     .6662    -.3701     .5768

Indirect effect(s) of X on Y:
            Effect    BootSE   BootLLCI   BootULCI
TOTAL        .3923     .1641      .0892      .7420
Ind1         .1890     .1039      .0037      .4107
Ind2         .1510     .1089     -.0353      .3877
Ind3         .0524     .0361     -.0001      .1391
(C1)         .0380     .1559     -.2707      .3433
(C2)         .1366     .0863      .0002      .3335
(C3)         .0986     .1150     -.1128      .3444

Specific indirect effect contrast definition(s):
(C1)          Ind1       minus     Ind2
(C2)          Ind1       minus     Ind3
(C3)          Ind2       minus     Ind3

Indirect effect key:
Ind1 cond        ->    pmi         ->    reaction
Ind2 cond        ->    import      ->    reaction
Ind3 cond        ->    pmi         ->    import      ->    reaction
**************************************************************************
```

7 $a \rightarrow b$ 경로만 간접효과가 유의적이고, 간접효과계수가 .1890으로 [Output 7-10]과 다른 것을 알 수 있다.

3 독립변수가 여러 개 있는 모델

[그림 7-9]와 같이 독립변수가 여러 개 있는 매개효과분석에 대해 살펴본다.

그림 7-9 | 독립변수가 여러 개 있는 모델

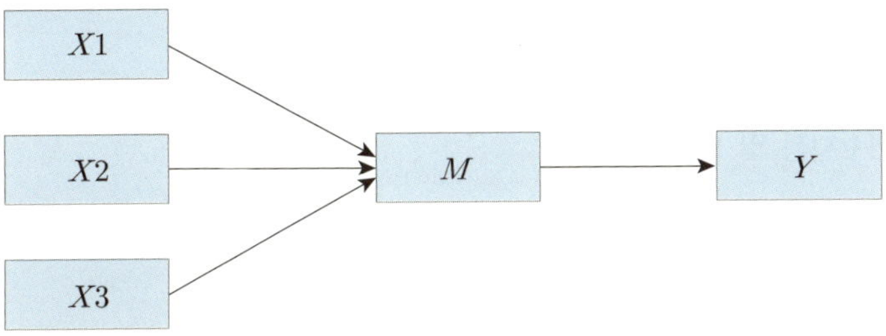

[그림 7-9] 모델을 분석하기 위한 통계적 모델은 [그림 7-10]과 같다. 즉 독립변수가 종속변수에 직접 영향을 미치는 직접효과를 포함한 모델을 추정한다.

그림 7-10 | 독립변수가 여러 개 있는 모델

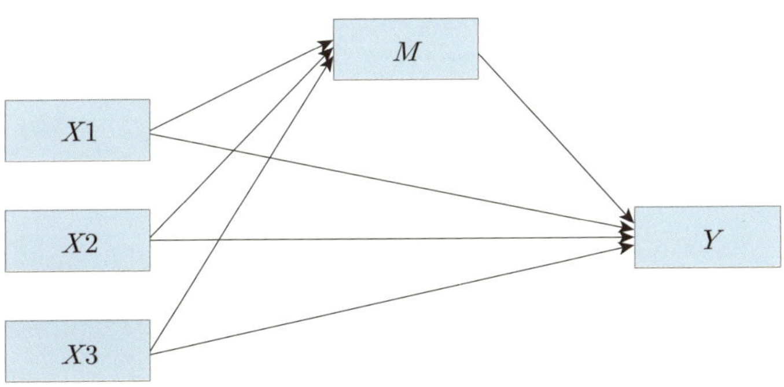

이를 분석하기 위한 자료는 다음과 같다.

Data 7-7 [multiple-Xs.sav]

	X1	X2	X3	M	Y
1	3	4	4	4	5
2	4	5	4	5	5
3	3	3	3	3	4
4	4	5	4	5	5
5	4	5	6	5	5

1 **PROCESS로 [그림 7-10] 모델을 분석하기 위해서는 세 번의 분석을 해야 한다.** 첫째, $X1$을 독립변수로, M을 매개변수로, Y를 종속변수로, 나머지 $X2$와 $X3$을 [Covariate(s)]로 분석한다. 둘째, $X2$를 독립변수로, M을 매개변수로, Y를 종속변수로, 나머지 $X1$과 $X3$을 통제변수로 분석한다. 셋째, $X3$을 독립변수로, M을 매개변수로, Y를 종속변수로, 나머지 $X1$과 $X2$를 통제변수로 분석을 한다.

2 다음은 첫 번째 분석을 위한 PROCESS 대화상자이다.

PROCESS 대화상자 7-14 변수지정 및 모델넘버

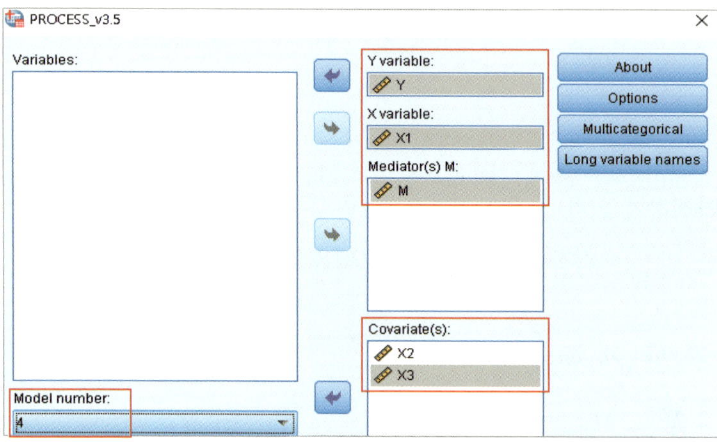

3 이를 실행하면 [Output 7-12]를 얻는다.

Output 7-12 PROCESS output

```
**************************************************************************
Model  : 4
    Y  : Y
    X  : X1
    M  : M

    Covariates:
 X2         X3

     Sample
Size:      269

**************************************************************************
OUTCOME VARIABLE:
 M
```

```
Model Summary
          R       R-sq        MSE          F        df1        df2          p
      .2528      .0639     1.0582     6.0307     3.0000   265.0000      .0005

Model
              coeff         se          t          p       LLCI       ULCI
constant     2.5248      .2925     8.6312      .0000     1.9488     3.1007
X1           -.0570      .1075     -.5301      .5965     -.2687      .1547
X2            .2500      .0846     2.9536      .0034      .0833      .4167
X3            .0707      .1000      .7071      .4801     -.1262      .2676

******************************************************************************
OUTCOME VARIABLE:
 Y

Model Summary
          R       R-sq        MSE          F        df1        df2          p
      .7276      .5294      .6001    74.2344     4.0000   264.0000      .0000

Model
              coeff         se          t          p       LLCI       ULCI
constant      .7297      .2493     2.9265      .0037      .2387     1.2206
X1            .0211      .0810      .2606      .7946     -.1384      .1806
M             .7603      .0463    16.4346      .0000      .6692      .8513
X2            .0572      .0648      .8829      .3781     -.0704      .1848
X3           -.0395      .0754     -.5245      .6004     -.1879      .1089

**************** DIRECT AND INDIRECT EFFECTS OF X ON Y ****************

Direct effect of X on Y
     Effect         se          t          p       LLCI       ULCI
      .0211      .0810      .2606      .7946     -.1384      .1806

Indirect effect(s) of X on Y:
       Effect     BootSE   BootLLCI   BootULCI
M      -.0433      .0837     -.2041      .1268
******************************************************************************
```

4 이런 식으로 세 번의 분석을 통해 얻은 결과는 [표 7-1]과 같다.

표 7-1 ▌다중 X모델의 분석결과

경로	계수	95% 신뢰구간
$X1 \rightarrow M \rightarrow Y$	-.0433	[-.2041, .1268]
$X2 \rightarrow M \rightarrow Y$	.1901	[.0626, .3116]
$X3 \rightarrow M \rightarrow Y$	.0538	[-.0914, .1902]

5 $X2 \rightarrow M \rightarrow Y$만 95% 신뢰구간에 0을 포함하지 않으므로 매개효과가 있고 나머지는 없는 것으로 나타났다.

4 종속변수가 여러 개 있는 모델

[그림 7-11]처럼 종속변수가 여러 개 있는 모델에 대해 살펴본다.

그림 7-11 | 종속변수가 여러 개 있는 모델

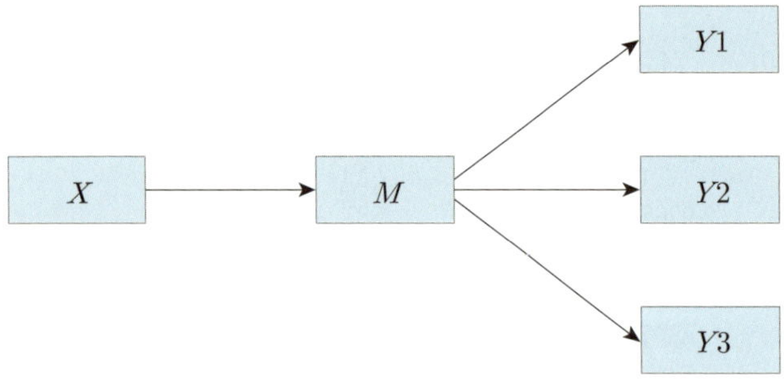

[그림 7-11] 모델의 매개효과를 분석하기 위한 통계적 모델은 [그림 7-12]와 같다.

그림 7-12 | 종속변수가 여러 개 있는 모델

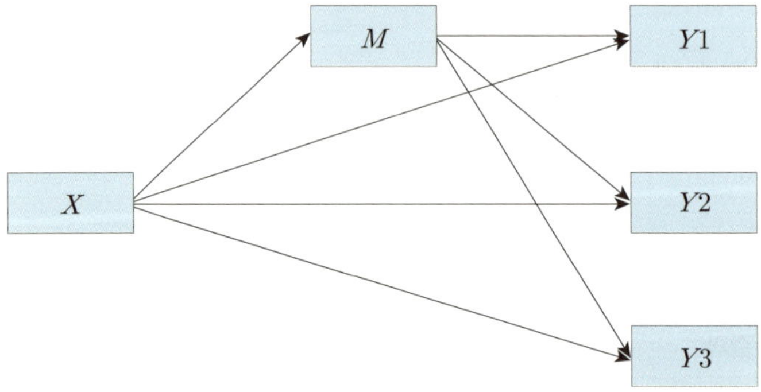

이 모델을 분석하기 위한 자료는 다음과 같다.

Data 7-8 [multiple-Ys.sav]

	X	M	Y1	Y2	Y3
1	3	4	4	4	5
2	4	5	4	5	5
3	3	3	3	3	4
4	4	5	4	5	5
5	4	5	6	5	5

1 [그림 7-12] 모델을 분석하기 위해서는 세 번의 분석을 해야 한다.

2 첫째, $Y1$을 종속변수로 X를 독립변수로, M을 매개변수로, 나머지 종속변수인 $Y2$와 $Y3$은 [Covariate(s)]로 지정하여 회귀분석을 한다. 둘째, $Y2$를 종속변수로 X를 독립변수로, M을 매개변수로, 나머지 $Y1$과 $Y3$은 [Covariate(s)]로 지정하여 회귀분석을 한다. 셋째, $Y3$을 종속변수로 X를 독립변수로, M을 매개변수로, 나머지 $Y1$과 $Y2$는 [Covariate(s)]로 지정하여 하여 회귀분석을 한다.

3 아래는 첫 번째 분석을 위한 PROCESS 대화상자이다.

PROCESS 대화상자 7-15 **변수지정과 모델넘버**

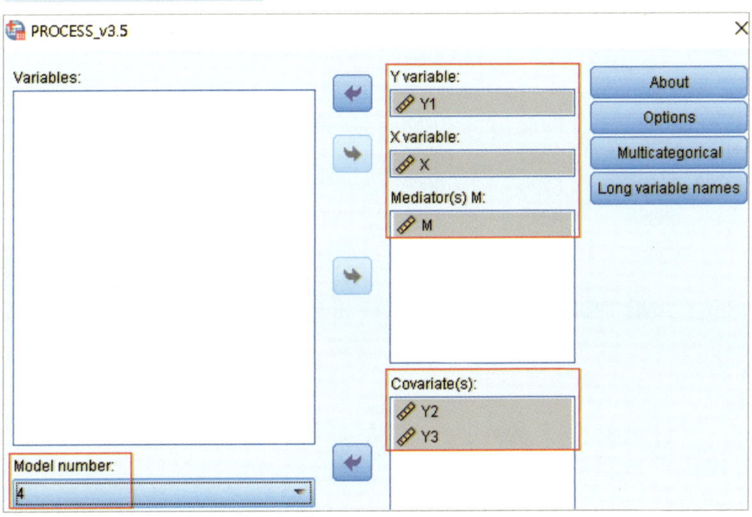

4 이를 실행하면 [Output 7-13]을 얻는다.

Output 7-13 PROCESS output

```
**************************************************************************
OUTCOME VARIABLE:
 M

Model Summary
          R       R-sq        MSE          F        df1        df2          p
      .6588      .4341      .5815    67.7491     3.0000   265.0000      .0000

Model
              coeff         se          t          p       LLCI       ULCI
constant     1.0015      .2398     4.1773      .0000      .5295     1.4736
X             .6333      .0482    13.1445      .0000      .5384      .7281
Y2            .1111      .0643     1.7276      .0852     -.0155      .2378
Y3            .0466      .0605      .7701      .4419     -.0725      .1657

**************************************************************************
OUTCOME VARIABLE:
 Y1

Model Summary
          R       R-sq        MSE          F        df1        df2          p
      .8011      .6418      .3997   118.2688     4.0000   264.0000      .0000

Model
              coeff         se          t          p       LLCI       ULCI
constant      .4099      .2052     1.9972      .0468      .0058      .8139
X             .6769      .0513    13.1839      .0000      .5758      .7780
M             .2354      .0509     4.6220      .0000      .1351      .3357
Y2            .0466      .0536      .8695      .3854     -.0590      .1522
Y3           -.0263      .0502     -.5245      .6004     -.1252      .0725

**************** DIRECT AND INDIRECT EFFECTS OF X ON Y ****************

Direct effect of X on Y
     Effect         se          t          p       LLCI       ULCI
      .6769      .0513    13.1839      .0000      .5758      .7780

Indirect effect(s) of X on Y:
        Effect     BootSE   BootLLCI   BootULCI
M        .1491      .0341      .0853      .2210
**************************************************************************
```

5 세 번의 분석결과를 제시하면 [표 7-2]와 같다.

표 7-2 ▌다중 Y 모델의 분석결과

경로	계수	95% 신뢰구간
$X \rightarrow M \rightarrow Y1$	.1491	[.0853, .2210]
$X \rightarrow M \rightarrow Y2$	.0316	[-.0116, .0780]
$X \rightarrow M \rightarrow Y3$	.0213	[-.0264, .0782]

6 $X \rightarrow M \rightarrow Y1$만 95% 신뢰구간에 0을 포함하지 않으므로 간접효과가 유의적인 것으로 나타났다.

7 **다중 X 모델 및 다중 Y 모델을 분석할 때 각각의 분석에서 붓스트렙 표본수를 동일하게 해야 한다는 점에 주의한다.**

참고문헌

이형권 편역 (2015). PROCESS macro를 이용한 매개분석-조절분석 및 조절된 매개분석. 서울: 신영사.

Aguinis, H., Edwards, J. R., and Bradley, K. J. (2017). Improving Our Understanding of Moderation and Mediation in Strategic Management Research. *Organizational Research Methods*, 20(4), 665-685.

Frazier, P. A., Tix, A. P., and Barron, K. E. (2004). Testing Moderator and Mediator Effects in Counseling Psychology Research. *Journal of Counseling Psychology*, 51(1), 115-134.

Hayes, A. F. (2009). Beyond Baron and Kenny: Statistical Mediation Analysis in The New Millennium. *Communication Monographs*, 76(4), 408-420.

Hayes, A. F. (2013). *Introduction to Mediation, Moderation, and Conditional Process Analysis: A Regression-Based Approach*. New York, NY: The Guilford Press.

Hayes, A. F. (2018). *Introduction to Mediation, Moderation, and Conditional Process Analysis: A Regression-Based Approach*. 2nd ed., New York, NY: The Guilford Press.

Holmbeck, G. N. (1997). Toward Terminological, Conceptual, and Statistical Clarity in the Study of Mediators and Moderators: Examples From the Child-Clinical and Pediatric Psychology Literatures. *Journal of Consulting and Clinical Psychology*, 65(4), 599-610.

Iacobucci, D. (2008). *Mediation Analysis*. Thousand Oaks, CA: Sage Publications.

Iacobucci, D. (2012). Mediation Analysis and Categorical Variables: The Final Frontier. *Journal of Consumer Psychology*, 22, 582-594.

Jose, P. E. (2013). *Doing Statistical Mediation and Moderation*. New York, NY: The Guilford Press.

Kenny, David A. homepage: davidakenny.net/crm/mediate.htm

Kenny, D. A., Kashy, D. A., and Bolger, N. (1998). Data Analysis in Social

Psychology in *Handbook of Social Psychology,* 4th ed., Vol. 1 (Eds.), Gilbert, D., Fiske, S. T., and Lindzey, G., New York: McGraw–Hill, 233-265.

Koschate–Fischer, N., and Schwille, E. (2021). Mediation Analysis in Experimental Research. In C. Homburg, Klarmann, M., and Vomberg, A. (Eds.), *Handbook of Market Research*, Springer.

MacKinnon, D. P. (2000). Contrasts in Multiple Mediator Models. in J. S. Rose, L. Chassin, C. C. Presson, & S. J. Sherman (Eds.). *Multivariate Applications in Substance Use Research* (pp.141–160). Mahwah, NJ: Erlbaum.

MacKinnon, D. P. (2008). *Introduction to Statistical Mediation Analysis.* Mahwah, NJ: Erlbaum.

MacKinnon, D. P., Fairchild, A. J., and Fritz, M. S. (2007). Mediation analysis. *Annual Review of Psychology*, 58, 593–614.

MacKinnon, D. P., Lockwood, C. M., Hoffman, J. M., West, S. G., and Sheets, V. (2002). A Comparison of Methods to Test Mediation and Other Intervening Variable Effects. *Psychological Methods*, 7(1), 83–104.

MacKinnon, D. P., Krull, J. L., and Lockwood, C. M. (2000). Equivalence of the Mediation, Confounding and Suppression Effect. *Prevention Science*, 1(4), 173–181.

Pieters, R. (2017). Meaningful Mediation Analysis: Plausible Causal Inference and Informative Communication. *Journal of Consumer Research*, 44(3), 692–716.

Preacher, K. J., and Kelley, K. (2011). Effect Size Measures for Mediation Models: Quantitative Strategies for Communicating Indirect Effects. *Psychological Methods*, 16(2), 93–115.

Preacher, K. J., Curran, P. J., and Bauer, D. J. (2006). Computational Tools for Probing Interactions in Multiple Linear Regression, Multilevel Modeling, and Latent Curve Analysis. *Journal of Educational and Behavioral Statistics*, 31(4), 437–448.

Rose, B. M., Holmbeck, G. N., Coakley, R. M., and Franks, E. A. (2004). Mediator and Moderator Effects in Developmental and Behavioral Pediatric Research. *Developmental and Behavioral Pediatrics*, 25(1), 58–67.

Rucker, D. D., Preacher, K. J., Tormala, Z. L., and Petty, R. E. (2011). Mediation Analysis in Social Psychology: Current Practices and New Recommendations. *Social and Personality Psychology Compass*, 5/6, 359–371.

Zhao, X., Lynch, J. G. Jr., and Chen, Q. (2010). Reconsidering Baron and Kenny: Myths and Truths about Mediation Analysis. *Journal of Consumer Research*, 37(August), 197–206.

CHAPTER

08

로지스틱 매개효과분석

1. 로지스틱 매개분석의 의의
2. 매개변수는 연속형 변수, 종속변수가 이분형 변수
3. 매개변수와 종속변수가 모두 이분형 변수
4. 매개변수는 이분형 변수, 종속변수가 연속형 변수

CHAPTER

08 로지스틱 매개효과분석

1 로지스틱 매개분석의 의의

독립변수를 제외한 매개변수 및 종속변수 가운데 하나 또는 모두가 이분형 척도(binary scale, dichotomous)인 매개분석에 대해 살펴본다. 이러한 매개효과분석을 **로지스틱 매개분석**(logistics mediation analysis)이라 한다. 로지스틱 매개분석은 매개분석과 로지스틱 회귀분석이 결합된 방법론이나. 로지스틱 회귀분석에 대해서는 제5장을 참고하기 바란다.

로지스틱 회귀분석은 본질적으로 비선형(nonlinear)이기 때문에 매개변수(M) 또는 종속변수(Y)가 이분형 변수인 경우에는 간접효과를 계산하는 두 가지 방식(ab, $c-c'$)으로 얻은 값이 일치하지 않는다. 이를 해결하기 위한 방법 가운데 하나는 변수를 표준화한 다음 ab를 얻는 것이다. 이렇게 하면 ab와 $c-c'$가 일치한다.

로지스틱 매개분석에서 3가지 유형의 분석이 가능하다. ① 매개변수가 연속형 변수이고, 종속변수가 이분형 변수인 경우, ② 매개변수와 종속변수가 모두 이분형 변수인 경우, ③ 매개변수는 이분형 변수, 종속변수는 연속형 변수인 경우. 제2절에서는 ①에 대해, 제3절에서는 ②에 대해, 제4절에서는 ③에 대해 알아본다. [그림 8-1]의 매개모델을 통해 로지스틱 매개분석에 대해 살펴본다.

그림 8-1 | 로지스틱 매개모델

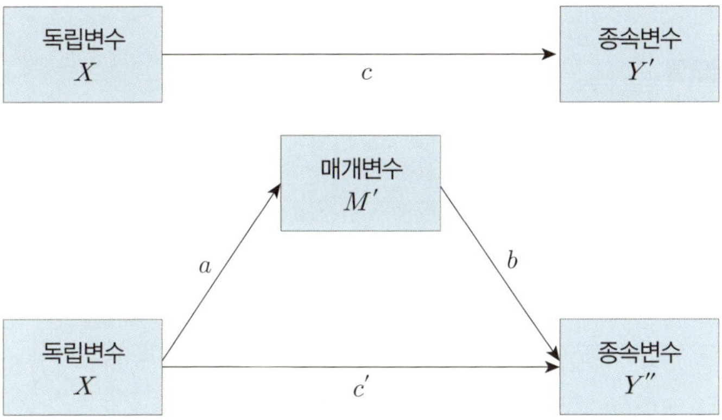

로지스틱 매개효과분석을 위해 다음의 회귀식을 추정한다.

$$Y' = i_1 + cX + e_1 \qquad (1)$$

$$Y'' = i_2 + c'X + bM + e_2 \qquad (2)$$

$$M' = i_3 + aX + e_3 \qquad (3)$$

위의 회귀식을 추정할 때 변수의 척도가 어떻게 되어 있는가에 따라 선형회귀분석과 로지스틱 회귀분석으로 해야 한다.

2 매개변수는 연속형 변수, 종속변수가 이분형 변수

2.1 SPSS에 의한 로지스틱 매개분석

[그림 8-2]를 통해 로지스틱 매개모델에 대해 살펴본다. 독립변수는 [고기를 불에 구워 먹는 것]이고, 종속변수는 [췌장암 증후(0=없음, 1=있음)]이고, 매개변수는 [혈액지질(blood fats)]이라고 가정한다. 매개변수는 연속형 변수이고, 종속변수는 이분형 변수이다. 모델에서 [고기를 불에 구어 먹으면] [혈액지질]이 높아지고 이로 인해 [췌장암에 걸

릴 확률]이 높아지는가를 알아보고자 한다.

그림 8-2 | 로지스틱 매개모델

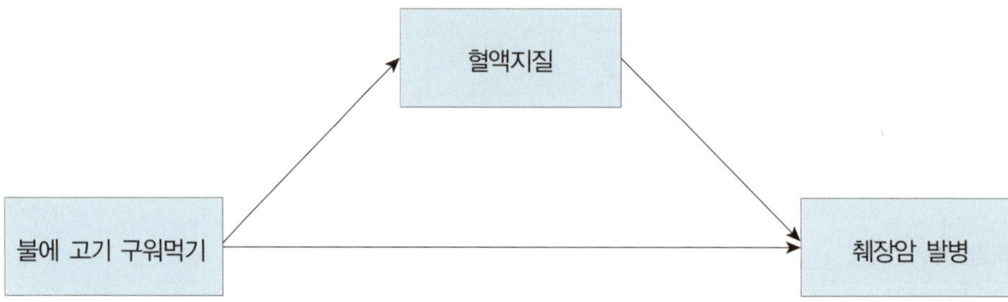

자료에서 X는 [불에 고기를 구워 먹는 것]으로 한 달에 평균 구워먹는 횟수로 측정하였고, M은 [혈액에 쌓인 지방산의 양]으로 측정하였고, Y는 [췌장암의 증후가 있고 없는가]를 의미한다. [0]은 증후가 없음이고, [1]은 증후가 있음으로 코딩된 이분형 변수이다.

Data 8-1 [MacKinnon.sav]

	X	M	Y
1	4	4	1
2	4	3	0
3	4	4	1
4	4	4	0
5	4	4	1

1) 재척도화(rescale)하지 않고 분석

1 식 (1)의 계수 c를 추정하기 위해, [회귀분석]→[이분형 로지스틱]으로 간다. [Y]를 [종속변수]로, [X]를 [공변량]으로 보내고 [확인] 버튼을 누른다.

SPSS 대화상자 8-1 이분형 로지스틱

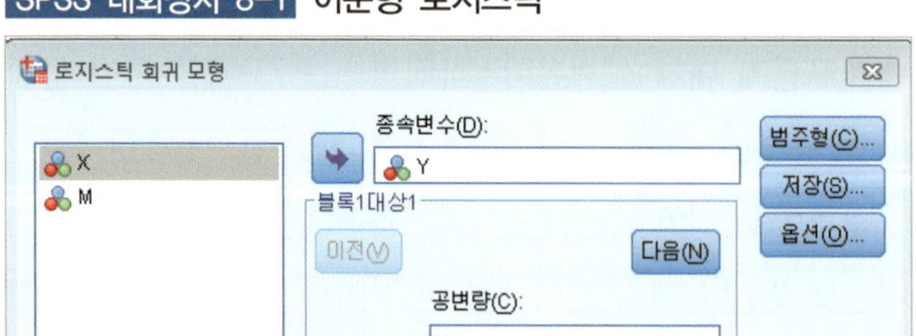

2 이를 실행하면 [Output 8-1]을 얻는다.

Output 8-1 SPSS output: 로지스틱 회귀분석 결과

		B	SE	Wald	자유도	유의확률	Exp(B)
1단계[a]	X	1.007(c)	.192	27.532	1	.000	2.736
	상수항	-3.985	.755	27.862	1	.000	.019

3 식 (2)의 계수 c', b를 추정하기 위해 [회귀분석]→[이분형 로지스틱]으로 간다. [X]와 [M]을 [공변량]으로 보낸다.

SPSS 대화상자 8-2 이분형 로지스틱

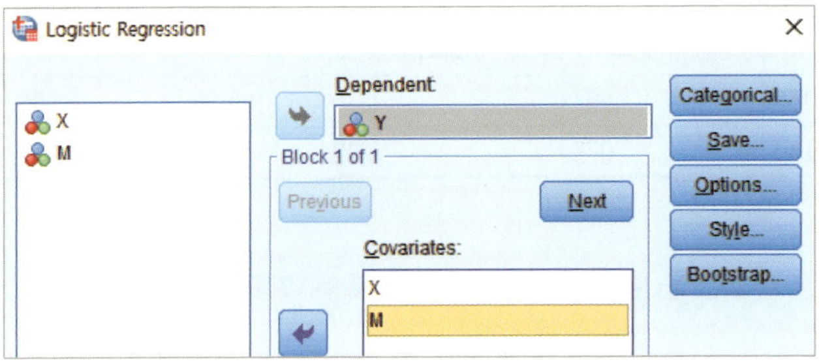

4 이를 실행하면 [Output 8-2]를 얻는다.

Output 8-2 SPSS output: 로지스틱 회귀분석 결과

		B	SE	Wald	자유도	유의확률	Exp(B)
1단계[a]	X	1.050(c')	.229	21.067	1	.000	2.857
	M	1.737(b)	.276	39.757	1	.000	5.682
	상수항	-11.076	1.565	50.073	1	.000	.000

5 식 (3)의 계수 a를 추정하기 위해 선형회귀분석을 한다. 선형회귀분석을 하는 이유는 식 (3)에서 종속변수가 연속형 변수이기 때문이다.

SPSS 대화상자 8-3 선형회귀분석

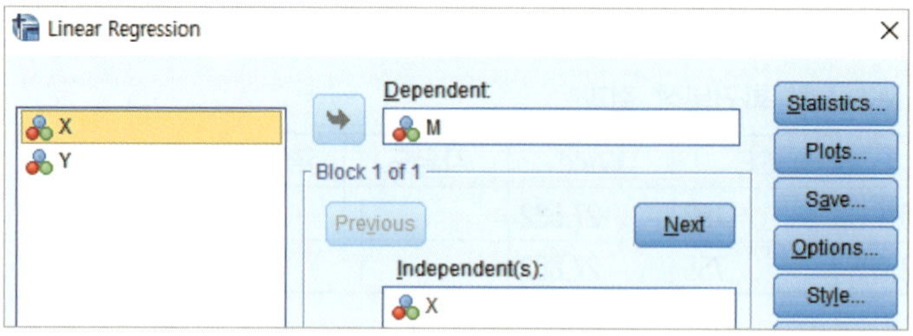

6 이를 실행하면 [Output 8-3]을 얻는다.

Output 8-3 SPSS output: 선형회귀분석 결과

모형		비표준화계수		표준화계수	t	유의확률
		B	표준오차	베타		
1	(상수)	3.152	.297		10.626	.000
	X	.215(a)	.075	.200	2.876	.004

7 지금까지의 분석을 통해 얻은 계수값을 이용하여 간접효과($ab = .215 \times 1.737 = .373$)의 유의도를 검정한다.

8 이를 위해 Preacher 교수가 만든 [Sobel test 계산기]를 이용하기 위해 다음 사이트로 간다. http://quantpsy.org/calc.htm

9 [Online utilities] → [Sobel test calculator]로 간다. 다음과 같은 값을 입력하고 [Calculate] 버튼을 누르면 Sobel test 검정통계량값(2.609)이 1.96보다 커서 $p < 0.05$에서 매개효과가 유의적인 것으로 해석한다.

[Preacher의 Sobel test calculator]

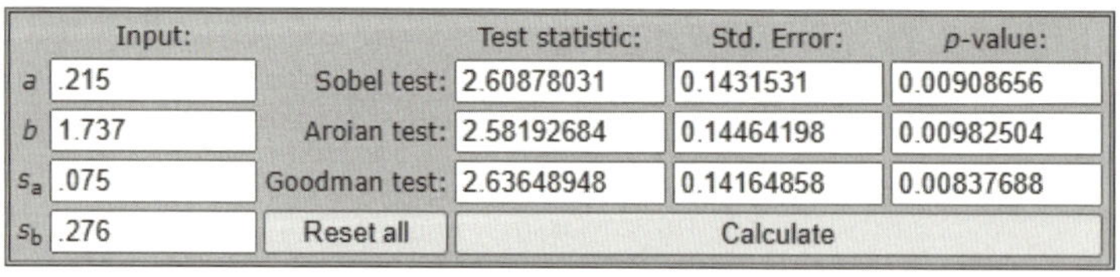

2) 재척도화(rescale)하고 분석

1 X와 M의 표준편차 및 분산을 얻기 위해 기술통계분석을 한다. 이를 실행하면

[Output 8-4]의 값을 얻는다.

Output 8-4 SPSS output: X와 M의 표준편차와 분산

	N	최소값	최대값	평균	표준편차	분산
X	200	1	7	3.86	.948	.898
M	200	1	7	3.98	1.017	1.035

2 X와 M의 공분산 $cov(X, M)$을 얻기 위해 상관분석을 한다. 이때 [옵션] 버튼에서 [교차곱 편차와 공분산]을 체크한다. 이를 실행하면 [Output 8-5]를 얻는다.

Output 8-5 SPSS output: X와 M의 공분산

		X	M
M	Pearson 상관계수	.200**	1
	유의확률(양쪽)	.004	
	제곱합 및 교차곱	38.420	205.920
	공분산	.193	1.035

3 위의 결과를 토대로 매개효과분석에 필요한 값을 정리하면 다음과 같다.

$var(X) = .898$, $SD(X) = .948$, $var(M) = 1.035$, $SD(M) = 1.017$,

$cov(X, M) = .193$, $c = 1.007(S.E. = .192)$, $a = .215(S.E. = .075)$,

$b = 1.737(S.E. = .276)$, $c' = 1.050(S.E. = .229)$

4 위 값을 토대로 다음 식에 의해 재척도화(rescale)한다.

$$rescale\ a = a/SD(M') \tag{4}$$

$$rescale\ b = b/SD(Y'') \tag{5}$$

식 (4)는 매개변수가 연속형인 경우에는 재척도화가 필요하지 않다. 그러나 매개변수가 이분형인 경우에는 이에 맞게 재척도화한다.

5 Y', M', Y''의 분산은 다음 식에 의해 구한다.

$$var(Y') = c^2 var(X) + \frac{\pi^2}{3} \tag{6}$$

$$var(M') = a^2 var(X) + \frac{\pi^2}{3} \tag{7}$$

$$var(Y'') = c'^2 var(X) + b^2 var(M) + 2bc'\,Cov(X, M) + \frac{\pi^2}{3} \tag{8}$$

6 위의 각각의 분산값에 $\sqrt{\ }$를 한 값이 $SD(Y')$, $SD(M')$, $SD(Y'')$이다. 이 식에서 $\frac{\pi^2}{3} = \frac{(3.1416)^2}{3} = 3.2899$이다. 따라서 $SD(Y')$, $SD(M')$, $SD(Y'')$ 값은 각각 다음과 같다.

$$var(Y') = (1.007)^2 + 3.2899 = 4.3039,\ SD(Y') = \sqrt{4.3039} = 2.0746$$
$$var(M') = (.215)^2(.898) + 3.2899 = 3.3302,\ SD(M') = \sqrt{3.3302} = 1.8249$$
$$var(Y'') = (1.050)^2(.898) + (1.737)^2(1.035) + 2(1.050)(1.737)(.193) + 3.2899 = 8.1067,$$
$$SD(Y'') = \sqrt{8.1067} = 2.8472$$

7 a는 재척도화를 안 해도 되기 때문에 $a = .215$, b는 식 (5)에 맞게 재척도화하면 $b = 1.737/2.8472 = 0.610$이다. 표준오차(SE)도 다음 식에 의해 재척도화한다.

$$rescale\ SE(a) = SE(a)/SD(M') \quad (9)$$
$$rescale\ SE(b) = SE(b)/SD(Y'') \quad (10)$$

8 식 (9)는 매개변수가 연속형인 경우에는 재척도화가 필요하지 않으나, 이분형인 경우에는 재척도화를 한다. 재척도화하면 $SE(a) = 0.075$, $SE(b) = .276/2.847 = 0.097$이다.

9 Sobel test를 하기 위해 Preacher 교수의 계산기를 이용한다. 다음과 같은 값을 입력하고 [Calculate] 버튼을 누르면 Sobel test 값이 1.96보다 커서 $p < 0.05$에서 매개효과가 유의적인 것으로 나타난다.

[Preacher의 Sobel test calculator]

	Input:		Test statistic:	Std. Error:	p-value:
a	.215	Sobel test:	2.60843679	0.05027916	0.00909568
b	.610	Aroian test:	2.58155329	0.05080275	0.00983568
s_a	0.075	Goodman test:	2.63617803	0.04975005	0.00838457
s_b	0.097	Reset all	Calculate		

10 재척도화를 하지 않고 분석하나, 재척도화를 한 다음 분석하나 검정통계량값이 거의

동일하게 나오는 것을 알 수 있다.

2.2 Herr 교수의 엑셀시트에 의한 분석

로지스틱 매개분석을 할 수 있도록 Herr(2006) 교수가 만든 엑셀시트를 소개한다. 이 시트는 [chap8]에 [Nate's logistics regression spreadsheet]로 저장되어 있다.

1 엑셀시트를 열고 12개 네모에 해당하는 곳에 재척도화를 하지 않은 값을 입력한다.

[Nate's logistics regression spreadsheet]

11	Run descriptive statistics in SPSS for your variables for SDs				
12	SD(X)=	0.948	Var(X)=	0.898704	
13	SD(M)=	1.017	Var(M)=	1.034289	
14	SD(Y)=	0.501	Var(Y)=	0.251001	
15					
16	Run correlate with X and M variables and check "covariance matrix" box in options				
17	COV(X,M)=	0.193			
18					
19	Run regressions for continuous variables and logistic regressions for dichotomous outcome variables				
20	a=	0.215	SE(a)=	0.075	
21	b=	1.737	SE(b)=	0.276	
22	c=	1.007	SE(c)=	0.192	
23	c'=	1.05	SE(c')=	0.229	
24					
25	Var(Y')=	4.20133	SD(Y')=	2.049715	
26	Var(M')=	3.331543	SD(M')=	1.825251	
27	Var(Y'')=	8.105452	SD(Y'')=	2.847008	
28					
29	comp a=	0.111667	SE(comp a)=	0.038954	
30	comp b=	0.620486	SE(comp b)=	0.098592	
31	comp c'=	0.34963	SE(comp c')=	0.076253	
32	comp c=	0.465741	SE(comp c)=	0.088801	
33					
34	ab+c'=	0.418918			
35					
36		=	Enter these values into the		Sobel Test
37			Aroian	Sobel	Goodman
38		Sab =	0.026835663	0.026559	0.0262803
39		Sobel=	2.58192684	2.60878	2.6364895

2 Sobel test 결과 95% 유의수준에서 1.96보다 값이 크므로(2.609) 간접효과가 유의적이라고 해석한다. 검정통계량값 2.609는 Preacher 교수의 계산기를 통해 얻은 값과 같은 것을 알 수 있다.

3 이 시트에서 [comp a =] 등은 재척도화를 하지 않은 값을 이용하여 재척도화한 값을 계산한 것이다. 저자가 계산한 값과 거의 비슷한 값을 얻는다. 즉, comp b=0.620

인데, 저자가 계산한 값은 .610이다(7번 참조).

2.3 PROCESS에 의한 분석

1 PROCESS에서 다음과 같이 변수 및 모델넘버를 지정한다.

PROCESS 대화상자 8-1 변수지정 및 모델넘버

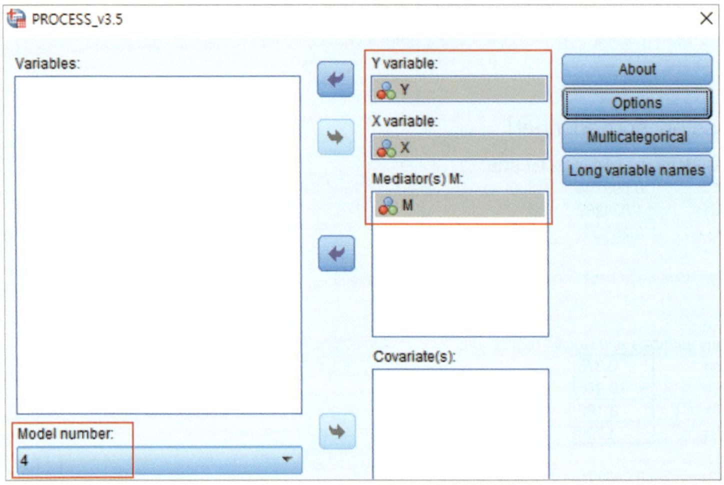

2 이를 실행하면 [Output 8-6]을 얻는다.

Output 8-6 PROCESS output

****

OUTCOME VARIABLE:
M

Model Summary

R	R-sq	MSE	F	df1	df2	p
.2002	.0401	.9983	8.2698	1.0000	198.0000	.0045

Model

	coeff	se	t	p	LLCI	ULCI
constant	3.1516	.2966	10.6260	.0000	2.5667	3.7365
X	.2149(a)	.0747	2.8757	.0045	.0675	.3622

****

```
OUTCOME VARIABLE:
 Y

Coding of binary Y for logistic regression analysis:
          Y   Analysis
        .00        .00
       1.00       1.00

Model Summary
       -2LL    ModelLL          df           p McFadden   CoxSnell   Nagelkrk
   174.1283   102.6303      2.0000       .0000    .3708      .4014      .5356

Model
              coeff         se          Z          p       LLCI       ULCI
constant   -11.0764     1.5653    -7.0762      .0000   -14.1444    -8.0085
X            1.0499      .2287     4.5899      .0000      .6016     1.4982
M         1.7373(b)      .2755     6.3053      .0000     1.1973     2.2773

These results are expressed in a log-odds metric.

***************** DIRECT AND INDIRECT EFFECTS OF X ON Y *****************

Direct effect of X on Y
     Effect         se          Z          p       LLCI       ULCI
     1.0499      .2287     4.5899      .0000      .6016     1.4982

Indirect effect(s) of X on Y:
      Effect     BootSE   BootLLCI   BootULCI
M  .3733(ab)      .1421      .1377      .6916

*********************** ANALYSIS NOTES AND ERRORS ***********************

Level of confidence for all confidence intervals in output:
  95.0000

Number of bootstrap samples for percentile bootstrap confidence intervals:
  5000

NOTE: Direct and indirect effects of X on Y are on a log-odds metric.
```

3 PROCESS는 재척도화를 하지 않은 계수값(.3733)을 보고한다. 또한 붓스트레핑에 의한 유의도 검정을 한다. 95% 신뢰구간(CI)에 계수값이 0을 포함하지 않으므로 유의적이라고 해석한다.

4 결과를 해석하기로 한다.

ⓐ 불에 고기를 구어 먹는 것이 1단위 증가하게 되면 혈액지질이 $e^{.215} = 1.240$만큼 증가한다.

ⓑ 혈액지질이 1단위 증가하게 되면 췌장암 발생 가능성이 $e^{1.737} = 5.680$만큼 증가하게 된다.

ⓒ 불에 고기를 구어 먹게 되면 혈액지질이 증가하게 되고 이로 인해 췌장암 발생 가능성이 $e^{.3733} = 1.453$만큼 증가하게 된다.

3 매개변수와 종속변수가 모두 이분형 변수

MacKinnon(2008) 자료에서 매개변수(M)를 이분형 변수로 바꾼 다음, [그림 8-2] 모델을 대상으로 로지스틱 매개효과분석을 해본다. 자료는 다음과 같다.

Data 8-2 [MacKinnon2.sav]

	X	M	Y
1	4	0	1
2	4	1	0
3	4	1	1
4	4	0	0
5	4	0	1

3.1 SPSS에 의한 분석

1) 재척도화하지 않고 분석

1 매개변수와 종속변수가 모두 이분형인 경우에는 식 (1), (2), (3)을 모두 이분형 로지스틱으로 분석한다. 이를 실행하면 [Output 8-7]을 얻는다.

Output 8-7 SPSS output: 이분형 로지스틱 분석결과

		B	SE	Wals	자유도	유의확률	Exp(B)
1단계[a]	X	1.007(c)	.192	27.532	1	.000	2.736
	상수항	-3.985	.755	27.862	1	.000	.019

		B	SE	Wals	자유도	유의확률	Exp(B)
1단계[a]	X	.024(a)	.150	.025	1	.873	1.024
	상수항	-.152	.594	.065	1	.798	.859

		B	SE	Wals	자유도	유의확률	Exp(B)
1단계[a]	X	1.007(c')	.192	27.520	1	.000	2.738
	M	-.041(b)	.310	.017	1	.895	.960
	상수항	-3.967	.766	26.846	1	.000	.019

2 이들 값을 Preacher 교수의 계산기에 입력한다.

[Preacher의 Sobel test calculator]

Input:			Test statistic:	Std. Error:	p-value:
a	.024	Sobel test:	-0.10193958	0.00965278	0.91880463
b	-.041	Aroian test:	-0.02071957	0.04749133	0.98346936
s_a	.150	Goodman test:	NaN	NaN	NaN
s_b	.310	Reset all	Calculate		

3 검정통계량이 유의적이지 않아 매개효과가 없다고 해석한다.

2) 재척도화하고 분석

1 표준편차를 구하기 위해 기술통계분석을 한다. 분석결과는 [Output 8-8]이다.

Output 8-8 SPSS output: 기술통계량 분석결과

	N	최소값	최대값	표준편차	분산
X	200	1	7	.948	.898
M	200	0	1	.501	.251
Y	200	0	1	.501	.251
유효수(목록별)	200				

2 공분산을 구한다. 분석결과는 [Output 8-9]와 같다.

Output 8-9 **SPSS output: 공분산분석 결과**

		X	M
M	Pearson 상관계수	.011	1
	유의확률(양쪽)	.874	
	제곱합 및 교차곱	1.065	49.955
	공분산	.005	.251
	N	200	200

3 위의 Output을 토대로 매개효과분석에 필요한 값을 정리하면 다음과 같다.

$$var(X) = .898,\ var(M) = .251,\ cov(X,M) = .005,\ a = .024(SE = .150),$$
$$b = -.041(SE = .310),\ c' = 1.007(SE = .192)$$

$$var(M') = (.024)^2(.898) + 3.2899 = 3.2904,\ SD(M') = \sqrt{3.2904} = 1.8139$$
$$var(Y'') = (1.007)^2(.898) + (-.041)^2(.251) + 2(-.041)(1.007)(0.005) + 3.289$$
$$= 4.2013$$
$$SD(M'') = \sqrt{4.2013} = 2.0497$$

$$rescale\ \ a = .024/1.8139 = .0132$$
$$rescale\ \ b = -.041/2.0497 = -.0200$$
$$rescale\ \ SE(a) = .150/1.8139 = .0827$$
$$rescale\ \ SE(b) = .310/2.0497 = .1512$$

4 이들 값을 Preacher 교수의 계산기에 입력한다.

[Preacher의 Sobel test calculator]

Input:			Test statistic:	Std. Error:	p-value:
a	.0132	Sobel test:	-0.10184708	0.00259212	0.91887806
b	-.0200	Aroian test:	-0.02067331	0.01277009	0.98350626
s_a	.0827	Goodman test:	NaN	NaN	NaN
s_b	.1512	Reset all	Calculate		

5 매개효과가 없는 것으로 나타났다.

3.2 Herr 교수의 엑셀시트에 의한 분석

1 [Nate's logistics regression spreadsheet]를 열고 다음과 같이 입력한다.

[Nate's logistics regression spreadsheet]

11	Run descriptive statistics in SPSS for your variables for SDs				
12	SD(X)=	0.948	Var(X)=	0.898704	
13	SD(M)=	0.501	Var(M)=	0.251001	
14	SD(Y)=	0.501	Var(Y)=	0.251001	
15					
16	Run correlate with X and M variables and check "covariance matrix" box in options				
17	COV(X,M)=	0.005			
18					
19	Run regressions for continuous variables and logistic regressions for dichotomous outcome variables				
20	a=	0.024	SE(a)=	0.15	
21	b=	-0.041	SE(b)=	0.31	
22	c=	1.007	SE(c)=	0.192	
23	c'=	1.007	SE(c')=	0.192	
24					
25	Var(Y')=	4.20133	SD(Y')=	2.049715	
26	Var(M')=	3.290518	SD(M')=	1.813978	
27	Var(Y")=	4.201339	SD(Y")=	2.049717	
28					
29	comp a=	0.012543	SE(comp a)=	0.078391	
30	comp b=	-0.01002	SE(comp b)=	0.075771	
31	comp c'=	0.46574	SE(comp c')=	0.088801	
32	comp c=	0.465741	SE(comp c)=	0.088801	
33					
34	ab+c'=	0.465615			
35					
36		=	Enter these values into the		Sobel Test
37			Aroian	Sobel	Goodman
38		Sab =	0.006066447	0.001233	#NUM!
39		Sobel=	-0.02071957	-0.10194	#NUM!

2 매개효과가 없는 것으로 나타났다.

3.3 PROCESS에 의한 분석

1 다음과 같이 변수와 모델넘버를 지정한다.

PROCESS 대화상자 8-2 변수지정 및 모델넘버

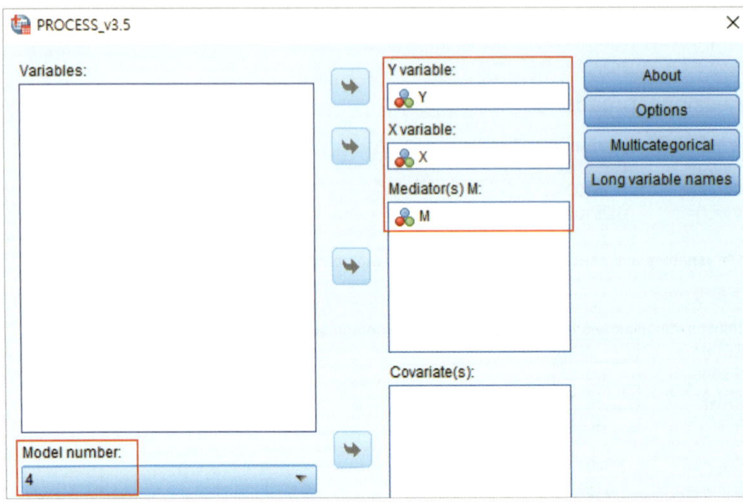

2 이를 실행하면 다음과 같은 에러 메시지가 나온다.

Output 8-10 PROCESS output

```
***************** PROCESS Procedure for SPSS Version 3.5 *****************

          Written by Andrew F. Hayes, Ph.D.          www.afhayes.com
    Documentation available in Hayes (2018). www.guilford.com/p/hayes3

******************** ANALYSIS NOTES AND ERRORS **********************

ERROR: PROCESS does not allow dichotomous mediators.

------ END MATRIX -----
```

3 PROCESS는 매개변수가 이분형 변수인 자료는 분석할 수 없음을 알 수 있다. 따라서 이러한 상황에서는 SPSS에 의해 분석한다.

4 매개변수는 이분형 변수, 종속변수가 연속형 변수

4.1 SPSS에 의한 분석

[그림 8-3] 모델을 통해 매개변수는 이분형 변수, 종속변수가 연속형 변수인 경우의 로지스틱 매개분석에 대해 살펴본다.

그림 8-3 | 로지스틱 매개분석모델

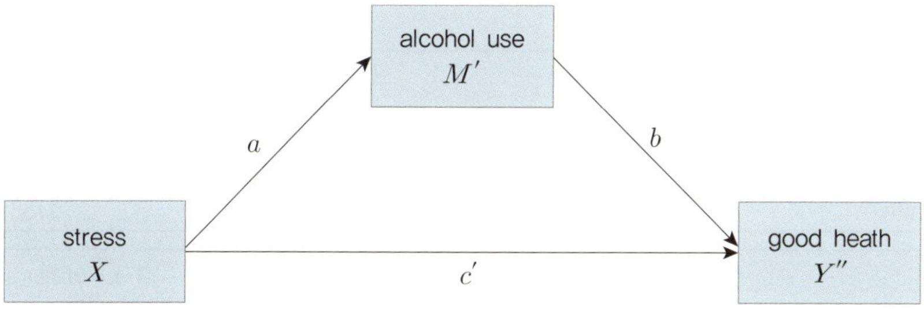

이 모델을 분석하기 위한 자료는 다음과 같다.

Data 8-3 [logistic_mediation_example(Jose).sav]

	totprobsY1	alcoholY1	dichotalcohol	healthY1
1	10.00	1.00	.00	5.00
2	17.00	1.00	.00	4.00
3	4.00	1.00	.00	5.00
4	4.00	1.00	.00	.
5	8.00	1.00	.00	5.00

1 이 자료에서 [totprobsY1]은 독립변수, [dichotalcohol]은 매개변수, [healthY1]은 종속변수이다. 독립변수는 연속형 변수, 매개변수는 이분형 변수, 종속변수는 연속형 변수인 자료이다.

2 기술통계량($SD(X)$, $SD(M)$, $SD(Y)$)과 X와 M의 공분산($Cov(X, M)$))을 얻기 위해 [분석]→[상관분석]→[이변량상관계수]로 간다. 다음과 같이 변수를 보낸다.

SPSS 대화상자 8-4 상관분석

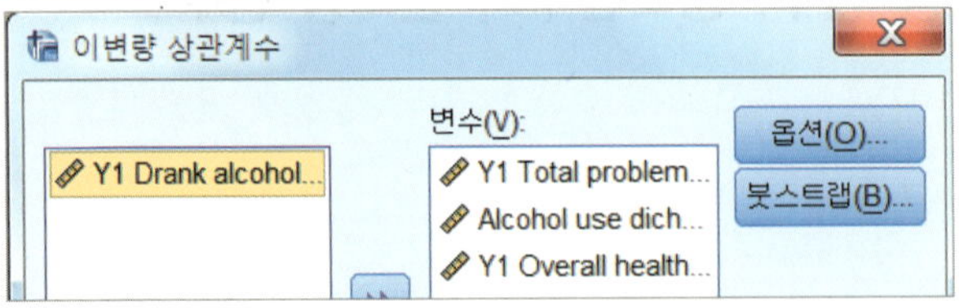

3 [옵션] 버튼을 눌러 [교차곱 편차와 공분산]을 체크한다. 이를 실행하면 [Output 8-11]을 얻는다.

Output 8-11 SPSS output: 표준편차, 공분산

	평균	표준편차	N
Y1 Total problems	9.1293	3.67428	1732
Alcohol use dichotomized	.2141	.41030	1761
Y1 Overall health	3.8885	.86747	1758

		Y1 Total problems	Alcohol use dichotomized	Y1 Overall health
Alcohol use dichotomized	Pearson 상관계수	.121**	1	-.074**
	유의확률(양쪽)	.000		.002
	제곱합 및 교차곱	314.638	296.291	-46.284
	공분산	.183	.168	-.027
	N	1723	1761	1747

4 [그림 8-3]에서 a를 구하기 위해 [분석]→[회귀분석]→[이분형로지스틱]으로 간다. 다음과 같이 변수를 보낸다.

SPSS 대화상자 8-5 이분형로지스틱

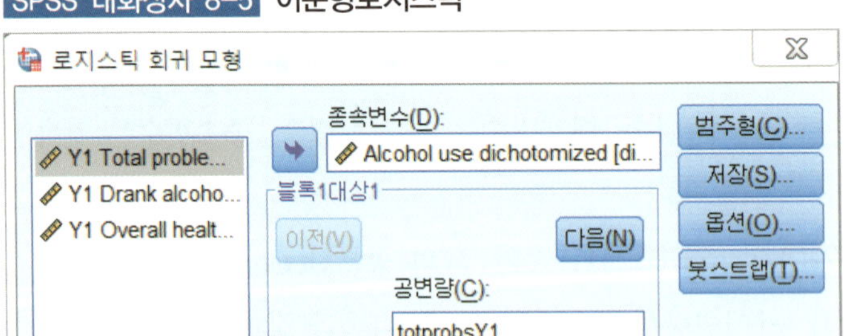

5 이를 실행하면 [Output 8-12]를 얻는다.

Output 8-12 SPSS output: 이분형 로지스틱 결과

		B	SE	Wals	자유도	유의확률	Exp(B)
1단계[a]	totprobsY1	.076(a)	.015	24.569	1	.000	1.079
	상수항	-2.003	.159	157.787	1	.000	.135

6 [그림 8-3]에서 b와 c'를 구하기 위해 [분석]→[회귀분석]→[선형]으로 간다. 다음과 같이 변수를 보낸다.

SPSS 대화상자 8-6 선형회귀분석

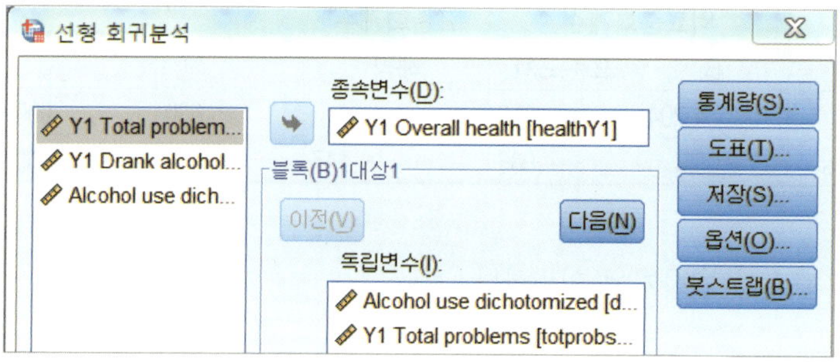

7 이를 실행하면 [Output 8-13]을 얻는다.

Output 8-13 SPSS output: 선형회귀분석 결과

모형		비표준화계수		표준화계수	t	유의확률
		B	표준오차	베타		
1	(상수)	4.211	.056		75.411	.000
	Alcohol use dichotomized	-.124(b)	.051	-.059	-2.439	.015
	Y1 Total problems	-.033(c')	.006	-.139	-5.757	.000

8 총효과 c를 구하기 위해 다음과 같이 선형회귀분석을 한다.

SPSS 대화상자 8-7 선형회귀분석

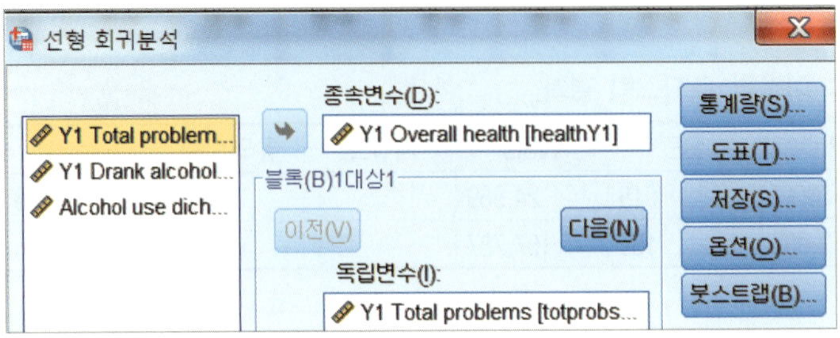

9 이를 실행하면 [Output 8-14]를 얻는다.

Output 8-14 SPSS output: 선형회귀분석 결과

모형		비표준화계수		표준화계수	t	유의확률
		B	표준오차	베타		
1	(상수)	4.204	.056		75.630	.000
	Y1 Total problems	−.035(c)	.006	−.147	−6.173	.000

10 이들 값을 Preacher 교수의 계산기에 입력한다.

[Preacher의 Sobel test calculator]

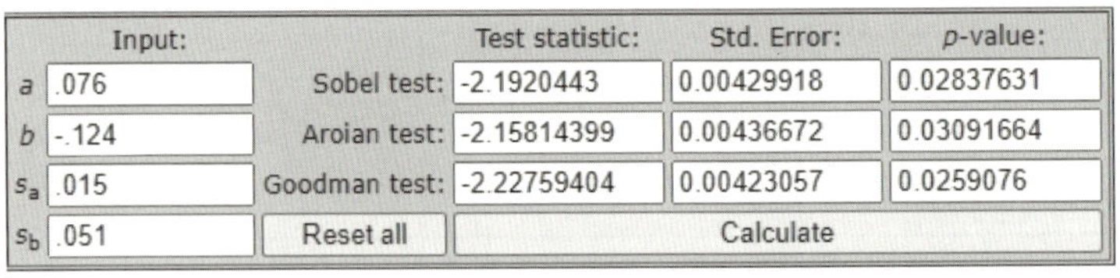

11 검정통계량이 1.96보다 커 95% 유의수준에서 유의적이다. 따라서 매개효과가 있다고 해석한다.

4.2 Herr 교수의 엑셀시트에 의한 분석

1 이들 값을 Herr 교수의 엑셀시트에 입력한다.

[Nate's logistics regression spreadsheet]

	A	B	C	D	E
9			= you must input this information		
10					
11	Run descriptive statistics in SPSS for your variables for SDs				
12	SD(X)=	3.674	Var(X)=	13.4983	
13	SD(M)=	0.41	Var(M)=	0.1681	
14	SD(Y)=	0.867	Var(Y)=	0.75169	
15					
16	Run correlate with X and M variables and check "covariance matrix" box in options				
17	COV(X,M)=	0.183			
18					
19	Run regressions for continuous variables and logistic regressions for dichotomous outcome variables				
20	a=	0.076	SE(a)=	0.015	
21	b=	-0.124	SE(b)=	0.051	
22	c=	-0.035	SE(c)=	0.006	
23	c'=	-0.033	SE(c')=	0.006	
24					
25	Var(Y')=	3.30654	SD(Y')=	1.81839	
26	Var(M')=	3.36797	SD(M')=	1.8352	
27	Var(Y")=	3.30878	SD(Y")=	1.81901	
28					
29	comp a=	0.15215	SE(comp a)=	0.03003	
30	comp b=	-0.02795	SE(comp b)=	0.0115	
31	comp c'=	-0.06665	SE(comp c')=	0.01212	
32	comp c=	-0.07072	SE(comp c)=	0.01212	
33					
34	ab+c'=	-0.07091			
35					
36		= Enter these values into the			Sobel Test
37			Aroian	Sobel	Goodman
38		Sab =	0.00197043	0.00194	0.001909
39		Sobel=	-2.15814399	-2.19204	-2.227594

2 Sobel test 결과, $z = -2.192$로 95% 유의수준에서 유의적이어서 매개효과가 있는 것으로 해석한다.

4.3 PROCESS에 의한 분석

앞서 살펴보았듯이, PROCESS는 매개변수가 이분형 변수인 경우에는 로지스틱 매개효과분석을 하지 못한다. 이러한 경우에는 SPSS에 의해 분석한다.

참고문헌

Herr, N. R. (2006). Mediation with Dichotomous Outcomes.

Iacobucci, D. (2012a). Mediation Analysis and Categorical Variables: The Final Frontier. *Journal of Consumer Psychology*, 22(4), 582–594.

Iacobucci, D. (2012b). Mediation with Categorical Variables Compleat. *Journal of Consumer Psychology*, 22(4), 603–604.

Imai, K., Keele, L., and Tingley, D. (2010). A General Approach to Causal Mediation Analysis. *Psychological Methods*, 15(4), 309–334.

Jensen, S. M., Hauger, H., and Ritz, C. (2018). Mediation Analysis for Logistic Regression with Interactions: Application of a Surrogate Marker in Ophthalmology. *PLOS ONE*, 13(2), 1–7.

Jose, P. E. (2013). *Doing Statistical Mediation and Moderation*. New York, NY: The Guilford Press.

Judd, C. M., and Kenny, D. A. (1981). Process Analysis: Estimating Mediation in Treatment Evaluations. *Evaluation Review*. 5, 602-619.

Kenny, D. A. (2013). Mediation with Dichotomous Outcomes. http://davidakenny.net/doc/dichmed.pdf

MacKinnon, D. P. (2008). *Introduction to Statistical Mediation Analysis*. New York, NY: Lawrence Erlbaum Associates.

MacKinnon, D. P., and Cox, M. C. (2012). Commentary on "Mediation Analysis and Categorical Variables: The Final Frontier" by Dawn Iacobucci. *Journal of Consumer Psychology*, 22(4), 600–602.

MacKinnon, D. P., and Dwyer, J. H. (1993). Estimating Mediated Effects in Prevention Studies. *Evaluation Review*, 17(2), 144–158.

MacKinnon, D. P., Fairchild, A. J., and Fritz, M. S. (2007). Mediation Analysis. *Annual Review of Psychology*, 58, 593.

MacKinnon, D. P., Warsi, G., and Dwyer, J. H. (1995). A Simulation Study of Mediated Effect Measures. *Multivariate Behavioral Research*, 30(1), 41–62.

Rijnhart, J. J. M., Twisk,J. W. R., Eekhout, I., and Heymans, M. W. (2019). Comparison of Logistic−regression Based Methods for Simple Mediation Analysis with a Dichotomous Outcome Variable. *BMC Medical Research Methodology*, 19(1), 1−10.

Sorkin, D. H., and Rook, K. S. (2004). Interpersonal Control Strivings and Vulnerability to Negative Social Exchanges in Later Life. *Psychology and Aging*, 19, 555-564.

Winship, C., and Mare, R. D. (1983). Structural Equations and Path Analysis for Discrete Data. *American Journal of Sociology*, 54−110.

CHAPTER

09

조절된 매개효과분석

CHAPTER 09

조절된 매개효과분석

1 조절된 매개효과분석의 의의

조절된 매개효과분석(moderated mediation effect analysis)은 독립변수가 종속변수에 미치는 매개효과가 조절변수의 수준에 따라 달라지는가를 검정한다. 조절된 매개효과분석은 다음과 같은 연구 상황에서 이루어진다.

1.1 조절변수가 범주형 변수인 경우

매개효과가 집단 간에 차이가 있는가를 분석한다. 예를 들어, 남자/여자에 따라 매개효과가 차이가 있는가를 분석한다. 남자집단에서는 독립변수가 종속변수에 미치는 매개효과가 있고, 여자집단에서는 매개효과가 없다면 조절된 매개효과가 있다고 해석한다. 또는 남자집단과 여자집단에서의 매개효과가 유의적인 차이가 있다면 조절된 매개효과가 있다고 해석한다.

1.2 조절변수가 연속형 변수인 경우(1)

조절변수의 수준에 따라 매개효과가 더 크거나 또는 작은가를 분석한다. 예를 들어, 리더십 자아효능감(매개변수)은 퍼스넬러티 변수(예 외향성)와 리더십효과 간에 매개역할을 할 수 있다. 이때 직무자율성(job autonomy)이 리더십 자아효능감(매개변수)과 리더십효과 간에 조절역할을 할 수 있다. 퍼스넬러티 변수(예 외향성) → 리더십 자아효능감(매개변수) → 리더십효과 간의 매개효과가 직무자율성의 수준에 따라 차이가 있는가를 알고자 한다. 직무자율성 수준이 낮은 경우에는 매개효과가 작고, 직무자율성 수준이 높은 경우에는 매개효과가 크다고 가설화할 수 있다. 이를 [그림 9-1]과 같이 나타낼 수 있다.

그림 9-1 | 조절된 매개효과모델의 예

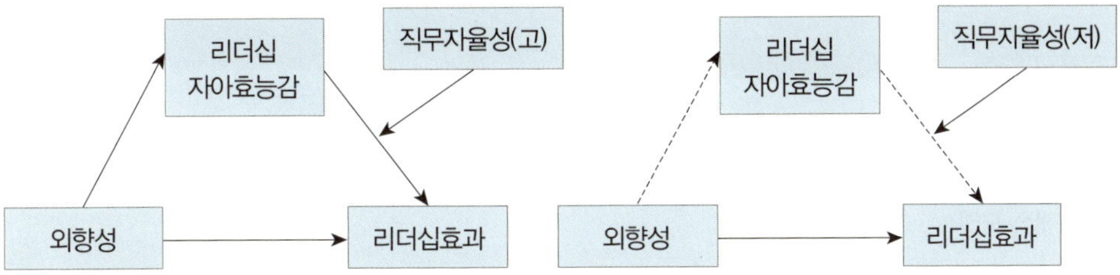

주: →: 매개효과가 큼 ⇢: 매개효과가 작음

1.3 조절변수가 연속형 변수인 경우(2)

조절변수의 수준에 따라 매개효과의 방향이 달라질 수 있다. 예를 들어, 조절변수값이 큰 경우에는 매개효과의 방향이 정적(+)으로 나타나고, 조절변수값이 작은 경우에는 매개효과의 방향이 부적(−)으로 나타날 수 있다.

2 조절된 매개효과모델의 유형

대표적인 조절된 매개효과모델을 제시하면 [그림 9-2], [그림 9-3], [그림 9-4], [그림 9-5], [그림 9-6], [그림 9-7]과 같다. 그림에서 볼 수 있듯, 조절된 매개효과모델에서 조절변수가 $X \rightarrow M$ 사이에 있을 수 있고, $M \rightarrow Y$ 사이에 있을 수 있다. **일부 연구에서 [그림 9-2]는 매개된 조절효과모델로, [그림 9-4]는 조절된 매개효과모델로 기술한 것을 볼 수 있는데 이는 틀린 표현이다. [그림 9-2], [그림 9-4] 모두 조절된 매개효과모델이다. 즉 조절변수가 어느 쪽에 붙느냐의 문제가 아니라 통계적 모델과 가설이 어떻게 되어 있느냐에 따라 조절된 매개효과모델과 매개된 조절효과모델로 구분된다. [그림 9-3]은 조절된 매개효과모델 또는 매개된 조절효과모델 모두에 해당한다.**

그림 9-2 | 조절된 매개효과모델: PROCESS model 7

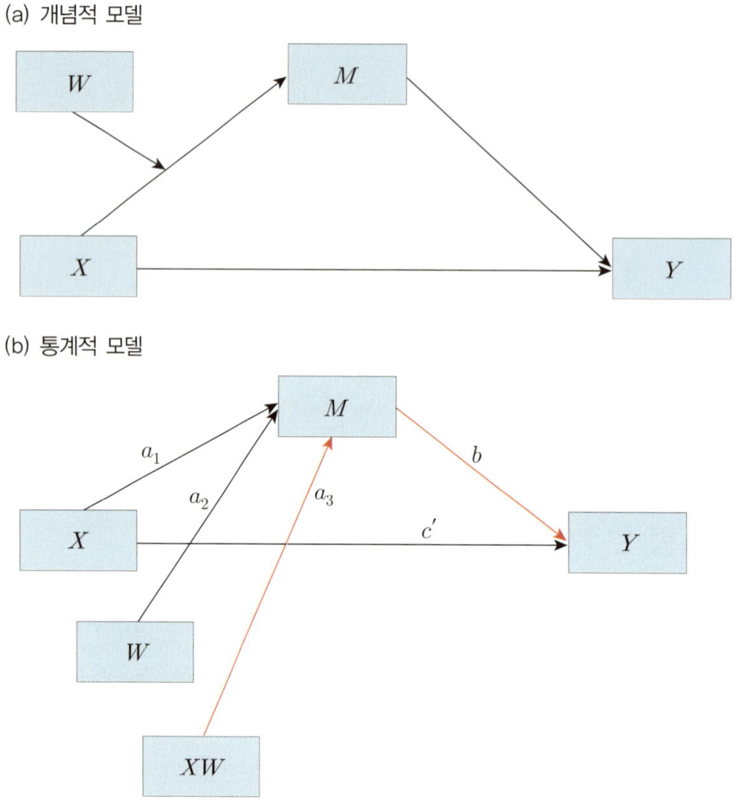

[그림 9-2] 모델은 $X \rightarrow M \rightarrow Y$의 매개효과가 X와 M 사이의 조절변수인 W에 의해 조절되는가를 살펴본다.

(b)의 통계적 모델을 추정하기 위해서는 다음과 같은 2개의 회귀식이 필요하다.

$$M = i_M + a_1 X + a_2 W + a_3 XW + e_M \quad (1)$$

$$Y = i_Y + c' X + bM + e_Y \quad (2)$$

M을 통해 X가 Y에 주는 간접효과(아래 식 (3)의 ω)는 식 (1)로부터 얻은 X의 M에 대한 조건부효과와 식 (2)에서 얻게 되는 X를 통제했을 때 Y에 대한 M의 효과를 곱한 것이다. 이를 **조건부간접효과(conditional indirect effect)**라 하고 다음과 같은 식으로 나타낼 수 있다.

$$\omega = (a_1 + a_3 W)b \tag{3}$$

식 (3)은 다음과 같이 나타낼 수 있다.

$$\omega = a_1 b + a_3 b W \tag{4}$$

식 (4)에서 $a_1 b$는 절편, $a_3 b$는 기울기를 의미한다. $a_3 b$는 모델(b)에서 M을 통해 X가 Y에 미치는 간접효과에 대한 W의 효과를 의미한다. 식 (4)에서 $a_3 b$를 **조절된 매개지수**(index of moderated mediation)라 한다. 이 조절된 매개지수가 통계적으로 유의적인가를 검토하여 유의적이면 조절된 매개효과가 있고, 비유의적이면 조절된 매개효과가 없다고 해석한다. 조절된 매개지수는 조절변수의 전 범위에 대해 매개효과의 유의도를 검정하는 **총체적 검정**(omnibus test)을 한다.

그림 9-3 | 조절된 매개효과모델: PROCESS model 8

(c) 개념적 모델

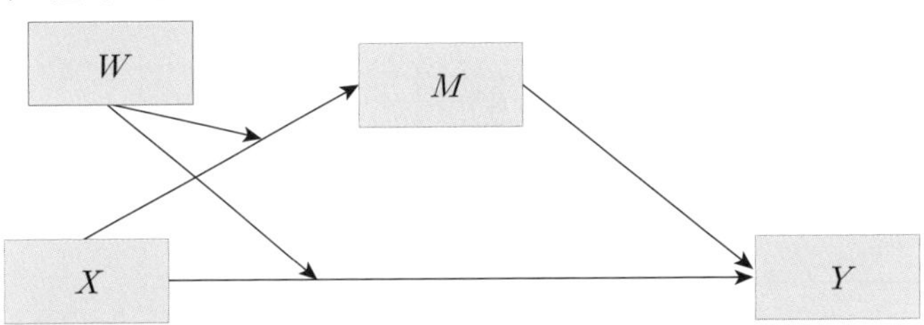

(d) 통계적 모델

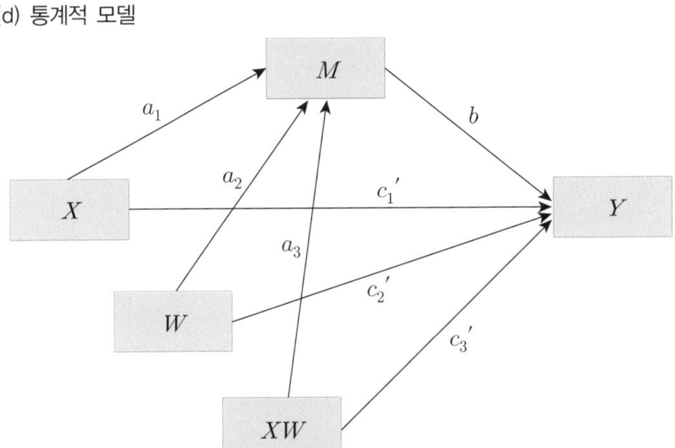

[그림 9-3] 모델은 $X \rightarrow M \rightarrow Y$의 매개효과가 X와 M 사이의 조절변수인 W에 의해 조절되고, 동시에 X와 Y 사이에 조절변수인 W에 의해 조절되는가를 살펴본다. **[그림 9-3] 모델은 조절된 매개효과모델과 매개된 조절효과모델 모두에 해당한다.** (d)의 통계적 모델을 추정하기 위해서는 다음과 같은 2개의 회귀식이 필요하다.

$$M = i_M + a_1 X + a_2 W + a_3 XW + e_M \quad (5)$$

$$Y = i_Y + c_1' X + c_2' W + c_3' XW + bM + e_Y \quad (6)$$

이 식에서 조건부간접효과는 다음과 같다.

$$\omega = (a_1 + a_3 W)b \quad (7)$$

식 (7)에서 조절된 매개지수는 $a_3 b$이다.

그림 9-4 | 조절된 매개효과모델: PROCESS model 14

(e) 개념적 모델

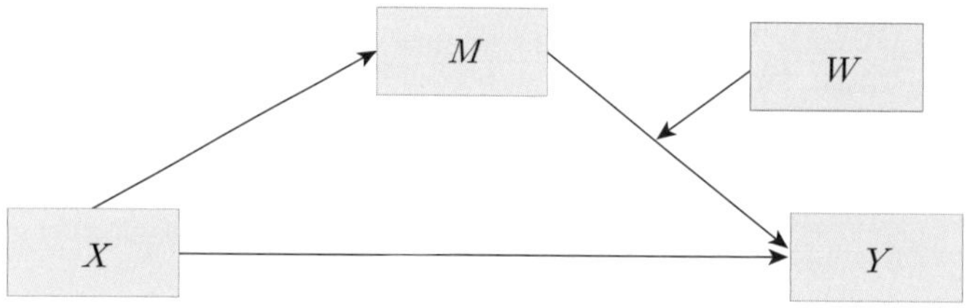

(f) 통계적 모델

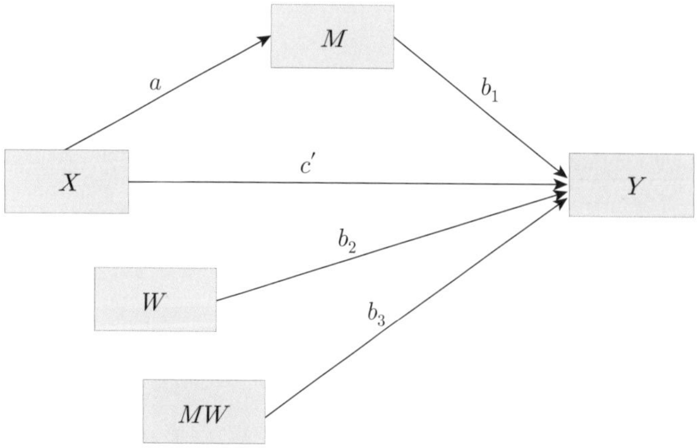

[그림 9-4] 모델은 $X \rightarrow M \rightarrow Y$의 매개효과가 M과 Y 사이의 조절변수인 W에 의해 조절되는가를 살펴본다.

(f)의 통계적 모델을 추정하기 위해서는 다음과 같은 2개의 회귀식이 필요하다.

$$M = i_M + aX + e_M \tag{8}$$

$$Y = i_Y + c'X + b_1 M + b_2 W + b_3 MW + e_Y \tag{9}$$

M을 통해 X가 Y에 주는 간접효과는 식 (8)로부터 얻은 X의 M에 대한 조건부효과와 식 (9)에서 얻은 X를 통제했을 때 Y에 대한 M의 효과를 곱한 것이다. 이를 다음과 같이 나타낼 수 있다.

$$\omega = a(b_1 + b_3 W) \tag{10}$$

식 (10)은 다음과 같이 쓸 수 있다.

$$\omega = ab_1 + ab_3 W \tag{11}$$

식 (10)과 식 (11)을 **조건부간접효과(conditional indirect effect)**라 한다. 조건부간접효과는 $X \rightarrow M \rightarrow Y$의 간접효과(매개효과)가 조절변수인 W의 수준에 따라 달라지는가를 검정한다.

식 (11)에서 ab_1은 절편, ab_3은 기울기를 의미한다. ab_3은 모델 (f)에서 M을 통해 X가 Y에 미치는 간접효과에 대한 W의 효과를 의미한다. ab_3은 조절된 매개지수이다. **조절된 매개지수(index of moderated mediation)는 $X \rightarrow M \rightarrow Y$의 간접효과(매개효과)가 조절변수($W$)의 수준에 따라 달라지는 정도를 지수화한 값이다. 이 조절된 매개지수가 통계적으로 유의적인가를 검토하여 유의적이면 조절된 매개효과가 있고, 비유의적이면 조절된 매개효과가 없다고 해석한다.**

그림 9-5 | **조절된 매개효과모델: PROCESS model 15**

(g) 개념적 모델

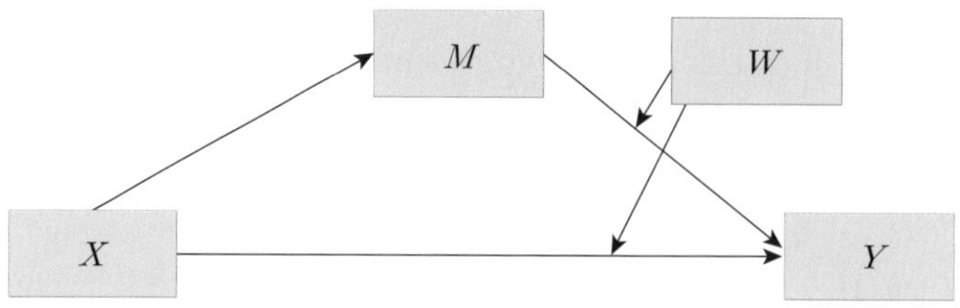

(h) 통계적 모델

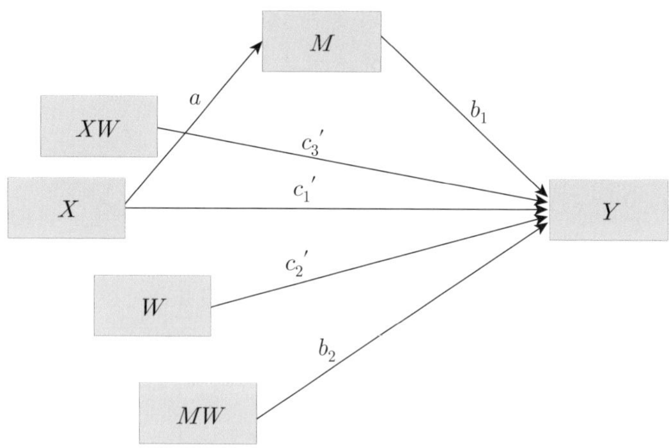

[그림 9-5] 모델은 $X \rightarrow M \rightarrow Y$의 매개효과가 M과 Y 사이의 조절변수인 W에 의해 조절되고, 동시에 X와 Y 사이에 W가 조절되는가를 살펴본다.

(h)의 통계적 모델을 추정하기 위해서는 다음과 같은 2개의 회귀식이 필요하다.

$$M = i_M + aX + e_M \tag{12}$$

$$Y = i_Y + b_1 M + c_1' X + c_2' W + c_3' XW + b_2 MW + e_Y \tag{13}$$

이 식에서 조건부간접효과는 다음과 같다.

$$\omega = a(b_1 + b_2 W) \tag{14}$$

식 (14)에서 조절된 매개지수는 ab_2이다.

PROCESS model 21의 개념적 모델은 [그림 9-6]과 같다. 이 모델을 **조절된 조절된 매개모델(moderated moderated mediation model)**이라 한다.

그림 9-6 | 조절된 매개효과모델: PROCESS model 21

(i) 개념적 모델

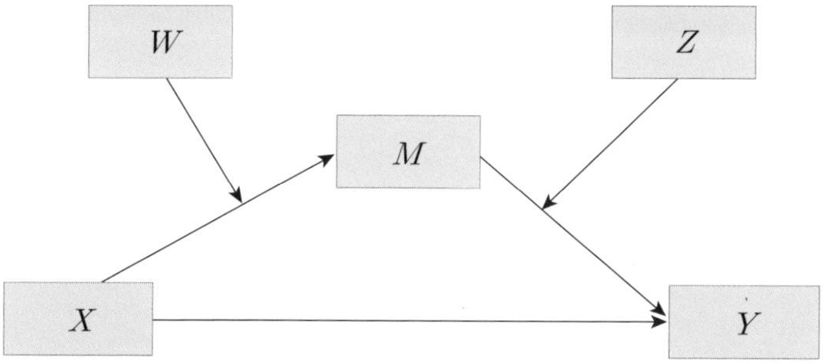

(j) 통계적 모델

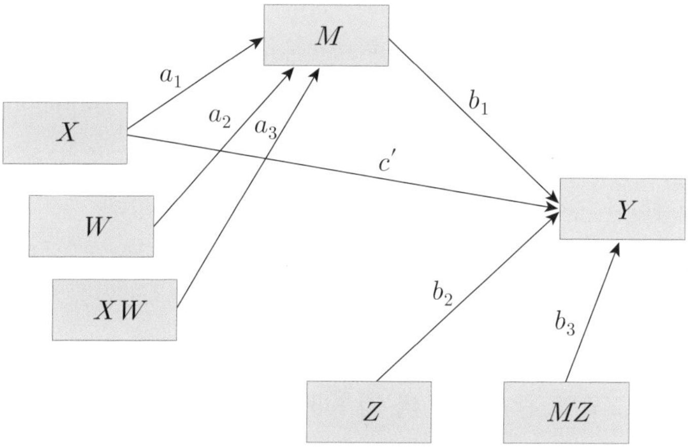

이 모델은 다음과 같은 회귀식으로 나타낼 수 있다.

$$M = i + a_1 X + a_2 W + a_3 XW = i + a_2 W + (a_1 + a_3 W)X \quad (15)$$

$$Y = i + c'X + b_1 M + b_2 Z + b_3 MZ = i + c'X + b_2 Z + (b_1 + b_3 Z)M \quad (16)$$

식 (15)에서 X가 M에 미치는 조건부효과는 다음과 같다.

$$\theta_{X \to M} = a_1 + a_3 W$$

식 (16)에서 M이 Y에 미치는 조건부효과는 다음과 같다.

$$\theta_{M \to Y} = b_1 + b_3 Z$$

X가 M을 통해 Y에 미치는 간접효과는 위의 두 효과를 곱한 것이다.

$$\theta_{X \to M}\theta_{M \to Y} = (a_1 + a_3 W)(b_1 + b_3 Z) = a_1 b_1 + a_3 b_1 W + a_1 b_3 Z + a_3 b_3 WZ \quad (17)$$

이 식을 통해 X가 M을 통해 Y에 미치는 간접효과는 W, Z, WZ의 함수임을 알 수 있다. 이 식을 다음과 같이 쓸 수 있다.

$$\theta_{X \to M}\theta_{M \to Y} = a_1 b_1 + (a_3 b_1 + a_3 b_3 Z) W + a_1 b_3 Z \quad (18)$$

이 식은 X의 간접효과와 W와의 관계는 Z, 즉 $a_3 b_1 + a_3 b_3 Z$의 함수라는 것을 보여준다. 여기에서 $a_3 b_1 + a_3 b_3 Z$은 W의 **조건부 조절된 매개지수(index of conditional moderated mediation)**이다. 이 지수는 W와 X의 간접효과의 크기가 Z의 조건수준에 따라 달라지는 정도를 계량화한 것이다. 식 (18)은 다음과 같이 쓸 수 있다.

$$\theta_{X \to M}\theta_{M \to Y} = a_1 b_1 + a_3 b_1 W + (a_1 b_3 + a_3 b_3 W) Z \quad (19)$$

이 식은 X의 간접효과와 Z와의 관계는 W의 함수라는 것을 보여준다. 여기에서 $a_1 b_3 + a_3 b_3 W$은 Z의 **조건부 조절된 매개지수(index of conditional moderated mediation)**이다. 이 지수는 Z와 X의 간접효과의 크기가 W의 조건수준에 따라 달라지는 정도를 계량화한 것이다. 식 (18)과 식 (19)에 공통으로 포함된 조건부 조절된 매개지수는 $a_3 b_3$이다. $a_3 b_3$이 model 21의 **조절된 조절된 매개지수(index of moderated moderated mediation)**이다. 이 지수는 Z가 변화함에 따라 X의 간접효과가 W에 의해 조절되는 변화율과 W가 변화함에 따라 X의 간접효과가 Z에 의해 조절되는 변화율을 계량화한 것이다.

그림 9-7 | 조절된 매개효과모델: PROCESS model 58

(k) 개념적 모델

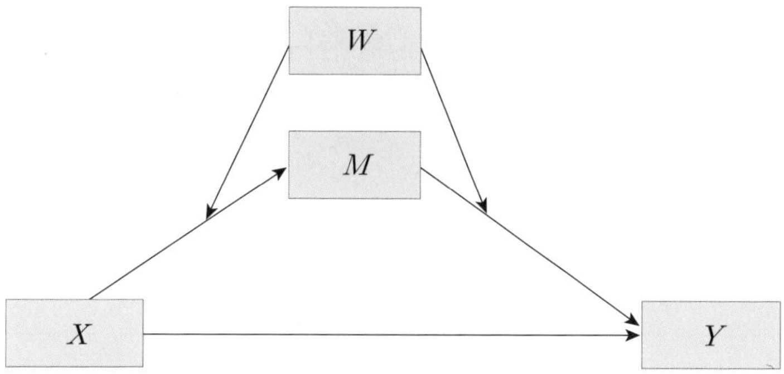

(l) 통계적 모델

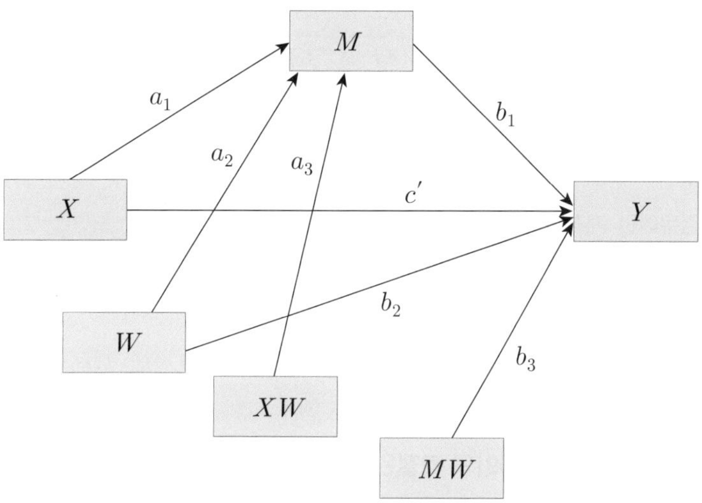

[그림 9-7] 모델은 $X \rightarrow M$, $M \rightarrow Y$ 사이의 관계를 조절변수인 W가 동시에 조절역할을 하는가를 살펴본다.

(l)의 통계적 모델을 추정하기 위해서는 다음과 같은 2개의 회귀식이 필요하다.

$$M = i_M + a_1 X + a_2 W + a_3 XW + e_M \tag{20}$$

$$Y = i_Y + c' X + b_2 W + b_3 MW + b_1 M + e_Y \tag{21}$$

이 식에서 조건부간접효과는 다음과 같다.

$$\omega = (a_1 + a_3 W)(b_1 + b_3 W) \tag{22}$$

지금까지 살펴본 조절된 매개효과 모델별로 조절된 매개지수(index of moderated mediation)를 정리하면 [표 9-1]과 같다.

표 9-1 ▌PROCESS 모델별 조절된 매개지수

PROCESS model	Index of Moderated Mediation
model 7	$(a_3 b)\delta$
model 8	$(a_3 b)\delta$
model 14	$(ab_3)\delta$
model 15	$(ab_2)\delta$
model 21	$(a_3 b_3)\delta$: 조절된 조절된 매개지수
model 58 (W가 이분형 변수인 경우에만 계산됨)	$a_1 b_3 + a_3 b_1 + a_3 b_3 (2W_{low} + \delta)\delta$
model 59 (W가 이분형 변수인 경우에만 계산됨)	$a_1 b_2 + a_3 b_1 + a_3 b_2 (W_{low} + \delta)\delta$

출처: Hayes(2016), p.3.

[표 9-1]의 조절된 매개지수에서 조절변수가 이분형 변수가 아니면 δ는 1로 설정된다. 조절변수가 이분형 변수이면 δ는 두 집단에 대해 조절변수로 코딩된 두 값 사이의 차이로 설정된다. **[model 58]과 [model 59]의 조절된 매개지수는 조절변수가 이분형 변수인 경우에만 제공된다.** 이 모델에서 W_{low}는 집단들을 코딩하기 위해 사용된 두 값 가운데 작은 값을 의미한다.

3 조절된 매개효과모델의 기존 연구 및 문제점

3.1 기존에 연구된 조절된 매개효과모델

기존에 연구된 조절된 매개효과를 모델별로 정리하면 [표 9-2]와 같다. 조절된 매개효과에 관한 대부분의 연구는 PROCESS model 7 또는 PROCESS model 14에 초점이 맞추어져 있다.

표 9-2 ▌기존의 대표적인 조절된 매개효과 연구

모델	연구
PROCESS model 7	Deng & Kahn(2009), Nielsen et al.(2015), Rees & Freeman(2009), Wang et al.(2012), Zhou et al.(2012)
PROCESS model 8	제10장 매개된 조절효과 참조
PROCESS model 14	Chen et al.(2014), Cole et al.(2008), Parker et al.(2011), Pegram et al.(2017), Popan et al.(2010), Thompson et al.(2017)
PROCESS model 15	Weiss & Johar(2016)
PROCESS model 21	Li et al.(2015), Liu et al.(2012)
PROCESS model 58	Deane et al.(2016), Huang et al.(2012), Kim & Labroo(2011), Parade et al.(2010)

3.2 기존 연구의 조절된 매개효과분석의 문제점

Muller, Judd, & Yzerbyt(2005)의 논문이 발표되면서 많은 학자들이 조절된 매개효과와 매개된 조절효과를 가설로 설정하여 연구를 진행하였다. 그 후에 발표된 논문들을 보면, 조절된 매개효과와 매개된 조절효과가 서로 혼용되어 명칭이 부여된 연구가 많다. 조절된 매개효과라는 명칭이 부여된 연구에서 분석은 실질적으로 매개된 조절효과의 관점에서 수행하였고, 반대로 매개된 조절효과라는 명칭을 부여하고 분석은 실질적으로 조절된 매개효과의 관점에서 수행하였다. Deng & Kahn(2009)의 연구에서 그들은 'model 7'을 매개된 조절효과로 명명하였으나 이는 잘못된 것이다.

Hayes가 2012년에 PROCESS macro를 개발하여 공개하면서 그 후에 발표된 논문들은 조절된 매개효과와 매개된 조절효과에 관해 명칭을 제대로 부여하였고, 분석도 제대로 하고 있다. 다음 장에서 설명하겠지만, **Hayes는 매개된 조절효과라는 용어 자체를 폐기할 것까지 주장한다.** 만약에 조절된 매개효과 및 매개된 조절효과의 관점에서 연구한 경우, 이들 용어보다는 **조건부과정분석(conditional process analysis)**이라는 용어를 사용하는 것이 바람직하다. 굳이 이들 용어를 사용하고자 한다면 PROCESS model 8을 제외한 나머지 모델은 모두 조절된 매개효과로 명칭을 부여하고, PROCESS model 8인 경우 조절된 매개효과와 매개된 조절효과 모두 통계적 모델은 같으므로 가설을 어디에 초점을 두느냐에 따라 조절된 매개효과와 매개된 조절효과를 구분하여 명칭을 부여하는 것이 바람직하다.

4 PROCESS에 의한 조절된 매개효과분석

조절된 매개효과분석을 PROCESS로 분석하는 것에 초점을 맞추어 살펴본다. PROCESS는 단일지표로 측정된 회귀분석을 토대로 만들어진 분석법이다. 만약 여러 문항으로 특정 개념을 측정하였다면, SEM(예 Mplus)을 이용하여 분석할 수 있다. Mplus에 의한 조절된 매개효과분석은 배병렬(2016), 이형권(2018)을 참고하기 바란다.

4.1 Cole 등(2008)의 연구고찰

Cole 등(2008)의 연구를 토대로 조절된 매개효과분석에 대해 살펴본다. 그들의 연구를 통해 가설을 어떻게 설정하고, 분석결과를 어떻게 보고하고, 기술하는가에 초점을 맞추어 살펴본다. 그들의 연구모델은 [그림 9-8]과 같다. 이 모델은 앞서 논의한 조절된 매개효과모델 가운데 [PROCESS model 14]에 해당한다.

그림 9-8 | Cole 등의 연구모델

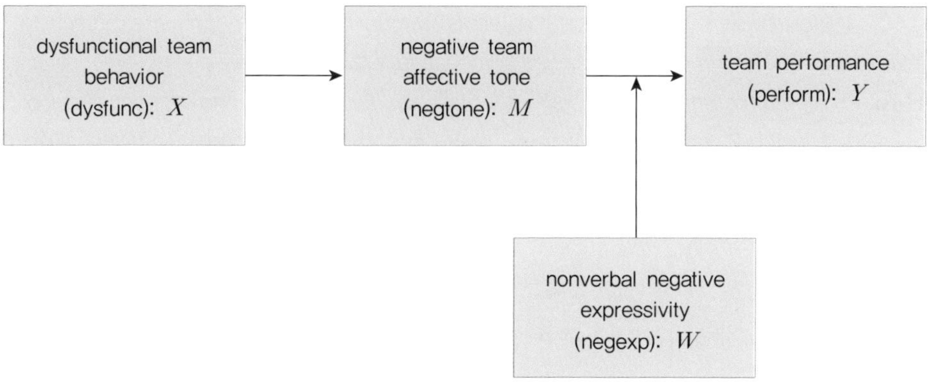

Cole 등은 자동차부품회사에 근무하는 60개의 작업팀(work team)을 대상으로 연구하였다. 연구에 사용된 변수의 측정은 집단수준에서 측정된 것도 있고, 상사로부터 측정된 것도 있고, 200명의 팀멤버(team member)로부터 측정된 것도 있다.

먼저 [dysfunc]은 팀멤버가 다른 멤버의 작업을 약화시키거나 또는 혁신이나 변화를 방해하는 정도를 측정한 것이다. [negtone]는 작업시 부정적인 감정을 느끼는 정도를 측정한 것이다. [perform]는 팀이 회사의 목표를 효율적으로 달성하는지를 상사를 대상으로 측정한 것이다. [negexp]은 팀멤버들이 그들의 비언어적 부정적 감정을 표현하는 정도에 대해 상사로부터 측정한 것이다. 이들 4개의 변수는 모두 점수가 높을수록 정도가 큰 것을 의미한다.

이 연구는 작업팀멤버들의 역기능적 행동[dysfunc]이 작업팀의 성과[perform]에 부정적으로 영향을 미치는가에 목적이 있다. 이를 위해, 역기능적 행동(X)은 작업환경을 부정적 감정(M)으로 가득차게 만들게 되고, 이로 인해 팀성과(Y)가 떨어진다는 매개모델을 설정하였다. 또한 부정적 감정분위기(M)가 팀성과를 떨어뜨리는 효과는 부정적 감정을 표현하는 정도(W)에 따라 달라진다는 조절모델을 설정하였다. 부정적 감정을 감추기보다는 표현할수록 팀성과는 더 떨어진다고 가설화했다. Cole 등(2008)의 연구에서 조절된 매개효과와 관련된 가설은 다음과 같다(Cole 등의 논문 p.948).

H4a: The inverse relationship between negative team affective tone and team performance will be weaker for teams low on nonverbal negative expressivity than for teams high on nonverbal negative expressivity.

H4b: Nonverbal negative expressivity will moderate the negative and indirect effect of dysfunctional team behavior on team performance (through negative team affective tone). Specifically, negative team affective tone will mediated the indirect effect when nonverbal negative expressivity is high but when it is low.

H4b가 조절된 매개효과를 검정하기 위한 가설이다. 이 가설은 [negexp]가 낮을 때보다는 높을 때 [negtone]의 매개효과가 있을 것으로 가설화한 것이다.

Cole 등은 가설검정을 위해 Preacher 등(2007)의 'MODMED'를 이용하여 분석하였다. PROCESS는 MODMED에서 분석할 수 있는 5개 모델 외에 더 많은 모델을 분석할 수 있다. 따라서 MODMED는 이제 필요 없게 되었다. MODMED는 PROCESS에서 제공하는 조절된 매개지수는 제공하지 않는다. Cole 등은 MODMED를 이용한 분석결과를 토대로 다음의 식을 세웠다.

$$\text{negtone} = .026 + .620\text{dysfunc} \quad (23)$$

$$\text{perform} = -.012 + .366\text{dysfunc} - .436\text{negtone} - .019\text{negexp} - .517\text{negtone}^{*}\text{negexp} \quad (24)$$

식 (23)을 통해 [dysfunc]이 높을수록 [negtone]이 커지는 것을 알 수 있다($a = .620$). [negtone]이 [perform]에 미치는 효과는 [negexp]가 조절역할을 하는 것으로 나타났다($b_3 = -.517$).

$b_1 = -.436$은 [negtone]이 [perform]에 미치는 효과가 [dysfunc]이 동일한 상황에서 [negexp]를 0에서 측정한 효과이다. [negexp]=0은 표본평균($\overline{V} = -.008$)보다 작은 값이다. 따라서 [dysfunc]가 일정한 상황에서 [negexp]가 조금 높은 팀 가운데 감독자로부터 [부정적인 감정 분위기(negtone)]를 상대적으로 더 받는다고 지각하는 종업원은 [성과(perform)]가 조금 떨어지는 것으로 해석한다.

$b_2 = -.019$는 [negexp]가 [perform]에 미치는 효과를 [negtone]이 0인 상황에서

추정한 것이다. 0은 표본평균($\overline{M}=.047$)보다 작은 값이다. 따라서 [dysfunc]가 일정하고 [negtone]이 평균보다 조금 작은 종업원은 [negtone]은 크고 [perform]은 작은 것으로 나타났다.

b_3이 유의적이라고 해서 가설이 방향대로 나타난 것을 의미하는 것은 아니다. 이를 위해 [negtone]과 [negexp] 간의 상호작용을 [negtone(M)]이 [perform(Y)]에 미치는 조건부효과를 [negexp(W)]의 수준에 따라 보다 구체적으로 파악한다. 이를 위해 식 (24)를 다음과 같이 정리한다.

$$Y=-.012+.366X+(-.436-.517W)M-.019W \tag{25}$$

W의 조건에 따른 M의 Y에 대한 조건부효과는 다음과 같다.

$$b_1+b_3W=-.436-.517W \tag{26}$$

식 (26)에 10분위, 25분위, 50분위, 75분위, 90분위 등의 백분위(percentile)값을 대입하여 조건부간접효과 $\omega=a(b_1+b_3W)$를 구한다. 이 값은 [negexp]가 '매우 낮은', '낮은', '중간', '높은', '매우 높은' 수준에 따라 [negtone]이 [perform]에 미치는 조건부간접효과를 의미한다. '평균$+1SD$', '평균', '평균$-1SD$'를 기준으로 값을 얻을 수도 있다. 조건부간접효과 $a(b_1+b_3W)$는 [표 9-3]과 같이 계산된다.

표 9-3 ▌조건부간접효과

negexp(W)	a	b_1+b_3W	$a(b_1+b_3W)$
-.730	.620	-.058	-.036
-.400	.620	-.229	-.142
-.060	.620	-.405	-.251
.500	.620	-.694	-.430
.840	.620	-.870	-.539

위의 결과를 토대로, Cole 등의 H4a와 H4b 검정에 대해 살펴본다. 먼저, H4a 검정에 대해 살펴본다. H4a는 [negtone]과 [perform] 간의 부적인 관계는 [negexp]가 높

은 집단보다는 낮은 집단에서 그 관계가 약해질 것으로 가정한다. 분석결과, [negtone]과 [negexp] 간의 상호작용이 [perform]에 미치는 효과는 유의적이며 부적으로 나타났다($B = -.517, t = 2.17, p < .05$).

이 가설을 보다 구체적으로 검정하고자 단순기울기 분석(simple slope analysis)을 하였다. 이를 위해 [negexp]의 '평균+1표준편차', '평균', '평균−1표준편차'에 의해 검토하였다. 검토결과, [negexp]가 높은 집단에서 [negtone]과 [perform] 간의 부적인 관계가 강한 것으로 나타났다(단순기울기=−.63, $t = -4.19$, $p < .05$). 반면에, [negexp]가 낮은 집단에서 [negtone]과 [perform] 간의 관계는 정적이나 유의적이지 않은 것으로 나타났다(단순기울기=.02, $t = .12$, $p = ns$). 이러한 관계를 그래프로 나타내면 [그래프 9-1]과 같다(Cole 등의 논문, p.954).

그래프 9-1 | Cole 등의 단순기울기: Cole 등의 논문 Figure 2(p.954)

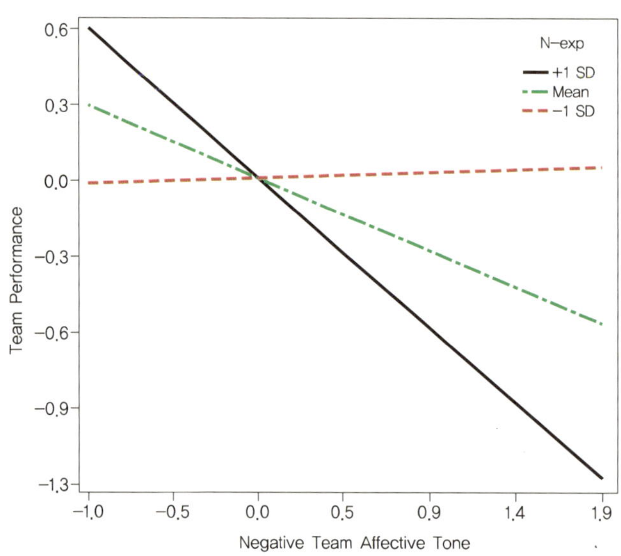

H4b가 조절된 매개효과의 검정에 해당한다. 이를 위해, [dysfunc]가 [negtone]을 매개해 [perform]에 미치는 조건부간접효과를 [negexp]의 세 수준에 따라 검토한다. 이 값은 Cole 등의 논문 p.953에 있는 [Table 3]의 세 번째 행에 있는 값이다(논문에 첫 번째 값이 −0.07로 되어 있는데 이는 오자인 것 같음. −0.09가 정확한 값인 것 같음. 이는 다음 절에서 실제 자료를 이용한 분석에서 확인하기 바람).

표 9-4 | Cole 등의 조절된 매개효과분석 결과: Cole 등의 논문 Table 3

Table 3

Regression Results for Conditional Indirect Effect

Predictor	*B*	*SE*	*t*	*p*
	Negative team affective tone			
Constant	0.03	0.06	0.42	.675
Dysfunctional team behavior	0.62	0.17	3.71	.001
	Team performance			
Constant	−0.01	0.06	−0.19	.846
Negative team affective tone (NAT)	−0.43	0.13	−3.33	.002
Nonverbal negative expressivity (N-exp)	−0.02	0.12	−0.16	.877
NAT × N-exp	−0.52	0.24	−2.17	.035
Nonverbal negative expressivity	Boot indirect effect	Boot *SE*	Boot *z*	Boot *p*
	Conditional indirect effect at N-exp = *M* ± 1 *SD*			
−1 *SD* (−0.55)	−0.07	0.15	−0.49	.626
M (−0.01)	−0.26	0.12	−2.17	.030
+1 *SD* (0.54)	−0.44	0.16	−2.74	.006
Nonverbal negative expressivity[a]	Boot indirect effect	Boot *SE*	Boot *z*	Boot *p*
	Conditional indirect effect at range of values of N-exp			
−1.05	0.09	0.22	0.43	.670
−0.85	−0.02	0.19	0.13	.900
−0.53	−0.08	0.15	−0.55	.585
−0.22	−0.19	0.12	−1.52	.128
−0.11	−0.22	0.12	−1.87	.062
0.10	−0.29	0.12	−2.41	.016
0.31	−0.36	0.13	−2.68	.007
0.52	−0.43	0.16	−2.74	.006
0.72	−0.50	0.19	−2.71	.007
0.83	−0.53	0.20	−2.67	.008
0.93	−0.57	0.22	−2.64	.008

Note. n = 60 teams. Unstandardized regression coefficients are reported. Bootstrap sample size = 5,000.
[a]Range of values represent an abbreviated version of the output provided by the macro.

[표 9-4]를 통해 알 수 있듯 [negexp]이 낮은 수준(−.55)은 $p > 0.05$ 이어 조건부간접효과(−0.07)가 유의적이 아니다. [negexp] 수준이 낮으면(−.55) 그 관계는 크고(−0.07), [negexp] 수준이 높으면(.54) 그 관계는 작은(−0.44) 것으로 나타났다. 즉, 조절변수인 [negexp]의 수준이 높아짐에 따라(−0.55, −.01, 0.54) 매개효과는 작아지는 (−0.07, −0.26, −0.44) 것으로 나타났다. 따라서 조절된 매개효과가 있는 것으로 해석한다.

4.2 조절된 매개효과분석: PROCESS model 14

앞서 살펴본 Cole 등의 연구를 그들의 자료를 이용하여 분석하기로 한다. 다음은 Cole 등의 자료이다.

Data 9-1 [Cole et al.(2008).sav]

	dysfunc	negtone	negexp	perform
1	-.23	-.51	-.49	.12
2	-.13	.22	-.49	.52
3	.00	-.08	.84	-.08
4	-.33	-.11	.84	-.08
5	.39	-.48	.17	.12

1 PROCESS에서 다음과 같이 변수와 모델넘버를 지정한다.

PROCESS 대화상자 9-1 변수지정 및 모델넘버

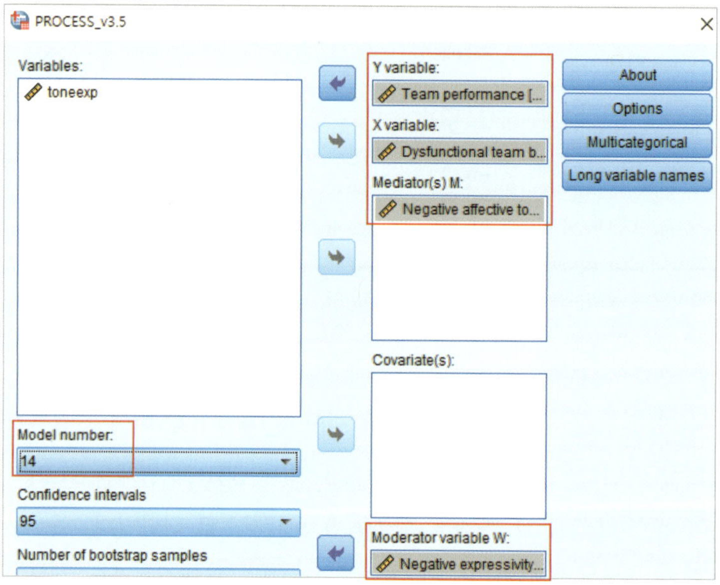

2 [Options] 버튼을 눌러 다음과 같이 지정한다.

PROCESS 대화상자 9-2 Options

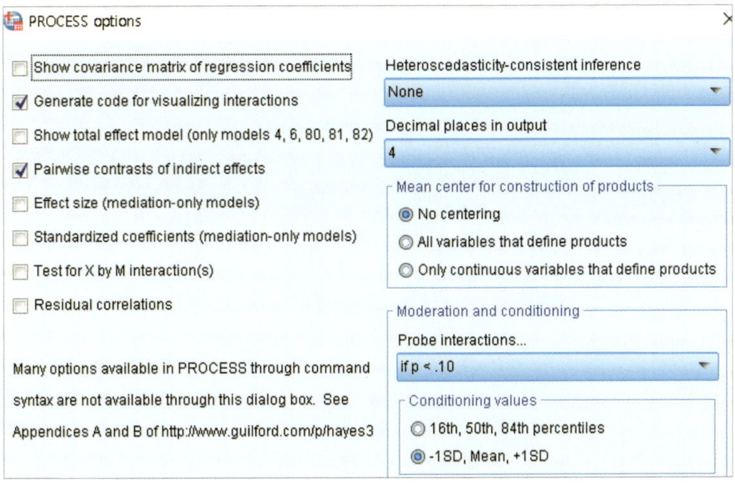

3 이를 실행하면 [Output 9-1]을 얻는다.

Output 9-1 PROCESS output

```
**************************************************************************
Model  : 14
    Y  : perform
    X  : dysfunc
    M  : negtone
    W  : negexp

Sample
Size:  60
**************************************************************************
OUTCOME VARIABLE:
 negtone

Model Summary
          R       R-sq        MSE          F        df1        df2          p
      .4384      .1922      .2268    13.7999     1.0000    58.0000      .0005

Model
              coeff         se          t          p       LLCI       ULCI
constant      .0257      .0618      .4159      .6791     -.0979      .1493
dysfunc       .6198      .1668     3.7148      .0005      .2858      .9537

**************************************************************************
OUTCOME VARIABLE:
 perform
```

```
Model Summary
          R       R-sq        MSE          F        df1        df2          p
      .5586      .3120      .2015     6.2350     4.0000    55.0000      .0003

Model
              coeff         se          t          p       LLCI       ULCI
constant     -.0119      .0585     -.2029      .8399     -.1292      .1054
dysfunc       .3661      .1778     2.0585      .0443      .0097      .7224
negtone      -.4357      .1306    -3.3377      .0015     -.6974     -.1741
negexp       -.0192      .1174     -.1634      .8708     -.2545      .2161
Int_1        -.5170      .2409    -2.1458      .0363     -.9998     -.0341

Product terms key:
 Int_1    :        negtone  x        negexp

Test(s) of highest order unconditional interaction(s):
       R2-chng          F        df1        df2          p
M*W      .0576     4.6043     1.0000    55.0000      .0363
----------
    Focal predict: negtone  (M)
          Mod var: negexp   (W)

Conditional effects of the focal predictor at values of the moderator(s):

     negexp     Effect         se          t          p       LLCI       ULCI
     -.5520     -.1504      .2129     -.7063      .4830     -.5770      .2763
     -.0083     -.4314      .1312    -3.2890      .0018     -.6943     -.1686
      .5354     -.7125      .1530    -4.6565      .0000    -1.0192     -.4059

Data for visualizing the conditional effect of the focal predictor:
Paste text below into a SPSS syntax window and execute to produce plot.

DATA LIST FREE/
   negtone    negexp     perform  .
BEGIN DATA.
     -.4782     -.5520      .0833
      .0472     -.5520      .0043
      .5726     -.5520     -.0747
     -.4782     -.0083      .2073
      .0472     -.0083     -.0194
      .5726     -.0083     -.2461
     -.4782      .5354      .3313
      .0472      .5354     -.0431
      .5726      .5354     -.4174
END DATA.
GRAPH/SCATTERPLOT=
 negtone   WITH     perform   BY       negexp  .
```

************** DIRECT AND INDIRECT EFFECTS OF X ON Y **************

Direct effect of X on Y

Effect	se	t	p	LLCI	ULCI
.3661	.1778	2.0585	.0443	.0097	.7224

Conditional indirect effects of X on Y:

INDIRECT EFFECT:
dysfunc -> negtone -> perform

negexp	Effect	BootSE	BootLLCI	BootULCI
-.5520	-.0932	.1527	-.3660	.2648
-.0083	-.2674	.1185	-.5158	-.0575
.5354	-.4416	.1604	-.7789	-.1500

Moderator value(s) defining Johnson-Neyman significance region(s):

Value	% below	% above
-.2337	35.0000	65.0000

Conditional effect of focal predictor at values of the moderator:

negexp	Effect	se	t	p	LLCI	ULCI
-1.1600	.1639	.3426	.4785	.6342	-.5227	.8506
-1.0555	.1099	.3193	.3442	.7320	-.5300	.7498
-.9510	.0559	.2963	.1886	.8511	-.5379	.6496
-.8465	.0019	.2736	.0068	.9946	-.5465	.5502
-.7420	-.0522	.2515	-.2074	.8364	-.5561	.4518
-.6375	-.1062	.2299	-.4618	.6460	-.5669	.3546
-.5330	-.1602	.2092	-.7659	.4470	-.5794	.2590
-.4285	-.2142	.1895	-1.1304	.2632	-.5940	.1656
-.3240	-.2683	.1713	-1.5658	.1231	-.6116	.0751
-.2337	-.3149	.1571	-2.0041	.0500	-.6299	.0000
-.2195	-.3223	.1551	-2.0781	.0424	-.6331	-.0115
-.1150	-.3763	.1415	-2.6597	.0102	-.6598	-.0928
-.0105	-.4303	.1313	-3.2763	.0018	-.6935	-.1671
.0940	-.4843	.1255	-3.8588	.0003	-.7359	-.2328
.1985	-.5384	.1246	-4.3209	.0001	-.7881	-.2887
.3030	-.5924	.1287	-4.6031	.0000	-.8503	-.3345
.4075	-.6464	.1374	-4.7059	.0000	-.9217	-.3711
.5120	-.7004	.1498	-4.6756	.0000	-1.0007	-.4002
.6165	-.7545	.1652	-4.5676	.0000	-1.0855	-.4234
.7210	-.8085	.1827	-4.4244	.0000	-1.1747	-.4423
.8255	-.8625	.2019	-4.2717	.0001	-1.2671	-.4579
.9300	-.9165	.2223	-4.1231	.0001	-1.3620	-.4710

```
          Index of moderated mediation:
                Index      BootSE     BootLLCI    BootULCI
negexp        -.3204      .1883      -.7771      -.0492

 Pairwise contrasts between conditional indirect effects (Effect1 minus Effect2)
       Effect1     Effect2    Contrast     BootSE    BootLLCI   BootULCI
       -.2674      -.0932     -.1742      .1024     -.4225     -.0268
       -.4416      -.0932     -.3484      .2048     -.8450     -.0536
       -.4416      -.2674     -.1742      .1024     -.4225     -.0268
*************************************************************************
```

4 위의 분석결과를 토대로 [표 9-5]를 만든다.

표 9-5 ▌Cole 등의 조절된 매개효과분석 결과

	negtone(M)			perform(Y)		
		Coeff.	95% CI		Coeff.	95% CI
dysfunc(X)	a_1	.620	[.286, .954]	c'	.366	[.010, .722]
negtone(M)				b_1	−.436	[−.697, −.174]
negexp(W)				b_2	−.019	[−.255, .216]
$M\times W$				b_3	−.517	[−1.000, −.034]
constant	i_M	.026	[−.098, .149]	i_Y	−.012	[−.129, .105]
R^2=.192 $F(1, 58)=13.800$, $p<.001$				R^2=.312 $F(4, 55)=6.235$, $p<.001$		

조절변수의 값에 따른 dysfunc(X)가 perform(Y)에 미치는 조건부간접효과

negexp	Effect	Boot SE	BootLLCI	BootULCI
−.552	−.093	.153	−.366	.265
−.008	−.267	.119	−.516	−.058
.535	−.442	.160	−.779	−.150

조절된 매개지수

매개변수	Index	SE(Boot)	BootLLCI	BootULCI
negtone	−.320	.189	−.777	−.049

5 조절된 매개효과를 분석한 다음, 가장 먼저 보아야 할 값이 조절된 매개지수이다. 이 값이 95% 신뢰구간에 0을 포함하면 조절된 매개효과가 없고, 0을 포함하지 않으면 조절된 매개효과가 있다고 해석한다.

6 조절된 매개지수 −.320은 95% 신뢰구간에 0을 포함하지 않으므로 조절된 매개효과가 있다. 이 값의 부호가 부적(−)인 것은 조절변수값이 커질수록 매개효과가 작아짐을 의미한다. [표 9-5]에서 조절변수(negexp)값이 커짐에 따라(−.552,−.008,.535) 매개효과가 작아짐(−.093, −.267, −.442)을 알 수 있다.

7 조절된 매개효과가 있는 것으로 나타나면 조절변수(negexp)에 따른 조건부간접효과(conditional indirect effect)를 살펴본다. 조절변수의 수준이 낮은 경우에는(−.552) 95% 신뢰구간에 0을 포함하므로 매개효과가 유의적이지 않고($b=-.093$, $p>.05$), 중간(−.008) 또는 높은(.535) 수준에서 매개효과는 각각($b=-.267$, $b=-.442$) 95% 신뢰구간에 0을 포함하지 않아 유의적이다. 이를 그래프로 제시하면 [그래프 9-2]와 같다.

그래프 9-2 | SPSS graph: 조절변수의 조건부효과

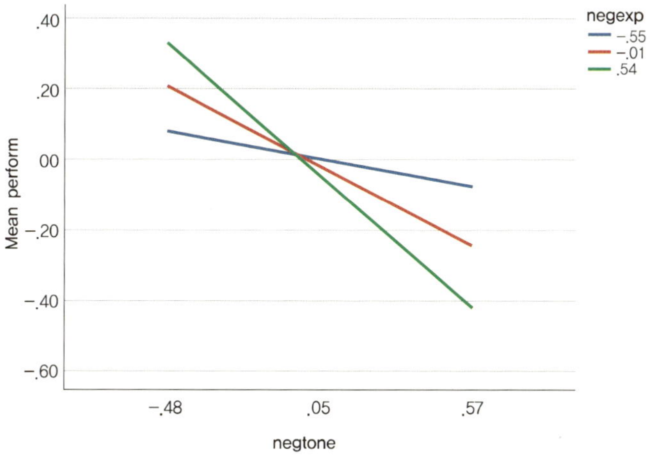

8 [그래프 9-2]를 그리는 것에 대해 알아본다. SPSS output 창을 더블클릭한다. output 가운데 아래를 블록지정한 다음, 복사한다([Control+C]).

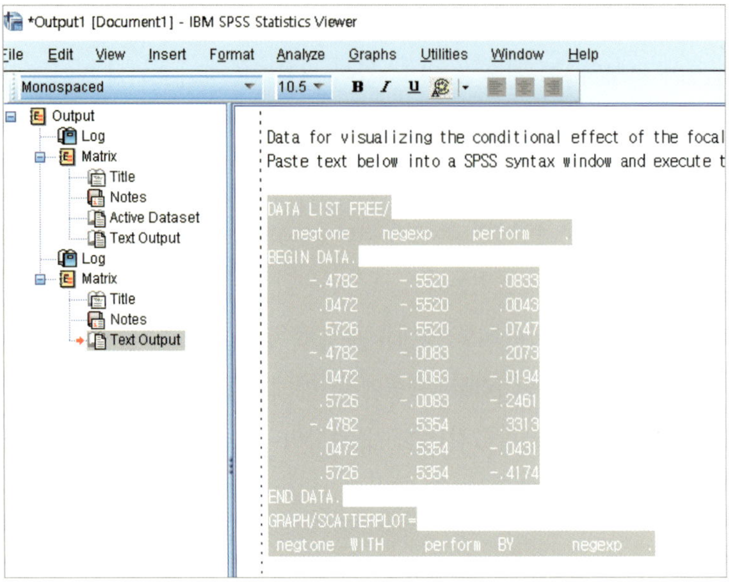

9 [File]→[New]→[Syntax]로 간다.

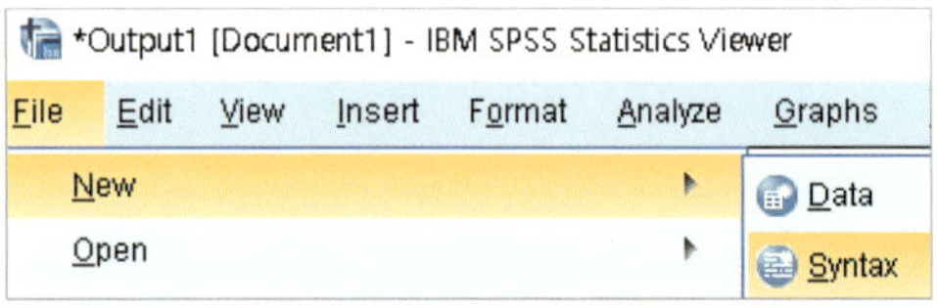

10 [Syntax] 창이 열리면 복사한 것을 붙이고, 다음과 같이 블록지정한다.

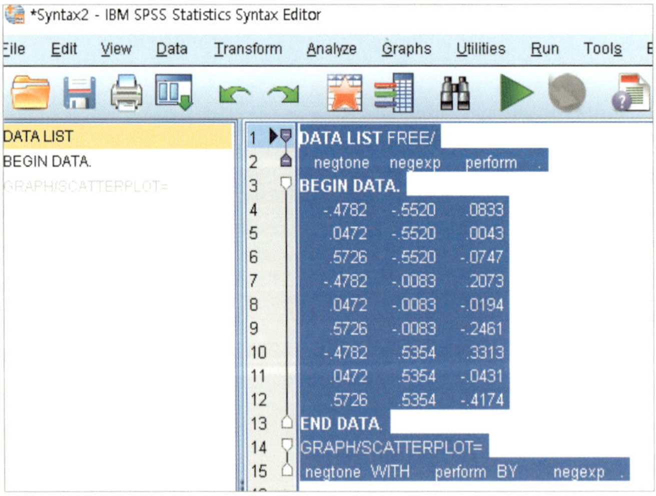

11 ▶을 눌러 실행한다. 그러면 다음과 같은 그래프를 그린다.

▶ 그래프 9-3 | SPSS graph: 조절변수의 조건부효과

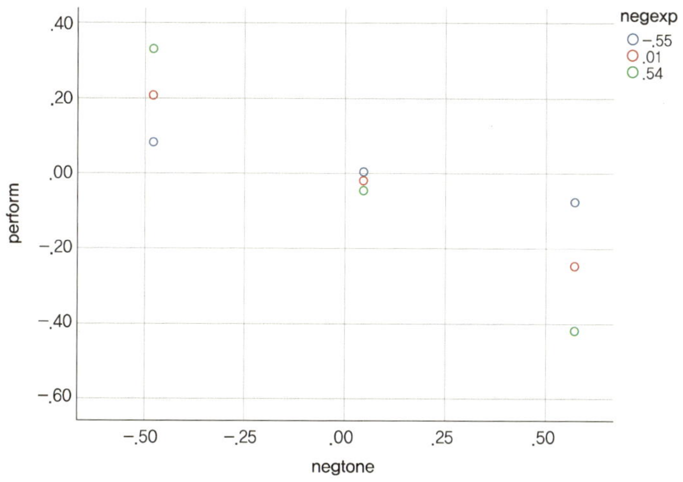

12 그래프를 보다 정교하게 그리기로 한다. 작업표시줄에 있는 SPSS 아이콘에 마우스 포인트를 놓으면 보이는 제일 오른쪽에 있는 새로운 창을 누른다.

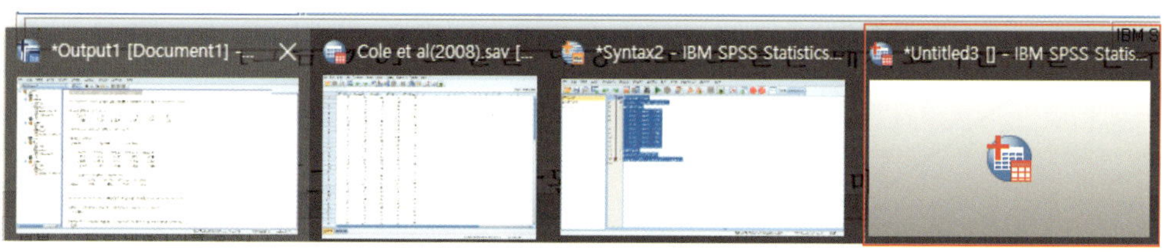

13 [Graphs]→[Legacy Dialogs]→[Line]→[Multiple]로 간다.

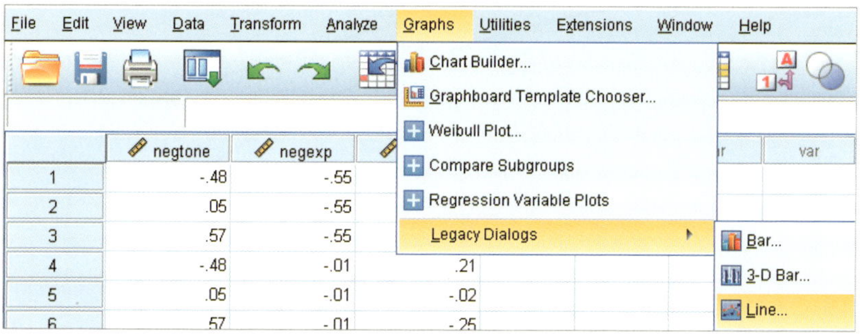

14 다음과 같이 변수를 지정하고 [OK] 버튼을 누르면 [그래프 9-2]를 그린다.

SPSS 대화상자 9-1 다중선

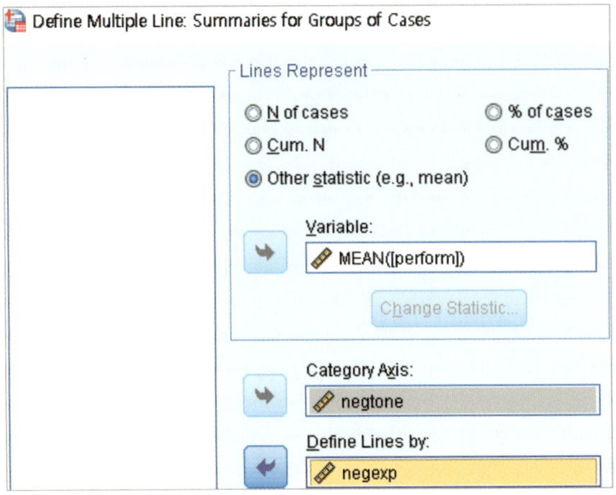

15 Johnson-Neyman 기법에 의한 분석결과 조절변수 수준이 -.234보다 큰 경우에 조절효과가 있고, 이는 전체 응답자의 65% 이상인 것으로 나타났다. 이를 신뢰밴드로 나타내면 [그래프 9-4]와 같다.

그래프 9-4 | 신뢰밴드

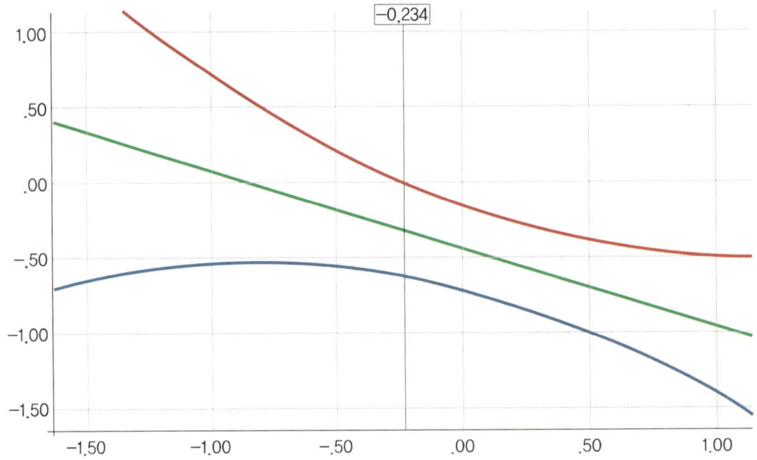

4.3 조절된 매개효과분석: PROCESS model 7

[그림 9-9] 모델을 대상으로 조절된 매개효과분석을 한다. 이 모델은 되새김 성격을 갖는 사람은 불안을 매개해 우울해지는데, 이 매개효과가 지각된 통제수준에 따라 달라지는가를 확인하고자 한다.

그림 9-9 | 지각된 통제의 조절된 매개효과모델

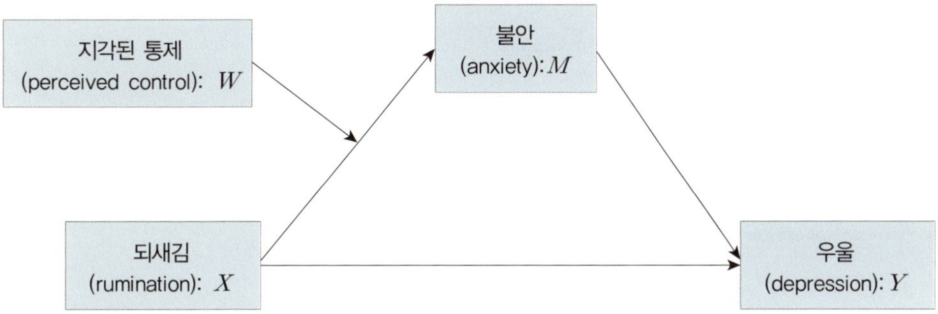

이를 분석하기 위한 자료는 다음과 같다.

Data 9-2 [Jose_chap7.sav]

	rumination	percontrol	depress	anxiety	sex
1	24.87	-.45	18.62	38.00	1
2	-2.13	4.55	-7.38	2.00	1
3	-10.13	8.55	-7.38	5.00	1
4	28.87	-18.45	27.62	37.00	1
5	1.87	11.55	-7.38	3.00	1

1 PROCESS에서 다음과 같이 변수와 모델넘버를 지정한다.

PROCESS 대화상자 9-3 변수지정 및 모델넘버

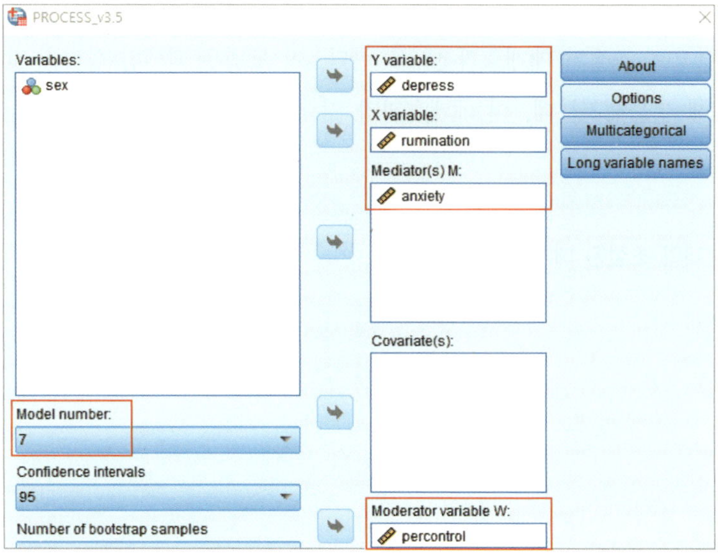

2 [Options] 버튼을 눌러 [Conditioning values]는 −1SD, Mean, +1SD로 설정한다.

3 [OK] 버튼을 눌러 실행하면 에러 메시지가 나온다. 이는 변수명이 8글자 이상인 것이 있기 때문이다(rumination, percontrol). [Long variables names] 버튼을 눌러 나타나는 대화상자에서 [I accept the risk of incorrect output]를 체크하고 [Continue] 버튼을 누른다.

4 이를 실행하면 [Output 9-2]를 얻는다.

Output 9-2 PROCESS output

```
**************************************************************************
Model  : 7
    Y  : depress
    X  : ruminati
    M  : anxiety
    W  : percontr

Sample
Size:  926

**************************************************************************
OUTCOME VARIABLE:
 anxiety
```

```
Model Summary
          R       R-sq        MSE          F        df1        df2          p
      .6051      .3662    54.9092   177.5449     3.0000   922.0000      .0000

Model
              coeff         se          t          p       LLCI       ULCI
constant     9.2511      .2610    35.4444      .0000     8.7388     9.7633
ruminati      .3665      .0272    13.4735      .0000      .3131      .4199
percontr     -.2691      .0303    -8.8712      .0000     -.3286     -.2096
Int_1        -.0120      .0023    -5.2363      .0000     -.0165     -.0075

Product terms key:
 Int_1    :        ruminati x        percontr

Test(s) of highest order unconditional interaction(s):
       R2-chng          F        df1        df2          p
X*W      .0188    27.4190     1.0000   922.0000      .0000
----------
    Focal predict: ruminati (X)
          Mod var: percontr (W)

Conditional effects of the focal predictor at values of the moderator(s):

   percontr     Effect         se          t          p       LLCI       ULCI
    -8.9968      .4742      .0315    15.0462      .0000      .4124      .5361
      .0000      .3665      .0272    13.4735      .0000      .3131      .4199
     8.9967      .2588      .0365     7.0889      .0000      .1871      .3304

***************************************************************************
OUTCOME VARIABLE:
 depress

Model Summary
          R       R-sq        MSE          F        df1        df2          p
      .6796      .4619    30.0059   396.1798     2.0000   923.0000      .0000

Model
              coeff         se          t          p       LLCI       ULCI
constant    -3.8314      .2878   -13.3110      .0000    -4.3963    -3.2665
ruminati      .2024      .0211     9.5908      .0000      .1610      .2438
anxiety       .3932      .0231    17.0584      .0000      .3480      .4385

**************** DIRECT AND INDIRECT EFFECTS OF X ON Y ****************

Direct effect of X on Y
     Effect         se          t          p       LLCI       ULCI
      .2024      .0211     9.5908      .0000      .1610      .2438
```

Conditional indirect effects of X on Y:

INDIRECT EFFECT:
ruminati -> anxiety -> depress

percontr	Effect	BootSE	BootLLCI	BootULCI
-8.9968	.1865	.0209	.1470	.2296
.0000	.1441	.0144	.1165	.1729
8.9967	.1018	.0141	.0739	.1301

Index of moderated mediation:

	Index	BootSE	BootLLCI	BootULCI
percontr	-.0047	.0012	-.0072	-.0025

****

5 붓스트레핑 결과 조절된 매개지수값(-.0047)이 95% 신뢰구간의 하한과 상한에 0을 포함하지 않으므로 조절된 매개효과가 있다고 해석한다.

6 조건부간접효과를 보면 조절변수의 세 수준에서 모두 유의적인 것으로 나타났다. 조절변수값이 커질수록(-8.997, 0.000, 8.997) 매개효과값은 작아지는 것(.1865, .1441, .1018)을 알 수 있다.

7 이를 그래프로 나타내면 [그래프 9-5]와 같다.

그래프 9-5 | SPSS graph: 조절변수의 조건부효과

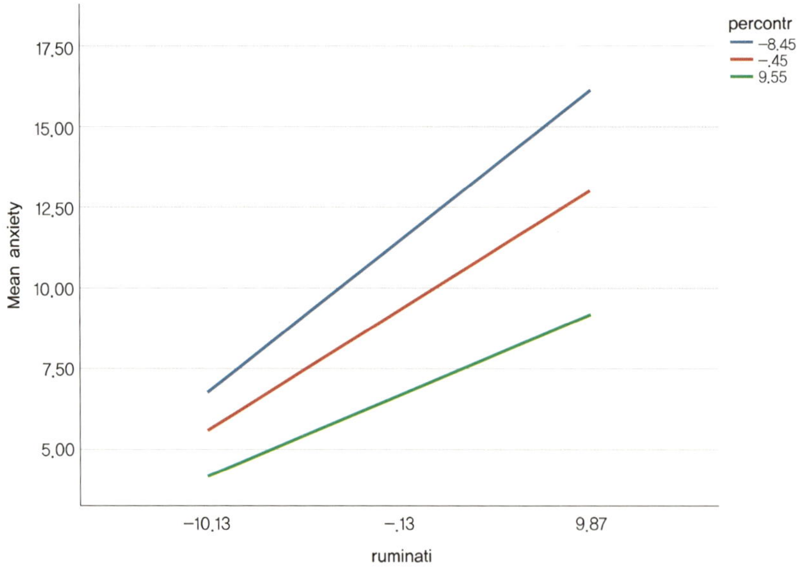

8 변수이름을 한글로 바꾸기 위해 [Chart editor] 창에서 차트를 더블클릭한 다음, 각각의 변수명 위에 마우스포인트를 놓고 더블클릭하고 한글을 입력한다.

그래프 9-6 | SPSS graph: 조절변수의 조건부효과

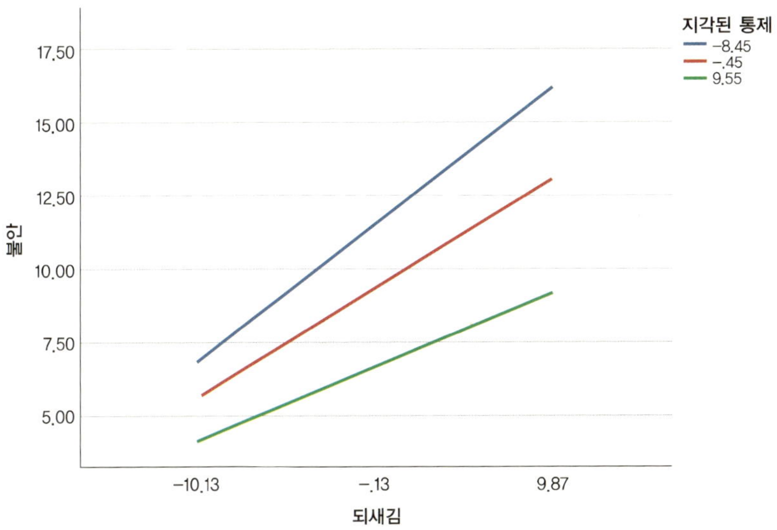

4.4 조절된 매개효과분석: PROCESS model 8

[그림 9-10] 모델은 [그림 9-9] 모델에 지각된 통제가 되새김과 우울 간의 관계도 조절한다고 가정한다.

그림 9-10 | 지각된 통제의 조절된 매개효과모델

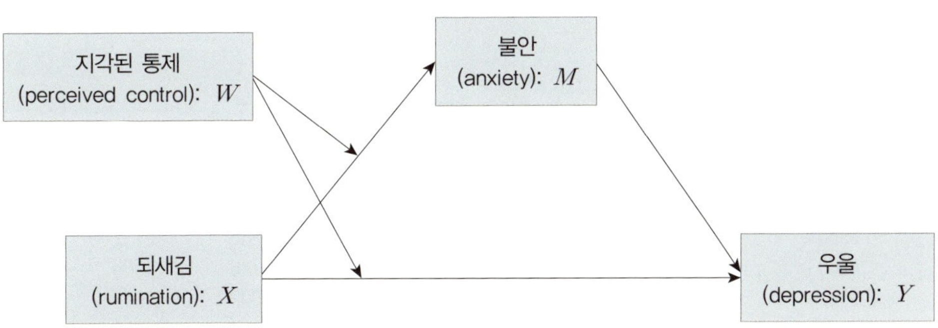

1 [그림 9-10] 모델을 PROCESS로 분석하기 위해 앞서와 동일하게 변수를 지정하고, [Model number]를 [8]로 바꾼다.

PROCESS 대화상자 9-4 변수지정 및 모델넘버

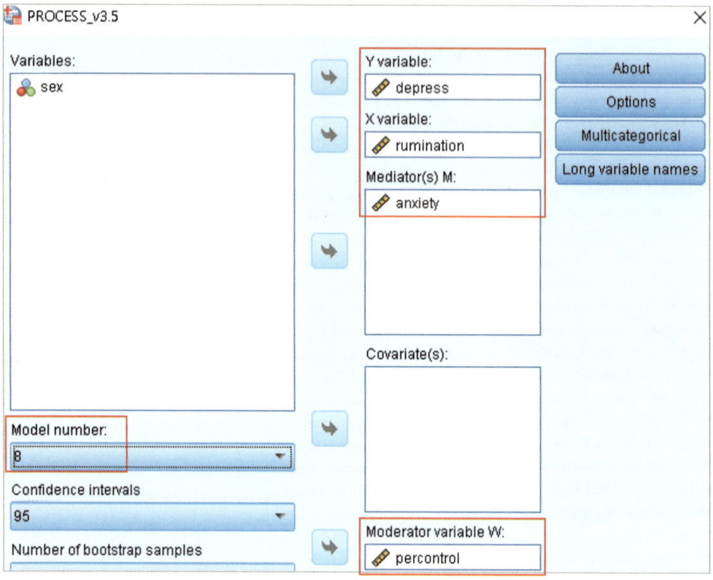

2 이를 실행하면 [Output 9-3]을 얻는다.

Output 9-3 PROCESS output

```
**************************************************************************
Model  : 8
    Y  : depress
    X  : ruminati
    M  : anxiety
    W  : percontr

****************** DIRECT AND INDIRECT EFFECTS OF X ON Y *****************

Conditional direct effect(s) of X on Y:
   percontr     Effect        se         t         p      LLCI      ULCI
    -8.9968      .1683     .0229    7.3526     .0000     .1233     .2132
      .0000      .1126     .0194    5.8145     .0000     .0746     .1506
     8.9967      .0569     .0244    2.3327     .0199     .0090     .1048

Conditional indirect effects of X on Y:
```

```
INDIRECT EFFECT:
 ruminati    ->    anxiety    ->    depress

   percontr     Effect     BootSE    BootLLCI    BootULCI
    -8.9968      .1352      .0173       .1023       .1700
      .0000      .1045      .0131       .0801       .1312
     8.9967      .0738      .0126       .0510       .1001

      Index of moderated mediation:
                 Index     BootSE    BootLLCI    BootULCI
percontr        -.0034      .0008      -.0051      -.0019

**************************************************************************
```

3 붓스트레핑 결과, 조절된 매개지수값(-.0034)이 95% 신뢰구간에 0을 포함하지 않으므로 조절된 매개효과가 있다고 해석한다.

4 조절변수값이 커질수록 매개효과는 작아지고, 직접효과도 작아지는 것으로 나타났다.

4.5 조절된 매개효과분석: PROCESS model 15

[그림 9-11] 모델은 지각된 통제가 되새김과 우울 간의 관계를 조절하고, 또한 불안과 우울 간의 관계도 조절한다고 가정한다.

그림 9-11 | 지각된 통제의 조절효과

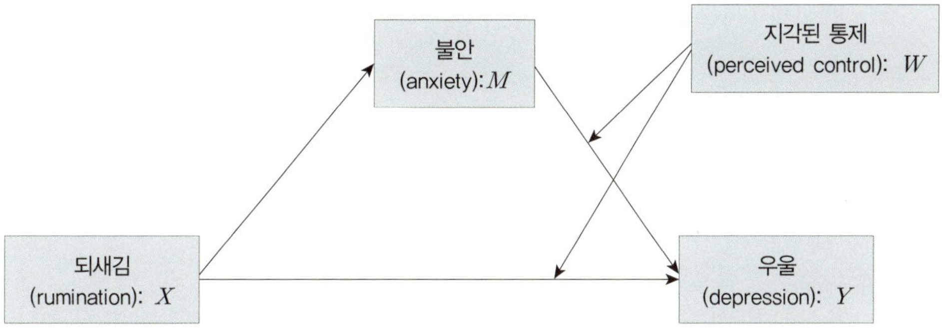

1 [그림 9-11] 모델을 분석하기 위해 다음과 같이 변수를 지정하고, [Model number]를 [15]로 바꾼다.

PROCESS 대화상자 9-5 변수지정 및 모델넘버

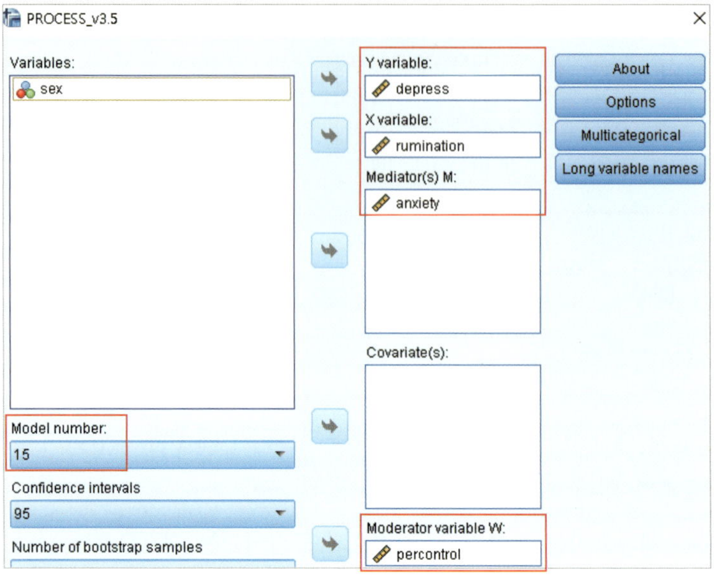

2 이를 실행하면 [Output 9-4]를 얻는다.

Output 9-4 PROCESS output

```
**************************************************************************
Model  : 15
    Y  : depress
    X  : ruminati
    M  : anxiety
    W  : percontr

Sample
Size:  926

**************************************************************************
OUTCOME VARIABLE:
 anxiety

Model Summary
          R       R-sq        MSE          F        df1        df2          p
      .5414      .2931    61.1062   383.1160     1.0000   924.0000      .0000

Model
              coeff         se          t          p       LLCI       ULCI
constant     9.7430      .2569    37.9276      .0000     9.2389    10.2471
ruminati      .4957      .0253    19.5733      .0000      .4460      .5454
```

```
**************************************************************************
OUTCOME VARIABLE:
 depress

Model Summary
          R       R-sq        MSE          F        df1        df2          p
      .7651      .5853    23.1987   259.7398     5.0000   920.0000      .0000

Model
              coeff         se          t          p       LLCI       ULCI
constant    -2.9295      .2682   -10.9219      .0000    -3.4559    -2.4031
ruminati      .1164      .0195     5.9757      .0000      .0782      .1547
anxiety       .2690      .0236    11.4111      .0000      .2227      .3152
percontr     -.2956      .0298    -9.9186      .0000     -.3541     -.2371
Int_1        -.0042      .0019    -2.2060      .0276     -.0080     -.0005
Int_2        -.0036      .0022    -1.6416      .1010     -.0078      .0007

Product terms key:
 Int_1    :        ruminati x        percontr
 Int_2    :        anxiety  x        percontr

Test(s) of highest order unconditional interaction(s):
       R2-chng          F        df1        df2          p
X*W      .0022     4.8662     1.0000   920.0000      .0276
M*W      .0012     2.6948     1.0000   920.0000      .1010
----------
    Focal predict: ruminati (X)
          Mod var: percontr (W)

Conditional effects of the focal predictor at values of the moderator(s):

   percontr     Effect         se          t          p       LLCI       ULCI
    -8.9968      .1546      .0243     6.3506      .0000      .1068      .2023
      .0000      .1164      .0195     5.9757      .0000      .0782      .1547
     8.9967      .0783      .0276     2.8333      .0047      .0241      .1326

    Focal predict: anxiety  (M)
          Mod var: percontr (W)

*************** DIRECT AND INDIRECT EFFECTS OF X ON Y ***************

Conditional direct effect(s) of X on Y:
   percontr     Effect         se          t          p       LLCI       ULCI
    -8.9968      .1546      .0243     6.3506      .0000      .1068      .2023
      .0000      .1164      .0195     5.9757      .0000      .0782      .1547
     8.9967      .0783      .0276     2.8333      .0047      .0241      .1326
```

```
Conditional indirect effects of X on Y:

INDIRECT EFFECT:
 ruminati    ->    anxiety    ->    depress

     percontr     Effect     BootSE    BootLLCI    BootULCI
     -8.9968       .1493      .0177       .1168       .1861
       .0000       .1333      .0165       .1016       .1674
      8.9967       .1174      .0239       .0696       .1637

       Index of moderated mediation:
                  Index     BootSE    BootLLCI    BootULCI
percontr         -.0018      .0015      -.0048       .0009
*****************************************************************************
```

3 조절된 매개지수값(-.0018)이 붓스트레핑 95% 신뢰구간에 0을 포함하므로 조절된 매개효과가 없다고 해석한다.

4 **조절변수값에 따른 매개효과, 즉 조건부간접효과가 세 수준에서 유의적이다. 그렇다고 조절된 매개효과가 있다고 해석해서는 안 된다.**

5 **조절된 매개지수는 조절변수의 전 영역에서 간접효과의 유의도를 검정하는 공식적 검정이다. 세 수준에서의 검정은 조절변수의 특정 값에 해당하는 검정이지 전 영역에 대한 검정은 아닌 것이다.**

4.6 조절된 매개효과분석: PROCESS model 58

[그림 9-12]는 성별이 '되새김→불안→우울' 간의 매개효과를 조절하는가를 검정한다.

▶ 그림 9-12 | 성별의 조절효과

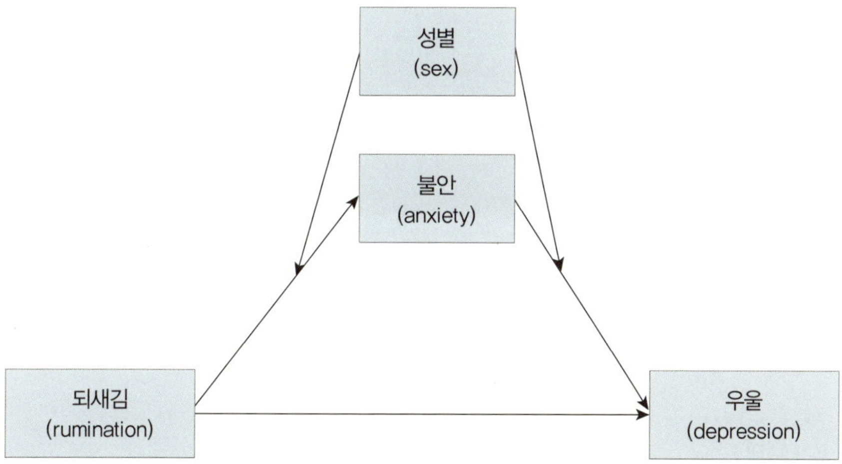

PROCESS 대화상자 9-6 변수지정 및 모델넘버

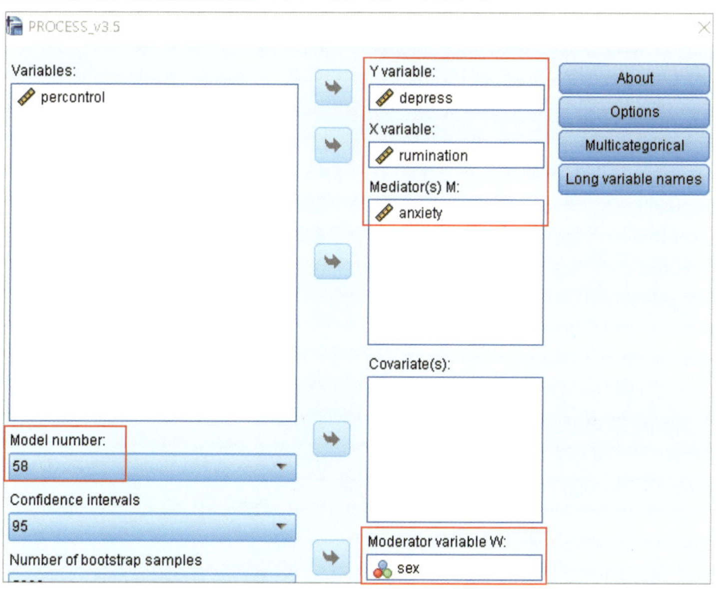

1 PROCESS에서 다음과 같이 변수를 지정하고, [Model number]를 [58]로 바꾼다. PROCESS model 58은 조절변수(W)가 이분형 변수인 경우에 한해 조절된 매개지수를 계산한다([표 9-1] 참조). 본 예에서 2개의 조절변수(sex, percontrol)로 이에 대해 알아본다. [sex]는 이분형 변수이고, [percontrol]은 연속형 변수이다. 먼저, [sex]를 조절변수로 분석해본다.

2 이를 실행하면 [Output 9-5]를 얻는다.

Output 9-5 PROCESS output

```
**************************************************************************
Model  : 58
    Y  : depress
    X  : ruminati
    M  : anxiety
    W  : sex

Sample
Size:  926

**************************************************************************
OUTCOME VARIABLE:
 anxiety

Model Summary
          R       R-sq        MSE          F        df1        df2          p
      .5493      .3018    60.4886   132.8203     3.0000   922.0000      .0000

Model
              coeff         se          t          p       LLCI       ULCI
constant     9.1160      .3466    26.3048      .0000     8.4358     9.7961
ruminati      .4543      .0345    13.1519      .0000      .3865      .5221
sex          1.4393      .5141     2.7997      .0052      .4304     2.4483
Int_1         .0972      .0506     1.9207      .0551     -.0021      .1964

Product terms key:
 Int_1    :        ruminati x        sex

Test(s) of highest order unconditional interaction(s):
       R2-chng          F        df1        df2          p
X*W      .0028     3.6892     1.0000   922.0000      .0551
----------
    Focal predict: ruminati (X)
          Mod var: sex      (W)

Conditional effects of the focal predictor at values of the moderator(s):

        sex     Effect         se          t          p       LLCI       ULCI
      .0000      .4543      .0345    13.1519      .0000      .3865      .5221
     1.0000      .5514      .0370    14.9217      .0000      .4789      .6240

**************************************************************************
```

```
OUTCOME VARIABLE:
 depress

Model Summary
          R       R-sq        MSE          F        df1        df2          p
      .6816      .4645    29.9246   199.7547     4.0000   921.0000      .0000

Model
              coeff         se          t          p       LLCI       ULCI
constant    -3.9901      .3893   -10.2492      .0000    -4.7541    -3.2261
ruminati      .2076      .0212     9.7731      .0000      .1659      .2493
anxiety       .3745      .0330    11.3523      .0000      .3097      .4392
sex           .5041      .5250      .9601      .3373     -.5263     1.5344
Int_1         .0242      .0393      .6160      .5380     -.0529      .1013

Product terms key:
 Int_1    :        anxiety  x        sex

Test(s) of highest order unconditional interaction(s):
       R2-chng          F        df1        df2          p
M*W      .0002      .3795     1.0000   921.0000      .5380
----------
    Focal predict: anxiety  (M)
          Mod var: sex      (W)

*************** DIRECT AND INDIRECT EFFECTS OF X ON Y ***************

Direct effect of X on Y
     Effect         se          t          p       LLCI       ULCI
      .2076      .0212     9.7731      .0000      .1659      .2493

Conditional indirect effects of X on Y:

INDIRECT EFFECT:
 ruminati    ->    anxiety    ->    depress

        sex     Effect     BootSE   BootLLCI   BootULCI
      .0000      .1701      .0220      .1271      .2140
     1.0000      .2198      .0276      .1672      .2756

Index of moderated mediation (difference between conditional indirect effects):
          Index     BootSE   BootLLCI   BootULCI
sex       .0497      .0338     -.0159      .1154
*********************************************************************
```

3 조절된 매개지수가 95% 신뢰구간에 0을 포함하므로 조절된 매개효과가 없다고 해석한다. 즉 남자와 여자의 매개효과값은 각각 .1701과 .2198이고 이 차이(.0497)는 통계적으로 유의적이지 않다.

4 이제 [그림 9-12] 모델에서 [percontrol]를 조절변수로 분석해보기로 한다.

PROCESS 대화상자 9-7 변수지정 및 모델넘버

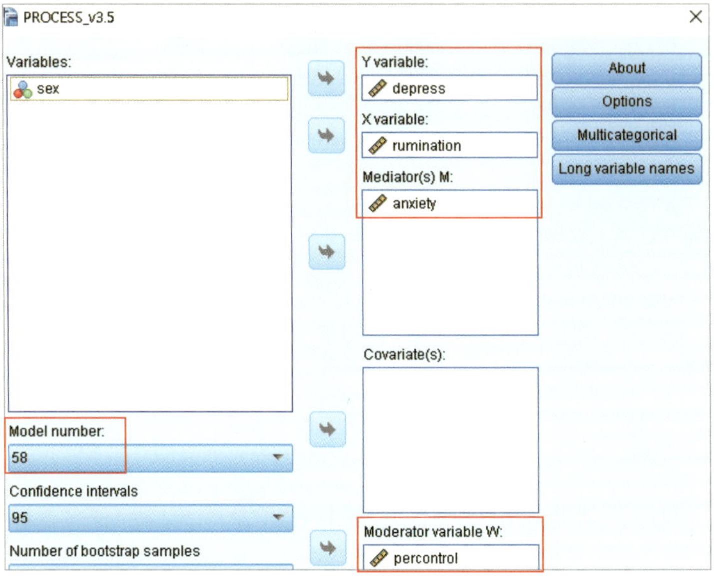

5 이를 실행하면 [Output 9-6]을 얻는다.

Output 9-6 PROCESS output

```
**************************************************************************
Model  : 58
    Y  : depress
    X  : ruminati
    M  : anxiety
    W  : percontr

Sample
Size:  926

**************************************************************************
OUTCOME VARIABLE:
 anxiety
```

```
Model Summary
          R       R-sq        MSE          F        df1        df2          p
      .6051      .3662    54.9092   177.5449     3.0000   922.0000      .0000

Model
              coeff         se          t          p       LLCI       ULCI
constant     9.2511      .2610    35.4444      .0000     8.7388     9.7633
ruminati      .3665      .0272    13.4735      .0000      .3131      .4199
percontr     -.2691      .0303    -8.8712      .0000     -.3286     -.2096
Int_1        -.0120      .0023    -5.2363      .0000     -.0165     -.0075

Product terms key:
 Int_1    :        ruminati x        percontr

Test(s) of highest order unconditional interaction(s):
       R2-chng          F        df1        df2          p
X*W      .0188    27.4190     1.0000   922.0000      .0000
----------
    Focal predict: ruminati (X)
          Mod var: percontr (W)

Conditional effects of the focal predictor at values of the moderator(s):

   percontr     Effect         se          t          p       LLCI       ULCI
    -8.9968      .4742      .0315    15.0462      .0000      .4124      .5361
      .0000      .3665      .0272    13.4735      .0000      .3131      .4199
     8.9967      .2588      .0365     7.0889      .0000      .1871      .3304

***************************************************************************
OUTCOME VARIABLE:
 depress

Model Summary
          R       R-sq        MSE          F        df1        df2          p
      .7636      .5831    23.2961   322.1061     4.0000   921.0000      .0000

Model
              coeff         se          t          p       LLCI       ULCI
constant    -2.7977      .2620   -10.6769      .0000    -3.3120    -2.2835
ruminati      .1219      .0194     6.2956      .0000      .0839      .1599
anxiety       .2618      .0234    11.1906      .0000      .2159      .3077
percontr     -.2645      .0263   -10.0544      .0000     -.3161     -.2129
Int_1        -.0066      .0017    -3.8224      .0001     -.0099     -.0032

Product terms key:
 Int_1    :        anxiety  x        percontr
```

```
Test(s) of highest order unconditional interaction(s):
       R2-chng         F        df1         df2           p
M*W       .0066   14.6107     1.0000   921.0000       .0001
----------
    Focal predict: anxiety   (M)
        Mod var: percontr (W)

Conditional effects of the focal predictor at values of the moderator(s):

   percontr     Effect        se          t          p       LLCI       ULCI
    -8.9968      .3207     .0218    14.7000      .0000      .2779      .3635
      .0000      .2618     .0234    11.1906      .0000      .2159      .3077
     8.9967      .2029     .0331     6.1332      .0000      .1379      .2678


*************** DIRECT AND INDIRECT EFFECTS OF X ON Y ***************

Direct effect of X on Y
     Effect          se            t           p        LLCI        ULCI
      .1219       .0194       6.2956       .0000       .0839       .1599

Conditional indirect effects of X on Y:

INDIRECT EFFECT:
 ruminati    ->    anxiety    ->    depress

   percontr     Effect    BootSE  BootLLCI  BootULCI
    -8.9968      .1521     .0190     .1166     .1903
      .0000      .0959     .0143     .0689     .1252
     8.9967      .0525     .0138     .0272     .0813
**************************************************************************
```

6 [percontrol]이 연속형 변수이므로 조절된 매개지수를 계산하지 않는다. 따라서 이 변수는 조절된 매개효과를 검정할 수 없다.

5 조절된 조절된 매개분석

조절된 조절된 매개분석(moderated moderated mediation analysis)에는 2개의 조절변수가 포함된다. 조절된 조절된 매개분석에서 제1조절변수(primary moderator)에 의해 간접효과가 조절되는 경우 제2조절변수(secondary moderator)에 의해 다시 조절되는가를 확인하고자 한다. 즉 조절된 매개효과가 다른 조절변수에 의해 조절되는가를 확인하고자 한다. PROCESS에서 조절된 조절된 매개모델에 포함되는 것 가운데 PROCESS model 11, PROCESS model 18, PROCESS model 21을 중심으로 살펴보기로 한다.

5.1 조절된 조절된 매개모델: PROCESS model 11

PROCESS model 11의 개념적 모델과 통계적 모델은 각각 [그림 9-13(a)], [그림 9-13(b)]와 같다.

그림 9-13 | PROCESS model 11: 조절된 조절된 매개모델

(a) 개념적 모델

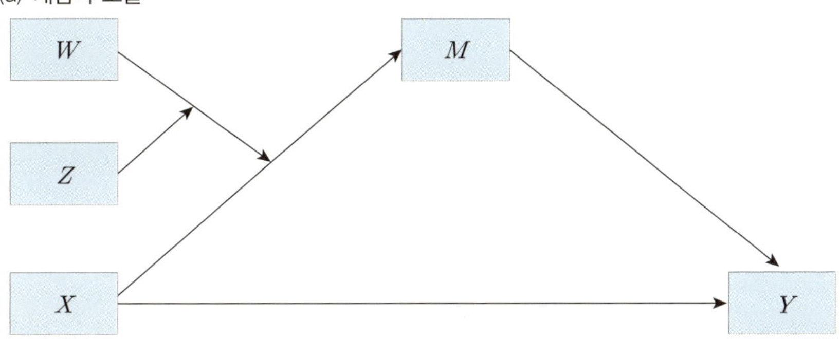

(b) 통계적 모델

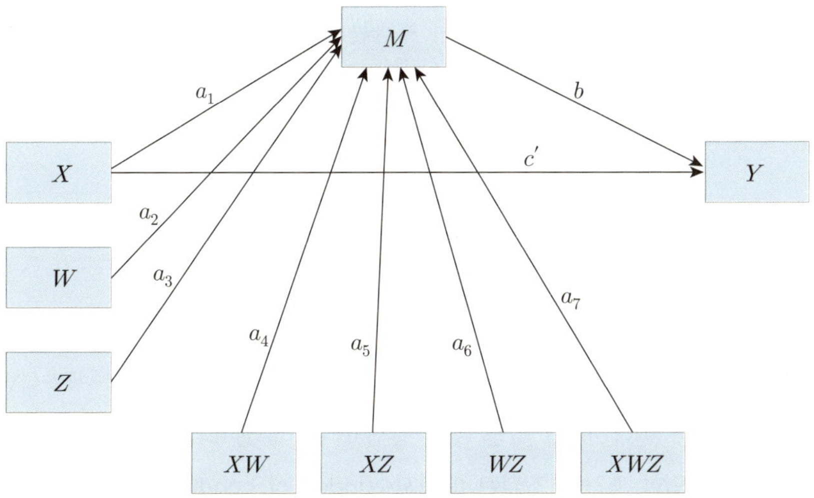

위의 통계적 모델은 다음과 같은 회귀식으로 나타낼 수 있다.

$$M = i_M + a_1X + a_2W + a_3Z + a_4XW + a_5XZ + a_6WZ + a_7XWZ \quad (27)$$

$$Y = i_M + c'X + bM \quad (28)$$

식 (27)을 X의 관점에서 정리하면 다음과 같다. 따라서 X가 M에 미치는 효과는 다음과 같다.

$$M = i_M + a_2W + a_3Z + a_6WZ + (a_1 + a_4W + a_5Z + a_7WZ)X \quad (29)$$

식 (29)에서 X가 M에 미치는 조건부효과는 다음과 같다.

$$\theta_{X \to M} = a_1 + a_4W + a_5Z + a_7WZ$$

이 식을 통해 X가 M에 미치는 효과는 W와 Z에 의존함을 알 수 있다.

식 (28)에서 M이 Y에 미치는 효과는 b이다. 따라서 X가 M에 미치는 효과와 M이 Y에 미치는 효과는 다음과 같다.

$$\theta_{X \to M}b = (a_1 + a_4 + a_5Z + a_7WZ)b = a_1b + a_4bW + a_5bZ + a_7bWZ \quad (30)$$

이 식을 통해 X가 M을 경유해 Y에 미치는 효과는 W, Z, WZ의 함수임을 알 수 있다. W와 Z의 값을 이 식에 대입하면 W와 Z값에 따른 X의 Y에 대한 간접효과를 얻을 수 있다. 식 (30)은 W를 기준으로 다음과 같이 정리할 수 있다.

$$\theta_{X \to M}b = a_1b + (a_4b + a_7bZ)W + a_5bZ \quad (31)$$

이 식은 W와 X의 간접효과는 Z: $a_4b + a_7bZ$의 선형함수임을 의미한다. $a_4b + a_7bZ$는 특정 Z값에 따라 W가 변화하는 경우 X의 Y에 대한 간접효과의 변화율을 계량화한 것이다. 즉 Z의 특정값에 따라 W에 의한 X의 간접효과의 조절효과를 계량화한 것이다. $a_4b + a_7bZ$를 **W에 의한 조건부 조절된 매개지수**(index of conditional moderated mediation by W)라고 한다. 특정값 Z에서 W에 의한 조건부 조절된 매개지수가 0과 다르다면 해당 Z값에서 X의 간접효과가 W에 의해 조절된다고 할 수 있다. PROCESS model 11에서 a_7b를 **조절된 조절된 매개지수(index of moderated moderated mediation)**라 하며 model 11의 공식적인 검정통계량이 된다. 이 지수가 95% 신뢰구간에 0을 포함하지 않으면 조절된 조절된 매개효과가 있다고 해석한다.

[그림 9-14]는 Lange 등(2015)이 연구한 PROCESS model 11에 해당하는 조절된 조절된 매개모델이다.

그림 9-14 | Lange 등(2015)의 조절된 조절된 매개모델: PROCESS model 11

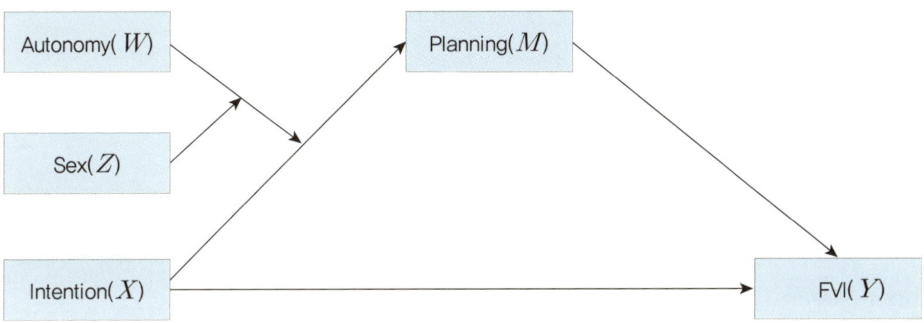

PROCESS로 가상의 자료를 이용하여 위 모델을 분석해보기로 한다. 이를 위한 자료는 다음과 같다.

Data 9-3 [Lange et al.(2015).sav]

	Intent	Plan	Autonomy	FVI	Sex
1	38.00	23.00	27.00	21.00	2
2	41.00	24.00	30.00	24.00	2
3	39.00	21.00	29.00	23.00	2
4	39.00	19.00	31.00	23.00	2
5	40.00	22.00	32.00	24.00	2

1 [그림 9-14]를 분석하기 위해 PROCESS에서 다음과 같이 변수를 지정하고 [Model number]를 [11]로 바꾼다.

PROCESS 대화상자 9-8 변수지정 및 모델넘버

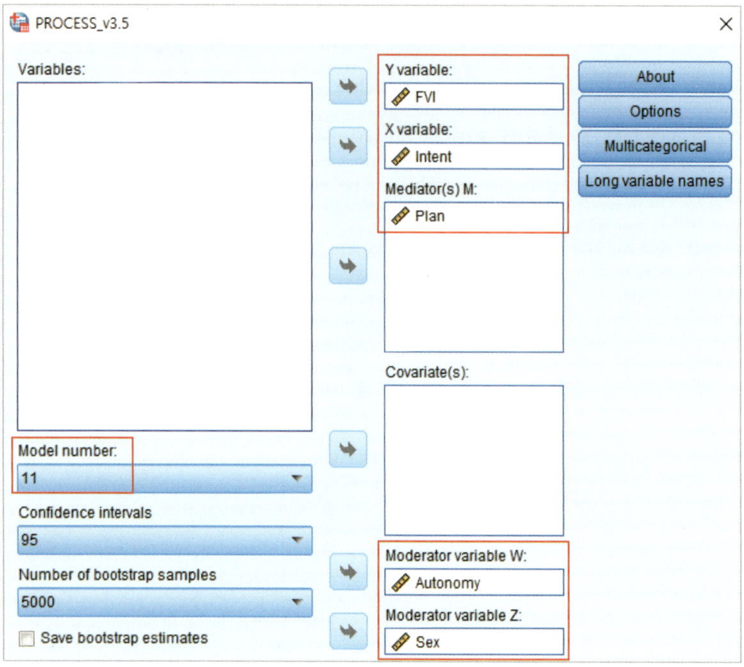

2 이를 분석하면 [Output 9-7]을 얻는다.

Output 9-7 PROCESS output

```
**************************************************************************
Model  : 11
    Y  : FVI
    X  : Intent
    M  : Plan
    W  : Autonomy
    Z  : Sex

Sample
Size:  600

**************************************************************************
OUTCOME VARIABLE:
 Plan

Model Summary
          R       R-sq        MSE          F        df1        df2          p
      .3123      .0976    11.6935     9.1420     7.0000   592.0000      .0000
```

Model

	coeff	se	t	p	LLCI	ULCI
constant	183.3858	66.6522	2.7514	.0061	52.4822	314.2894
Intent (a_1)	−4.1983	1.5468	−2.7142	.0068	−7.2362	−1.1604
Autonomy(a_2)	−5.3167	2.1604	−2.4610	.0141	−9.5597	−1.0737
Int_1(a_4)	.1386	.0499	2.7807	.0056	.0407	.2366
Sex(a_3)	−109.0771	38.2350	−2.8528	.0045	−184.1698	−33.9845
Int_2(a_5)	2.6654	.8866	3.0065	.0028	.9242	4.4066
Int_3(a_6)	3.5366	1.2390	2.8543	.0045	1.1032	5.9701
Int_4(a_7)	−.0865	.0286	−3.0291	.0026	−.1426	−.0304

Product terms key:

```
 Int_1  :  Intent    x  Autonomy
 Int_2  :  Intent    x  Sex
 Int_3  :  Autonomy  x  Sex
 Int_4  :  Intent    x  Autonomy x  Sex
```

Test(s) of highest order unconditional interaction(s):

	R2-chng	F	df1	df2	p
X*W*Z	.0140	9.1754	1.0000	592.0000	.0026

```
    Focal predict: Intent   (X)
        Mod var: Autonomy (W)
        Mod var: Sex      (Z)
```

Test of conditional X*W interaction at value(s) of Z:

Sex	Effect	F	df1	df2	p
1.0000	.0521	4.8832	1.0000	592.0000	.0275
2.0000	−.0344	4.5634	1.0000	592.0000	.0331

Conditional effects of the focal predictor at values of the moderator(s):

Autonomy	Sex	Effect	se	t	p	LLCI	ULCI
28.0000	1.0000	−.0729	.0991	−.7360	.4620	−.2675	.1217
28.0000	2.0000	.1706	.0733	2.3263	.0203	.0266	.3146
31.0000	1.0000	.0835	.0726	1.1503	.2505	−.0591	.2261
31.0000	2.0000	.0675	.0563	1.1985	.2312	−.0431	.1782
34.0000	1.0000	.2399	.1037	2.3146	.0210	.0363	.4435
34.0000	2.0000	−.0355	.0750	−.4739	.6357	−.1829	.1118

****

OUTCOME VARIABLE:

FVI

Model Summary

R	R-sq	MSE	F	df1	df2	p
.4344	.1887	10.2866	69.4442	2.0000	597.0000	.0000

Model

	coeff	se	t	p	LLCI	ULCI
constant	6.5744	1.7533	3.7496	.0002	3.1310	10.0179
Intent(c')	.2061	.0391	5.2693	.0000	.1293	.2828
Plan(b)	.3550	.0371	9.5718	.0000	.2822	.4279

*************** DIRECT AND INDIRECT EFFECTS OF X ON Y ***************

Direct effect of X on Y

Effect	se	t	p	LLCI	ULCI
.2061	.0391	5.2693	.0000	.1293	.2828

Conditional indirect effects of X on Y:

INDIRECT EFFECT:

Intent -> Plan -> FVI

Autonomy	Sex	Effect	BootSE	BootLLCI	BootULCI
28.0000	1.0000	-.0259	.0443	-.1242	.0538
28.0000	2.0000	.0606	.0346	.0057	.1415
31.0000	1.0000	.0296	.0261	-.0202	.0844
31.0000	2.0000	.0240	.0250	-.0172	.0804
34.0000	1.0000	.0852	.0344	.0274	.1615
34.0000	2.0000	-.0126	.0346	-.0780	.0584

Index of moderated moderated mediation

Index	BootSE	BootLLCI	BootULCI
-.0307	.0131	-.0598	-.0087

Indices of conditional moderated mediation by W

Sex	Index	BootSE	BootLLCI	BootULCI
1.0000	.0185	.0099	.0025	.0417
2.0000	-.0122	.0080	-.0299	.0018

****

3 조절된 조절된 매개지수(-.0307)값이 신뢰구간에 0을 포함하지 않으므로 조절된 조절된 매개효과가 있다고 해석한다.

4 W에 의한 조건부 조절된 매개지수가 Z가 2인 경우(여자)에는 지수값(-.0122)이 신뢰구간에 0을 포함함으로 조절된 조절된 매개효과가 없다고 해석한다.

5.2 조절된 조절된 매개모델: PROCESS model 18

PROCESS model 18의 개념적 모델과 통계적 모델은 각각 [그림 9-15(a)], [그림 9-15(b)]와 같다. 이 모델은 조절된 매개의 조절이 M과 Y 간에 발생하는 모델이다.

그림 9-15 | PROCESS model 18

(a) 개념적 모델

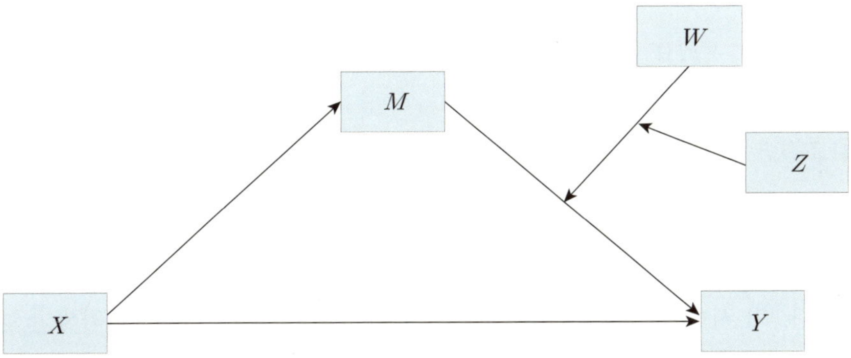

(b) 통계적 모델

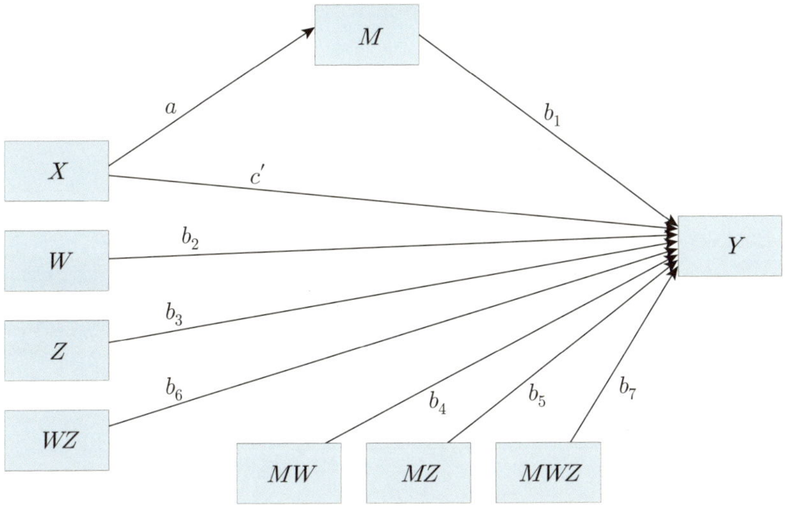

통계적 모델은 다음과 같은 회귀식으로 나타낼 수 있다.

$$M = i_M + aX \quad (32)$$

$$Y = i_Y + c'X + b_1M + b_2W + b_3Z + b_4MW + b_5MZ + b_6WZ + b_7MWZ \quad (33)$$

식 (32)에서 X가 M에 미치는 효과는 a이고, 식 (33)에서 M이 Y에 미치는 조건부 효과는 다음과 같다.

$$\theta_{M \to Y} = b_1 + b_4 W + b_5 Z + b_7 WZ \tag{34}$$

이 둘(a, $\theta_{M \to Y}$)의 곱은 X의 간접효과가 된다.

$$a\theta_{M \to Y} = a(b_1 + b_4 W + b_5 Z + b_7 WZ) = ab_1 + ab_4 W + ab_5 Z + ab_7 WZ \tag{35}$$

W를 제1조절변수로 하는 경우 W에 의한 조건부 조절매개지수는 $ab_4 + ab_7 Z$이고 Z를 제1조절변수로 하는 경우 Z에 의한 조건부 조절매개지수는 $ab_5 + ab_7 W$이다. 이 둘에 모두 포함되는 ab_7이 **조절된 조절된 매개지수(index of moderated moderated mediation)**이다. 이 지수(ab_7)가 0과 다르다는 추론은 X의 간접효과가 W에 의해 조절된 조절효과는 Z에 의존한다고 할 수 있다. [그림 9-16]은 Krieger & Sarge(2013)가 연구한 PROCESS model 18이다.

그림 9-16 | Krieger & Sarge(2013)의 연구모델: PROCESS model 18

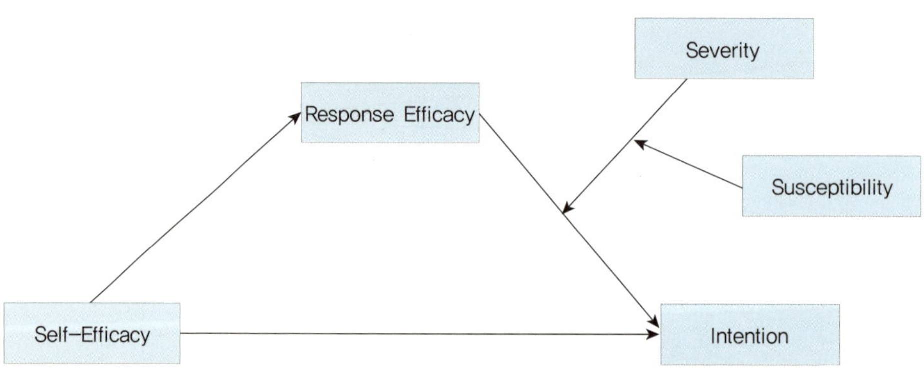

PROCESS로 가상의 자료를 이용하여 위 모델을 분석해보기로 한다. 이를 위한 자료는 다음과 같다.

Data 9-4 [Krieger & Sarge(2013).sav]

	Selfeffi	Intent	Res_effi	Suscep	Sever
1	5	5	6	5	6
2	5	6	6	6	6
3	5	6	6	6	6
4	5	6	6	6	6
5	5	5	5	6	5

1 [그림 9-16]을 분석하기 위해 PROCESS에서 다음과 같이 변수를 지정하고 [Model number]를 [18]로 바꾼다.

PROCESS 대화상자 9-9 변수지정 및 모델넘버

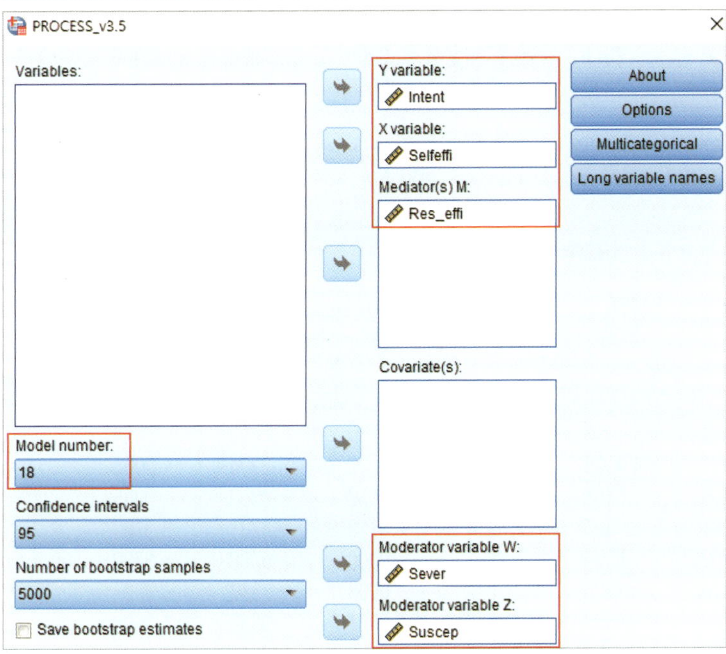

2 이를 분석하면 [Output 9-8]을 얻는다.

Output 9-8 PROCESS Output

```
**************************************************************************
Model  : 18
    Y  : Intent
    X  : Selfeffi
```

```
    M  : Res_effi
    W  : Sever
    Z  : Suscep

Sample
Size:  700

**************************************************************************
OUTCOME VARIABLE:
 Res_effi

Model Summary
          R       R-sq        MSE          F        df1        df2          p
      .1579      .0249      .6571    17.8546     1.0000   698.0000      .0000

Model
              coeff         se          t          p       LLCI       ULCI
constant     4.9250      .2371    20.7696      .0000     4.4594     5.3906
Selfeffi      .1604      .0380     4.2255      .0000      .0859      .2349

**************************************************************************
OUTCOME VARIABLE:
 Intent

Model Summary
          R       R-sq        MSE          F        df1        df2          p
      .4169      .1738      .8606    18.1721     8.0000   691.0000      .0000

Model
              coeff         se          t          p       LLCI       ULCI
constant   -10.1407     4.4565    -2.2755      .0232   -18.8906    -1.3908
Selfeffi      .0056      .0463      .1216      .9032     -.0853      .0965
Res_effi     1.8981      .7528     2.5214      .0119      .4201     3.3762
Sever        3.6862      .8594     4.2891      .0000     1.9988     5.3736
Int_1        -.5016      .1423    -3.5242      .0005     -.7810     -.2221
Suscep       2.6262      .8509     3.0864      .0021      .9556     4.2968
Int_2        -.3436      .1433    -2.3975      .0168     -.6249     -.0622
Int_3        -.6276      .1511    -4.1546      .0000     -.9242     -.3310
Int_4         .0908      .0251     3.6106      .0003      .0414      .1401

Product terms key:
 Int_1   :   Res_effi  x     Sever
 Int_2   :   Res_effi  x     Suscep
 Int_3   :   Sever     x     Suscep
 Int_4   :   Res_effi  x     Sever     x     Suscep

Test(s) of highest order unconditional interaction(s):
```

	R2-chng	F	df1	df2	p
M*W*Z	.0156	13.0366	1.0000	691.0000	.0003

Focal predict: Res_effi (M)
Mod var: Sever (W)
Mod var: Suscep (Z)

Test of conditional M*W interaction at value(s) of Z:

Suscep	Effect	F	df1	df2	p
4.8129	-.0647	1.7167	1.0000	691.0000	.1905
5.8700	.0313	.3993	1.0000	691.0000	.5277
6.9271	.1272	4.1840	1.0000	691.0000	.0412

Conditional effects of the focal predictor at values of the moderator(s):

Sever	Suscep	Effect	se	t	p	LLCI	ULCI
4.7960	4.8129	-.0657	.0700	-.9386	.3483	-.2032	.0718
4.7960	5.8700	.0313	.0768	.4070	.6842	-.1196	.1822
4.7960	6.9271	.1283	.1123	1.1420	.2539	-.0923	.3488
5.9043	4.8129	-.1374	.0727	-1.8897	.0592	-.2802	.0054
5.9043	5.8700	.0659	.0472	1.3976	.1627	-.0267	.1585
5.9043	6.9271	.2693	.0695	3.8757	.0001	.1329	.4057
7.0000	4.8129	-.2083	.1075	-1.9377	.0531	-.4194	.0028
7.0000	5.8700	.1002	.0670	1.4941	.1356	-.0315	.2318
7.0000	6.9271	.4087	.0804	5.0822	.0000	.2508	.5665

Moderator value(s) defining Johnson-Neyman significance region(s):

Value	% below	% above
4.3699	6.8571	93.1429
6.8414	69.5714	30.4286

Conditional M*W interaction at values of the moderator Z:

Suscep	Effect	se	t	p	LLCI	ULCI
1.0000	-.4108	.1189	-3.4542	.0006	-.6443	-.1773
1.3000	-.3836	.1121	-3.4230	.0007	-.6036	-.1636
1.6000	-.3563	.1053	-3.3848	.0008	-.5630	-.1496
1.9000	-.3291	.0986	-3.3375	.0009	-.5227	-.1355
2.2000	-.3019	.0921	-3.2785	.0011	-.4827	-.1211
2.5000	-.2746	.0857	-3.2044	.0014	-.4429	-.1064
2.8000	-.2474	.0795	-3.1102	.0019	-.4036	-.0912
3.1000	-.2202	.0736	-2.9898	.0029	-.3648	-.0756
3.4000	-.1929	.0681	-2.8348	.0047	-.3266	-.0593
3.7000	-.1657	.0629	-2.6348	.0086	-.2892	-.0422
4.0000	-.1385	.0582	-2.3776	.0177	-.2528	-.0241
4.3000	-.1113	.0543	-2.0507	.0407	-.2178	-.0047
4.3699	-.1049	.0534	-1.9634	.0500	-.2098	.0000

```
   4.6000     -.0840      .0511    -1.6454      .1003     -.1843      .0162
   4.9000     -.0568      .0488    -1.1627      .2454     -.1527      .0391
   5.2000     -.0296      .0477     -.6194      .5359     -.1233      .0641
   5.5000     -.0023      .0478     -.0487      .9612     -.0961      .0915
   5.8000      .0249      .0490      .5081      .6116     -.0713      .1211
   6.1000      .0521      .0513     1.0155      .3102     -.0487      .1529
   6.4000      .0794      .0546     1.4532      .1466     -.0279      .1866
   6.7000      .1066      .0587     1.8165      .0697     -.0086      .2218
   6.8414      .1194      .0608     1.9634      .0500      .0000      .2389
   7.0000      .1338      .0634     2.1113      .0351      .0094      .2583

*************** DIRECT AND INDIRECT EFFECTS OF X ON Y ***************

Direct effect of X on Y
     Effect         se          t          p       LLCI       ULCI
      .0056      .0463      .1216      .9032     -.0853      .0965

Conditional indirect effects of X on Y:

INDIRECT EFFECT:
 Selfeffi    ->    Res_effi    ->    Intent

      Sever     Suscep     Effect     BootSE   BootLLCI   BootULCI
     4.7960     4.8129     -.0105      .0137     -.0411      .0135
     4.7960     5.8700      .0050      .0121     -.0208      .0284
     4.7960     6.9271      .0206      .0192     -.0168      .0598
     5.9043     4.8129     -.0220      .0124     -.0501     -.0021
     5.9043     5.8700      .0106      .0080     -.0038      .0273
     5.9043     6.9271      .0432      .0163      .0150      .0783
     7.0000     4.8129     -.0334      .0200     -.0782     -.0007
     7.0000     5.8700      .0161      .0119     -.0046      .0426
     7.0000     6.9271      .0655      .0241      .0259      .1176

      Index of moderated moderated mediation
      Index     BootSE   BootLLCI   BootULCI
      .0146      .0084      .0019      .0343

      Indices of conditional moderated mediation by W
     Suscep      Index     BootSE   BootLLCI   BootULCI
     4.8129     -.0104      .0108     -.0334      .0095
     5.8700      .0050      .0081     -.0095      .0235
     6.9271      .0204      .0132     -.0004      .0510
*********************************************************************
```

3 조절된 조절된 매개지수(.0146)는 신뢰구간에 0을 포함하지 않으므로 조절된 조절된 매개효과가 있다고 해석한다.

4 Z값이 4.3699보다 작고, 6.8414보다 큰 경우에 조절된 조절된 매개효과가 있는 것으로 나타났다.

5.3 조절된 조절된 매개모델: PROCESS model 21

PROCESS model 21에 해당하는 조절된 조절된 매개모델의 개념적 모델은 [그림 9-17]과 같다. 그림에서 볼 수 있듯, model 21은 X와 M 사이의 제1조절변수인 W가 조절역할을 하고, M과 Y 사이의 제2조절변수인 Z가 조절역할을 하는가를 검정하고자 하는 모델이다. 이 모델을 통해 '$X \rightarrow M \rightarrow Y$' 간의 매개효과가 W와 Z의 어느 수준에 따라 나타나는가를 확인하고자 한다. PROCESS model 21의 개념적 모델과 통계적 모델은 각각 [그림 9-17(a)], [그림 9-17(b)]와 같다.

그림 9-17 | PROCESS model 21

(a) 개념적 모델

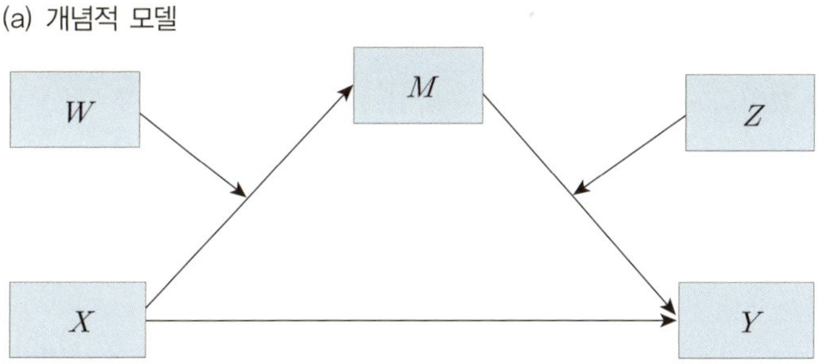

(b) 통계적 모델

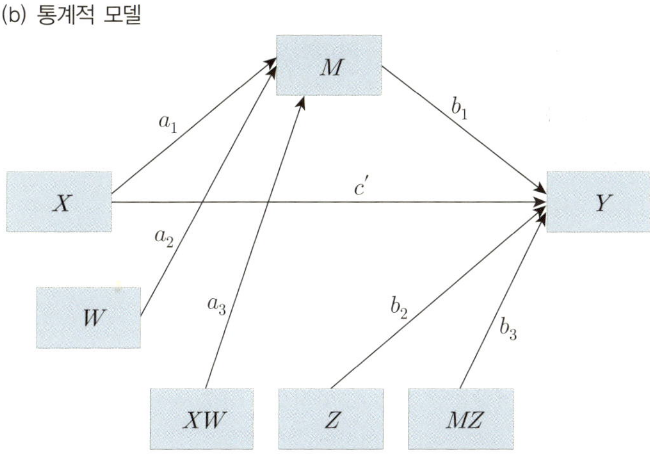

위의 통계적 모델은 다음과 같은 회귀식으로 나타낼 수 있다.

$$M = i_M + a_1 X + a_2 W + a_3 XW \tag{36}$$

$$Y = i_Y + c' X + b_1 M + b_2 Z + b_3 MZ \tag{37}$$

식 (36)으로부터 X가 M에 미치는 효과는 다음과 같음을 알 수 있다.

$$\theta_{X \to M} = a_1 + a_3 W$$

식 (37)로부터 M이 Y에 미치는 효과는 다음과 같음을 알 수 있다.

$$\theta_{M \to Y} = b_1 + b_3 Z \tag{38}$$

X가 M을 경유하여 Y에 미치는 간접효과는 위 둘의 효과를 곱해서 얻을 수 있다.

$$\theta_{X \to M}\theta_{M \to Y} = (a_1 + a_3 W)(b_1 + b_3 Z) = a_1 b_1 + a_3 b_1 W + a_1 b_3 Z + a_3 b_3 WZ \tag{39}$$

식 (39)를 W를 기준으로 다시 정리하면 다음과 같다.

$$\theta_{X \to M}\theta_{M \to Y} = a_1 b_1 + (a_3 b_1 + a_3 b_3 Z) W + a_1 b_3 Z \tag{40}$$

이 식은 W와 X의 간접효과는 Z의 선형함수임을 의미한다. $(a_3 b_1 + a_3 b_3 Z)$은 **W에 의한 조건부 조절된 매개지수**(index of conditional moderated mediation by W)라고 하며, Z에 따른(conditioned on Z) W와 X 간의 간접효과의 크기를 계량화한 것이다.

식 (40)을 Z를 기준으로 다시 정리하면 다음과 같다.

$$\theta_{X \to M}\theta_{M \to Y} = a_1 b_1 + a_3 b_1 W + (a_1 b_3 + a_3 b_3 W) Z \tag{41}$$

이 식은 Z와 X의 간접효과는 W의 선형함수임을 의미한다. $(a_1 b_3 + a_3 b_3 W)$은 **Z에 의한 조건부 조절된 매개지수**(index of conditional moderated mediation by Z)라고 하

며, 이는 W에 따른(conditioned on W) Z와 X 간의 간접효과의 크기를 계량화한 것이다.

이들 2개의 조건부 조절된 매개지수에는 a_3b_3이 공통으로 포함되어 있다. 이 a_3b_3이 model 21의 **조절된 조절된 매개지수(index of moderated moderated mediation)**이다. 이 지수는 Z의 변화에 따른 W에 의해 조절되는 X의 Y에 대한 간접효과의 변화율(rate of change)과 W의 변화에 따른 Z에 의해 조절되는 X의 Y에 대한 간접효과의 변화율을 동시에 계량화한 것이다. [그림 9-18]은 Li 등(2015)의 연구에 기반한 조절된 조절된 연구모델이다.

그림 9-18 | strain과 pss의 조절효과모델: PROCESS model 21

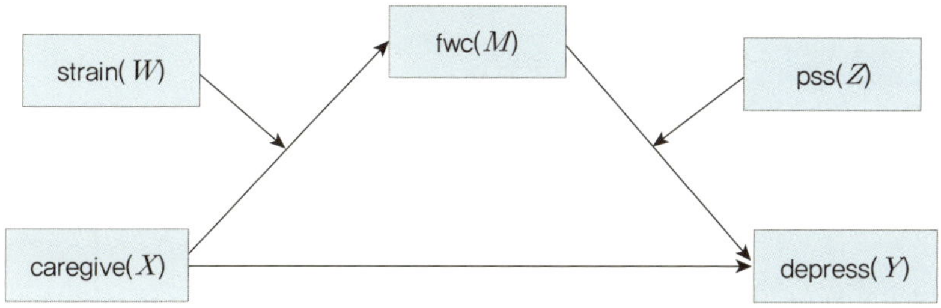

이를 분석하기 위한 자료는 다음과 같다. 이 자료는 Li 등의 자료가 아닌 가상의 자료이다.

Data 9-5 [Li et al.(2015)]

	caregive	strain	fwc	pss	depress
1	5.25	4.67	5.00	4.75	5.75
2	4.75	5.00	4.75	4.75	6.00
3	5.50	5.67	5.25	6.00	5.50
4	6.00	6.00	6.00	6.00	6.00
5	6.25	6.67	6.25	5.75	6.25

1 PROCESS에서 다음과 같이 변수와 모델넘버를 지정한다.

PROCESS 대화상자 9-10 변수지정 및 모델넘버

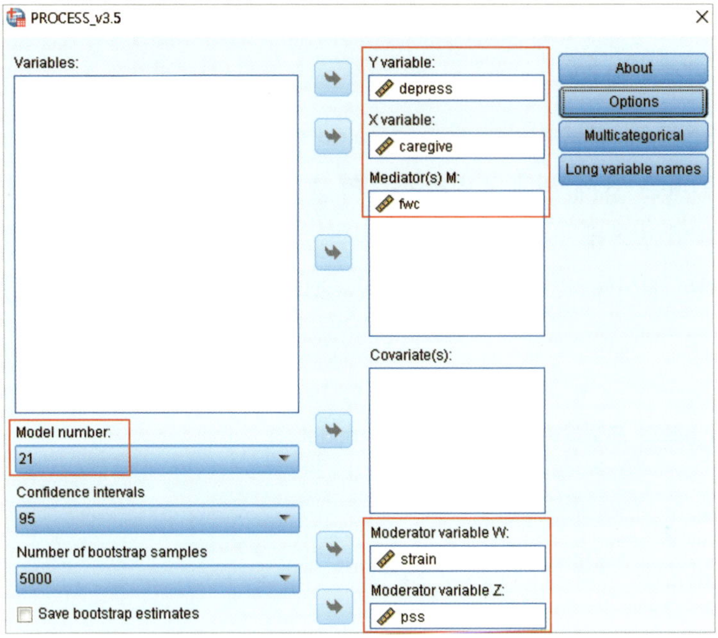

2 이를 실행하면 [Output 9-9]를 얻는다.

Output 9-9 PROCESS output

```
**************************************************************************
Model  : 21
    Y  : depress
    X  : caregive
    M  : fwc
    W  : strain
    Z  : pss

Sample
Size:  272

**************************************************************************
OUTCOME VARIABLE:
 fwc

Model Summary
          R       R-sq        MSE          F        df1        df2          p
      .6272      .3933      .7589    57.9196     3.0000   268.0000      .0000
```

Model

	coeff	se	t	p	LLCI	ULCI
constant	−.1246	.0588	−2.1178	.0351	−.2404	−.0088
caregive	.1830	.0515	3.5534	.0004	.0816	.2843
strain	.4919	.0542	9.0829	.0000	.3853	.5986
Int_1(a_3)	.1525	.0317	4.8100	.0000	.0901	.2149

Product terms key:
Int_1 : caregive x strain

Test(s) of highest order unconditional interaction(s):

	R2-chng	F	df1	df2	p
X*W	.0524	23.1357	1.0000	268.0000	.0000

Focal predict: caregive (X)
Mod var: strain (W)

Conditional effects of the focal predictor at values of the moderator(s):

strain	Effect	se	t	p	LLCI	ULCI
−1.1937	.0009	.0596	.0155	.9876	−.1165	.1183
.0000	.1830	.0515	3.5534	.0004	.0816	.2843
1.1937	.3650	.0679	5.3756	.0000	.2313	.4987

OUTCOME VARIABLE:
depress

Model Summary

R	R-sq	MSE	F	df1	df2	p
.7572	.5734	.8529	89.7293	4.0000	267.0000	.0000

Model

	coeff	se	t	p	LLCI	ULCI
constant	4.7432	.0607	78.1014	.0000	4.6237	4.8628
caregive	.3527	.0580	6.0851	.0000	.2386	.4668
fwc	.2590	.0587	4.4089	.0000	.1433	.3746
pss	.4327	.0671	6.4508	.0000	.3007	.5648
Int_1(b_3)	.3261	.0404	8.0680	.0000	.2465	.4057

Product terms key:
Int_1 : fwc x pss

Test(s) of highest order unconditional interaction(s):

	R2-chng	F	df1	df2	p
M*Z	.1040	65.0925	1.0000	267.0000	.0000

```
----------
    Focal predict: fwc        (M)
          Mod var: pss        (Z)

Conditional effects of the focal predictor at values of the moderator(s):

      pss     Effect       se         t         p      LLCI      ULCI
  -1.1022     -.1005    .0763   -1.3159     .1893    -.2508     .0499
    .0000      .2590    .0587    4.4089     .0000     .1433     .3746
   1.1022      .6184    .0710    8.7103     .0000     .4786     .7582

*************** DIRECT AND INDIRECT EFFECTS OF X ON Y ***************

Direct effect of X on Y
     Effect         se          t          p       LLCI       ULCI
      .3527      .0580     6.0851      .0000      .2386      .4668

Conditional indirect effects of X on Y:

INDIRECT EFFECT:
 caregive    ->    fwc          ->    depress

     strain        pss     Effect     BootSE   BootLLCI   BootULCI
    -1.1937    -1.1022     -.0001      .0143     -.0310      .0313
    -1.1937      .0000      .0002      .0222     -.0512      .0378
    -1.1937     1.1022      .0006      .0531     -.1214      .0873
      .0000    -1.1022     -.0184      .0207     -.0678      .0147
      .0000      .0000      .0474      .0241      .0009      .0937
      .0000     1.1022      .1131      .0466      .0164      .2018
     1.1937    -1.1022     -.0367      .0379     -.1206      .0306
     1.1937      .0000      .0945      .0426      .0040      .1744
     1.1937     1.1022      .2257      .0773      .0614      .3666

      Index of moderated moderated mediation
      Index       BootSE    BootLLCI     BootULCI
      .0497(a3b3)  .0206       .0119        .0935

      Indices of conditional moderated mediation by W
        pss       Index     BootSE   BootLLCI   BootULCI
    -1.1022      -.0153      .0166     -.0542      .0132
      .0000       .0395      .0201      .0011      .0797
     1.1022       .0943      .0396      .0154      .1713
*************************************************************************
```

3 조절된 조절된 매개지수(.0497)가 95% 신뢰구간에 0을 포함하지 않으므로 조절된 조절된 매개효과가 있다고 해석한다.

4 보다 구체적으로 [strain]과 [pss]가 평균보다 높은 수준에서 매개효과가 있는 것으로 나타났다.

5 이를 토대로 다음과 같은 표를 작성하고, 조절된 조절된 매개지수값(.0497)도 95% 신뢰구간과 함께 보고한다.

표 9-6 | 조절된 조절된 매개효과분석 결과

조절변수		간접효과	95% CI	
strain	pss		Lower	Upper
Low	Low	-.000	-.031	.003
Low	Mean	.000	-.051	.038
Low	High	.001	-.121	.087
Mean	Low	-.018	-.068	.015
Mean	Mean	.047	.001	.094
Mean	High	.113	.016	.202
High	Low	-.037	-.121	.031
High	Mean	.095	.004	.174
High	High	.226	.061	.367

6 조절된 매개효과 해석 시 주의사항

PROCESS로 조절된 매개효과분석을 한 다음, Output을 통해 해석할 때 주의해야 할 점에 대해 살펴본다.

① 제일 먼저 조절된 매개지수(index of moderated mediation)를 본다. 이 값의 신뢰구간에 0이 포함되면 조절된 매개효과가 없고, 0을 포함하지 않으면 조절된 매개효과가 있다고 해석한다.

② 조절된 매개지수값이 95% 신뢰구간에 0을 포함하지 않으면 조절된 매개효과가 있다고 해석하고, 그 경우에 조건부간접효과(conditional indirect effect)를 검토하여 조절변수의 수준에 따라 매개효과가 어떻게 나타나는가를 살펴본다.

③ 조절된 매개지수가 유의적인 경우, 지수의 값이 부적(–)임은 조절변수가 증가할수

록 간접효과는 감소함을 의미하고, 정적(+)임은 조절변수가 증가할수록 간접효과는 증가하는 것으로 해석한다.

④ 조건부간접효과가 세 수준에서 모두 유의적이라 하더라도 조절된 매개지수가 0을 포함하면 조절된 매개효과가 없다고 해석한다.

⑤ 조절된 조절된 매개효과분석을 통해 얻은 결과에서도 제일 먼저 조절된 조절된 매개지수를 보고 이 값이 신뢰구간에 0을 포함하지 않으면 조절된 조절된 매개효과가 있다고 해석하고, 그 다음 조건부 조절된 매개(conditional moderated mediation)효과를 보고 조절변수의 수준에 따라 보다 구체적으로 해석한다.

참고문헌

배병렬 (2016). Mplus 7.0 구조방정식모델링. 서울: 도서출판 청람.

이형권 (2016). 조절분석과 조절된 매개분석 및 매개된 조절분석의 오해와 진실. *관광연구*, 제3권 제3호, 213-248.

이형권 (2018). Mplus를 이용한 매개효과와 조절효과 및 조절된 매개효과 분석. 서울: 신영사.

Chen, L-Y., Hsiao, B., Chern, C-C., and Chen, H-G. (2014). Affective Mechanisms Linking Internet Use to Learning Performance in High School Students: A Moderated Mediation Study. *Computers in Human Behavior*, 35, 431-443.

Cole, C. E., Zapp, D. J., Fettig, N. B., and Pérez-Edgar, K. (2016). Impact of Attention Biases to Threat and Effortful Control on Individual Variations in Negative Affect and Social Withdrawal in Very Young Children. *Journal of Experimental Child Psychology*, 141, 210-221.

Cole, M. S., Walter, F., and Bruch, H. (2008). Affective Mechanism Linking Dysfunctional Behavior to Performance in Work Teams: A Moderated Mediation Study. *Journal of Applied Psychology*, 93(5), 945-958.

Deane, K., Richards, M., Mozley, M., Scott, D., Rice, C., and Garbarino, J. (2016). Posttraumatic Stress, Family Functioning, and Externalizing in Adolescents Exposed to Violence: A Moderated Mediation Model. *Journal of Clinical Child & Adolescent Psychology*, published online.

Deng, X., and Kahn, B. E. (2009). Is Your Product on the Right Side? The "Location Effect" on Perceived Product Heaviness and Package Evaluation. *Journal of Marketing Research*, 46(6), 725-738.

Edwards, J. R., and Lambert, L. S. (2007). Methods for Integrating Moderation and Mediation: A General Analytical Framework Using Moderated Path Analysis. *Psychological Methods*, 12(1), 1-22.

Einarsen, S., Skogstad, A., Rørvik, E., Lande, Å. B., and Nielsen, M. B. (2016). Climate for Conflict Management, Exposure to Workplace

Bullying and Work Engagement: A Moderated Mediation Analysis. *International Journal of Human Resource Management*, published online.

Hayes, A. F. (2012), PROCESS: A Versatile Computational Tool for Observed Variable Mediation, Moderation, and Conditional Process Modeling[White Paper], Retrieved from http://afhayes.com/public/process2012.pdf.

Hayes, A. F. (2013) *Introduction to Mediation, Moderation, and Conditional Process Analysis: A Regression-Based Approach.* New York, NY: Guilford Press.

Hayes, A. F. (2015). An Index and Test of Linear Moderated Mediation. *Multivariate Behavioral Research*, 50(1), 1-22.

Hayes, A. F. (2016). Supplementary PROCESS Documentation, Retrieved from http://afhayes.com/public/docaddendum.pdf.

Hayes, A. F. (2018a). *Introduction to Mediation, Moderation, and Conditional Process Analysis: A Regression-Based Approach.* 2nd ed., New York, NY: Guilford Press.

Hayes, A. F. (2018b). Partial, Conditional, and Moderated Moderated Mediation: Quantification, Inference, and Interpretation. *Communication Monograph*, 85(1), 4-40.

Hayes, A. F., and Rockwood, N. J. (2020). Conditional Process Analysis: Concepts, Computation, and Advances in the Modeling of the Contingencies of Mechanisms. *American Behavioral Scientist*, 64(1), 19-54.

Huang, S-C., Zhang, Y., and Broniarczyk, S. M. (2012). So Near and Yet So Far: The Mental Representation of Goal Progress. *Journal of Personality and Social Psychology*, 103(2), 225-241.

Jose, P. E. (2013). *Doing Statistical Mediation and Moderation.* New York, NY: The Guilford Press.

Kim, S., and Labroo, A. A. (2011). From Inherent Value to Incentive Value: When and Why Pointless Effort Enhances Consumer Preference. *Journal of Consumer Research*, 38(4), 712-742.

Li, A., Shaffer, J., and Bagger, J. (2015). The Psychological Well-Being of Disability Caregivers: Examining the Roles of Family Strain, Family-to-Work Conflict, and Perceived Supervisor Support. *Journal of Occupational Health Psychology*, 20(1), 40-49.

Liu, D., Liao, H., and Loi, R. (2012). The Dark Side of Leadership: A Three-level Investigation of the Cascading Effect of Abusive Supervision on Employee Creativity. *Academy of Management Journal*. 55(5), 1187–1212.

MacNeil, G., Kosberg, J. I., Durkin, D. W., Dooley, W. K., DeCoster, J., and Williamson, G. M. (2010). Caregiver Mental Health and Potentially Harmful Caregiving Behavior: The Central Role of Caregiver Anger. *The Gerontologist*, 50(1), 76-86.

Moneta, G. B. (2011). Metacognition, Emotion, and Alcohol Dependence in College Students: A Moderated Mediation Model. *Addictive Behaviors*, 36, 781–784.

Morgan–Lopez, A. A., and MacKinnon, D. P. (2006). Demonstration and Evaluation of a Method for Assessing Mediated Moderation. *Behavioral Research Methods*, 38(1), 77–87.

Muller, D., Judd, C. M., and Yzerbyt, V. Y. (2005). When Moderation is Mediated and Mediation is Moderated. *Journal of Personality and Social Psychology*, 89(6), 852–863.

Nielsen, M. B., Finne, L. B., Christensen, J. O., and Knardahl, S. (2015). Job Demands and Alcohol Use: Testing a Moderated Mediation Model. *Scandinavian Journal of Work Environment & Health*, 41, 43–53.

Parade, S. H., Leerkes, E. M., and Blankson, A. N. (2010). Attachment to Parents, Social Anxiety, and Close Relationships of Female Students over the Transition to College. *Journal of Youth and Adolescence*, 39, 127–137.

Parker, R. J., Nouri, H., and Hayes, A. F. (2011). Distributive Justice, Promotion Instrumentality, and Turnover Intentions in Public Accounting Firms. *Behavioral Research in Accounting*, 23(2), 169–186.

Pegram, S. E., Lumley, M. A., Jasinski, M. J., and Burns, J. W. (2017). Psychological Trauma Exposure and Pain–Related Outcomes Among People with Chronic Low Back Pain: Moderated Mediation by Thought Suppression and Social Constraints. *Annals of Behavioral Medicine*, 51(2), 316–320.

Popan, J. R., Kenworthy, J. B., Frame, M. C., Lyons, P. A., and Snuggs, S. J. (2010). Political Groups in Contact: The Role of Attributions for Outgroup Attitudes in Reducing Antipathy. *European Journal of Social Psychology*, 40(1), 86–104.

Preacher, K. J., Rucker, D. D., and Hayes, A. F. (2007). Addressing Moderated Mediation Hypotheses: Theory, Methods, and Prescriptions. *Multivariate Behavioral Research*, 42(1), 185–227.

Rees, T., and Freeman, P. (2009). Social Support Moderates the Relationship Between Stressors and Task Performance Through Self-Efficacy. *Journal of Social and Clinical Psychology*, 28(2), 244–263.

Thompson, R. J., Mata, J., and Gotlib, A. G. I. H. (2017). Adaptive Coping Mediates the Relation Between Mothers' and Daughters' Depressive Symptoms: A Moderated Mediation Study. *Journal of Social and Clinical Psychology*, 36(3), 171–195.

Wang, K., Stroebe, K., and Dovidio, J. F. (2012). Stigma Consciousness and Prejudice Ambiguity: Can it be Adaptive to Perceive the World as Biased?. *Personality and Individual Differences*, 53, 241-245.

Weiss, L., and Johar, G. V. (2016). Products as Self-Evaluation Standards: When Owned and Unowned Products Have Opposite Effects on Self-Judgment. *Journal of Consumer Research*, 42(6), 915–930.

Zhou, Q., Hirst, G., and Shipton, H. (2012). Promoting Creativity at Work: The Role of Problem-Solving Demand. *Applied Psychology*, 61(1), 56–80.

CHAPTER

10

매개된 조절효과분석

1. 매개된 조절효과의 의의
2. 매개된 조절효과분석
3. 매개된 조절효과의 문제점

CHAPTER 10

매개된 조절효과분석

1 매개된 조절효과의 의의

매개된 조절효과(mediated moderation effect)는 독립변수(X)와 매개변수(M) 간의 조절변수(W)가 X와 상호작용(XW)하여 매개변수(M)를 통해 종속변수(Y)에 영향을 미치는가를 검정한다($XW \to M \to Y$).

[그림 10-1]을 통해 매개된 조절효과의 개념적 모델을 살펴보기로 한다.

그림 10-1 | **매개된 조절효과의 개념적 모델**

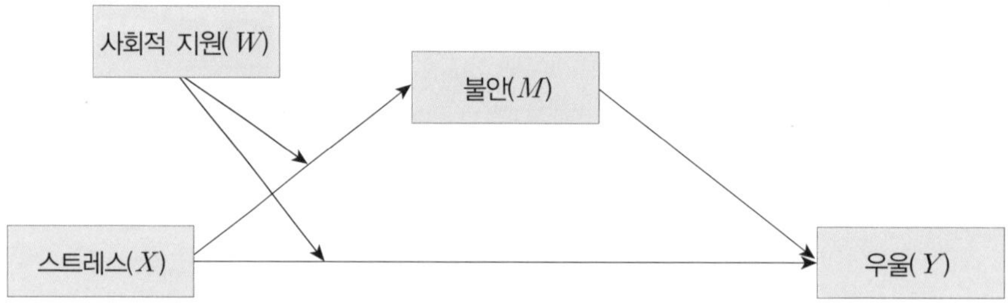

사람은 스트레스(X)를 받으면 우울(Y)해진다. 그런데 스트레스와 우울 간의 관계는 사회적 지원(W) 정도에 따라 달라질 수 있다. 즉 사회적 지원이 많으면 스트레스와 우울 간의 관계는 약해질 수 있다. 이러한 스트레스와 우울 간의 관계에서 불안(M)이 매개변수로 작용할 수 있다.

매개된 조절효과는 스트레스와 우울 간의 조절효과를 검정하는 '스트레스×사회적 지원→우울'과 스트레스와 우울 간에 불안이라는 매개변수가 포함된 매개효과를 검정하는 '스트레스×사회적 지원(XW)→불안(M)→우울(Y)'이 결합된 것이다.

[그림 10-1]의 매개된 조절효과를 통계적 모델로 나타내면 [그림 10-2(b)]와 같다. 매개된 조절효과는 a_3b가 유의적인가를 검정한다.

그림 10-2 | 매개된 조절효과의 통계적 모델

(a) 조절효과의 통계적 모델

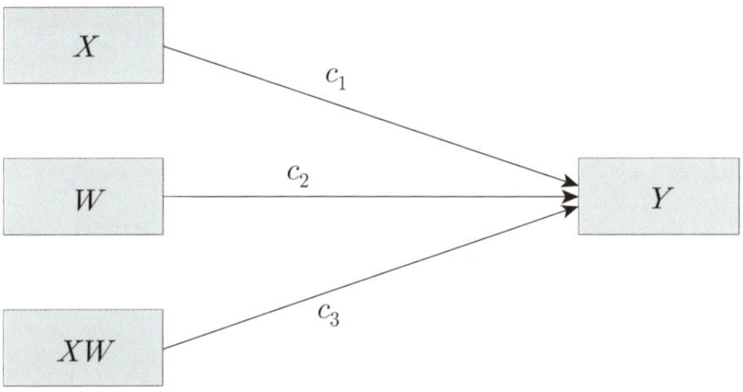

(b) 매개된 조절효과의 통계적 모델

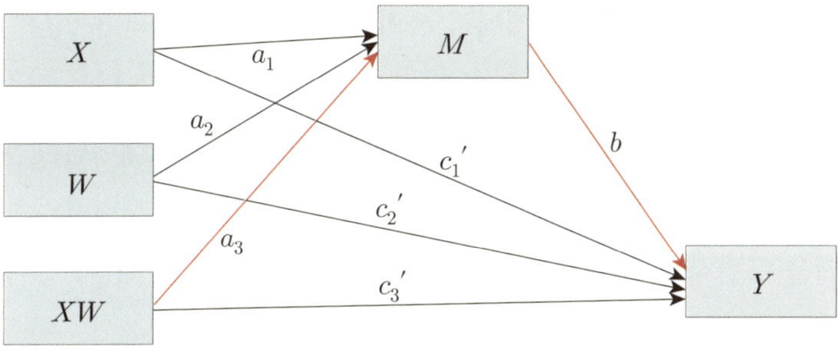

매개된 조절효과를 검정하기 위해서 XW가 M을 경유해 Y에 미치는 간접효과를 추정하고($XW \rightarrow M \rightarrow Y$), 이 간접효과에 대해 추론검정을 실시한다.

[그림 10-2(b)]에 제시된 매개된 조절효과모델의 통계적 모델은 다음과 같은 식으로 나타낼 수 있다.

$$M = i + a_1X + a_2W + a_3XW + e \quad (1)$$

$$Y = i + c_1'X + c_2'W + c_3'XW + bM + e \quad (2)$$

XW가 M을 경유해 Y에 미치는 간접효과는 a_3b에 의해 추정된다. 이 계수가 0이 아닌가를 검정하기 위해 붓스트레핑을 한다. 붓스트레핑 결과 신뢰구간에 0을 포함하지 않으면 매개된 조절효과가 있다고 해석한다.

2 매개된 조절효과분석

2.1 매개된 조절효과분석: 예 1

Garcia 등(2010)의 연구를 대상으로 매개된 조절효과에 대해 살펴본다. Garcia 등은 변호사 캐더린(Catherine)이 그녀의 로펌에서 성차별로 인하여 승진하지 못한 상황에서 그녀의 행동에 대한 피험자들의 반응을 연구하였다. 피험자들을 무작위로 두 집단으로 나누었다. 한 집단은 승진심사에서 자격미달의 남성에게 승진을 빼앗긴 후 탈락한 것에 대해 캐더린이 항의했다고 알려준 집단이고, 다른 집단은 캐더린이 항의하지 않고 승진을 수용했다고 알려준 집단이다(protest: 0=no protest, 1=protest). 이 연구의 초점은 캐더린이 성차별에 대해 항의한 행동(protest: *X*)이 캐더린의 호감(liking: *Y*)에 어떤 영향을 미치는가이다. 그들은 이들 간의 관계에서 사회에 성차별이 만연되어 있다는 믿음(sexism: *W*)을 조절변수로 이용하였다. 즉, 성차별이 만연되어 있다고 믿는 사람과 그렇지 않다고 믿는 사람에 따라 평가가 달라진다고 보았다. 또한 그들은 캐더린의 평가가 그녀의 행동의 적절성에 의해 영향을 받는다고 가설화하여 매개변수로 캐더린의 반응적절성(respappr: *M*)을 포함하였다. Garcia 등의 연구모델은 [그림 10-3]과 같다.

그림 10-3 | Garcia 등의 연구모델

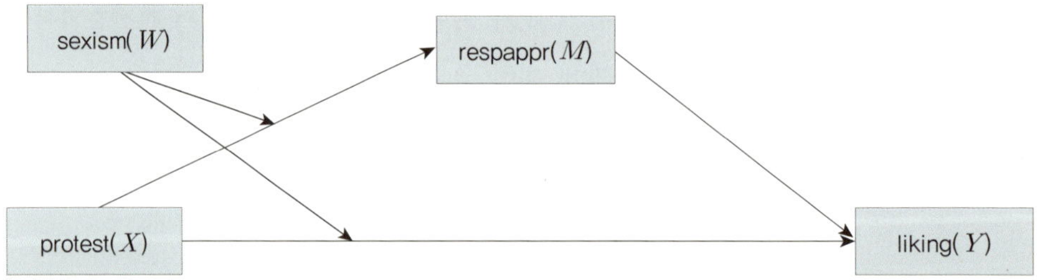

다음은 Garcia 등(2010)의 자료이다.

Data 10-1 [Garcia(2010).sav]

	sexism	liking	respappr	protest	prosex
1	4.87	4.83	4.25	1.00	4.87
2	4.25	4.50	5.75	.00	.00
3	5.00	5.50	4.75	1.00	5.00
4	5.50	5.66	7.00	1.00	5.50
5	5.62	6.16	6.75	1.00	5.62

PROCESS를 이용하여 매개된 조절효과를 분석하는 데에는 2가지 접근법이 있다. 즉 [Model number 4]를 이용할 수 있고, [Model number 8]을 이용할 수 있다. 먼저 [Model number 4]를 이용하는 것에 대해 살펴본다.

1) Model number 4를 이용하는 경우

1 먼저 SPSS에서 [compute]를 이용하여 X와 W의 곱을 만든다.

SPSS 대화상자 10-1 compute variable

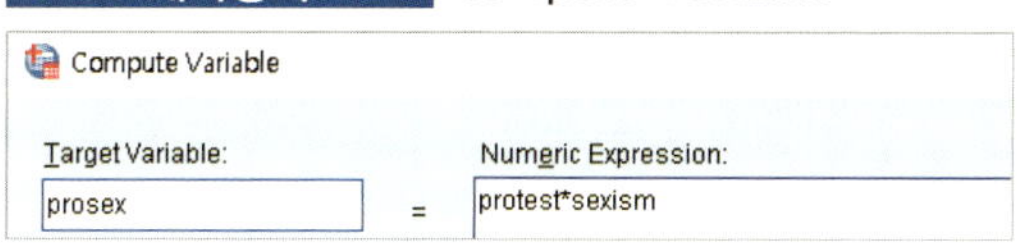

2 PROCESS에서 다음과 같이 지정하고, [Model number]를 [4]로 바꾼다. [Model number 4]를 이용하는 경우에 XW(prosex)를 [X variable]로 보내고, [sexism]과 [protest]를 [Covariate(s)]로 보내준다는 점에 유의한다.

PROCESS 대화상자 10-1 변수지정과 모델넘버

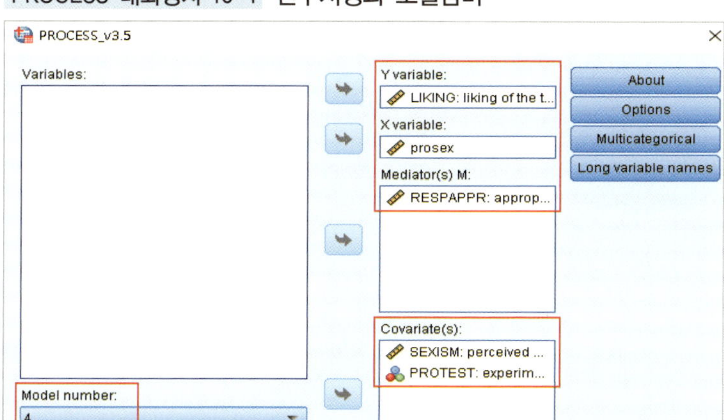

3 이를 실행하면 [Output 10-1]을 얻는다.

Output 10-1 PROCESS output

```
**************************************************************************
Model  : 4
    Y  : liking
    X  : prosex
    M  : respappr

Covariates:
 sexism    protest

Sample
Size:  129

**************************************************************************
OUTCOME VARIABLE:
 respappr

Model Summary
          R       R-sq        MSE          F        df1        df2          p
      .5442      .2962     1.3098    17.5340     3.0000   125.0000      .0000

Model
                coeff         se          t          p       LLCI       ULCI
constant       6.5667     1.2095     5.4295      .0000     4.1730     8.9604
prosex(a3)      .8100      .2819     2.8732      .0048      .2520     1.3679
sexism         -.5290      .2359    -2.2426      .0267     -.9959     -.0622
protest       -2.6866     1.4515    -1.8509      .0665    -5.5594      .1861

**************************************************************************
OUTCOME VARIABLE:
 liking

Model Summary
          R       R-sq        MSE          F        df1        df2          p
      .5323      .2833      .8152    12.2551     4.0000   124.0000      .0000

Model
                coeff         se          t          p       LLCI       ULCI
constant       5.3471     1.0607     5.0412      .0000     3.2477     7.4465
prosex          .5426      .2296     2.3628      .0197      .0881      .9970
respappr(b)     .3593      .0706     5.0916      .0000      .2196      .4989
sexism         -.2824      .1898    -1.4882      .1392     -.6581      .0932
protest       -2.8075     1.1607    -2.4188      .0170    -5.1047     -.5102
```

```
*************************** TOTAL EFFECT MODEL ****************************
OUTCOME VARIABLE:
 liking

Model Summary
          R       R-sq        MSE          F        df1        df2          p
      .3654      .1335      .9777     6.4190     3.0000   125.0000      .0004

Model
              coeff         se          t          p       LLCI       ULCI
constant     7.7062     1.0449     7.3750      .0000     5.6382     9.7743
prosex        .8336      .2436     3.4224      .0008      .3515     1.3156
sexism       -.4725      .2038    -2.3184      .0220     -.8758     -.0692
protest     -3.7727     1.2541    -3.0084      .0032    -6.2546    -1.2907

************* TOTAL, DIRECT, AND INDIRECT EFFECTS OF X ON Y *************

Total effect of X on Y
     Effect         se          t          p       LLCI       ULCI
      .8336      .2436     3.4224      .0008      .3515     1.3156

Direct effect of X on Y
     Effect         se          t          p       LLCI       ULCI
      .5426      .2296     2.3628      .0197      .0881      .9970

Indirect effect(s) of X on Y:
                 Effect     BootSE   BootLLCI   BootULCI
respappr(a3b)     .2910      .1395      .0326      .5738
*************************************************************************
```

4 a_3b가 붓스트레핑을 한 결과 95% 신뢰구간에 0을 포함하지 않으므로 매개된 조절효과가 있다고 해석한다. 이는 캐더린의 항의결정과 성차별에 대한 만연정도의 조절작용(prosex)은 캐더린을 평가하는 것(respappr)에 의해 매개되고 이는 그녀의 호감도(liking)에 영향을 준다고 해석한다.

2) Model number 8을 이용하는 경우

1 PROCESS에서 다음과 같이 지정하고, [Model number]를 [8]로 바꾼다. **이때 [protest]를 [X variable]에 넣고, [Coavriate(s)]에는 아무것도 넣지 않는다.**

PROCESS 대화상자 10-2 변수지정과 모델넘버

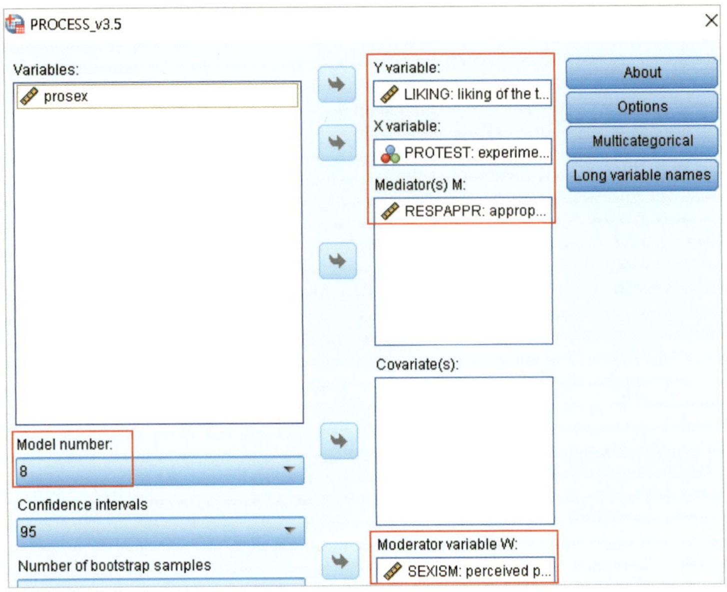

2 이를 실행하면 [Output 10-2]를 얻는다.

Output 10-2 PROCESS output

```
**************************************************************************
Model  : 8
    Y  : liking
    X  : protest
    M  : respappr
    W  : sexism

Sample
Size:  129

**************************************************************************
OUTCOME VARIABLE:
 respappr

Model Summary
          R       R-sq        MSE          F        df1        df2          p
      .5442      .2962     1.3098    17.5340     3.0000   125.0000      .0000

Model
              coeff         se          t          p       LLCI       ULCI
constant     6.5667     1.2095     5.4295      .0000     4.1730     8.9604
```

```
protest      -2.6866    1.4515   -1.8509     .0665   -5.5594     .1861
sexism        -.5290     .2359   -2.2426     .0267    -.9959    -.0622
Int_1(a3)      .8100     .2819    2.8732     .0048     .2520    1.3679

Product terms key:
 Int_1    :        protest   x        sexism

Test(s) of highest order unconditional interaction(s):
       R2-chng          F        df1        df2          p
X*W      .0465     8.2551     1.0000   125.0000      .0048
----------
    Focal predict: protest  (X)
          Mod var: sexism   (W)

Conditional effects of the focal predictor at values of the moderator(s):

     sexism     Effect         se          t          p       LLCI       ULCI
     4.2500      .7558      .3212     2.3533      .0202      .1202     1.3914
     5.1200     1.4605      .2167     6.7386      .0000     1.0315     1.8894
     5.8960     2.0890      .3137     6.6601      .0000     1.4682     2.7098

*****************************************************************************
OUTCOME VARIABLE:
 liking

Model Summary
          R       R-sq        MSE          F        df1        df2          p
      .5323      .2833      .8152    12.2551     4.0000   124.0000      .0000

Model
                coeff         se          t          p       LLCI       ULCI
constant       5.3471     1.0607     5.0412      .0000     3.2477     7.4465
protest       -2.8075     1.1607    -2.4188      .0170    -5.1047     -.5102
respappr(b)     .3593      .0706     5.0916      .0000      .2196      .4989
sexism         -.2824      .1898    -1.4882      .1392     -.6581      .0932
Int_1           .5426      .2296     2.3628      .0197      .0881      .9970

Product terms key:
 Int_1    :        protest   x        sexism

Test(s) of highest order unconditional interaction(s):
       R2-chng          F        df1        df2          p
X*W      .0323     5.5830     1.0000   124.0000      .0197
----------
    Focal predict: protest  (X)
          Mod var: sexism   (W)
```

Conditional effects of the focal predictor at values of the moderator(s):

sexism	Effect	se	t	p	LLCI	ULCI
4.2500	-.5016	.2589	-1.9373	.0550	-1.0140	.0109
5.1200	-.0296	.1996	-.1480	.8826	-.4247	.3656
5.8960	.3915	.2880	1.3592	.1766	-.1786	.9615

****************** DIRECT AND INDIRECT EFFECTS OF X ON Y *****************

Conditional direct effect(s) of X on Y:

sexism	Effect	se	t	p	LLCI	ULCI
4.2500	-.5016	.2589	-1.9373	.0550	-1.0140	.0109
5.1200	-.0296	.1996	-.1480	.8826	-.4247	.3656
5.8960	.3915	.2880	1.3592	.1766	-.1786	.9615

Conditional indirect effects of X on Y:

INDIRECT EFFECT:
protest -> respappr -> liking

sexism	Effect	BootSE	BootLLCI	BootULCI
4.2500	.2715	.1362	.0230	.5645
5.1200	.5247	.1319	.2849	.8022
5.8960	.7505	.2027	.3708	1.1587

Index of moderated mediation:

	Index	BootSE	BootLLCI	BootULCI
sexism	.2910	.1391	.0296	.5731

****

3 PROCESS로 [Model number 4]와 [Model number 8]을 이용하여 매개된 조절효과를 분석하였다. 앞 장에서 살펴본 바와 같이, [Model number 8]은 조절된 매개효과와 매개된 조절효과를 동시에 표현한 모델이다. [Model number 8]로 분석하면 조절된 매개지수(.291)를 얻는다. 조절된 매개지수 a_3b는 W가 1단위 차이나는 2집단의 간접효과의 차이를 나타내는 값이다. 따라서 위 예에서 이 값이 .291로 나타났는데 이는 W가 1단위 차이나는 2집단 간에 X가 M을 경유해 Y에 미치는 효과가 이 만큼 차이가 난다는 것을 의미한다.

2.2 매개된 조절효과분석: 예 2

Chapman & Lickel(2016)은 기후변화로 인해 재난을 겪고 있는 아프리카인을 대상으로 연구하였다. 그들은 이러한 재난이 기후변화 때문이라고 프레임을 한 집단(frame=1)과 그렇지 않은 집단(frame=0)으로 나누었고, 어려움을 겪고 있는 이들에게 기부(donate)할 것인가를 측정하였다. 매개변수로 정당성(justify)을 기부의 정당성, 기후변화에 대한 신념, 도움을 줄려는 의지 등으로 측정하였다. 조절변수로 기후변화에 대해 갖는 회의(skepticism)를 측정하였다. 그들은 이러한 변수를 대상으로 조절된 매개효과를 검정하였다. 그들의 모델을 제시하면 [그림 10-4]와 같다. 이 모델을 대상으로 매개된 조절효과를 분석해보기로 한다.

그림 10-4 | Chapman & Lickel(2016)의 연구모델

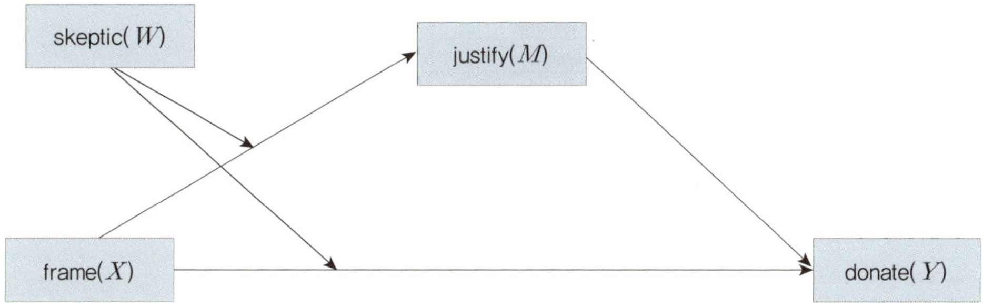

다음은 분석에 이용된 자료이다.

Data 10-2 [Garcia(2010).sav]

	id	frame	donate	justify	skeptic
1	1	1.00	5.60	2.95	1.80
2	2	1.00	4.20	2.85	5.20
3	3	1.00	4.20	3.00	3.20
4	4	1.00	4.60	3.30	1.00
5	5	1.00	3.00	5.00	7.60

1) Model number 4를 이용하는 경우

1 먼저 SPSS에서 [compute]를 이용하여 X와 W의 곱을 만든다.

SPSS 대화상자 10-2 compute variable

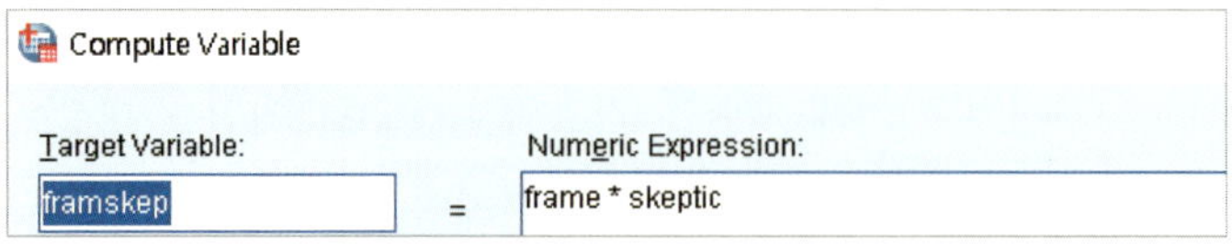

2 PROCESS에서 다음과 같이 지정하고, [Model number]를 [4]로 바꾼다. [Model number 4]를 이용하는 경우, XW(framskep)를 [X variable]로 보내고, [frame]과 [skeptic]을 [Covariate(s)]로 보낸다는 점에 유의한다.

PROCESS 대화상자 10-3 변수지정과 모델넘버

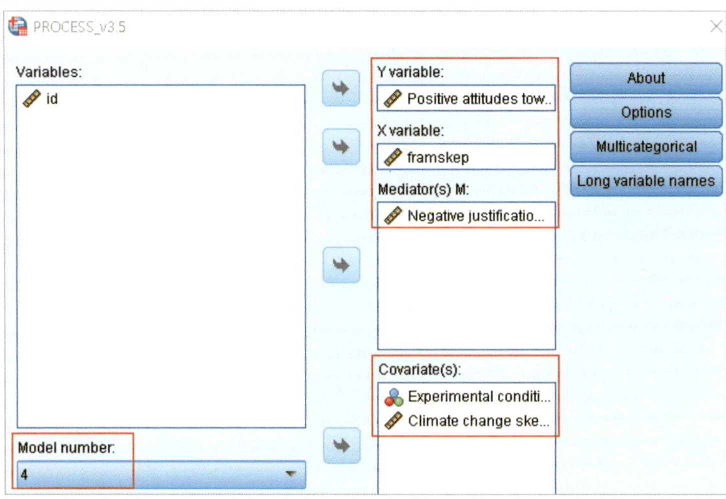

3 이를 실행하면 [Output 10-3]을 얻는다.

Output 10-3 PROCESS output

```
**************************************************************************
Model  : 4
    Y  : donate
    X  : framskep
    M  : justify

Covariates:
 frame     skeptic

Sample
Size:  211
```

```
**************************************************************************
OUTCOME VARIABLE:
 justify

Model Summary
          R       R-sq        MSE          F        df1        df2          p
      .4962      .2463      .6609    22.5430     3.0000   207.0000      .0000

Model
              coeff         se          t          p       LLCI       ULCI
constant     2.4515      .1490    16.4486      .0000     2.1577     2.7454
framskep      .2012      .0553     3.6401      .0003      .0922      .3101
frame        -.5625      .2179    -2.5811      .0105     -.9921     -.1328
skeptic       .1051      .0381     2.7559      .0064      .0299      .1803

**************************************************************************
OUTCOME VARIABLE:
 donate

Model Summary
          R       R-sq        MSE          F        df1        df2          p
      .6738      .4540      .9659    42.8155     4.0000   206.0000      .0000

Model
              coeff         se          t          p       LLCI       ULCI
constant     7.2915      .2737    26.6425      .0000     6.7519     7.8310
framskep      .0149      .0689      .2165      .8288     -.1210      .1508
justify      -.9227      .0840   -10.9808      .0000    -1.0884     -.7570
frame         .1603      .2677      .5990      .5499     -.3674      .6880
skeptic      -.0426      .0469     -.9070      .3654     -.1351      .0500

************ TOTAL, DIRECT, AND INDIRECT EFFECTS OF X ON Y **************

Total effect of X on Y
     Effect         se          t          p       LLCI       ULCI
     -.1707      .0839    -2.0340      .0432     -.3362     -.0052
Direct effect of X on Y
     Effect         se          t          p       LLCI       ULCI
      .0149      .0689      .2165      .8288     -.1210      .1508

Indirect effect(s) of X on Y:
            Effect     BootSE   BootLLCI   BootULCI
justify     -.1856      .0613     -.3040     -.0634
**************************************************************************
```

4 간접효과가 95% 신뢰구간에 0을 포함하지 않으므로 매개된 조절효과가 있다고 해석한다.

2) Model number 8을 이용하는 경우

1 PROCESS에서 다음과 같이 지정하고, [Model number]를 [8]로 바꾼다. 이때 [frame]을 [X variable]에 넣고, [Coavriate(s)]에는 아무것도 넣지 않는다.

PROCESS 대화상자 10-4 변수지정과 모델넘버

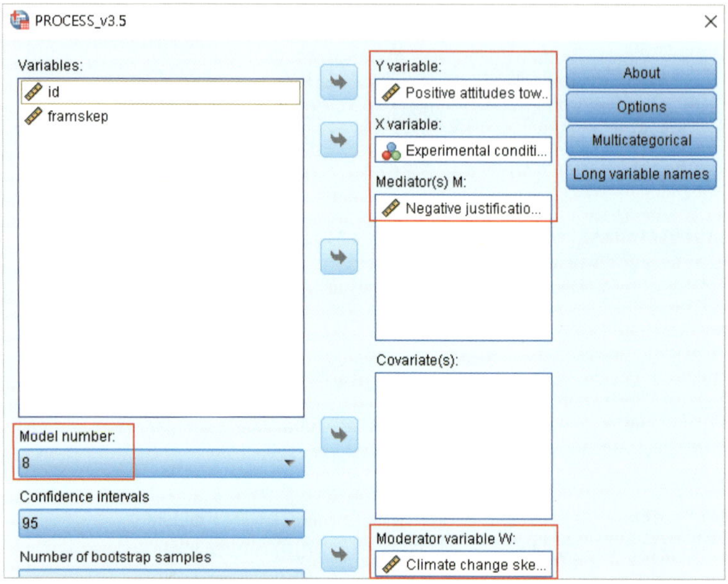

2 이를 실행하면 [Output 10-4]를 얻는다.

Output 10-4 PROCESS output

```
**************************************************************************************
Model  : 8
    Y  : donate
    X  : frame
    M  : justify
    W  : skeptic

Sample
Size:  211

**************************************************************************************
OUTCOME VARIABLE:
 justify
```

```
Model Summary
          R       R-sq        MSE          F        df1        df2          p
      .4962      .2463      .6609    22.5430     3.0000   207.0000      .0000

Model
              coeff         se          t          p       LLCI       ULCI
constant     2.4515      .1490    16.4486      .0000     2.1577     2.7454
frame        -.5625      .2179    -2.5811      .0105     -.9921     -.1328
skeptic       .1051      .0381     2.7559      .0064      .0299      .1803
Int_1         .2012      .0553     3.6401      .0003      .0922      .3101

Product terms key:
 Int_1    :        frame    x        skeptic

Test(s) of highest order unconditional interaction(s):
       R2-chng          F        df1        df2          p
X*W      .0482    13.2503     1.0000   207.0000      .0003
----------
    Focal predict: frame    (X)
          Mod var: skeptic  (W)

Conditional effects of the focal predictor at values of the moderator(s):

    skeptic     Effect         se          t          p       LLCI       ULCI
     1.3452     -.2918      .1588    -1.8375      .0676     -.6050      .0213
     3.3780      .1171      .1121     1.0452      .2972     -.1038      .3380
     5.4108      .5261      .1585     3.3184      .0011      .2135      .8386

****************************************************************************
OUTCOME VARIABLE:
 donate

Model Summary
          R       R-sq        MSE          F        df1        df2          p
      .6738      .4540      .9659    42.8155     4.0000   206.0000      .0000

Model
              coeff         se          t          p       LLCI       ULCI
constant     7.2915      .2737    26.6425      .0000     6.7519     7.8310
frame         .1603      .2677      .5990      .5499     -.3674      .6880
justify      -.9227      .0840   -10.9808      .0000    -1.0884     -.7570
skeptic      -.0426      .0469     -.9070      .3654     -.1351      .0500
Int_1         .0149      .0689      .2165      .8288     -.1210      .1508

Product terms key:
 Int_1    :        frame    x        skeptic
```

```
Test(s) of highest order unconditional interaction(s):
        R2-chng          F        df1        df2          p
X*W       .0001      .0469     1.0000   206.0000      .8288

****************** DIRECT AND INDIRECT EFFECTS OF X ON Y *****************

Conditional direct effect(s) of X on Y:
    skeptic     Effect        se         t          p       LLCI       ULCI
     1.3452      .1804     .1936      .9319      .3525     -.2012      .5620
     3.3780      .2107     .1358     1.5515      .1223     -.0571      .4785
     5.4108      .2411     .1967     1.2256      .2217     -.1467      .6288

Conditional indirect effects of X on Y:

INDIRECT EFFECT:
 frame        ->    justify      ->     donate

    skeptic     Effect    BootSE  BootLLCI  BootULCI
     1.3452      .2693     .1542    -.0261     .5757
     3.3780     -.1081     .1036    -.3074     .0917
     5.4108     -.4854     .1730    -.8228    -.1485

       Index of moderated mediation:
             Index     BootSE   BootLLCI   BootULCI
skeptic     -.1856      .0625     -.3058     -.0648
*********************************************************************************
```

3 앞서 [Model number 4]로 분석한 것과 동일한 값을 얻는 것을 알 수 있다.

4 매개된 조절효과를 [Model number 4]보다는 [Model number 8]을 이용할 것을 추천한다. 왜냐하면 [Model number 8]은 [Model number 4]에서는 제공하지 않는 X가 Y에 미치는 조건부직접효과와 조건부간접효과를 제공하기 때문이다.

3 매개된 조절효과의 문제점

Hayes(2013, 2018)는 매개된 조절효과의 관점에서 가설을 설정하는 것은 의미가 없다고 주장한다. 대신에 조절된 매개효과의 관점에서 연구문제와 가설을 설정할 것을 주장한다. 조절된 매개효과는 간접효과가 어떻게 조절되는가에 관한 간접효과의 조건성에 초점을 맞춘다. 매개효과와 간접효과는 개념적으로 동일하기 때문에 조절된 매개효과는 조절된 간접효과를 의미한다. 조절된 매개효과의 해석적 초점은 간접효과를 추정하고 그 간접효과가 조절변수값에 따라 어떻게 변하는가에 맞추어진다.

반면에, 매개된 조절효과는 독립변수 X와 조절변수 W의 상호작용항인 XW를 만들고 이를 인과대리(causal agent)로 해서 매개변수인 M을 통해 종속변수인 Y에 미치는 효과를 탐색한다. 매개된 조절효과의 초점은 X와 W의 곱(XW)의 간접효과를 추정하는 데 있다. **매개된 조절효과의 문제점은 바로 이 X와 W의 곱(XW)이 개념적으로 의미가 없다는 것이다. X와 W의 곱인 XW는 아무런 측정치도 아니다.** XW는 X가 Y에 미치는 영향이 W에 의해 조절된다는 기능 외에 아무런 역할을 하지 못한다. X와 W는 개념의 측정치로서의 정보를 갖지만, XW는 측정에 있어 실질적으로 아무런 의미가 없다. XW는 그 어떤 것도 수량화한 것이 아니다. XW가 아무런 의미가 없고 또한 실질적인 해석을 할 수 없다면 XW의 간접효과는 무슨 의미가 있겠는가? XW는 아무런 의미가 없다. 그러므로 Hayes(2013, 2018)는 **매개된 조절효과분석은 의미도 없고 관심을 가질 필요도 없다고 주장한다**(Why Mediated Moderation Is Neither Interesting Nor Meaningful, pp.387-389[2013]; pp.465-467[2018]). **심지어 Hayes는 매개된 조절효과라는 용어를 폐기할 것까지도 주장한다.** Hayes의 이러한 주장은 Edwards(2009)의 주장(pp.156-157)과도 일맥상통한다.

참고문헌

이형권 (2016). 조절분석과 조절된 매개분석 및 매개된 조절분석의 오해와 진실. *관광연구*, 제3권 제3호, 213–248.

Ashton–James, C. E., and Tracy, J. L. (2013). Pride and Prejudice: How Feelings About the Self Influence Judgments of Others. *Personality and Social Psychology Bulletin*, 38(4), 466-476.

Bucy, E. P., and Tao, C–C. (2007). The Mediated Moderation Model of Interactivity. *Media Psychology*, 9, 647–672.

Chapman, D. A., and Lickel, B. (2016). Climate Change and Disasters: How Framing Affects Justifications for Giving or Withholding Aid to Disaster Victims. *Social Psychological and Personality Science*. 7(1), 13–20.

Clark, J. K., Wegener, D. T., Brinol, P., and Petty, R. E. (2009). Discovering That the Shoe Fits: The Self–Validating Role of Stereotypes. *Psychological Science*, 20(7), 846–852.

Cohen, F., Sullivan, D., Solomon, S., Greenberg, J., and Ogilvie, D. M. (2011). Finding Everland: Flight Fantasies and the Desire to Transcend Mortality. *Journal of Experimental Social Psychology*, 47, 88–102.

Deng, X., and Kahn, B. E. (2009). Is Your Product on the Right Side? The "Location Effect" on Perceived Product Heaviness and Package Evaluation. *Journal of Marketing Research*, 46(6), 725–738.

Edwards, J. R. (2009). Seven Deadly Myths of Testing Moderation in Organizational Research. In C. E. Lance & R. J. Vandenberg (Eds.). *Statistical and Methodological Myths and Urban Legends* (pp.143–164), New York, NY: Routledge.

Edwards, J. R., and Lambert, L. S. (2007). Methods for Integrating Moderation and Mediation: A General Analytical Framework Using Moderated Path Analysis. *Psychological Methods*, 12(1), 1–22.

Garcia, D. M., Schmitt, M. T., Branscombe, N. R., and Ellemers, N. (2010). Women's Reactions to Ingroup Members Who Protest Discriminatory

Treatment: The Importance of Beliefs about Inequality and Response Appropriateness. *European Journal of Social Psychology*, 40(5), 733–745.

Grant, A. M., Gino, F., and Hofmann, D. A. (2011). Reversing The Extraverted Leadership Advantage: The Role of Employee Proactivity. *Academy of Management Journal*, 54(3), 528–550.

Gully, S. M., Phillips, J., Castellano, W. G., Han, K., and Kim, A. (2013). A Mediated Moderation Model of Recruiting Socially and Environmentally Responsible Job Applicants. *Personnel Psychology*, 66, 935–973.

Hayes, A. F. (2012). PROCESS: A Versatile Computational Tool for Observed Variable Mediation, Moderation, and Conditional Process Modeling[White Paper], Retrieved from http://afhayes.com/public/process2012.pdf.

Hayes, A. F. (2013). *Introduction to Mediation, Moderation, and Conditional Process Analysis: A Regression-Based Approach*. New York, NY: Guilford Press.

Hayes, A. F. (2015). An Index and Test of Linear Moderated Mediation. *Multivariate Behavioral Research*, 50(1), 1–22.

Hayes, A. F. (2018). *Introduction to Mediation, Moderation, and Conditional Process Analysis: A Regression-Based Approach*. 2nd ed., New York, NY: Guilford Press.

Jiang, L. C., Bazarova, N. N., and Hancock, J. T. (2011). The Disclosure-Intimacy Link in Computer-Mediated Communication: An Attributional Extension of the Hyperpersonal Model. *Human Communication Research*, 37, 58–77.

Pierro, A., Giacomantonio, M., Pica, G., Giannini, A. M., Kruglanski, A. W., and Higgins, E. T. (2013). Persuading Drivers to Refrain from Speeding: Effects of Message Sidedness and Regulatory Fit. *Accident Analysis & Prevention*, 50(Jan.), 917–925.

Pollack, J. M., Vanepps, E. M., and Hayes, A. F. (2012). The Moderating Role of Social Ties on Entrepreneurs' Depressed Affect and Withdrawal Intentions in Response to Economic Stress. *Journal of Organizational Behavior*, 33, 789–810.

Preacher, K. J., Rucker, D. D., and Hayes, A. F. (2007). Addressing Moderated Mediation Hypotheses: Theory, Methods, and Prescriptions. *Multivariate Behavioral Research*, 42(1), 185–227.

Yoon, S., and Kim, H. C. (2016). Keeping the American Dream Alive: The Interactive Effect of Perceived Economic Mobility and Materialism on Impulsive Spending. *Journal of Marketing Research*, 53(5), 759–772.

CHAPTER

11

비선형 조절효과분석

1. 비선형 조절효과의 의의
2. 2차효과의 선형조절
3. 선형효과의 2차조절

CHAPTER 11

비선형 조절효과분석

1 비선형 조절효과의 의의

일반적인 조절효과모델은 [그림 11-1]과 같이 변수 간에 선형을 가정한다.

▶ 그림 11-1 | 선형 조절효과모델

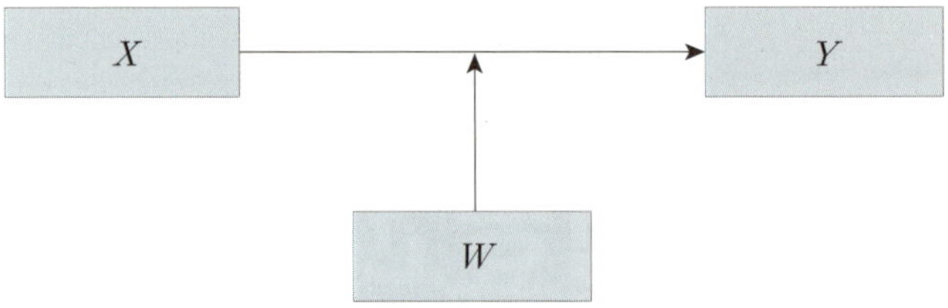

이에 비해, **비선형 조절효과모델(non-linear moderation effect model)**은 이들 변수 간에 비선형을 가정한다. 예를 들어, [그림 11-2]처럼 X와 Y 간에 2차함수 관계를 가정하고, [그림 11-3]처럼 X와 Y 간에는 선형이나 조절변수인 W를 2차함수로 가정한다.

▶ 그림 11-2 | 비선형 조절효과: 2차효과의 선형조절

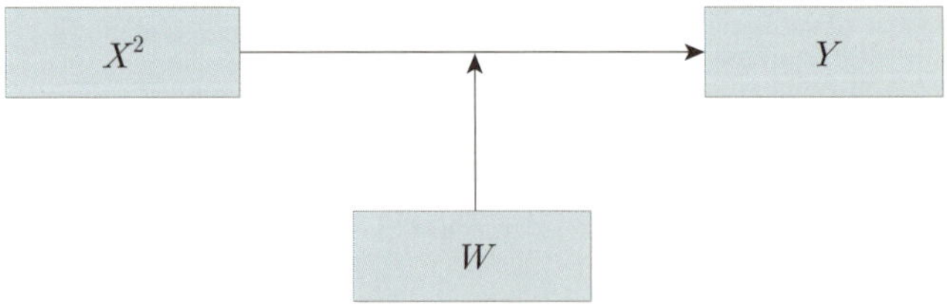

▶ 그림 11-3 | 비선형 조절효과: 선형효과의 2차조절

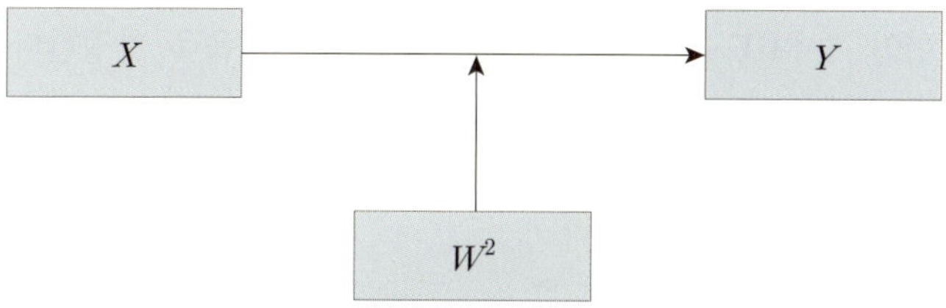

곡선 상호작용(curvilinear interaction), **비선형 상호작용**(non-linear interaction), **비선형 조절효과**(non-linear moderation effect) 또는 **곡선 조절효과**(curvilinear moderation)에는 두 가지가 있다.

첫째는 [그림 11-2]처럼 독립변수(X)와 종속변수(Y) 간의 관계가 2차함수이면서 조절변수(W)는 선형인 관계이다. 이를 **2차효과의 선형조절**(linear moderation of quadratic effect)이라 한다. 둘째는 [그림 11-3]처럼 독립변수(X)와 종속변수(Y) 간의 관계가 선형이면서 조절변수(W)가 2차인 경우이다. 이를 **선형효과의 2차조절**(quadratic moderation of linear effect)이라 한다.

2 2차효과의 선형조절

2.1 2차효과의 선형조절: 예 1

[그림 11-2]처럼 독립변수(X)와 종속변수(Y) 간의 관계가 2차함수이면서 조절변수(W)가 선형인 관계에 대해 살펴본다. Hayes(2017)는 이를 **2차효과의 선형조절**(linear moderation of quadratic effect)이라 했고, Cohen 등(2003)은 이를 **선형상호작용에 의한 곡선**(curvilinear by linear interaction)이라 불렀다. 이 용어 가운데 편의상 Hayes(2017)의 명칭에 따른다.

[그림 11-4] 모델을 통해 2차효과의 선형조절을 분석한다. 독립변수(X)는 책임감(responsibility), 종속변수(Y)는 웰빙(wellbeing), 조절변수(W)는 훈련(train)이라 가정한다. 이들 변수 간에 X와 Y 간의 관계는 2차함수이고, 이들 간의 관계가 W에 따라

달라진다고 가정한다. $X^2 \rightarrow Y$의 개념적 의미는 X가 Y에 주는 효과가 X^2으로 커지게 되면 Y에 미치는 효과가 선형인 경우($X \rightarrow Y$)에 비해 더 달라질 수 있음을 가정한다.

그림 11-4 | 책임감과 웰빙 간 훈련의 조절효과모델

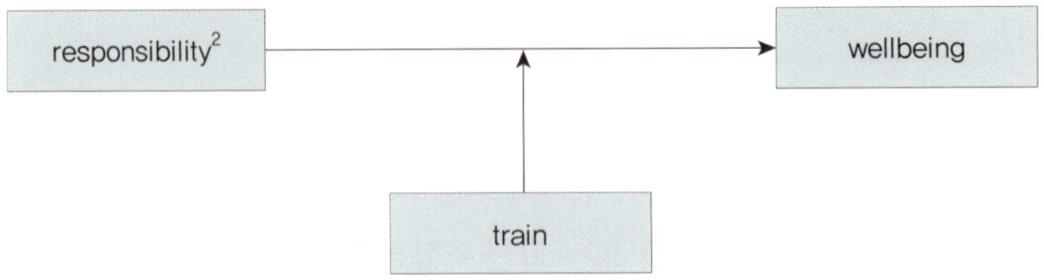

이 모델을 분석하기 위한 자료는 다음과 같다.

Data 11-1 [Dawson.sav]

	TRAIN	AUTON	RESP	JOBSAT	WELBEING
1	3.6667	3.1581	2.4622	3.9869	3.5081
2	2.5000	3.4160	2.6225	3.2982	2.7754
3	3.5000	3.7622	4.5172	2.9984	3.5605
4	1.6667	4.1888	4.0628	3.2256	3.1208
5	3.5000	2.4132	2.4384	3.9316	3.6826

1) 2차함수의 분석

먼저 X와 Y 간의 2차함수를 분석한다. 이를 위한 함수식은 다음과 같다.

$$\hat{Y} = b_0 + b_1 X + b_2 X^2 \tag{1}$$

2차함수를 분석하여 얻는 계수의 의미는 [표 11-1]과 같다.

표 11-1 | 2차함수 계수의 의미

계수	추세와 모양	계수의 부호	
		정적(+)	부적(−)
b_1	회귀선의 추세(trend)	상향(upward)	하향(downward)
b_2	회귀선의 모양(shape)	오목(concave)	볼록(convex)

자료: Keith(2015), p.177.

b_1과 b_2의 부호에 따른 대표적인 유형을 나타내면 [그래프 11-1]과 같다.

그래프 11-1 | 2차함수관계의 유형

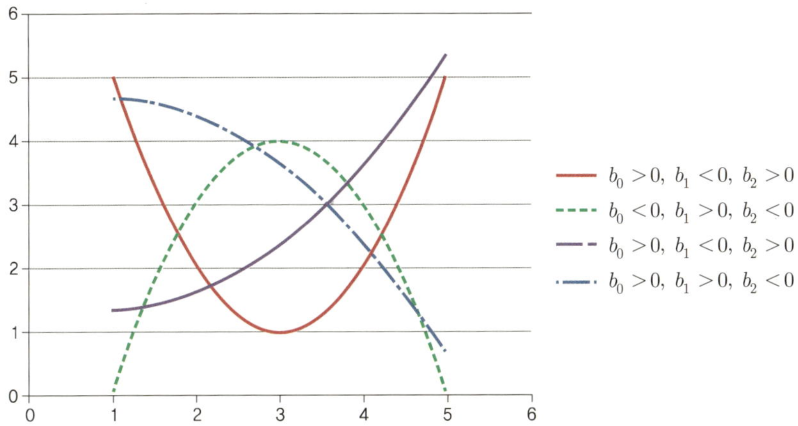

(1) 평균중심화하고 분석

1 X(resp)의 평균을 구한 다음($\overline{M}$=2.98712), 평균중심화 변수를 만든다. 이를 [resp_c]로 명명하였다.

2 [resp_c]를 제곱한 변수를 만든다. 이를 [resp_c2]로 명명하였다.

3 이 자료를 [Dawson1.sav]로 저장하였다. 이 자료를 이용하여 분석한다.

4 종속변수로 [welbeing], 독립변수로 [resp_c], [resp_c2]으로 회귀분석을 한다.

SPSS 대화상자 11-1 평균중심화에 의한 회귀분석

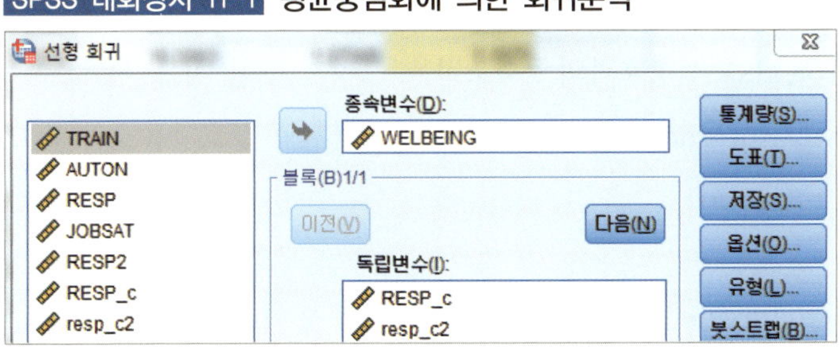

5 이를 실행하면 [Output 11-1]을 얻는다.

Output 11-1 SPSS output: **평균중심화에 의한 2차함수 분석결과**

Coefficientsa[a]

Model		Unstandardized Coefficients		Standardized Coefficients	t	Sig.
		B	Std. Error	Beta		
1	(Constant)	3.402	.044		76.841	.000
	resp_c	-.085	.041	-.099	-2.083	.038
	resp_c2	-.180	.042	-.201	-4.230	.000

a. Dependent Variable: Level of individual well being

6 위의 분석결과를 토대로 [그래프 11-1]을 그릴 수 있다. 이 그래프를 그리기 위해 Dawson 교수의 사이트로 간다.

http://www.jeremydawson.co.uk/slopes.htm

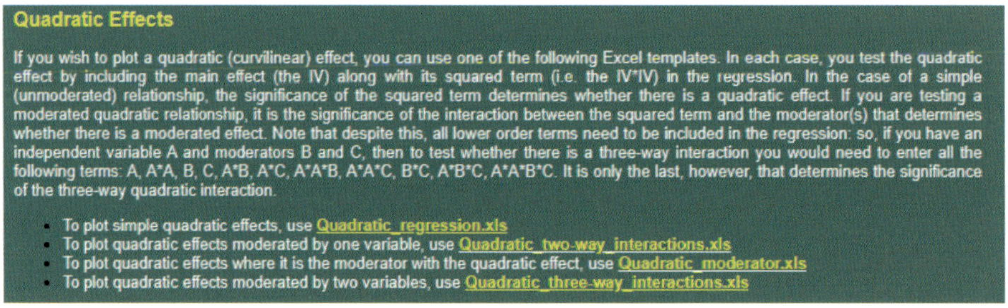
Quadratic Effects

If you wish to plot a quadratic (curvilinear) effect, you can use one of the following Excel templates. In each case, you test the quadratic effect by including the main effect (the IV) along with its squared term (i.e. the IV*IV) in the regression. In the case of a simple (unmoderated) relationship, the significance of the squared term determines whether there is a quadratic effect. If you are testing a moderated quadratic relationship, it is the significance of the interaction between the squared term and the moderator(s) that determines whether there is a moderated effect. Note that despite this, all lower order terms need to be included in the regression: so, if you have an independent variable A and moderators B and C, then to test whether there is a three-way interaction you would need to enter all the following terms: A, A*A, B, C, A*B, A*C, A*A*B, A*A*C, B*C, A*B*C, A*A*B*C. It is only the last, however, that determines the significance of the three-way quadratic interaction.

- To plot simple quadratic effects, use Quadratic_regression.xls
- To plot quadratic effects moderated by one variable, use Quadratic_two-way_interactions.xls
- To plot quadratic effects where it is the moderator with the quadratic effect, use Quadratic_moderator.xls
- To plot quadratic effects moderated by two variables, use Quadratic_three-way_interactions.xls

7 Quadratic Effects에 4개의 엑셀시트가 제공된다.

- Quadratic_regression.xls: 2차함수를 그리기 위한 시트
- Quadratic_two-way_interaction.xls: 2차효과의 선형조절을 그리기 위한 시트
- Quadratic_moderator.xls: 선형효과의 2차조절을 그리기 위한 시트
- Quadratic_three-way_interaction.xls: 2개의 조절변수의 상호작용효과를 그리기 위한 시트

8 [Output 11-1] 값을 [Quadratic_regression] 엑셀시트에 입력한다. SD는 평균중심화한 독립변수의 표준편차값(SD=.82408)이다. 이 값을 입력하면 [그래프 11-2]를 그린다.

그래프 11-2 | Dawson의 2차함수 그래프

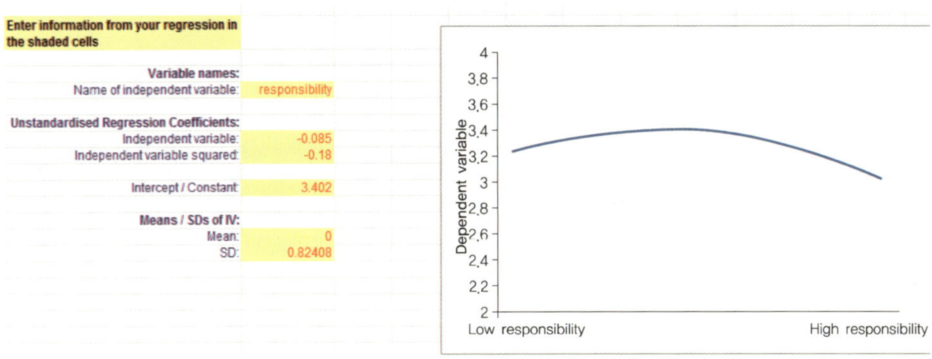

9 위 그래프를 통해, 책임감이 커질수록 웰빙은 낮아지는 것을 알 수 있다. 이 그래프는 [표 11-1]에서 언급한 계수의 의미와 동일한 모습을 보인다. 즉 b_1과 b_2가 부적(−)이므로 하향이면서 오목인 모습을 보인다.

(2) 평균중심화하지 않고 분석

1 다음과 같이 변수를 지정하고 회귀분석을 한다.

SPSS 대화상자 11-2 평균중심화하지 않고 회귀분석

2 이를 실행하면 [Output 11-2]를 얻는다.

Output 11-2 SPSS output: 평균중심화하지 않고 회귀분석

Coefficients[a]

Model		Unstandardized Coefficients		Standardized Coefficients	t	Sig.
		B	Std. Error	Beta		
1	(Constant)	2.056	.380		5.413	.000
	RESP	.987	.259	1.144	3.804	.000
	RESP2	-.180	.042	-1.273	-4.230	.000

a. Dependent Variable: WELBEING

3 [Output 11-1]과 [Output 11-2]를 비교하면, X^2계수(resp2)는 동일하나 나머지 계수는 다르고 표준화계수가 1보다 큰 것을 알 수 있다.

4 Dawson의 엑셀시트에 [Output 11-2] 값을 넣어 그래프를 그려본다.

그래프 11-3 | Dawson의 2차함수 그래프

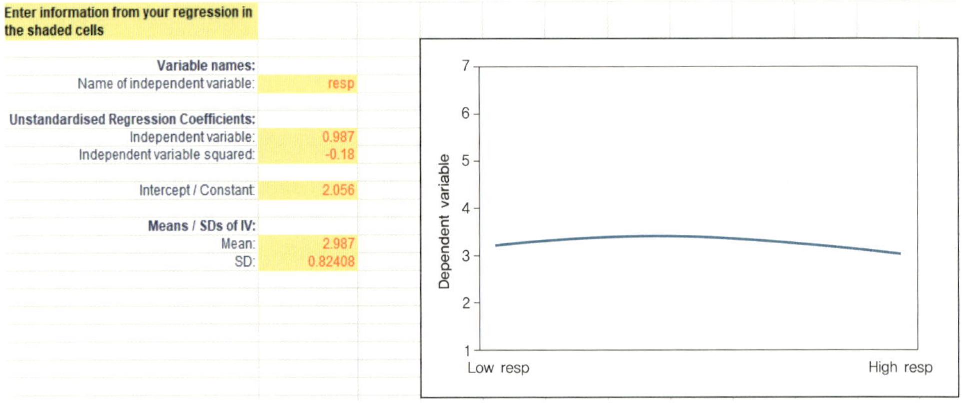

5 평균중심화한 그래프([그래프 11-1])와 달리 관계가 명확하지 않다. **Dawson은 그래프를 정확히 그리기 위해서는 평균중심화한 값이나 표준화한 값을 이용할 것을 강하게 추천한다.**

2) SPSS에 의한 2차효과의 선형조절분석

2차효과의 선형조절분석을 위한 회귀식은 다음과 같다.

$$\hat{Y}= b_0 + b_1X + b_2X^2 + b_3W + b_4XW + b_5X^2W \tag{2}$$

1 식 (2)에서 회귀계수 b_5는 $X \rightarrow Y$의 관계가 W값에 따라 형태(form)가 달라지는가를 알려준다. 이 값이 유의적이면 $X \rightarrow Y$의 관계가 W값에 따라 형태가 달라지는 것을 의미하고, 유의적이지 않으면 달라지지 않는다는 것을 의미한다.

2 $X \rightarrow Y$의 관계가 W값에 따라 크기(strength)가 달라지는가를 검토하기 위해 b_4와 b_5 계수를 동시에 검정한다. 이를 위해 식 (2)에서 완전모델(식 (2)에 모든 항이 포함된 모델)과 XW, X^2W이 없는 모델($\hat{Y}= b_0 + b_1X + b_2X^2 + b_3W$)을 비교하여 F-test를 한다. F-test를 통해 유의적이면 크기가 차이가 있고, 유의적이지 않으면 크기가 차이가 없다고 해석한다.

3 식 (2)를 분석하기 위해 다음과 같은 절차를 따른다. 조절변수(W)를 평균중심화하기 위해 평균을 구한다($\overline{M}$=2.98712). 평균을 이용하여 평균중심화한 변수를 만든다. 이 변수를 [train_c]로 명명하였다.

4 식 (2)에 있는 변수 가운데 식 (1)의 변수 외에 해당 변수들을 만든다. [XW]은 [restra], [X^2W]은 [res2tra]라 명명하였다. [restra=resp_c*train_c], [res2tra=resp_c2*train_c]에 의해 구한다. 이런 식으로 구한 값을 [Dawson1.sav]로 저장하였다.

Data 11-2 [Dawson1.sav]

	TRAIN	AUTON	RESP	JOBSAT	WELBEING	resp_c	respc2
1	3.667	3.158	2.462	3.987	3.508	-.5250	.2756
2	2.500	3.416	2.622	3.298	2.775	-.3647	.1330
3	3.500	3.762	4.517	2.998	3.560	1.5301	2.3412
4	1.667	4.189	4.063	3.226	3.121	1.0757	1.1571
5	3.500	2.413	2.438	3.932	3.683	-.5487	.3011

5 이들 변수를 이용하여 회귀분석을 한다. 먼저 식 (2)에서 XW, X^2W항이 없는 회귀식을 추정한다.

주의사항

1. 만약 연구에 통제변수가 있으면 통제변수는 평균중심화해서는 안 된다.
2. 통제변수가 있으면 통제변수를 위계적 회귀분석으로 할 경우에 제일 먼저 투입한다.

SPSS 대화상자 11-3 선형회귀분석

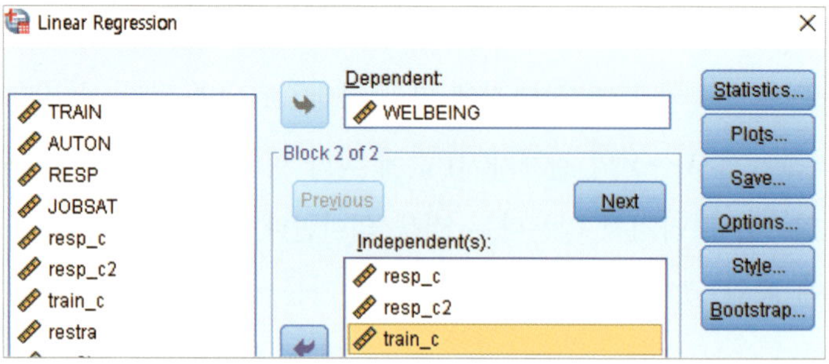

6 이를 실행하면 [Output 11-3]을 얻는다.

Output 11-3 SPSS output: 상호작용항이 없는 모델추정결과

Coefficients[a]

Model		Unstandardized Coefficients		Standardized Coefficients	t	Sig.
		B	Std. Error	Beta		
1	(Constant)	3.400	.044		77.058	.000
	resp_c	−.089	.041	−.103	−2.175	.030
	respc2	−.176	.042	−.197	−4.151	.000
	train_c	.107	.051	.099	2.095	.037

a. Dependent Variable: WELBEING

7 이제 완전모델을 추정한다. 이를 위해 변수를 다음과 같이 지정한다.

SPSS 대화상자 11-4 선형회귀분석

8 [통계량] 버튼을 눌러 [R squared change]와 [Covariance matrix]를 체크하고, [Continue] 버튼을 누른다.

SPSS 대화상자 11-5 선형회귀분석의 통계량

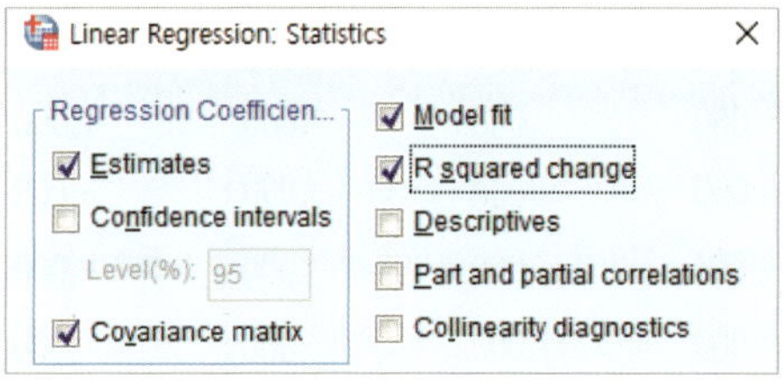

9 이를 실행하면 [Output 11-4]를 얻는다.

Output 11-4 SPSS output: 2차효과의 선형조절분석결과(완전모델)

Model Summary

Model	R	R Square	Adjusted R Square	Std. Error of the Estimate	Change Statistics				
					R Square Change	F Change	df1	df2	Sig. F Change
1	.277[a]	.077	.066	.687075	.077	6.933	5	418	.000

a. Predictors: (Constant), res2tra, restra, resp_c, respc2, train_c

ANOVA[a]

Model		Sum of Squares	df	Mean Square	F	Sig.
1	Regression	16.365	5	3.273	6.933	.000[b]
	Residual	197.326	418	.472		
	Total	213.691	423			

a. Dependent Variable: WELBEING
b. Predictors: (Constant), res2tra, restra, resp_c, respc2, train_c

Coefficients[a]

Model		Unstandardized Coefficients		Standardized Coefficients	t	Sig.
		B	Std. Error	Beta		
1	(Constant)(b_0)	3.400	.044		77.361	.000
	resp_c(b_1)	−.100	.041	−.115	−2.429	.016
	respc2(b_2)	−.172	.042	−.193	−4.051	.000
	train_c(b_3)	−.002	.067	−.002	−.027	.979
	restra(b_4)	.034	.061	.027	.560	.576
	res2tra(b_5)	.156	.063	.155	2.481	.014

a. Dependent Variable: Level of individual wellbeing

Coefficient Correlations[a]							
Model			res2tra	restra	resp_c	respc2	train_c
1	Correlations	res2tra	1.000	.067	-.114	.053	-.652
		restra	.067	1.000	.049	-.116	-.060
		resp_c	-.114	.049	1.000	-.079	.043
		respc2	.053	-.116	-.079	1.000	.000
		train_c	-.652	-.060	.043	.000	1.000
	Covariances	res2tra	(s_{55}).004	(s_{45}).000	.000	(s_{25}).000	-.003
		restra	.000	(s_{44}).004	.000	.000	.000
		resp_c	(s_{15}).000	(s_{14}).000	(s_{11}).002	.000	.000
		respc2	.000	(s_{24}).000	(s_{12}).000	(s_{22}).002	5.702E-7
		train_c	-.003	.000	.000	5.702E-7	.004

a. Dependent Variable: WELBEING

참고: [SPSS output] 창에서 [**Coefficient Correlations[a]**]를 더블클릭한 다음, 해당값에 마우스 포인트를 놓고 클릭하거나 더블클릭하면 자세한 값을 알 수 있음.

Covariances	res2tra	.004	.000	.000	.000	-.003
	restra	.000	.004	.000	.000	.000
	resp_c	.000	0.000260	.002	.000	.000
	respc2	.000	.000	.000	.002	5.702E-7
	train_c	-.003	.000	.000	5.702E-7	.004

10 b_5(res2tra)가 유의적이고, R^2 변화가 유의적이어서 조절변수값에 따라 $X \rightarrow Y$ 간의 관계가 형태가 다르고 크기도 다르다고 해석한다.

11 이들 값을 이용하여 [그래프 11-4]를 그릴 수 있다. 그래프를 그리기 위해 Dawson의 [Quadratic_two-way_interaction.xls]에 [Output 11-4]의 값을 입력한다.

그래프 11-4 | Dawson의 2차효과의 선형조절분석 그래프

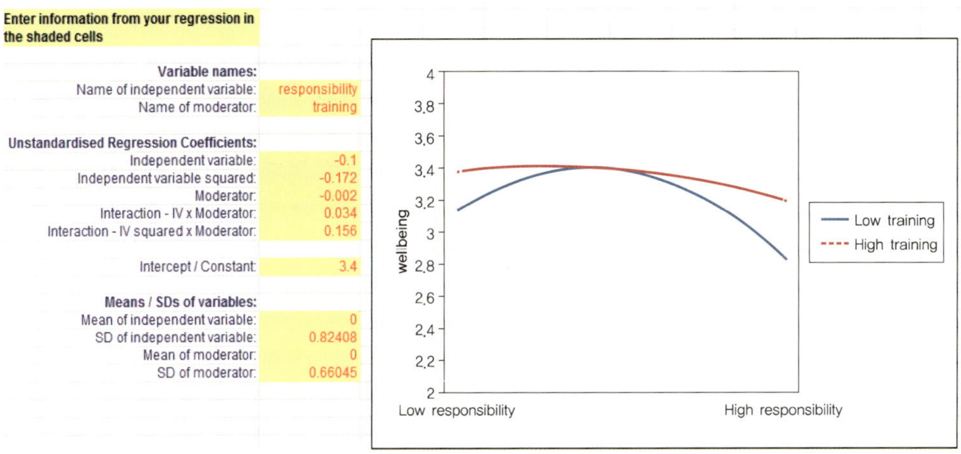

12 그래프를 보면, [responsibility]가 커질수록 [welbeing]이 줄어드는 것을 알 수 있다. 이들 간의 관계에서 [training]이 높은 경우에는 [welbeing]의 차이가 크지 않지만, [training]이 낮은 경우에는 그 차이가 큰 것으로 나타났다. [training]이 높은 경우에는 [responsibility]가 높은 경우나 낮은 경우에 [welbeing]이 큰 차이가 없지만, [training]이 낮은 경우에는 [responsibility]가 중간 정도일 때 가장 높고, 낮은 경우와 높은 경우 차이가 있는 것으로 나타났다.

3) PROCESS에 의한 2차효과의 선형조절분석

Hayes(2017)는 PROCESS에 의한 2차효과의 선형조절분석을 설명하였다. **PROCESS로 2차효과의 선형조절분석을 하기 위해서는 PROCESS model 1을 이용한다. PROCESS model 1을 이용하되 약간의 조정(hacking)이 필요하다. 즉 PROCESS model 1로 2차효과의 선형조절분석을 위해서는 회귀식 (2)에 있는 변수 가운데 X^2을 [X variable]에 넣고, X와 XW변수는 [Covariate(s)]에 넣고, W변수는 [Moderator variable]에 넣는다. X^2W은 그대로 두고 넣지 않는다.**

1 PROCESS에서 식 (2)에 있는 변수를 각각 다음과 같이 지정하고, [model number]를 [1]로 바꾼다. **이때 그에 해당하는 각각의 변수를 SPSS로 미리 만들어 놓아야 한다.** 본 예에서는 이를 [Dawson1.sav]로 저장하였다.

PROCESS 대화상자 11-1 변수지정 및 모델넘버

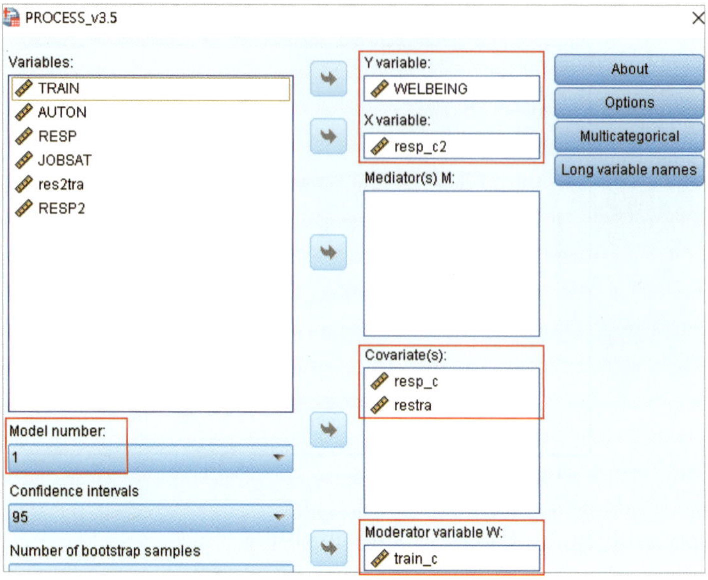

2 [Options] 버튼을 누른 다음, 다음과 같이 지정하고 [Continue] 버튼을 누른다.

PROCESS 대화상자 11-2 Options

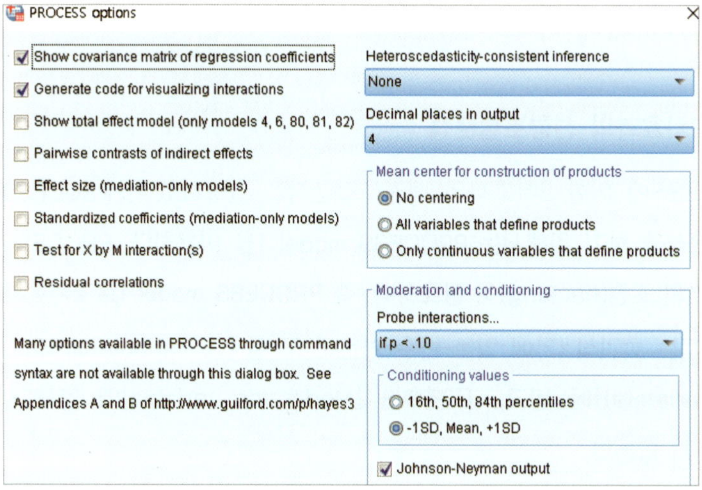

3 [Conditioning values]에 있는 2개의 옵션은 **특정값 선택법(pick-a-point approach)** 으로 첫 번째는 조절변수의 값 가운데 16번째, 50번째, 84번째에 해당하는 백분위(percentile)를 기준으로 조절효과를 알아본다는 뜻이고, 두 번째는 평균보다 $-1SD$

작은 값, 평균값, 평균보다 $+1SD$ 큰 값을 기준으로 알아본다는 뜻이다. 이들 방법을 **스포트라이트 접근법(spotlight approach)**이라 한다. 이 가운데 일반적으로 두 번째를 많이 이용한다. PROCESS version 2에서는 두 번째를 디폴트로 했었으나, PROCESS version 3에서는 첫 번째가 디폴트로 바뀌었다.

4 Johnson-Neyman기법은 조절변수값의 최소값과 최대값 사이의 22여 개 범위에 대해 조절효과를 알아보기 때문에 **총체적 검정(omnibus test)**이라 한다. 이를 **조명등 접근법(floodlight approach)**이라고도 한다.

5 이를 실행하면 [Output 11-5]를 얻는다.

Output 11-5 PROCESS output

```
**************************************************************************
Model  : 1
    Y  : WELBEING
    X  : resp_c2
    W  : train_c

Covariates:
 resp_c    restra

Sample
Size:  424

**************************************************************************
OUTCOME VARIABLE:
 WELBEING

Model Summary
          R       R-sq        MSE          F        df1        df2          p
      .2767      .0766      .4721     6.9332     5.0000   418.0000      .0000

Model
              coeff         se          t          p       LLCI       ULCI
constant     3.4000      .0439    77.3608      .0000     3.3136     3.4864
resp_c2      -.1720      .0425    -4.0509      .0001     -.2555     -.0885
train_c      -.0018      .0668     -.0266      .9788     -.1331      .1296
Int_1         .1561      .0629     2.4808      .0135      .0324      .2797  ⓐ
resp_c       -.0996      .0410    -2.4292      .0156     -.1802     -.0190
restra        .0343      .0613      .5597      .5760     -.0862      .1548

Product terms key:
 Int_1    :        respc2    x        train_c
```

```
Covariance matrix of regression parameter estimates:
           constant    respc2   train_c     Int_1    resp_c    restra
constant      .0019    -.0012    -.0001     .0000     .0001     .0001
resp_c2      -.0012     .0018     .0000     .0001    -.0001    -.0003
train_c      -.0001     .0000     .0045    -.0027     .0001    -.0002
Int_1         .0000     .0001    -.0027     .0040    -.0003     .0003
resp_c        .0001    -.0001     .0001    -.0003     .0017     .0001
restra        .0001    -.0003    -.0002     .0003     .0001     .0038

Test(s) of highest order unconditional interaction(s):
       R2-chng         F        df1        df2          p
X*W      .0136    6.1543     1.0000   418.0000      .0135 ⓑ
----------
    Focal predict: resp_c2  (X)
          Mod var: train_c  (W)

Conditional effects of the focal predictor at values of the moderator(s):

     train_c     Effect        se          t          p       LLCI       ULCI
      -.6604     -.2751     .0578    -4.7591      .0000     -.3887     -.1615
       .0000     -.1720     .0425    -4.0509      .0001     -.2555     -.0885
       .6605     -.0689     .0610    -1.1304      .2589     -.1888      .0509 ⓒ

Moderator value(s) defining Johnson-Neyman significance region(s):
      Value    % below    % above
      .4457    67.6887    32.3113 ⓓ ⓔ

Data for visualizing the conditional effect of the focal predictor:
Paste text below into a SPSS syntax window and execute to produce plot.

DATA LIST FREE/
   resp_c2     train_c     WELBEING   .
BEGIN DATA.
      .0000     -.6604     3.4019
      .6775     -.6604     3.2155
     1.4736     -.6604     2.9965
      .0000      .0000     3.4007
      .6775      .0000     3.2842
     1.4736      .0000     3.1472
      .0000      .6605     3.3995
      .6775      .6605     3.3528
     1.4736      .6605     3.2980
END DATA.
GRAPH/SCATTERPLOT=
 resp_c2     WITH     WELBEING   BY       train_c   .
*************************************************************************
```

6 결과를 해석하기로 한다.

ⓐ int_1(resp_c2*train_c)이 유의적이므로 조절효과가 있다고 해석한다.

ⓑ R^2 변화량에 의해서도 동일한 유의도를 얻는다.

ⓒ 조절변수값이 평균보다 +1SD 큰 값은 단순기울기가 유의적이지 않다.

ⓓ Johnson-Neyman의 유의영역은 .4457 이하로 표본의 67.69%에 해당된다.

ⓔ .4457보다 큰 값은 유의적이지 않다.

7 단순기울기(simple slope)를 그리기 위해 [SPSS output] 창을 더블클릭한다. Data list free/부터 마지막 점(.)까지 블록지정을 한 다음 복사(copy)한다.

```
Data for visualizing the conditional effect of the focal predictor:
Paste text below into a SPSS syntax window and execute to produce plot.

DATA LIST FREE/
   respc2      train_c     WELBEING    .
BEGIN DATA.
      .0347     -.6752      3.3923
      .3339     -.6752      3.3093
     1.4149     -.6752      3.0094
      .0347      .1581      3.3953
      .3339      .1581      3.3512
     1.4149      .1581      3.1920
      .0347      .6581      3.3971
      .3339      .6581      3.3764
     1.4149      .6581      3.3015
END DATA.
GRAPH/SCATTERPLOT=
 respc2    WITH     WELBEING BY      train_c   .
```

8 [File]→[New]→[Syntax]로 가서 붙여넣기(paste)하고, 전체를 블록지정한다.

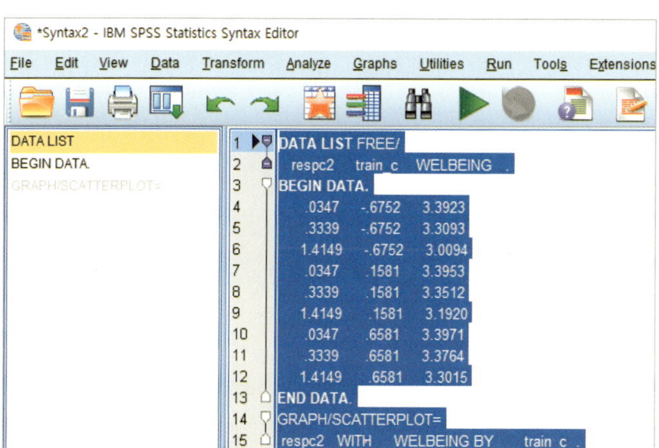

9 [Run selection] 아이콘(▶)을 눌러 실행한다.

10 그러면 [그래프 11-5]가 그려진다.

그래프 11-5 | SPSS 그래프: 단순기울기

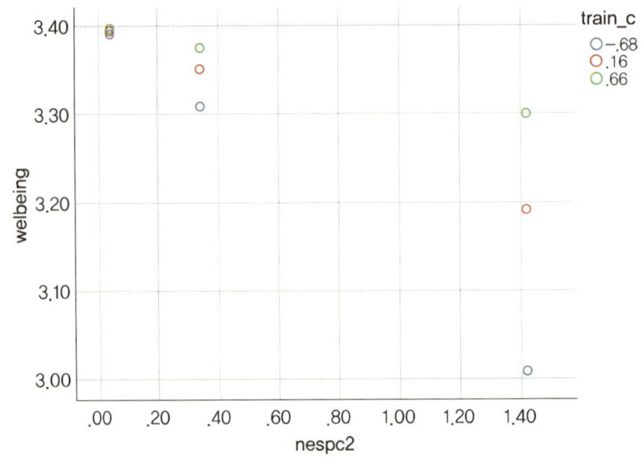

11 그래프를 좀 더 정교하게 그려보도록 한다. 이를 위해 작업표시줄에 있는 SPSS 아이콘에 마우스 포인트를 놓으면 제일 우측에 새로운 창이 생긴 것을 알 수 있다.

12 그 창을 누른다. 그러면 [SPSS data] 창이 새로 열린다. [Graphs]→[Legacy dialogs]→[Line]으로 간다. [Line Chart]에서 [multiple]을 지정하고 [Define] 버튼을 누른다.

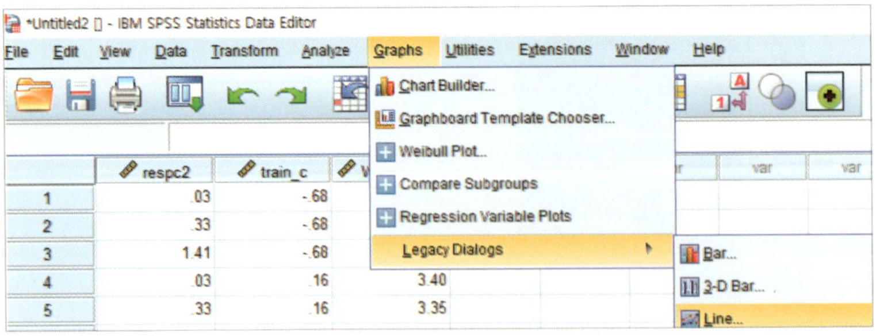

13 [Define multiple line] 창에서 다음과 같이 지정한다.

SPSS 대화상자 11-6 Define Multiple Line

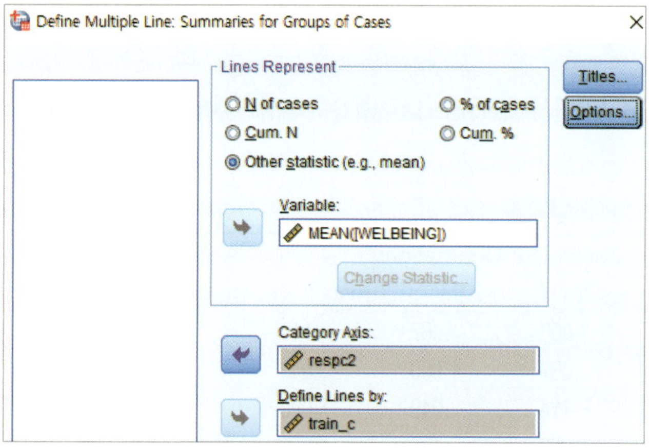

14 [그래프 11-6]처럼 좀 더 정확히 그려진다.

그래프 11-6 | SPSS 그래프: 단순기울기

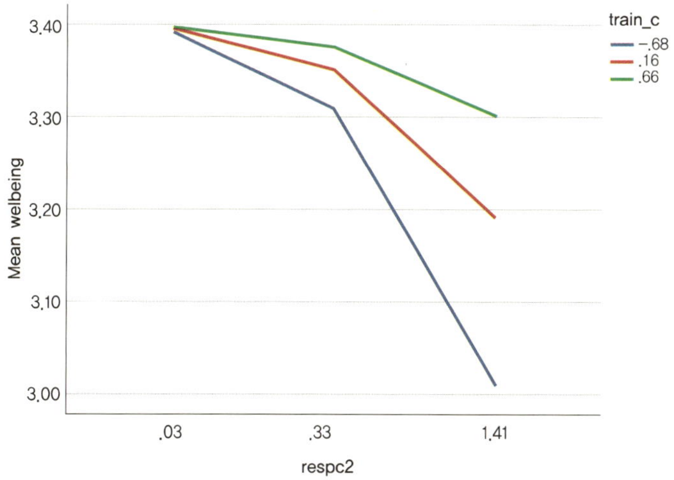

15 이 그래프를 통해 독립변수(resp_c2)가 증가할수록 조절변수(train_c)에 따른 종속변수의 값이 크게 차이가 나는 것을 알 수 있다.

5) Miller 등(2013)의 엑셀시트에 의한 단순기울기 및 J-N 그래프 그리기

Miller 등(2013)의 엑셀시트([Quadratic-by-Linear JN Tool.xlsx])를 이용하여 단순기울기 및 J-N 그래프를 그리기 위해 SPSS로 회귀분석을 할 때 [통계량] 버튼에서 [공분산행렬(V)]을 체크해서 [분산-공분산행렬]에 관한 값을 구한다. PROCESS에서는 [Options]에서 이 값을 구할 수 있다. [Output 11-6]은 [분산-공분산행렬]이다.

Output 11-6 SPSS output: **분산-공분산행렬**

Coefficient Correlations[a]

Model			res2tra	restra	resp_c	respc2	train_c
1	Correlations	res2tra	1.000	.067	-.114	.053	-.652
		restra	.067	1.000	.049	-.116	-.060
		resp_c	-.114	.049	1.000	-.079	.043
		respc2	.053	-.116	-.079	1.000	.000
		train_c	-.652	-.060	.043	.000	1.000
	Covariances	res2tra	.004	.000	.000	.000	-.003
		restra	.000	.004	.000	.000	.000
		resp_c	.000	.000	.002	.000	.000
		respc2	.000	.000	.000	.002	5.702E-7
		train_c	-.003	.000	.000	5.702E-7	.004

a. Dependent Variable: WELBEING

1 아래는 Miller 등의 엑셀시트에 해당 값을 입력한 것이다.

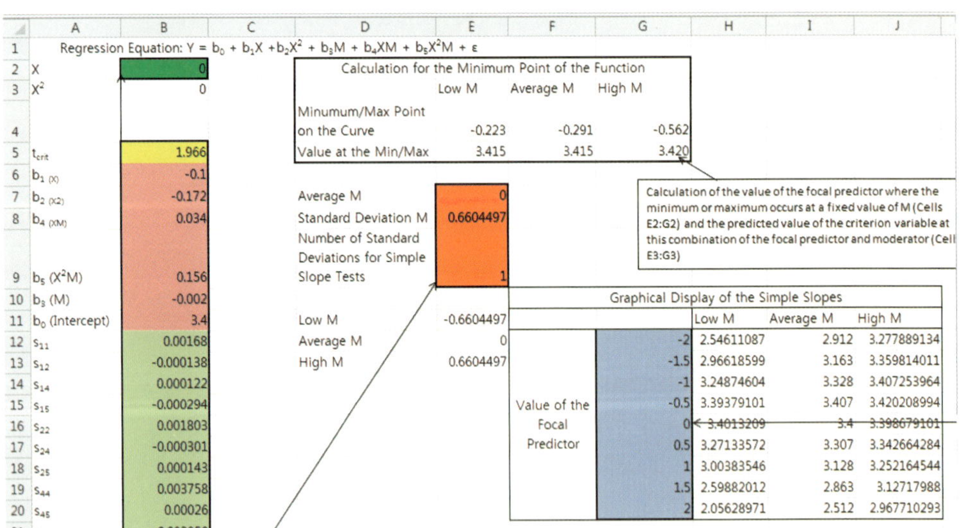

s_{11}: b_1의 분산; s_{12}: b_1과 b_2의 공분산; s_{14}: b_1과 b_4의 공분산; s_{15}: b_1과 b_5의 공분산; s_{22}: b_2의 분산; s_{24}: b_2와 b_4의 공분산; s_{25}: b_2와 b_5의 공분산; s_{44}: b_4의 분산; s_{45}: b_4와 b_5의 공분산; s_{55}: b_5의 분산

2 이 값들을 입력하면 다음과 같이 3개 조절변수값에 대한 단순기울기 검정을 한다. 조절변수값이 높을 때(High M)에는 단순기울기가 유의적이지 않다.

	Simple Slope	Standard Error	t-test	Lower 95% CI	Upper 95% CI
Low M	-0.122	0.056	-2.179	-0.2329	-0.0120
Average M	-0.100	0.041	-2.440	-0.1806	-0.0194
High M	-0.078	0.059	-1.314	-0.1935	0.0384

3 [그래프 11-7]은 Miller 등의 엑셀시트로 그린 그래프이다.

그래프 11-7 | Miller 등의 그래프

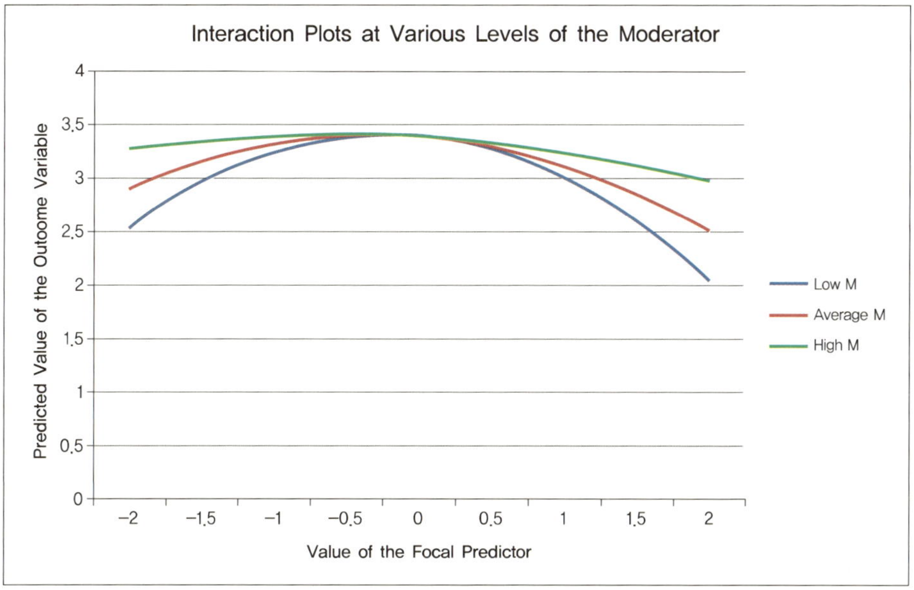

4 이 그래프를 통해 조절변수의 수준이 높을 때에는 독립변수의 수준에 따른 차이가 크지 않아 조절효과가 없고, 조절변수의 수준이 낮을 때에는 독립변수의 수준에 따라

차이가 있는 것을 알 수 있다. 즉 조절변수의 수준이 낮을 때에는 독립변수의 수준이 중간일 때 종속변수에 미치는 효과가 가장 크게 나타난다.

2.2 2차효과의 선형조절: 예 2

Cohen 등(2003)의 모델과 자료를 이용하여 2차효과의 선형조절분석을 한다. 이 자료에서 독립변수(fear)는 '흡연의 건강에 대한 두려움', 종속변수(quit)는 '금연의도', 조절변수(efficacy)는 '금연의 자아효능감'을 의미한다.

Data 11-3 [Cohen et al.(2003)_chap7.sav]

	fear	efficacy	quit
1	4.31	5.15	4.26
2	4.26	3.45	3.22
3	4.59	6.01	4.76
4	4.90	4.24	3.97
5	4.31	4.27	3.41

이들 변수 간에 [그래프 11-8]과 같은 관계를 가정한다.

그래프 11-8 | 금연의 자아효능감의 조절효과

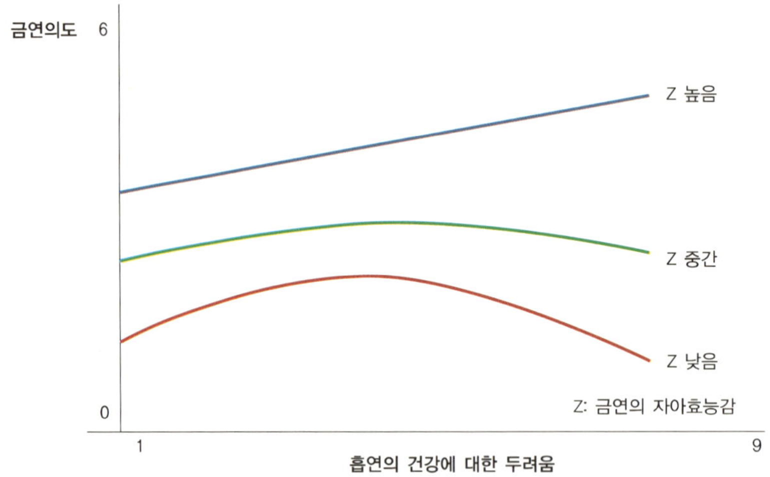

자료: Cohen 등(2003), p.292.

[그래프 11-8]에서 볼 수 있듯, 자아효능감이 높으면 흡연의 건강에 대한 두려움이 커질수록 금연의도는 커지지만, 자아효능감이 중간정도나 낮으면 금연의도가 증가하다가 줄어든다고 가정한다. 즉 나는 담배를 끊을 수 있다는 자신감이 클수록 흡연을 하면 건강에 안 좋기 때문에 금연하고자 하는 의도가 커진다는 가설이다.

1) SPSS에 의한 2차효과의 선형조절분석

[Cohen et al.(2003)_chap7.sav]의 자료를 SPSS를 이용하여 평균중심화 및 필요한 변수를 만든다.

(1) 평균중심화 및 회귀식에 필요한 변수 만들기

1 이를 다음 자료로 저장하였다.

Data 11-4 [Cohen et al.(2003)_chap7_1.sav]

fearc	fearc2	efficac	feareffc	feac2efc	efficac2	feaeffi2
-.160	.026	.340	-.054	.009	.12	-.02
-.210	.044	-1.360	.286	-.060	1.85	-.39
.120	.014	1.200	.144	.017	1.44	.17
.430	.185	-.570	-.245	-.105	.32	.14
-.160	.026	-.540	.086	-.014	.29	-.05

(2) 위계적 회귀분석에 의한 추정

Cohen 등(2003)에 기술된 대로 위계적 회귀분석(hierarchical regression analysis)에 의해 회귀식을 추정한다.

1 이를 위해 다음과 같이 해당 변수를 지정한다.

SPSS 대화상자 11-7 선형회귀분석

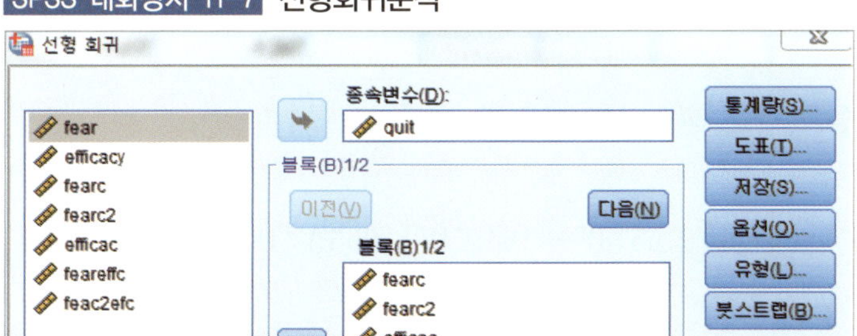

2 [다음] 버튼을 누른다. [블록(B)2/2]에서 추가적으로 관련 변수를 지정한다.

SPSS 대화상자 11-8 선형회귀분석

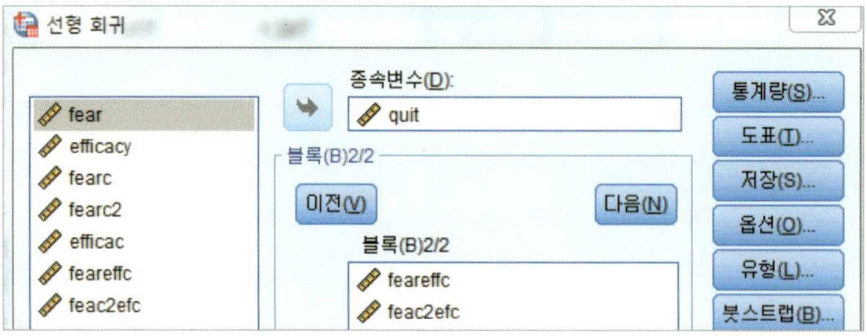

3 [통계량] 버튼에서 [R 제곱 변화량(S)]을 체크하고 [확인] 버튼을 누른다.

4 이를 실행하면 [Output 11-7]을 얻는다.

Output 11-7 SPSS output: 2차효과의 선형조절분석결과

Coefficients[a]

Model		Unstandardized Coefficients		Standardized Coefficients	t	Sig.
		B	Std. Error	Beta		
1	(Constant)	3.642	.047		76.744	.000
	fearc	.224	.034	.316	6.626	.000
	fearc2	−.008	.019	−.019	−.426	.671
	efficac	.620	.053	.551	11.712	.000
2	(Constant)	3.651	.046		79.093	.000
	fearc	.178	.038	.252	4.732	.000
	fearc2	−.052	.022	−.124	−2.405	.017
	efficac	.551	.062	.490	8.825	.000
	feareffc	.164	.047	.175	3.480	.001
	feac2efc	.065	.029	.147	2.260	.025

a. Dependent Variable: quit

5 이 결과를 토대로 다음과 같은 회귀식을 세울 수 있다.

$$\hat{Y} = 3.651 + .178X - .052X^2 + .551W + .164XW + .065X^2W \quad (3)$$

6 위 회귀식을 다음과 같이 정리할 수 있다.

$$\hat{Y} = (.178 + .164W)X + (-.052 + .065W)X^2 + (.551W + 3.651) \qquad (4)$$

7 식 (4)에서 $(-.052 + .065W)$가 조절효과를 검증하기 위한 조건부효과이다. 조절변수(efficac: W)의 표준편차를 구하면 0.763이다. 평균(mean)±SD의 세 값을 식 (4)에 대입하면 다음과 같은 단순기울기(simple slope)를 구할 수 있다.

$$W_{low} = -.76 \ : \ \hat{Y} = .053X - .101X^2 + 3.230$$

$$W_{mean} = 0.00 \ : \ \hat{Y} = .178X^{**} - .052X^{2^*} + 3.651$$

$$W_{high} = .76 \ : \ \hat{Y} = .304X^{**} - .003X^2 + 4.072$$

$^*p < .05$, $^{**}p < .01$

8 위 회귀식에서 알 수 있듯, W가 커질수록 X^2이 Y에 미치는 효과는 작아진다. Dawson의 엑셀시트를 이용하여 그래프로 나타내면 [그래프 11-9]와 같다.

그래프 11-9 | Dawson의 2차효과의 선형조절분석

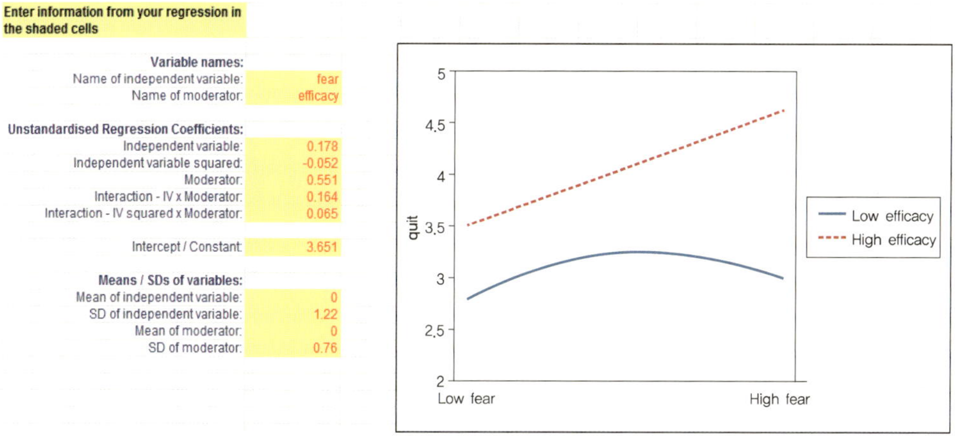

9 그래프를 보면, 두려움이 커질수록 자아효능감이 낮을 때에는 금연의도의 차이가 크지 않지만 자아효능감이 클 때에는 금연의도 차이가 많이 나는 것을 알 수 있다. 즉 X^2이 Y에 미치는 효과가 W에 따라 다른 것을 알 수 있다.

2) PROCESS에 의한 2차효과의 선형조절분석

1 PROCESS model 1로 분석하기 위해 다음과 같이 변수를 지정하고, [model number]를 [1]로 바꾼다.

PROCESS 대화상자 11-3 변수지정 및 모델넘버

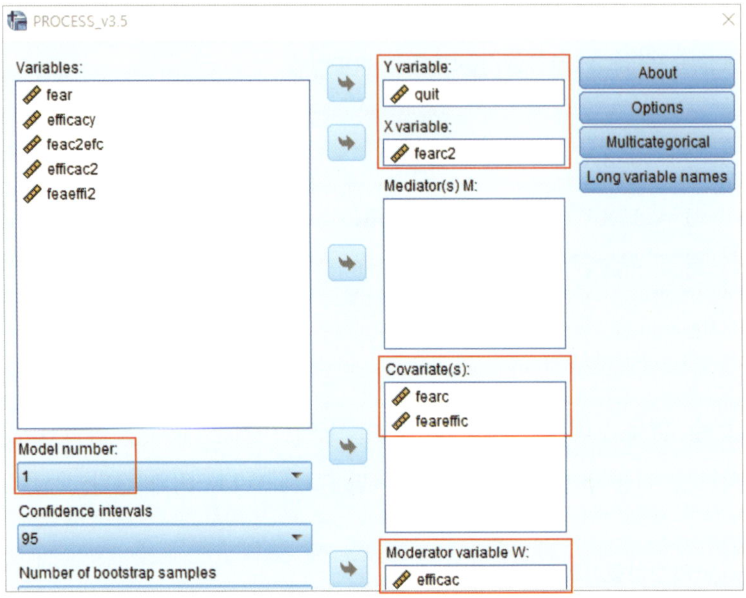

2 이를 실행하면 [Output 11-8]을 얻는다.

Output 11-8 PROCESS에 의한 분석결과

```
**************************************************************************
Model  : 1
    Y  : quit
    X  : fearc2
    W  : efficac

Covariates:
 fearc      feareffi

Sample
Size:  250

**************************************************************************
```

```
OUTCOME VARIABLE:
 quit

Model Summary
          R       R-sq        MSE          F        df1        df2          p
      .7361      .5418      .3452    57.7137     5.0000   244.0000      .0000

Model
              coeff         se          t          p       LLCI       ULCI
constant     3.6511      .0462    79.0925      .0000     3.5602     3.7420
fearc2       -.0520      .0216    -2.4053      .0169     -.0946     -.0094
efficac       .5509      .0624     8.8251      .0000      .4279      .6738
Int_1         .0648      .0287     2.2601      .0247      .0083      .1212
fearc         .1783      .0377     4.7322      .0000      .1041      .2525
feareffi      .1641      .0472     3.4796      .0006      .0712      .2570

Product terms key:
 Int_1    :        fearc2    x        efficac


Test(s) of highest order unconditional interaction(s):
       R2-chng          F        df1        df2          p
X*W      .0096     5.1080     1.0000   244.0000      .0247
----------
    Focal predict: fearc2   (X)
          Mod var: efficac  (W)

Conditional effects of the focal predictor at values of the moderator(s):

    efficac     Effect         se          t          p       LLCI       ULCI
     -.7299     -.0993      .0325    -3.0543      .0025     -.1633     -.0353
      .0151     -.0510      .0216    -2.3675      .0187     -.0935     -.0086
      .7985     -.0003      .0287     -.0106      .9915     -.0569      .0563


 fearc2   WITH     quit     BY       efficac  .
*************************************************************************
```

3 위의 결과는 SPSS에 의한 분석과 동일하다([Output 11-7] 참조).

3) Miller 등(2013)의 엑셀시트에 의한 그래프 그리기

1 [Output 11-9]는 분산-공분산행렬이다.

Output 11-9 SPSS output: 분산-공분산행렬

Model			feac2efc	feareffc	fearc2	fearc	efficac
	Covariances	feac2efc	.001	5.467E-5	.000	-.001	-.001
		feareffc	5.467E-5	.002	-.001	-8.244E-5	8.158E-5
		fearc2	.000	-.001	.000	-2.801E-5	7.943E-5
		fearc	-.001	-8.244E-5	-2.801E-5	.001	.000
		efficac	-.001	8.158E-5	7.943E-5	.000	.004

Coefficient Correlations[a]

a. Dependent Variable: quit

2 [Output 11-7]과 [Output 11-9] 값을 Miller 등의 엑셀시트에 해당 값을 입력한다.

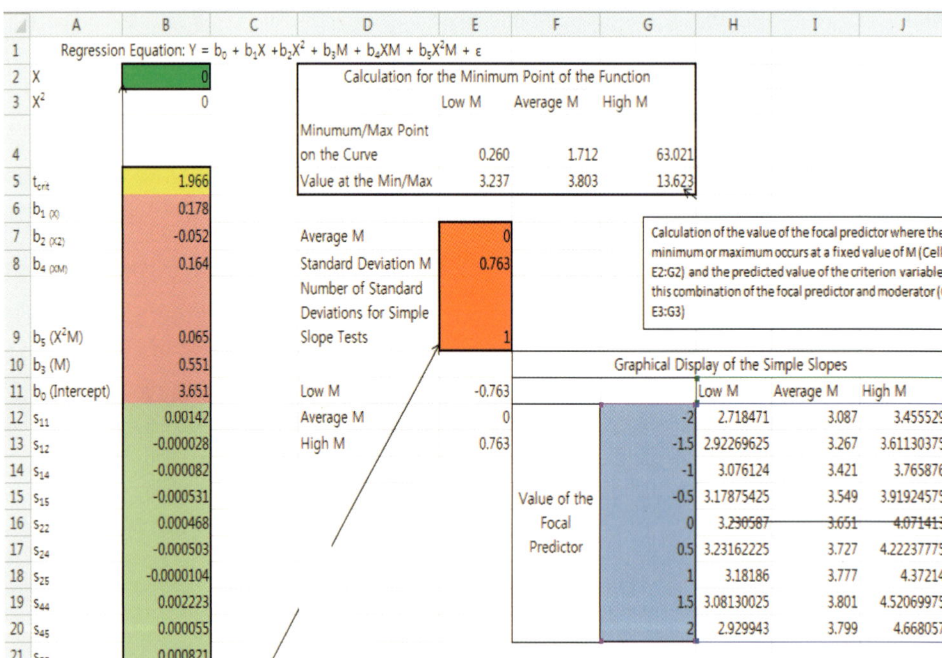

3 [그래프 11-10]은 Miller 등의 엑셀시트가 그린 그래프이다.

그래프 11-10 | Miller 등의 그래프

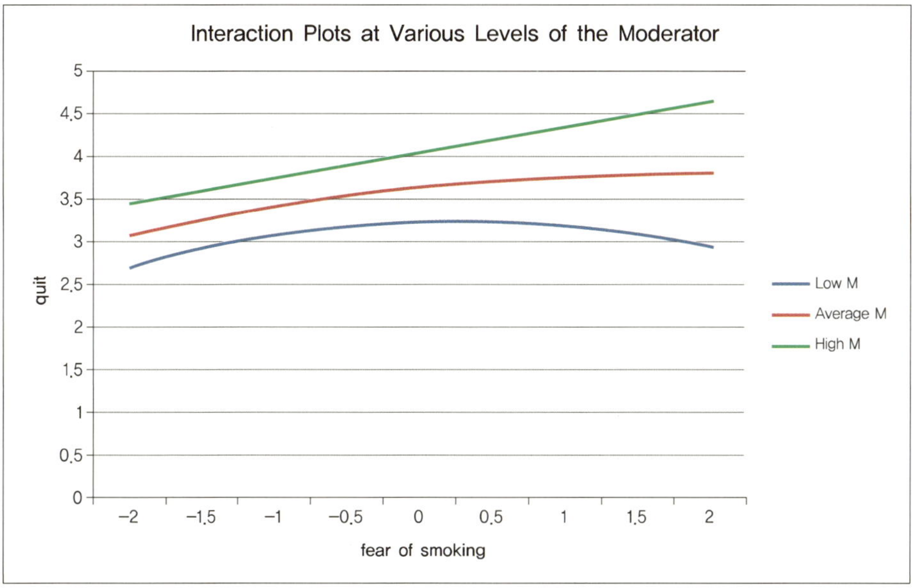

4 조절변수의 수준이 높을 때에는 독립변수가 종속변수에 미치는 효과가 유의적인 차이가 있지만, 조절변수의 수준이 낮을 때에는 유의적인 차이가 없는 것을 알 수 있다.

2.3 2차효과의 선형조절과 관련된 기존 연구

[표 11-2]에 2차효과의 선형조절과 관련된 기존 연구를 제시한다.

표 11-2 | 2차효과의 선형조절과 관련된 기존 연구

저자	논제	출처
Janssen (2001)	Fairness perceptions as a moderator in the curvilinear relationships between job demands, and job performance and job satisfaction	*Academy of Management Journal*, 44(5), 1039-1050.
Shaw, Gupta, and Delery (2005)	Alternative conceptualizations of the relationship between voluntary turnover and organizational performance	*Academy of Management Journal*, 48(1), 50-68.
Baer & Oldham (2006)	The curvilinear relation between experienced creative time pressure and creativity: Moderating effects of openness to experience and support for creativity	*Journal of Applied Psychology*, 97(5), 982-996.

Zhou et al. (2009)	Social networks, personal values, and creativity: evidence for curvilinear and interaction effects	*Journal of Applied Psychology*, 94(6), 1544–1552.
Le et al. (2011)	Too much of a good thing: Curvilinear relationships between personality traits and job performance	*Journal of Applied Psychology*, 96(1), 113–133.
Hoever et al. (2012)	Fostering team creativity: Perspective taking as key to unlocking diversity's potential	*Journal of Applied Psychology*, 97(5), 982–996.
Haans, Pieters and He (2016)	Thinking about u: theorizing and testing u- and inverted u-shaped relationships in strategy research	*Strategic Management Journal*, 37, 1177–1195.

1) Janssen(2001)의 연구

Janssen(2001) 연구를 좀 더 자세히 살펴본다. Janssen(2001)은 관리자들의 직무요구(job demand)가 낮거나 높은 경우보다는 중간수준일 경우 직무성과나 직무만족이 높을 것으로 가정한다. 이러한 관계에서 노력–보상의 공정성(effort–reward fairness)이 역 U자형(inverted U–shaped)의 조절효과를 할 것으로 가정한다. [그림 11–5]는 Janssen(2001)의 연구모형이다.

그림 11–5 | Janssen(2001)의 연구모형

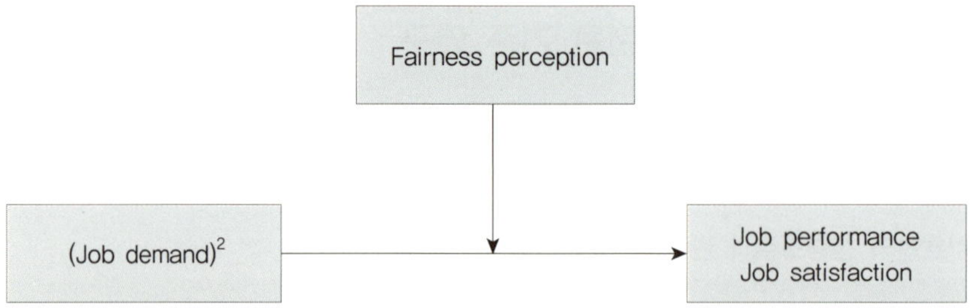

(1) 가설설정

Hypothesis 1: Fairness perceptions moderate inverted U–shaped demand–response relationships in such a way that managers who perceive effort–reward fairness produce higher levels of job performance and job satisfaction in response to intermediate job demands than managers who perceive underreward unfairness.

가설 1: 공정성 지각은 직무요구와 반응(직무성과, 직무만족) 간의 관계에서 역 U자형의 조절역할을 할 것이다. 즉 노력-보상의 공정성 지각을 높게 지각하는 관리자는 공정성을 낮게 지각하는 관리자보다 직무요구가 중간수준일 때 직무만족이나 직무만족이 높을 것이다.

(2) 분석

그는 통제변수로 Age, Tenure, Education을 연구에 포함하였고, 위계적 회귀분석(hierarchical regression analysis)을 통해 분석하였다. 즉 앞서 제시한 식 (2)를 기초로 그에 맞는 변수를 하나씩 투입하여 6단계의 위계적 회귀분석을 하였다. 종속변수 가운데 하나인 감독자만족을 예로 들면 1단계에서 통제변수(연령, 재직기간, 교육수준)를 투입하였고, 2단계에서 직무요구, 3단계에서 직무요구의 제곱, 4단계에서 공정성 지각, 5단계에서 직무요구×공정성 지각, 6단계에서 직무요구의 제곱×공정성 지각을 투입하였다.

(3) 분석결과

분석결과 두 종속변수에 대해 가설이 지지되는 것으로 나타났다. 그는 분석결과를 Table 2에 제시하였는데, [표 11-3]은 그 가운데 일부이다.

표 11-3 ▌Janssen(2001)의 분석결과

Dependent Variables	n	Entry b	Final b	ΔR^2	ΔF	R^2	Adjusted R^2	F	df
Work satisfaction	99								
Step 1: Age		0.08	0.10						
Tenure		−0.00	0.00						
Education		−0.19*	−0.16*	.10	3.33*				
Step 2: Job demands		−0.10	−0.16*	.02	2.31				
Step 3: Job demands squared		−0.08	−0.15**	.02	2.28				
Step 4: Fairness perceptions		−0.10	0.09	.02	2.13				
Step 5: Job demands × fairness perceptions		−0.03	−0.06	.00	0.16				
Step 6: Job demands squared × fairness perceptions		−0.23***	−0.23***	.12	14.91***	.28	0.21	4.34***	8, 90
Supervisory satisfaction	99								
Step 1: Age		−0.01	0.01						
Tenure		−0.19	−0.17						
Education		−0.20	−0.20	.03	1.14				
Step 2: Job demands		−0.13	−0.15	.01	1.09				
Step 3: Job demands squared		−0.16	−0.22*	.03	2.90				
Step 4: Fairness perceptions		0.19	0.49**	.03	2.60				
Step 5: Job demands × fairness perceptions		0.01	−0.03	.00	0.01				
Step 6: Job demands squared × fairness perceptions		−0.34**	−0.34**	.09	10.54**	.19	0.12	2.72**	8, 90

[a] Regression coefficients shown are from the equation at the step indicated (entry b) and from the final equation (final b). Because of rounding off, R^2 differs .01 from the sum of ΔR^2 for standard job performance and leader-rated innovative job performance.

* $p < .05$

** $p < .01$

*** $p < .001$

직무만족과 감독자만족의 결과를 그래프로 제시하면 [그래프 11-11]과 같다.

그래프 11-11 | Janssen의 연구결과

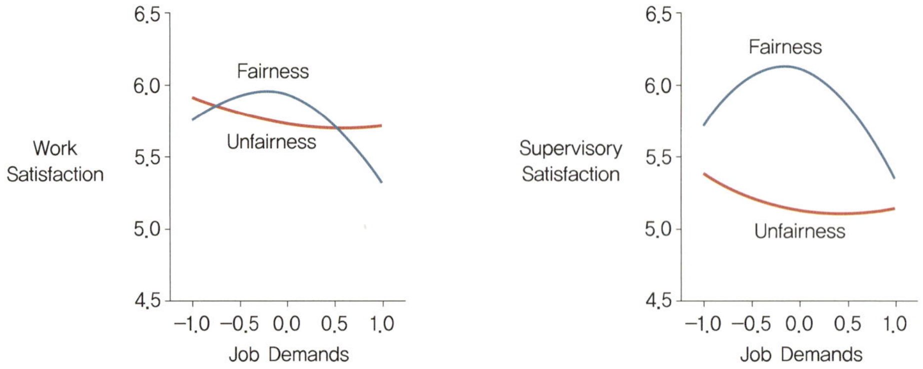

(4) 이 연구에 대한 코멘트

위계적 회귀분석이 반드시 필요한 것은 아니다. 위계적 회귀분석으로 해도 되나, 6개 변수를 동시에 투입하는 동시투입(simultaneous entry)이 권장된다.

3 선형효과의 2차조절

[그림 11-3]처럼 독립변수(X)와 종속변수(Y) 간의 관계가 선형이면서 조절변수(W)가 2차인 관계에 대해 살펴본다. Hayes(2017)는 이를 **선형효과의 2차조절(quadratic moderation of linear effect)**이라 불렀다.

3.1 선형효과의 2차조절: 예 1

[그림 11-6] 모델을 대상으로 선형효과의 2차조절분석을 한다. 이 모델이 갖는 개념적 의미는 X와 Y 간의 관계가 W에 의해 조절되는데, 이때 조절변수의 수준이 W에서 W^2으로 증가할수록 $X \rightarrow Y$ 간의 관계가 달라지는 정도가 차이가 있는가를 검정하는 것이다.

그림 11-6 | 선형효과의 2차조절모델

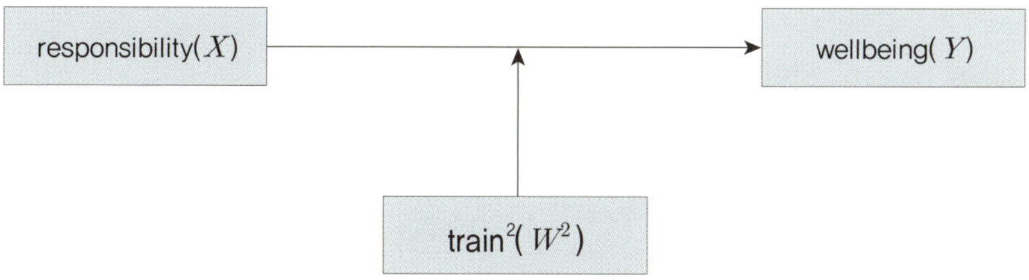

1) SPSS에 의한 선형효과의 2차조절분석

선형효과의 2차조절을 분석하기 위한 회귀식은 다음과 같다.

$$Y = b_0 + b_1X + b_2W + b_3W^2 + b_4XW + b_5XW^2 + e \tag{5}$$

1 식 (5)에 해당하는 각각의 변수를 만들고 이를 [Dawson3.sav]로 저장하였다.

Data 11-5 [Dawson3.sav]

	welbeing	resp	resp2	train	restra	train2	resptra2
1	3.508	-.5250	.2756	.3248	-.1705	.1055	-.0554
2	2.775	-.3647	.1330	-.8419	.3070	.7088	-.2585
3	3.560	1.5301	2.3412	.1581	.2419	.0250	.0382
4	3.121	1.0757	1.1571	-1.6752	-1.8020	2.8063	3.0187
5	3.683	-.5487	.3011	.1581	-.0867	.0250	-.0137

2 이를 동시투입방식에 의해 회귀분석한다.

SPSS 대화상자 11-9 동시투입방식에 의한 회귀분석

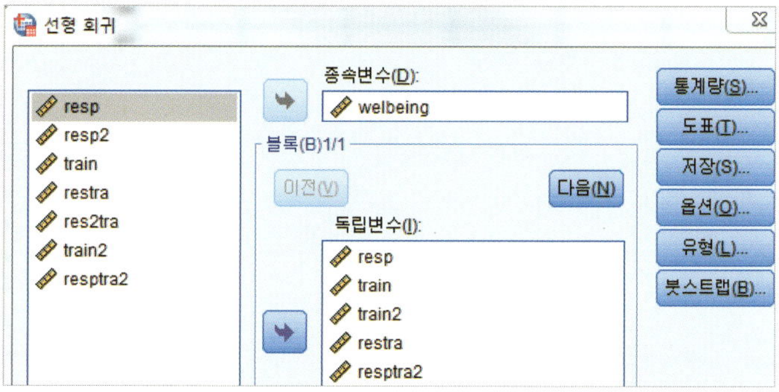

3 이를 실행하면 [Output 11-10]을 얻는다.

Output 11-10 SPSS output: 선형효과의 2차조절분석결과

Coefficients[a]

Model		Unstandardized Coefficients		Standardized Coefficients	t	Sig.
		B	Std. Error	Beta		
1	(Constant)	3.297	.043		76.149	.000
	resp(b_1)	-.110	.052	-.127	-2.109	.036
	train(b_2)	.106	.055	.098	1.916	.056
	train2(b_3)	-.037	.060	-.031	-.612	.541
	restra(b_4)	.001	.070	.000	.009	.993
	resptra2(b_5)	.022	.071	.020	.310	.757

a. Dependent Variable: welbeing

4 resptra2(b_5)가 유의적이지 않아 조절효과가 없다고 해석한다.

2) PROCESS model 2에 의한 선형효과의 2차조절분석

Hayes(2017)는 회귀식 (7)을 PROCESS model 2에 의해 선형효과의 2차조절분석에 대해 설명하였다. **PROCESS로 선형효과의 2차조절분석을 하기 위해 PROCESS model 2를 이용한다. PROCESS model 2를 이용하되 약간의 조정(hacking)이 필요하다. 즉 PROCESS model 2로 분석하기 위해 회귀식 (7)에 있는 변수 가운데 W^2을 [Moderator variable Z]에 넣고, W변수는 [Moderator variable W]에 넣는다.**

1 이를 분석하기 위해 PROCESS에서 변수를 다음과 같이 지정하고, [model number]를 [2]로 바꾼다.

PROCESS 대화상자 11-4 변수지정 및 모델넘버

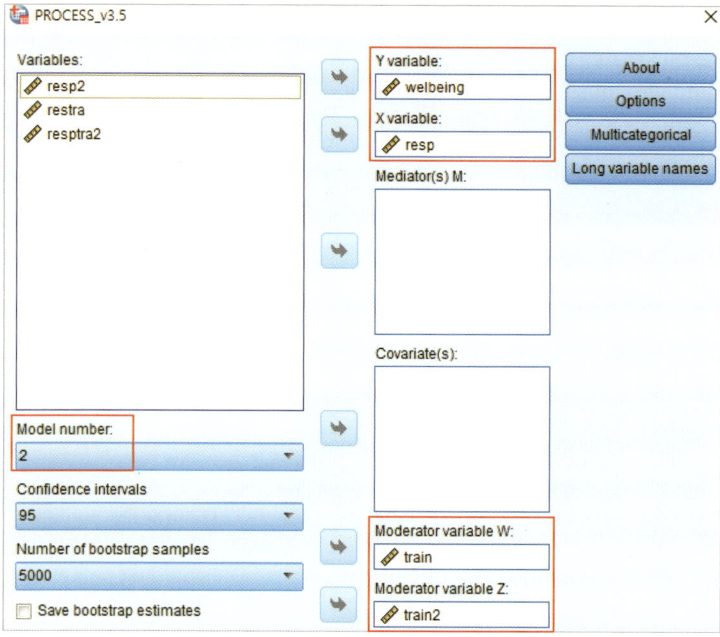

2 이를 실행하면 [Output 11-11]을 얻는다.

Output 11-11 PROCESS output: model 2 분석결과

```
**************************************************************************
Model  : 2
    Y  : welbeing
    X  : resp
    W  : train
    Z  : train2

Sample
Size:  424

**************************************************************************
OUTCOME VARIABLE:
 welbeing

Model Summary
          R       R-sq        MSE          F        df1        df2          p
      .1593      .0254      .4983     2.1777     5.0000   418.0000      .0558

Model
```

	coeff	se	t	p	LLCI	ULCI
constant	3.2967	.0433	76.1280	.0000	3.2116	3.3819
resp	-.1096	.0520	-2.1089	.0356	-.2117	-.0074
train	.1060	.0553	1.9163	.0560	-.0027	.2147
Int_1	.0006	.0703	.0091	.9927	-.1375	.1388
train2	-.0369	.0603	-.6121	.5408	-.1555	.0816
Int_2	.0221	.0711	.3102	.7566	-.1177	.1618

Product terms key:

Int_1	:	resp	x	train
Int_2	:	resp	x	train2

Test(s) of highest order unconditional interaction(s):

	R2-chng	F	df1	df2	p
X*W	.0000	.0001	1.0000	418.0000	.9927
X*Z	.0002	.0962	1.0000	418.0000	.7566
BOTH	.0003	.0592	2.0000	418.0000	.9425

****

3 int_2(resp×train2)가 비유의적이서 조절효과가 없다고 해석한다.

3.2 선형효과의 2차조절: 예 2

[그림 11-7] 모델을 통해 선형효과의 2차조절을 분석한다. 스트레스를 받으면 수면시간이 줄어든다. 이들 간의 관계에서 스트레스를 피하고자 하는 회피전략(avoid strategy)의 조절효과를 가정한다.

그림 11-7 | 회피전략의 조절효과

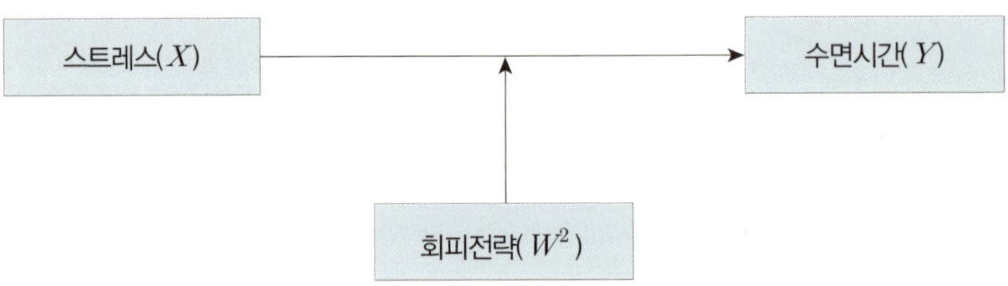

분석에 쓰인 자료는 다음과 같다.

Data 11-6 [quadratic_moderation.sav]

	stress	sleep	avoid
1	10.00	2.00	2.00
2	6.00	6.00	2.67
3	8.00	1.00	3.00
4	15.00	5.00	2.33
5	9.00	6.00	1.67

1) SPSS에 의한 분석

선형효과의 2차조절분석을 평균중심화를 하고 동시입력방식으로 한다.

(1) 분석에 필요한 변수 만들기

1 식 (5)에 해당하는 변수를 평균중심화를 한 다음, 각각의 변수를 만들고 이를 저장한다.

Data 11-7 [quadratic_moderation-3.sav]

	stress	sleep	avoid	stress_c	avoid_c	avoid_c2	stravo_c	strav_c2
1	10.0000	2.0000	2.0000	1.2186	-.4701	.2210	-.5728	.2693
2	6.0000	6.0000	2.6667	-2.7814	.1966	.0387	-.5469	-.1075
3	8.0000	1.0000	3.0000	-.7814	.5299	.2808	-.4141	-.2194
4	15.0000	5.0000	2.3333	6.2186	-.1368	.0187	-.8506	.1163
5	9.0000	6.0000	1.6667	.2186	-.8034	.6454	-.1756	.1411

(2) 회귀분석하기

2 동시투입방식에 의해 회귀분석을 한다.

SPSS 대화상자 11-10 동시투입방식에 의한 선형회귀분석

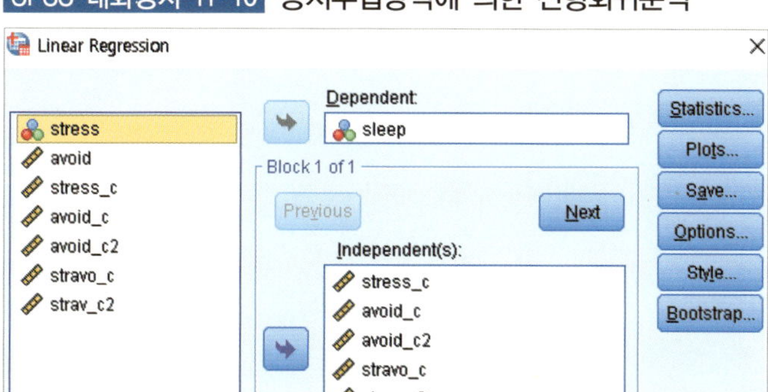

3 이를 실행하면 [Output 11-12]를 얻는다.

Output 11-12 SPSS output: 평균중심화에 의한 동시투입방식 회귀분석결과

Coefficients[a]

Model		Unstandardized Coefficients		Standardized Coefficients	t	Sig.
		B	Std. Error	Beta		
1	(Constant)	5.215	.079		66.417	.000
	stress_c	-.013	.022	-.026	-.591	.554
	avoid_c	-.148	.078	-.072	-1.886	.060
	avoid_c2	.042	.061	.026	.692	.489
	stravo_c	.047	.021	.095	2.228	.026
	strav_c2	-.037	.014	-.138	-2.674	.008

a. Dependent Variable: sleep

4 [strav_c2]이 유의적이어 조절효과가 있다고 해석한다.

2) PROCESS model 2에 의한 분석

PROCESS로 선형효과의 2차조절분석을 하기 위해 PROCESS model 2를 이용한다. PROCESS model 2를 이용하되 약간의 조정(hacking)이 필요하다. 즉 PROCESS model 2로 분석하기 위해 회귀식 (7)에 있는 변수 가운데 W^2을 [Moderator variable Z]에 넣고, W변수는 [Moderator variable W]에 넣는다.

1 PROCESS에서 다음과 같이 변수를 지정하고, [model number]를 [2]로 바꾼다.

PROCESS 대화상자 11-5 변수지정 및 모델넘버

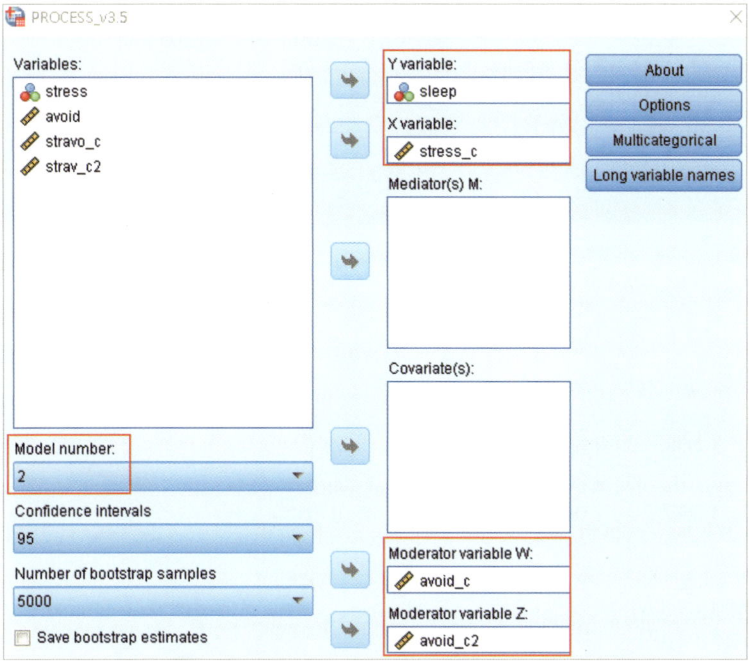

2 이를 실행하면 [Output 11-13]을 얻는다.

Output 11-13 PROCESS output

```
**************************************************************************
Model  : 2
    Y  : sleep
    X  : stress_c
    W  : avoid_c
    Z  : avoid_c2

Sample
Size:  819

**************************************************************************
OUTCOME VARIABLE:
 sleep

Model Summary
          R       R-sq        MSE          F        df1        df2          p
      .1659      .0275     3.2651     4.6031     5.0000   813.0000      .0004

Model
```

	coeff	se	t	p	LLCI	ULCI
constant	5.2150	.0785	66.4165	.0000	5.0609	5.3692
stress_c	-.0131	.0222	-.5914	.5544	-.0567	.0305
avoid_c	-.1478	.0784	-1.8862	.0596	-.3017	.0060
Int_1	.0468	.0210	2.2283	.0261	.0056	.0880
avoid_c2	.0421	.0609	.6923	.4890	-.0774	.1616
Int_2 ⓐ	-.0370	.0138	-2.6742	.0076	-.0641	-.0098

Product terms key:

Int_1	:	stress_c x	avoid_c
Int_2	:	stress_c x	avoid_c2

Test(s) of highest order unconditional interaction(s):

	R2-chng	F	df1	df2	p
X*W	.0059	4.9655	1.0000	813.0000	.0261
X*Z	.0086	7.1513	1.0000	813.0000	.0076
BOTH	.0097	4.0647	2.0000	813.0000	.0175

Focal predict: stress_c (X)

Mod var: avoid_c (W)

Mod var: avoid_c2 (Z)

Conditional effects of the focal predictor at values of the moderator(s): ⓑ

avoid_c	avoid_c2	Effect	se	t	p	LLCI	ULCI
-.8862	.0009	-.0546	.0270	-2.0219	.0435	-.1077	-.0016
-.8862	.7844	-.0836	.0281	-2.9711	.0031	-.1388	-.0284
-.8862	1.9124	-.1253	.0359	-3.4859	.0005	-.1958	-.0547
.0000	.0009	-.0132	.0222	-.5931	.5533	-.0568	.0304
.0000	.7844	-.0421	.0186	-2.2637	.0239	-.0786	-.0056
.0000	1.9124	-.0838	.0234	-3.5851	.0004	-.1297	-.0379
.8862	.0009	.0283	.0308	.9188	.3585	-.0322	.0888
.8862	.7844	-.0007	.0244	-.0267	.9787	-.0485	.0472
.8862	1.9124	-.0423	.0222	-1.9046	.0572	-.0860	.0013

****

3 결과를 해석하기로 한다.

ⓐ [Int_2] 계수가 유의적이므로 조절효과가 있다고 해석한다.

ⓑ Hayes(2017)는 조절변수 수준에 따른 조건부효과 output은 의미가 없기 때문에 무시할 것을 당부한다. 이는 이 모델에만 해당된다.

4 Dawson의 엑셀시트로 그래프를 그려본다. 이를 위해 [Quadratic_moderator] 시트를 이용한다.

그래프 11-12 | Dawson의 그래프: Quadratic_moderator

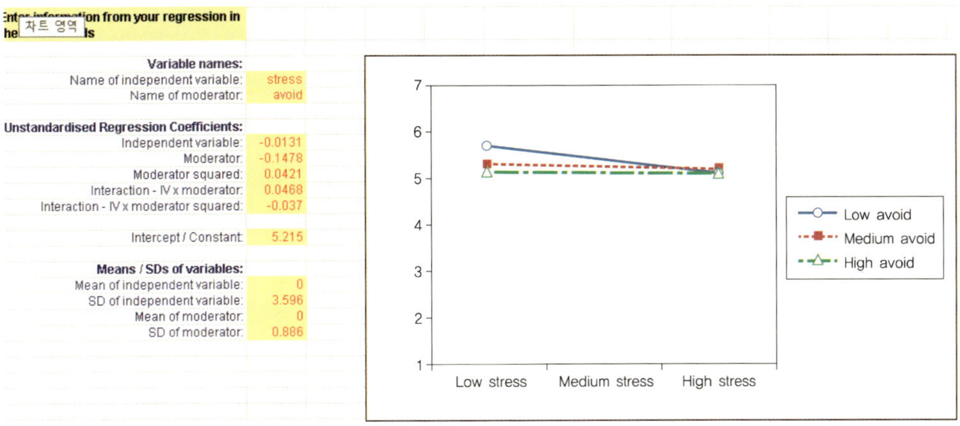

5 그래프를 보면, [avoid]가 high일 때에는 독립변수가 종속변수에 미치는 효과가 차이가 없지만 low일 때에는 차이가 있는 것을 알 수 있다.

6 Hayes(2017)는 PROCESS에서 앞서 살펴본 model 1과 model 2를 해킹으로 한 output을 이용하여 그래프를 그리지 말 것을 당부한다.

참고문헌

Aiken, L. S., and West, S. G. (1991). *Multiple Regression: Testing and Interpreting Interactions.* Thousand Oaks, CA: Sage Publications.

Baer, M., and Oldham, G. R. (2006). The Curvilinear Relation Between Experienced Creative Time Pressure and Creativity: Moderating Effects of Openness to Experience and Support for Creativity. *Journal of Applied Psychology*, 91(4), 963-970.

Cohen, J., Cohen, P., West, S. G., and Aiken, L. S. (2003). *Applied Multiple Regression/Correlation Analysis for the Behavioral Sciences.* 3rd ed., Mahwah, NJ: Erlbaum.

Dawson, J. F. (2014). Moderation in Management Research: What, Why, When, and How. *Journal of Business and Psychology*, 29(1), 1-19.

Haans, R. F. J., Pieters, C., and He, Z-L. (2016). Thinking about U: Theorizing and Testing U-and Inverted U-shaped Relationships in Strategy Research. *Strategic Management Journal*, 37, 1177-1195.

Hayes, A. F. (2013). *Introduction to Mediation, Moderation, and Conditional Process Analysis.* New York, NY: Guilford Press.

Hayes, A. F. (2017). *Hacking PROCESS for Estimation and Probing of Linear Moderation of Quadratic Effects and Quadratic Moderation of Linear Effects.* unpublished white paper.

Hayes, A. F. (2018). *Introduction to Mediation, Moderation, and Conditional Process Analysis.* 2nd ed., New York, NY: Guilford Press.

Hayes, A. F., and Matthes, J. (2009). Computational Procedures for Probing Interactions in OLS and Logistic Regression: SPSS and SAS Implementations. *Behavioral Research Methods*, 41(3), 924-936.

Hoever, I. J., van Knippenberg, D., van Ginkel, W. P., and Barkema, H. G. (2012). Fostering Team Creativity: Perspective Taking as Key to Unlocking Diversity's Potential. *Journal of Applied Psychology*, 97(5), 982-996.

Janssen, O. (2001). Fairness Perceptions as a Moderator in the Curvilinear Relationships Between Job Demands, and Job Performance and Job Satisfaction. *Academy of Management Journal*, 44(5), 1039–1050.

Jose, P. E. (2013). *Doing Statistical Mediation & Moderation*. New York, NY: Guilford Press.

Keith, T. Z. (2015). *Multiple Regression and Beyond: An Introduction to Multiple Regression and Structural Equation Modeling*. 2nd ed., New York, NY: Routledge.

Le, H., Oh, I–S., Robbins, S. B., Ilies, R., Holland, E., and Westrick, P. (2011). Too Much of a Good Thing: Curvilinear Relationships Between Personality Traits and Job Performance. *Journal of Applied Psychology*, 96(1), 113–133.

Miller, J. W., Stromeyer, W. R., and Schwieterman, M. A. (2013). Extensions of the Johnson–Neyman Technique to Linear Models With Curvilinear Effects: Derivations and Analytical Tools. *Multivariate Behavioral Research*, 48(2), 267–300.

Miller, J. W., Stromeyer, W. R., and Schwieterman, M. A. (2013). Technical Appendix for "Extensions of the Johnson–Neyman Technique to Linear Models With Curvilinear Effects", The Ohio State University.

Shaw, T. D., Gupta, N., and Delery, J. E. (2005). Alternative Conceptualizations of the Relationship between Voluntary Turnover and Organizational Performance. *Academy of Management Journal*, 48(1), 50–68.

Zhou, J., Shin, S. J., Brass, D. J., Choi, J., and Zhang, Z–X. (2009). Social Networks, Personal Values, and Creativity: Evidence for Curvilinear and Interaction Effects. *Journal of Applied Psychology*, 94(6), 1544–1552.

CHAPTER

12

비선형 매개효과분석

1. 비선형 매개효과의 의의
2. 비선형 매개효과분석의 예
3. MEDCURVE에 의한 비선형 매개효과분석

CHAPTER 12

비선형 매개효과분석

1 비선형 매개효과의 의의

단일매개모델을 제시하면 [그림 12-1]과 같다. 매개효과는 ab에 의해 구해진다. 매개효과 ab는 X의 전체 범위(entire range)에 걸쳐 X가 M을 경유해 Y에 미치는 단일효과(single effect)를 추정한다. 이 모델에서 X, M, Y 간의 관계는 선형을 가정한다.

그림 12-1 | **단일매개모델**

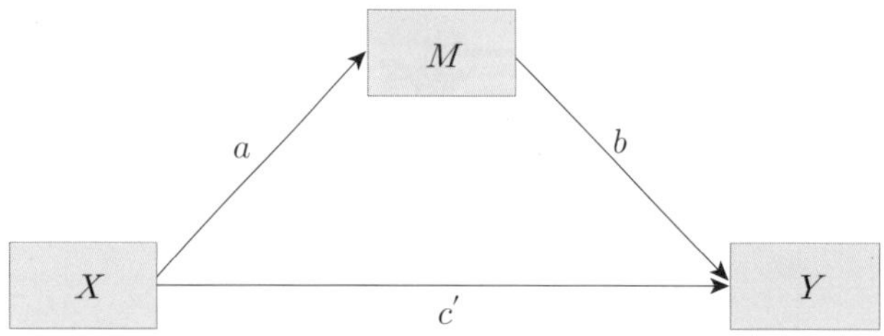

비선형 매개모델(nonlinear mediation model)은 X, M, Y 간의 관계가 비선형인 매개모델을 의미한다. [그림 12-2] 모델처럼 $X \rightarrow M$ 간의 관계가 비선형일 수 있고($X^2 \rightarrow M$), [그림 12-3] 모델처럼 $M \rightarrow Y$ 간의 관계가 비선형일 수 있고($M^2 \rightarrow Y$), [그림 12-4] 모델처럼 $X \rightarrow M$ 간의 관계가 비선형이고($\ln X \rightarrow M$), $M \rightarrow Y$ 간의 관계가 비선형일 수 있다($M^2 \rightarrow Y$). 이처럼 $X \rightarrow M \rightarrow Y$ 간에 다양한 형태의 비선형(예 logarithmic, exponential, quadratic, inverse)의 간접효과를 분석하는 것을 **비선형 매개효과분석**(nonlinear mediation effect analysis)이라 한다.

▶ 그림 12-2 | **비선형 매개모델의 예 1**

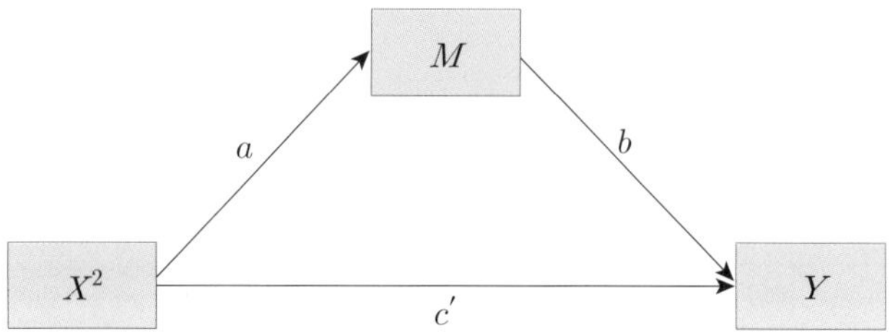

▶ 그림 12-3 | **비선형 매개모델의 예 2**

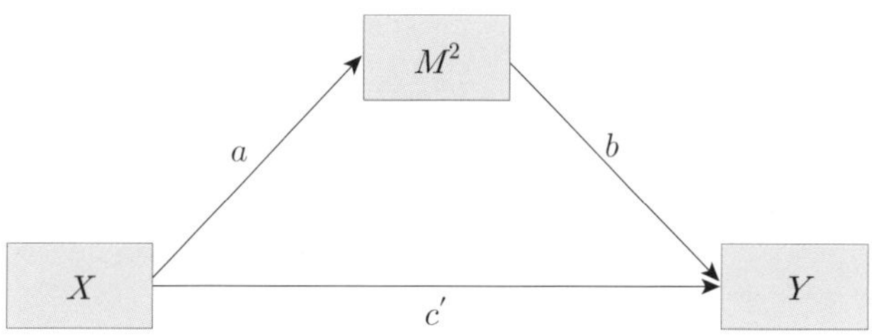

▶ 그림 12-4 | **비선형 매개모델의 예 3**

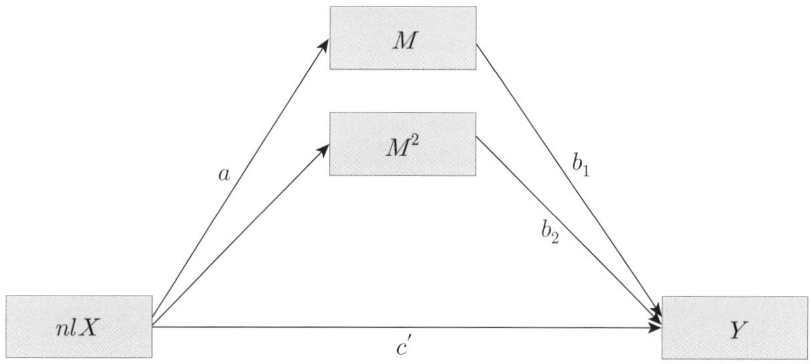

[그림 12-5]는 Yin 등(2017)의 비선형 매개모델이다. Yin 등은 X와 M 간에는 2차관계(quadratic relationship: $X^2 \rightarrow M$), M과 Y 간에는 선형관계($M \rightarrow Y$), 그리고 X와 Y 간에는 2차관계($X^2 \rightarrow Y$)를 가정한다.

그림 12-5 | Yin 등(2017)의 비선형 매개모델

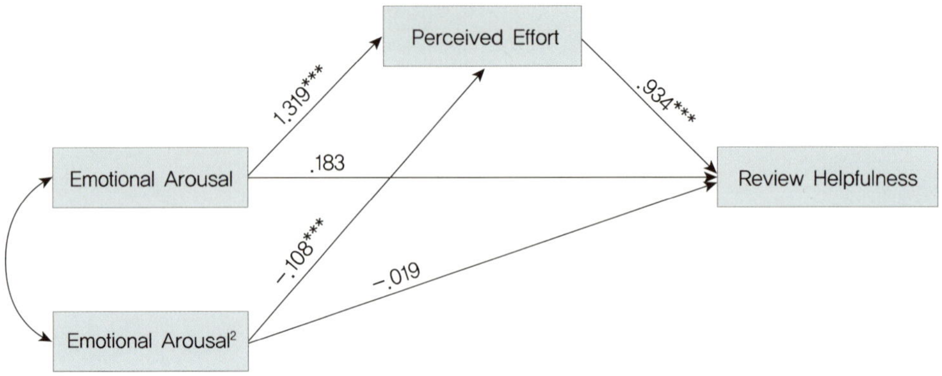

[그림 12-6]은 De Dreu(2006)의 비선형 매개모델이다. 이 모델도 Yin 등과 같은 비선형 매개모델을 가정한다.

그림 12-6 | De Dreu(2006)의 비선형 매개모델

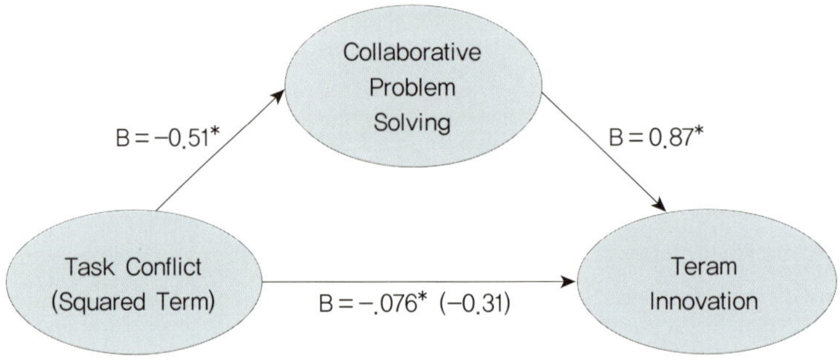

X는 M에 비선형인 관계가 있고, M은 Y에 비선형인 관계가 있다면 M의 변화를 통해 X변화가 Y변화에 미치는 간접효과는 X에 대한 M함수의 1차편미분(first partial derivative)과 M에 대한 Y함수의 1차편미분의 곱인 θ에 의해 추정된다. θ는 다음과 같이 나타낼 수 있다.

$$\theta = \left(\frac{\partial M}{\partial X}\right)\left(\frac{\partial Y}{\partial M}\right) \tag{1}$$

미적분에서 함수의 1차미분계수(first derivative)를 **순간변화율**(instantaneous rate of change)이라 한다. 이 용어를 빌려 Hayes & Preacher(2010)는 θ를 M을 경유해 X가 Y에 미치는 **순간간접효과**(instantaneous indirect effect: θ)로 명명하였다. 순간간접효과(θ)는 X변화에 따른 M을 통한 Y변화를 계량화한 것이다. 순간간접효과(θ)는 X의 함수이다. 즉 θ는 특정값 $X=x$에 따라 달라진다.

만약 M이 X에 선형인 관계가 있고 Y가 M에 선형인 관계가 있다면 순간간접효과(θ)는 상수가 된다. 이 경우, X의 특정값에 관계없이 M을 통해 X가 Y에 미치는 간접효과를 의미한다. 이와는 달리, $X=x$의 특정값인 θ_x는 $X \rightarrow M \rightarrow Y$ 관계에서 Y가 얼마나 변하는가를 알려주기 때문에 비선형 매개효과모델에서 연구자의 관심사항이 된다.

M과 Y에 대해 다음과 같은 관계를 가정한다. 즉 X와 M 간의 관계는 자연로그(natural log: ln) 관계이고, M과 Y 사이의 관계는 2차함수 관계라고 가정한다.

$$\widehat{M} = i_1 + a\ln(X) \tag{2}$$

$$\widehat{Y} = i_2 + b_1 M + b_2 M^2 + c'X \tag{3}$$

M은 X의 자연로그함수이고, Y는 M에 대해 2차함수로 설정되었다. M변화는 X변화에 대해 비선형이고, Y변화는 M변화에 대해 비선형이므로 M을 통해 X가 Y에 미치는 간접효과는 단일의 간접효과가 아니다. 대신에 $X=x$의 특정값에 따른 순간간접효과를 추정해야 한다. 순간간접효과를 계산하기 위해 식 (2)로부터 X에 대한 M의 1차편미분을 구하면 다음과 같다.

$$\left(\frac{\partial M}{\partial X}\right) = \frac{a}{X} \tag{4}$$

식 (3)으로부터 M에 대한 Y의 1차편미분을 구하면 다음과 같다.

$$\left(\frac{\partial Y}{\partial M}\right) = b_1 + 2b_2 M \tag{5}$$

따라서 M을 통해 X가 Y에 미치는 순간간접효과(θ)는 다음과 같다.

$$\theta = \left(\frac{\partial M}{\partial X}\right)\left(\frac{\partial Y}{\partial M}\right) = \frac{a(b_1 + 2b_2 M)}{X} \tag{6}$$

식 (2)의 M을 식(6)에 대입하면 다음과 같다.

$$\theta = \left(\frac{\partial M}{\partial X}\right)\left(\frac{\partial Y}{\partial M}\right) = \left(\frac{a}{X}\right)(b_1 + 2b_2(i_1 + a\ln(X))) \tag{7}$$

식 (2)와 식 (3)을 추정하여 다음의 값을 얻었다고 가정한다.

$$i_1 = 2.50,\ i_2 = 2.00,\ a = 3.00,\ b_1 = 0.85,\ b_2 = -0.10,\ c' = 0.20$$

이 값들을 식 (7)에 대입하면 다음과 같다.

$$\theta = \left(\frac{3}{X}\right)(0.85 + 2(-.10)(2.5 + 3.0\ln(X))) \tag{8}$$

$x = 1,\ 2,\ 3$의 순간간접효과(θ)를 계산하면 다음과 같다.

$$\theta_{X=1} = \left(\frac{3}{1}\right)(0.85 + 2(-.10)(2.5 + 3.0\ln(1))) = 1.05$$

$$\theta_{X=2} = \left(\frac{3}{2}\right)(0.85 + 2(-.10)(2.5 + 3.0\ln(2))) = -0.10$$

$$\theta_{X=3} = \left(\frac{3}{3}\right)(0.85 + 2(-.10)(2.5 + 3.0\ln(3))) = -0.31$$

X와 순간간접효과(θ) 간의 관계를 그래프로 제시하면 [그래프 12-1]과 같다.

그래프 12-1 | 순간간접효과

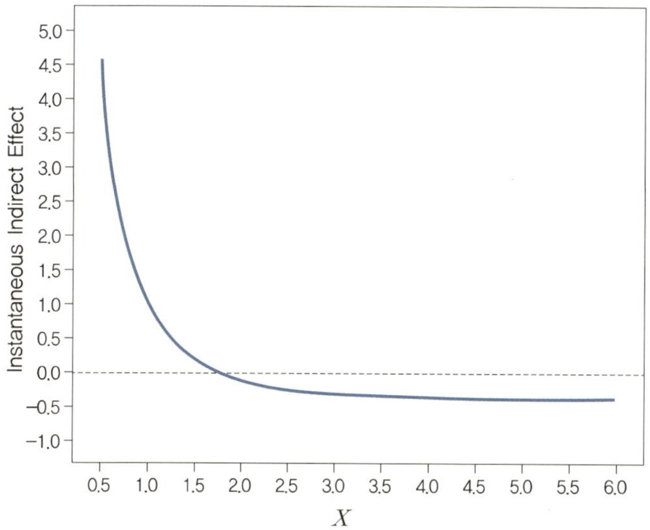

[그래프 12-1]에서 볼 수 있듯, X의 값이 작으면 순간간접효과는 정적(+)이다. **순간간접효과가 정적(+)이면, X가 증가하면 X의 M에 대한 효과를 통해 Y가 증가함을 의미한다. 즉 매개효과가 커진다는 의미이다. 반대로 순간간접효과가 부적(−)이면, X가 증가하면 X의 M에 대한 효과를 통해 Y가 감소함을 의미한다. 즉 매개효과가 줄어든다는 의미이다.** X가 증가하면 순간간접효과는 급격히 떨어지고, 1.5에서 2값 사이에서 0과 교차하고 X가 증가할수록 순간간접효과는 부적(−)으로 점근하는 것을 알 수 있다. **이는 X가 증가할수록 $X \rightarrow M \rightarrow Y$ 간의 간접효과는 줄어드는 것을 의미한다.**

2 비선형 매개효과분석의 예

2.1 Ames & Flynn(2007)의 연구

Ames & Flynn(2007)의 연구 3은 독립변수인 경영자의 자기주장(assertiveness)이 매개변수인 사회적 성과(social outcome) 및 도구적 성과(instrumental outcome)를 매

개해 종속변수인 종업원의 리더십 능력 지각에 미치는 간접효과에 초점을 맞추어 연구하였다. 그들은 이러한 매개효과를 선형의 관점에서 연구하였다. Hayes & Preacher (2010)는 Ames & Flynn(2007)의 연구모델을 확장하여 그들의 자료를 토대로 비선형 매개효과분석에 대해 논의하였다. [그림 12-7]은 Ames & Flynn의 연구모델을 확장한 것이다. 이하에서 이에 대해 살펴본다.

그림 12-7 | Ames & Flynn 모델의 확장

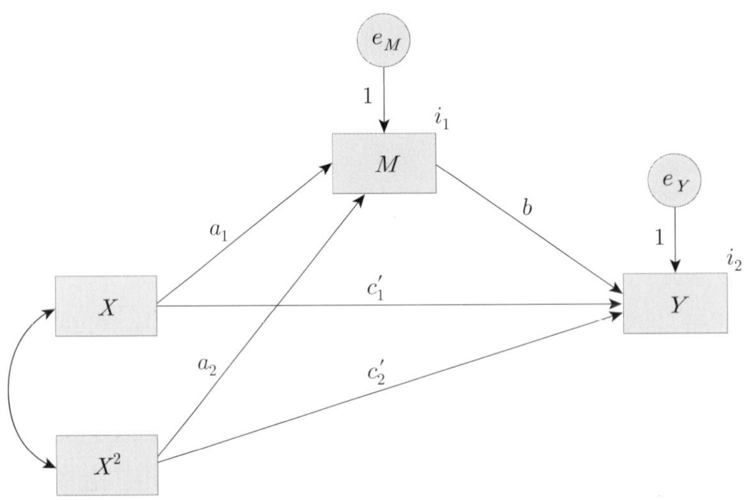

X: 경영자의 자기주장, Y: 리더십 능력, M: 사회적 성과, 도구적 성과

1) 매개변수(M)가 사회적 성과인 경우

Hayes & Preacher(2010)는 X와 M 간에는 2차관계, M과 Y 간에는 선형을 가정하고 Ames & Flynn의 자료를 이용하여 재분석하였고 다음의 값을 얻었다. 매개변수 M은 사회적 성과이다.

$$\widehat{M} = 2.9181 + \underset{}{\overset{a_1}{1.0608}}X - \overset{a_2}{0.1279}X^2 \tag{9}$$

$$\widehat{Y} = -3.6130 + 1.3504X - 0.1050X^2 + \underset{b}{0.7865}M \tag{10}$$

X와 M 간에는 2차관계, M과 Y 간에는 선형인 경우의 순간간접효과(θ)는 다음과

같다(Hayes & Preacher 2010, p.633 참조).

$$\theta = (a_1 + 2a_2 X)b \tag{11}$$

식 (9)와 식 (10)에서 얻은 값을 식 (11)에 대입하면 다음과 같다.

$$\theta = (1.0608 + 2(-0.1279X))0.7865 = 0.8343 - 0.2012X \tag{12}$$

이 순간간접효과는 경영자의 자기주장이 사회적 성과를 통해 경영자의 리더십 능력에 미치는 간접효과가 경영자의 자기주장이 제곱으로 증가함에 따라 감소함을 의미한다.

순간간접효과는 자기주장의 범위 내에 있는 임의의 값을 이용하여 계산할 수 있다. 예를 들어, 자기주장의 값이 5일 때 $\theta_{X=5}$는 $0.8343-0.2012(5)=-0.1717$이 된다. 이는 경영자의 자기주장 증가가 사회적 성과를 통해 리더십 능력의 지각에 미치는 효과가 감소함을 의미한다.

이론적으로 또는 실제적으로 X의 의미 있는 값을 결정하기 어려울 때에는 조절효과분석에서 많이 쓰이는 '상대적으로 낮은'($\overline{M}-1SD$), '중간'($\overline{M}$), '상대적으로 높은'($\overline{M}+1SD$) 값을 이용할 수 있다. 다음은 이들 값을 이용해 얻은 순간간접효과(θ) 값이다.

$$\theta_{X=3.9460} = 0.0402$$
$$\theta_{X=5.2275} = -0.2177$$
$$\theta_{X=6.5090} = -0.4755$$

3개 값의 통계적 유의도를 검정하기 위해 붓스트레핑을 한 결과는 다음과 같다.

$$95\%\ \text{CI for } \theta_{X=3.9460} = -0.1661 \sim 0.3973$$
$$95\%\ \text{CI for } \theta_{X=5.2275} = -0.4528 \sim -0.0152$$
$$95\%\ \text{CI for } \theta_{X=6.5090} = -0.8969 \sim -0.0582$$

$\theta_{X=3.9460}$은 95% 신뢰구간에 0을 포함하므로 유의적이지 않고, 나머지 2개는 유의

적이다. 이는 중간이나 상대적으로 높은 수준에 있는 경영자가 자기주장을 높이면($X \rightarrow X^2$) 사회적 성과를 경유하여 리더십 능력의 지각에 미치는 효과는 감소하는 것으로 해석할 수 있다.

2) 매개변수(M)가 도구적 성과인 경우

매개변수가 도구적 성과인 경우 다음과 같은 회귀식을 얻었다.

$$\hat{M} = 0.9680 + 1.3488X - 0.0969X^2$$
$$\hat{Y} = -2.0823 + 1.1197X - 0.1292X^2 + 0.7896M$$

순간간접효과(θ)는 다음과 같다.

$$\begin{aligned}\theta &= (a_1 + 2a_2X)b \\ &= (1.3488 + 2(-0.0969X))0.7896 \\ &= 1.0650 - 0.1530X\end{aligned}$$

'상대적으로 낮은'($\overline{M} - 1SD$), '중간'($\overline{M}$), '상대적으로 높은'($\overline{M} + 1SD$) 값을 이용해 얻은 순간간접효과(θ) 값은 다음과 같다.

$$\theta_{X=3.9460} = 0.4613$$
$$\theta_{X=5.2275} = 0.2653$$
$$\theta_{X=6.5090} = 0.0692$$

3개 값의 통계적 유의도를 검정하기 위해 붓스트레핑을 한 결과는 다음과 같다.

$$95\%\ \text{CI for } \theta_{X=3.9460} = 0.3045 \sim 0.6678$$
$$95\%\ \text{CI for } \theta_{X=5.2275} = 0.1276 \sim 0.4116$$
$$95\%\ \text{CI for } \theta_{X=6.5090} = -0.1890 \sim 0.3207$$

자기주장이 상대적으로 높은 경영자($\theta_{X=6.5090}$)는 95% 신뢰구간에 0을 포함하므로 간접효과가 없고, 상대적으로 낮은 또는 중간수준의 자기주장이 있는 경영자는 자기주장을 높이게 되면 도구적 성과의 변화를 통해 리더십 능력의 지각이 높아지는 것으로 해석한다.

3 MEDCURVE에 의한 비선형 매개효과분석

비선형 매개효과를 분석하기 위해 Hayes(2012)는 'MEDCURVE'라는 매크로를 개발하였다. 이하에서 이를 이용하여 분석하는 것에 대해 살펴본다.

3.1 MEDCURVE의 설치

MEDCURVE를 설치하기 위해 다음과 같은 절차를 따른다.

1. Hayes의 홈페이지에 간다. http://afhayes.com/index.html
2. 왼쪽에 있는 [SPSS, SAS, and R Macros and Code]를 클릭한다.
3. [MEDCURVE]에 가서 [medcurve.zip]을 클릭해서 압축을 푼다.
4. SPSS를 실행하여 [utilities] 메뉴에서 [사용자 정의 대화상자설치]를 클릭하여 [medcurve.spd]를 연다. SPSS 버전에 따라 이 기능이 [Extensions]에 있는 버전도 있다.

SPSS 대화상자 12-1 customer dialog 설치

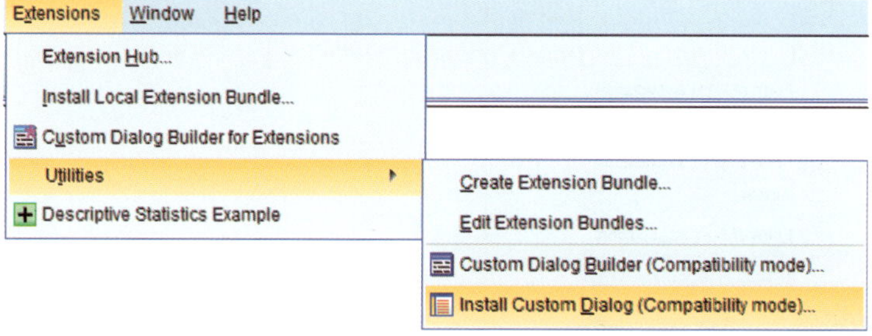

5 이렇게 하면 [분석]→[회귀분석]에 [MEDCURVE]가 설치된다.

SPSS 대화상자 12-2 MEDCURVE macro 설치

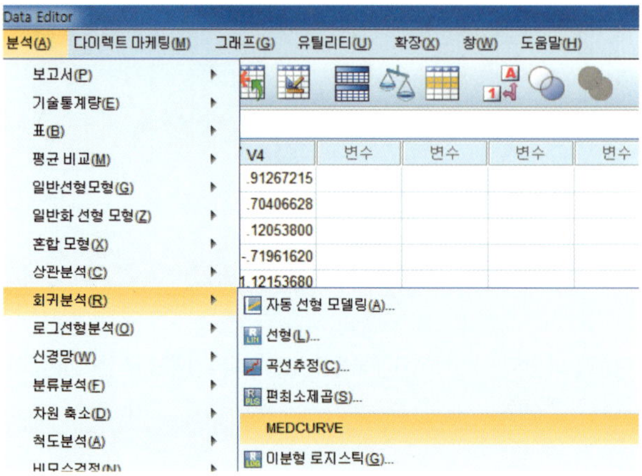

3.2 MEDCURVE의 이해

1 다음은 MEDCURVE 매크로를 실행하면 얻게 되는 초기화면을 보인 것이다.

[MEDCURVE 대화상자 12-1] 초기화면

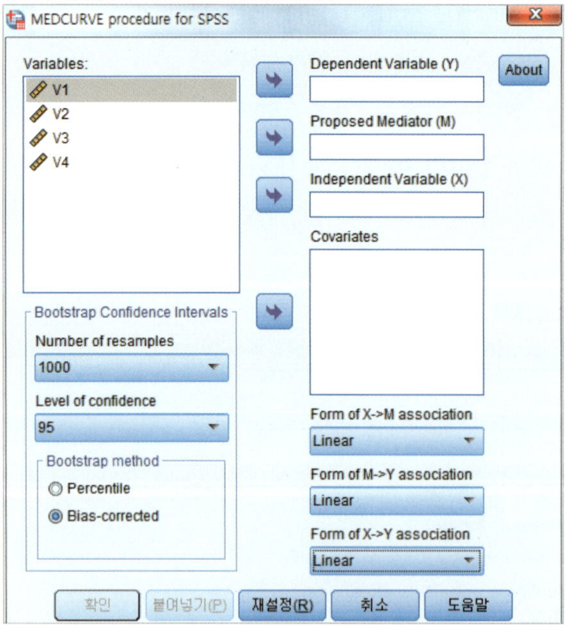

2 각각의 관계에는 5개의 함수를 추정할 수 있는 옵션이 제공되므로(linear, logarithmic, exponential, quadratic, inverse) 총 125개의 모델을 추정할 수 있다(Hayes 2012). MEDCURVE 매크로는 매개변수와 종속변수는 등간척도 이상의 양적변수이어야 하고, 독립변수는 이분변수 또는 양적변수 모두 가능하다.

[MEDCURVE 대화상자 12-2] Form of association

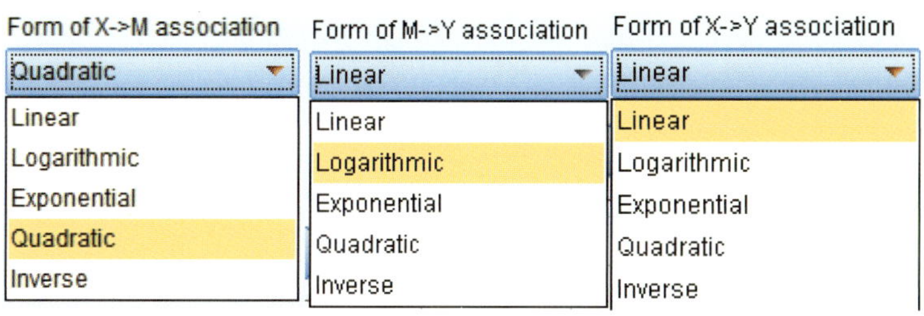

3.3 자료에 의한 분석

다음 자료를 이용하여 MEDCURVE에 의해 다양한 형태의 비선형 매개효과를 분석해 본다.

Data 12-1 [nonmediation.sav]

	V1	V2	V3	V4
1	1.04006760	.38472761	1.47038510	.91267215
2	.02420000	-.22649988	.70135266	.70406628
3	.81995638	-.66460391	1.60915110	.12053800
4	-1.13929080	-1.00847960	1.36899240	-.71961620
5	.51885436	.12234297	1.02253910	1.12153680

자료에서 *V*1은 독립변수 *V*2, *V*3은 매개변수 *V*4는 종속변수라고 가정한다.

1) $X^2 \rightarrow M$, $M \rightarrow Y$, $X^2 \rightarrow Y$, V2가 매개변수인 경우

그림 12-8 | 비선형 매개모델의 예 1

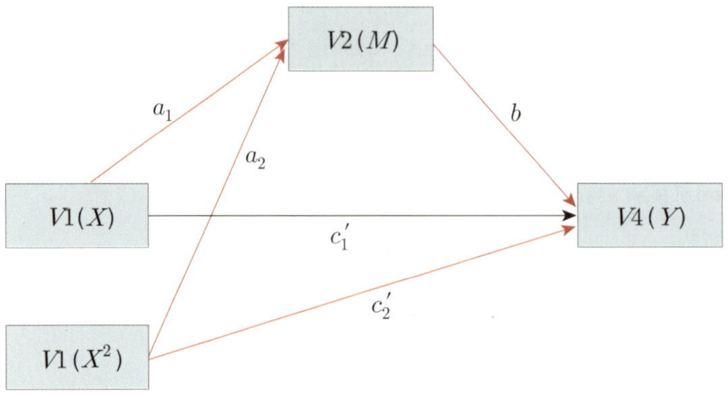

1 MEDCURVE를 실행하여 나타나는 화면에서 왼쪽 아래에 있는 관계형태(Form of Association)에서 [Form of $X \rightarrow M$ association]의 체크박스에서 [Quadratic]을 지정하고, [Form of $M \rightarrow Y$ association]의 체크박스에서 [Linear]을 지정하고, [Form of $X \rightarrow Y$ association]의 체크박스에서 [Quadratic]을 지정한다.

[MEDCURVE 대화상자 12-3] 변수지정

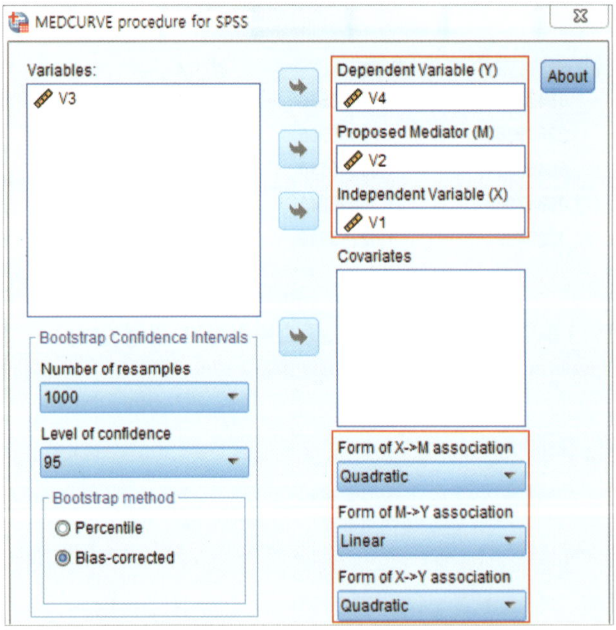

2 이를 실행하면 [Output 12-1]을 얻는다.

Output 12-1 MEDCURVE output

```
**************************************************************************
MODEL OF M
              Coeff         SE          t          p
constant      -.0370      .0468     -.7904      .4298
X          .1121(a1)      .0366     3.0657      .0023
X*X        .0331(a2)      .0238     1.3947      .1639

MODEL SUMMARY
          R       R-sq          F          p        df1        df2
      .1634      .0267     5.4459      .0046     2.0000   397.0000
**************************************************************************
MODEL OF Y
              Coeff         SE          t          p
constant       .0364      .0567      .6410      .5219
X              .4119      .0448     9.1954      .0000
X*X           -.0326      .0288    -1.1293      .2595
M           .3405(b)      .0608     5.6050      .0000

MODEL SUMMARY
          R       R-sq          F          p        df1        df2
      .5063      .2564    45.5030      .0000     3.0000   396.0000
**************************************************************************
Instantaneous Indirect Effect (THETA) of X on Y through M at X = XVAL
     XVAL      THETA         SE
  -1.0580      .0143      .0175
    .0000      .0382      .0134
   1.0580      .0621      .0234

Bias Corrected Bootstrap Confidence Interval for Instantaneous Indirect Effect
     XVAL    LowerCI      THETA    UpperCI
  -1.0580     -.0179      .0143      .0540
    .0000      .0149      .0382      .0682
   1.0580      .0250      .0621      .1236
**************************************************************************
```

3 순간간접효과(θ)는 식 (11)과 같이 계산된다.

$$\theta = (a_1 + 2a_2 X)b$$

4 [Output 12−1]에서 얻은 값을 대입하면 다음과 같다.

$$\theta = (.1121 + 2(.0331X).3405 \quad (13)$$

5 SPSS에서 $V1$의 평균과 표준편차를 구하면 다음과 같다.

Output 12−2 SPSS output: **평균과 표준편차**

	N	Minimum	Maximum	Mean	Std. Deviation
V1	400	−3.74329960	3.24946410	−.0000001486	1.05798210903

6 평균보다 $1SD$ 작은 값(−.1058), 평균(.000), 평균보다 $1SD$ 큰 값(1.058)을 식 (11)에 대입하면 다음과 같은 값을 얻는다.

$$\theta_{X=-1.0580} = .0143$$

$$\theta_{X=.0000} = 0.0382$$

$$\theta_{X=1.0580} = 0.0621$$

7 순간간접효과(θ)는 $V1(X)$값이 증가할수록(−1.0580, 0.000, 1.0580) 커지는 (.0143, .0382, .0621) 것을 알 수 있다. 이는 $V1$이 증가할수록 매개효과가 커진다는 것을 의미한다. 보다 세부적으로 살펴보면, 평균보다 상대적으로 낮은 집단은 신뢰구간에 0이 포함되어 있어 간접효과가 유의적이지 않다. 평균 또는 평균보다 상대적으로 높은 집단에서 $V1$을 증가하면 $V2$를 매개해 $V4$에 미치는 매개효과가 증가하는 것으로 해석한다.

2) $X^2 \rightarrow M$, $M \rightarrow Y$, $X^2 \rightarrow Y$, V3이 매개변수인 경우

그림 12-9 | 비선형 매개모델의 예 2

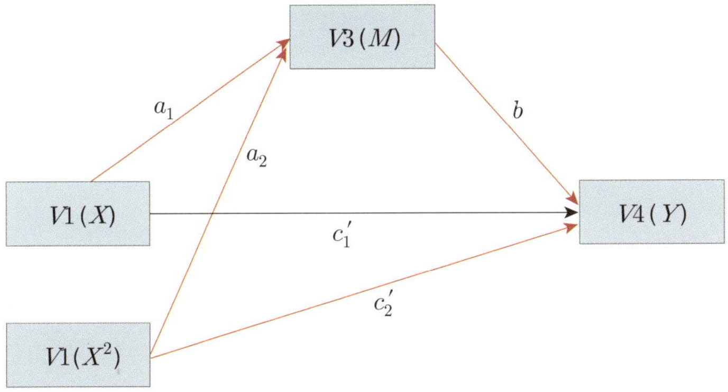

1 다음과 같이 변수를 지정한다.

[MEDCURVE 대화상자 12-4] 변수지정

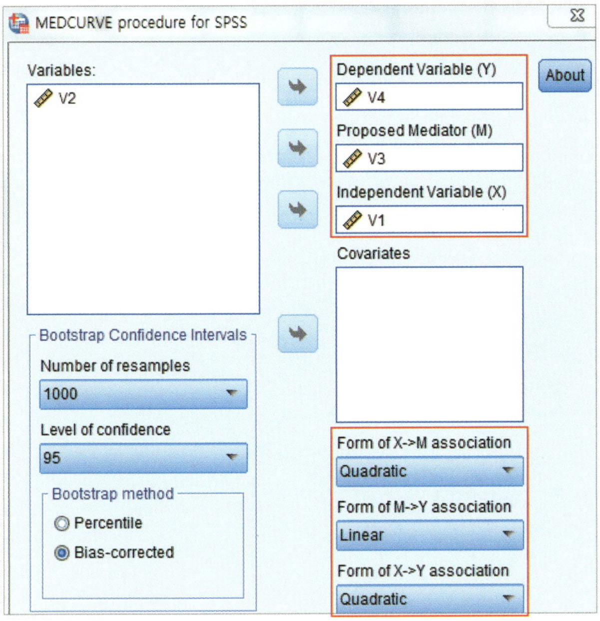

2 이를 실행하면 [Output 12-3]을 얻는다.

Output 12-3 MEDCURVE output

```
***************************************************************************
MODEL OF M
              Coeff        SE          t          p
constant     1.0321      .0345     29.9473      .0000
X(a1)         .3224      .0269     11.9783      .0000
X*X(a2)      -.0205      .0175     -1.1748      .2408

MODEL SUMMARY
          R       R-sq          F           p         df1         df2
      .5197      .2701    73.4695       .0000      2.0000    397.0000
***************************************************************************
MODEL OF Y
              Coeff        SE          t          p
constant      .4619      .1030      4.4850      .0000
X             .5870      .0520     11.2913      .0000
X*X          -.0300      .0290     -1.0346      .3015
M(b)         -.4245      .0831     -5.1098      .0000

MODEL SUMMARY
          R       R-sq          F           p         df1         df2
      .4970      .2470    43.2994       .0000      3.0000    396.0000
***************************************************************************
Instantaneous Indirect Effect (THETA) of X on Y through M at X = XVAL
     XVAL      THETA          SE
  -1.0580     -.1553       .0364
    .0000     -.1369       .0305
   1.0580     -.1184       .0304

Bias Corrected Bootstrap Confidence Interval for Instantaneous Indirect Effect
     XVAL    LowerCI      THETA    UpperCI
  -1.0580     -.2342     -.1553     -.0911
    .0000     -.2016     -.1369     -.0797
   1.0580     -.1865     -.1184     -.0663
***************************************************************************
```

3 순간간접효과(θ)는 식 (11)과 같이 계산된다.

$$\theta = (a_1 + 2a_2 X)b$$

4 $X = 0$일 때의 값은 다음과 같이 계산된다.

$$\theta_{X=0} = (.3224 + 2(-.0205)(0)) - .4245 = -.13685$$

5 순간간접효과(θ)는 $V1$값이 증가할수록 커지는 것을 알 수 있다. 순간간접효과의 부호가 부적(−)이기 때문에 이는 $V1$이 증가할수록 매개효과가 감소한다고 해석한다. 보다 세부적으로 보면, 평균보다 낮은 집단, 평균집단, 평균보다 높은 집단 모두 $V1$을 증가시키면 $V3$을 매개해 $V4$에 미치는 매개효과가 감소하는 것으로 해석한다.

3) $X \rightarrow M$, $M^2 \rightarrow Y$, $X \rightarrow Y$, V3이 매개변수인 경우

그림 12-10 | 비선형 매개모델의 예 3

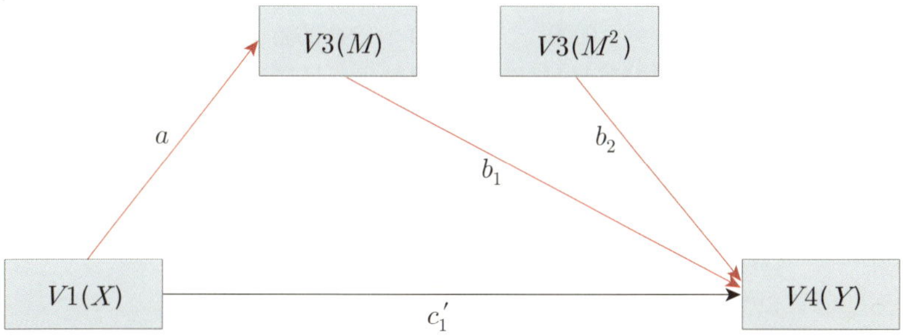

1 다음과 같이 변수를 지정한다.

[MEDCURVE 대화상자 12-5] 변수지정

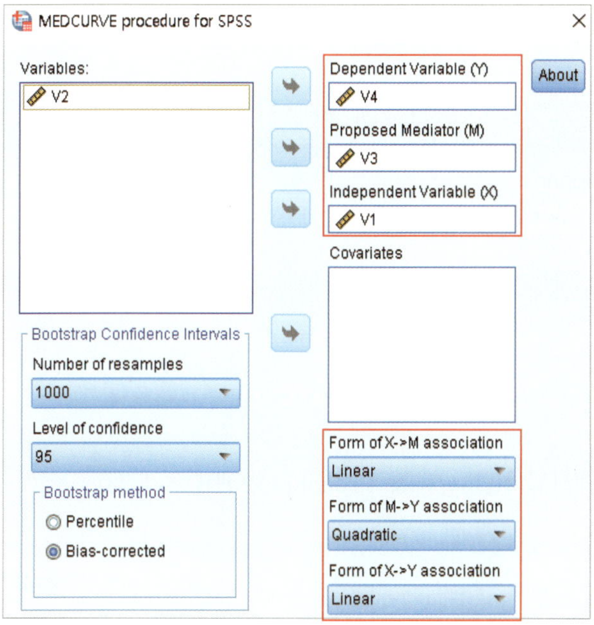

2 이를 실행하면 [Output 12-4]를 얻는다.

Output 12-4 MEDCURVE output

```
**************************************************************************
MODEL OF M
              Coeff        SE          t          p
constant     1.0092      .0284     35.5222      .0000
X            .3242(a)    .0269     12.0590      .0000

MODEL SUMMARY
         R        R-sq         F          p        df1        df2
     .5173       .2676    145.4199     .0000     1.0000    398.0000
**************************************************************************
MODEL OF Y
              Coeff        SE          t          p
constant      .3997      .1057      3.7822      .0002
X             .5849      .0523     11.1729      .0000
M          -.3372(b1)    .1746     -1.9310      .0542
M*M        -.0408(b2)    .0762      -.5351      .5929

MODEL SUMMARY
         R        R-sq         F          p        df1        df2
     .4955       .2455     42.9532     .0000     3.0000    396.0000
**************************************************************************
Instantaneous Indirect Effect (THETA) of X on Y through M at X = XVAL
     XVAL      THETA        SE
  -1.0580     -.1269     .0307
    .0000     -.1360     .0293
   1.0580     -.1451     .0367

Bias Corrected Bootstrap Confidence Interval for Instantaneous Indirect Effect
     XVAL    LowerCI      THETA    UpperCI
  -1.0580     -.1883     -.1269     -.0722
    .0000     -.1931     -.1360     -.0799
   1.0580     -.2219     -.1451     -.0763

BOOTSTRAP SAMPLES:
      1000
**************************************************************************
```

3 순간간접효과는 다음과 같이 계산된다(Hayes & Preacher 2010, p.633).

$$\theta = a(b_1 + 2b_2\widehat{M}) \tag{14}$$

$$\hat{M} = i_1 + aX \quad (15)$$

$$\hat{M} = 1.0092 + .3242X$$

4 $X=0$일 때의 값은 다음과 같이 계산된다.

$$\theta_{X=0} = .3242(-.3372 + 2(-.0408)(1.0092) = -.13602$$

5 순간간접효과(θ)는 $V1(X)$값이 증가할수록 작아지는 것을 알 수 있다. 순간간접효과의 부호가 부적(−)이기 때문에 이는 $V1$이 증가할수록 매개효과가 작아진다고 해석한다. 보다 세부적으로 보면, 평균보다 낮은 집단, 평균집단, 평균보다 높은 집단 모두 95% 신뢰구간에 0을 포함하지 않으므로 $V1$이 $V3$을 매개해 $V4$에 미치는 매개효과가 작아지는 것으로 해석한다.

4) $X \rightarrow M$, $M^2 \rightarrow Y$, $X^2 \rightarrow Y$, V3이 매개변수인 경우

그림 12-11 | 비선형 매개모델의 예 4

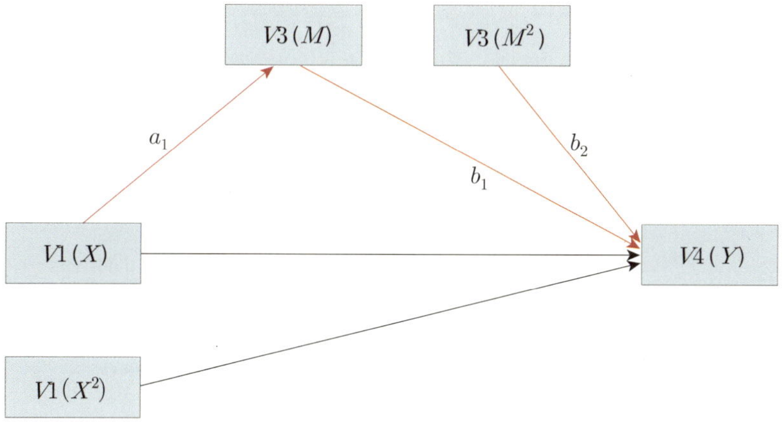

1 다음과 같이 변수를 지정한다.

[MEDCURVE 대화상자 12-6] 변수지정

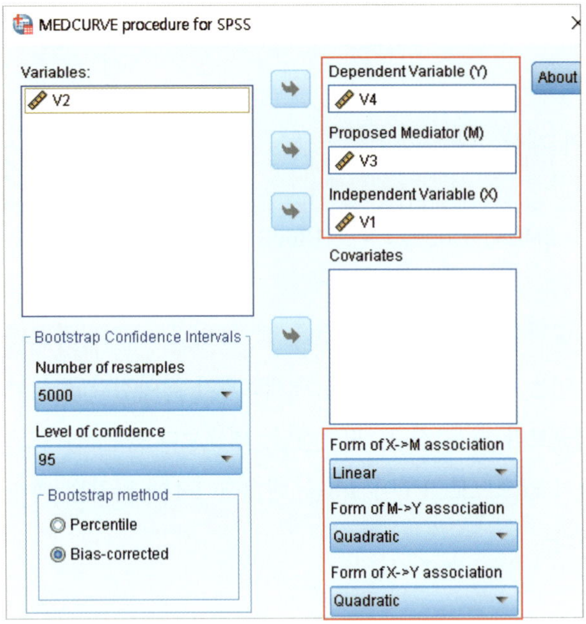

2 이를 실행하면 [Output 12-5]를 얻는다.

Output 12-5 MEDCURVE output

```
**************************************************************************
MODEL OF M
            Coeff        SE          t          p
constant    1.0092     .0284    35.5222      .0000
X        .3242(a)      .0269    12.0590      .0000

MODEL SUMMARY
      R       R-sq          F          p        df1         df2
  .5173      .2676   145.4199      .0000     1.0000    398.0000
**************************************************************************
MODEL OF Y
            Coeff        SE          t          p
constant     .4432     .1151     3.8521      .0001
X            .5849     .0524    11.1721      .0000
X*X         -.0282     .0295     -.9567      .3393
M      -.3672(b1)      .1774    -2.0695      .0392
M*M    -.0283(b2)      .0773     -.3654      .7150

MODEL SUMMARY
```

```
        R       R-sq         F          p        df1        df2
    .4972      .2473   32.4369      .0000     4.0000   395.0000
**************************************************************************
Instantaneous Indirect Effect (THETA) of X on Y through M at X = XVAL
     XVAL      THETA         SE
  -1.0580     -.1313      .0330
    .0000     -.1375      .0309
   1.0580     -.1438      .0387

Bias Corrected Bootstrap Confidence Interval for Instantaneous Indirect Effect
     XVAL    LowerCI      THETA    UpperCI
  -1.0580     -.2015     -.1313     -.0706
    .0000     -.2033     -.1375     -.0804
   1.0580     -.2266     -.1438     -.0721
**************************************************************************
```

3 순간간접효과는 다음과 같이 계산된다(Hayes & Preacher 2010, p.633).

$$\theta = a(b_1 + 2b_2\widehat{M}) \quad (16)$$

$$\widehat{M} = i_1 + aX$$

$$\widehat{M} = 1.0092 + .3242X$$

4 $X = 0$일 때의 값은 다음과 같이 계산된다.

$$\theta_{X=0} = .3242(-.3672 + 2(-.0283)(1.0092) = -.13756$$

5 순간간접효과(θ)는 $V1(X)$값이 증가할수록 작아지는 것을 알 수 있다. 순간간접효과의 부호가 부적(−)이기 때문에 이는 $V1$이 증가할수록 매개효과가 작아진다고 해석한다. 보다 세부적으로 보면, 평균보다 낮은 집단, 평균집단, 평균보다 높은 집단 모두 95% 신뢰구간에 0을 포함하지 않으므로 $V1$이 $V3$을 매개해 $V4$에 미치는 매개효과가 작아지는 것으로 해석한다.

참고문헌

Ames, D. R., and Flynn, F. J. (2007). What Breaks a Leader: The Curvilinear Relation Between Assertiveness and Leadership. *Journal of Personality and Social Psychology*, 92(2), 307–324.

De Dreu, C. K. W. (2006). When Too Little or Too Much Hurts: Evidence for a Curvilinear Relationship Between Task Conflict and Innovation in Teams. *Journal of Management*, 32(1), 83–107.

Gatignon, H. (2014). *Statistical Analysis of Management Data.* 3rd ed., New York, NY: Springer.

Hayes, A. F., and Preacher, K. J. (2010). Quantifying and Testing Indirect Effects in Simple Mediation Models When the Constituent Paths Are Nonlinear. *Multivariate Behavioral Research*, 45(4), 627–660.

Hayes, A. F. (2012). SPSS MEDCURVE Macro Syntax Reference. retrieved from http://afhayes.com.

Hayes, A. F. (2018). *Introduction to Mediation, Moderation, and Conditional Process Analysis: A Regression-Based Approach.* 2nd ed., New York, NY: Guilford Press.

Yin, D., Bond, S. D., and Zhang, H. (2017). Keep Your Cool or Let It Out: Nonlinear Effects of Expressed Arousal on Perceptions of Consumer Reviews. *Journal of Marketing Research*, 54(3), 447–463.

| 찾아보기 |

| 저자소개 |

배병렬
전북대학교 상과대학 경영학과 교수

SPSS/PROCESS에 의한
조절효과 및 매개효과분석 이론과 실제

2021년 1월 25일 1판 1쇄 인쇄
2021년 1월 29일 1판 1쇄 발행

저 자 | 배병렬
발행인 | 이수영
발행처 | 도서출판 청람
서울시 마포구 독막로 288(대흥동, 세양상가 109호)
전 화 | 02)3272-2601~2
팩 스 | 02)3272-2603
이메일 | crbooks@daum.net
홈페이지 | http://www.crbooks.co.kr
등 록 | 2000.8.26 제6-0509호

ISBN 978-89-5972-793-3 93320 [정가 35,000원]